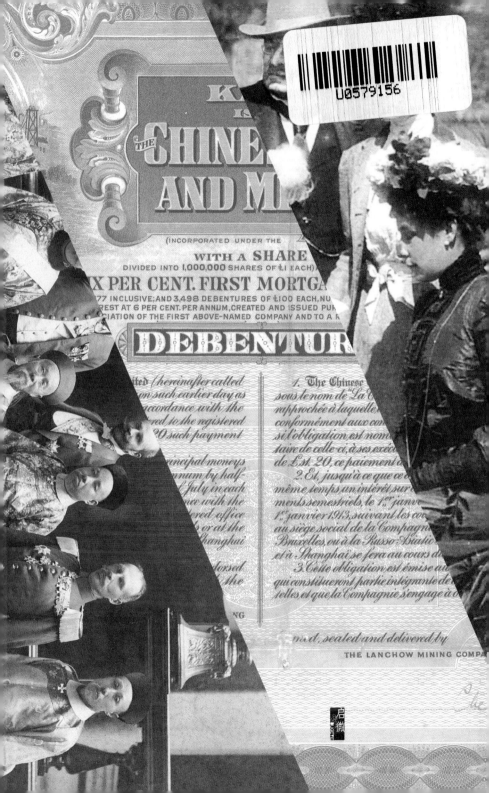

著　刘　张
　　悦　畅

LI HONGZHANG'S

李鸿章的洋 顾 问

FOREIGN ADVISERS

德璀琳

与　Gustav Detring &
　　Constantin von Hanneken

汉纳根

社会科学文献出版社
SOCIAL SCIENCES ACADEMIC PRESS (CHINA)

Tsien

Nibelheim 2 May 1912

Dear Mr Kirkpatrick

If you can manage
to get leave in order to
come to Tientsin for the
races it will of course
give us great pleasure

to put you up.
I am as yet not
well but am in hopes
that after the rain we are
enjoying just now a
change for the better
will come with less
wind and warmer

weather

Yours very truly
[signature]

1912 年 5 月 2 日 德璀琳写给小女婿英国驻津陆军少校 John J. Kirkpatrick 的一封亲笔信

1894 年德璀琳小女婿 John J. Kirkpatrick 骑着德璀琳的赛马在天津赢得的"国际海军杯"（上）

1910 年德璀琳小女婿 John J. Kirkpatrick 骑着德璀琳的赛马赢得的"天津马球锦标赛"奖杯（下左）

德璀琳小女婿 John J. Kirkpatrick 骑着德璀琳的赛马赢得的赛马奖杯（下右）

德璀琳、汉纳根家族保存的"清嘉庆青花葫芦瓶"（左）

德璀琳、汉纳根家族保存的"明宣德青花水壶"（右）

德璀琳、汉纳根家族保存的"清道光绿釉龙纹罐"（上）

德璀琳家族后代保存的慈禧太后赐给德璀琳的玉碗（下）

德璀琳家族后代保存的开平矿务局股票（上）

李鸿章给德璀琳的信件，内容是关于创办中国邮政事宜（下）

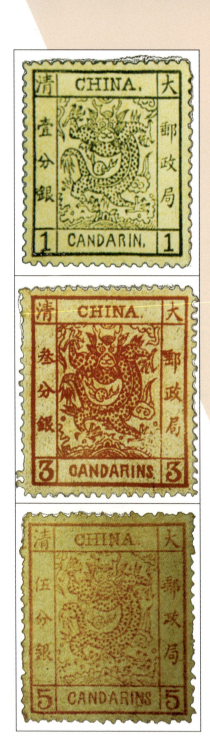

大龙邮票

德璀琳夫妇及女儿、女婿们

1896 年德璀琳（后排左一）与汉纳根（后排右一）陪同李鸿章出访欧美七国

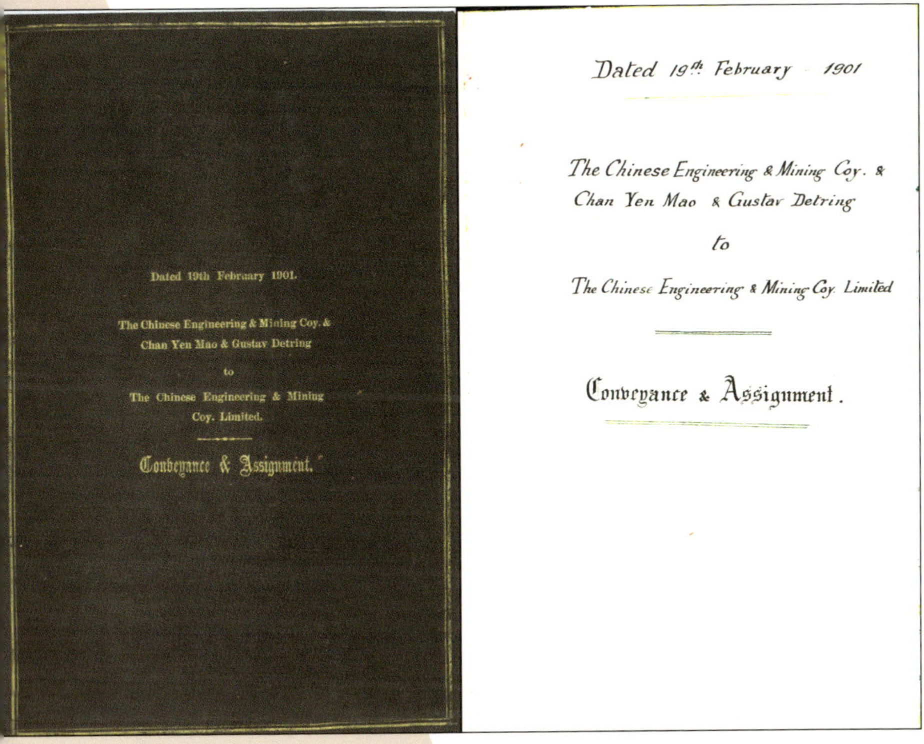

1901 年 2 月 19 日张翼、德璀琳代表开平矿务局与英商墨林代理人胡佛签订的《移交约》(一)

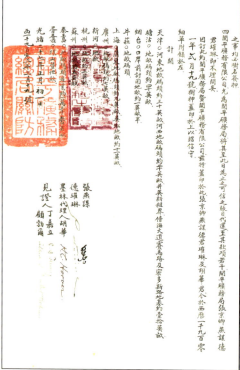

之事均必樹名簽押

四開平礦務即不理開矣

君璀琳即平礦署因訂此約開平礦務局醫開平礦務有限公司兒為開平礦借據將至此日為止之股目代還至其欸項若干開平礦務局於張京卿燕謀德璀琳及刑華君令於西歷一九百零

一年弍月十九號樹押即於上以照信守

計開

細單附錄於左

天津○河西地欸碼頭約三十英畝河西地欸碼頭的平英畝英租界信海大道賽馬路及密多斯路地基約壹拾英畝

塘沽○地欸碼頭約卅英畝

煙台○口岸前計同地欸約一莫畝半

牛莊○地欸碼頭

上海○地欸約九莫畝半

杭州○地欸約十英畝

新河○阿世地欸約九莫畝半及長蘆沿河地

廣州○阿世地欸約九莫畝

泰墨○阿世地欸約九莫畝

蘇州○阿世地欸約九莫畝

光緒二千七百○五年十二月初一日

西歷一千九百○壹年弍月十九號

張燕謀
德璀琳
墨林代理人胡華

見證人丁嘉立
見證人顧勒爾

THIS INDENTURE made the 19 day of February 1901 between the CHINESE ENGINEERING AND
MINING COMPANY 局務礦平開 a Chinese Company having its principal office
Tientsin in the Empire of China CHANG YEN MAO 謀燕張 a Reader of the Grand
Secretariate Director General of all the mines in the whole province of Chihli and o
the Vice Director General of the Imperial Railways of North China and Director Gener
of the Chinese Engineering and Mining Company and GUSTAV DETRING a Director of
same Company and Commissioner of the Imperial Maritime Customs at Tientsin aforesaid
the first part and HERBERT C.HOOVER an agent of Charles Algernon Moreing of the sec
part and the CHINESE ENGINEERING AND MINING COMPANY LIMITED of the third part WHERE
a despatch addressed by the said Chang Yen Mao as Director General of Mines as afor
to the said Gustav Detring dated the 30th day of the 5th moon of the 26th year of K
Kwu the said Gustav Detring was authorised to form a Company with a capital of One
Million Pounds sterling to be furnished jointly by Chinese and Foreigners to take ov
the management of inter alia the mines lands and other properties of the said Chines
Engineering and Mining Company hereinafter mentioned and to furnish the additional
capital required for the proper working and development of the same AND WHEREAS in
to carry out the arrangement authorised by the said despatch an Agreement was enter
into dated the 30th day of July 1900 and made between the said Gustav Detring of the
part and Herbert C.Hoover of the other part whereby it was agreed inter alia that a
Company should be formed under the name of the Chinese Engineering and Mining Compan
Limited with a capital of one million pounds sterling to take over manage and devel
the said properties AND WHEREAS such a Company has been formed and incorporated in
accordance with the said agreement and is the party hereto of the third part FOR TH
INDENTURE made in pursuance of the said agreement and in order to vest the said
properties of the Chinese Engineering and Mining Company in the Chinese Engineering
and Mining Company Limited WITNESSETH as follows

1.The Chinese Engineering and Mining Company and the said Chang Yen Mao and Gustav
Detring as Directors thereof with the consent of the said Herbert C.Hoover convey an
said Chang Yen Mao as Director General of all the mines in the province of Chihli an
Jehol hereby confirms unto the said Chinese Engineering and Mining Company Limited

First All the lands mines and coalfield commonly known as the Estate Kaiping Coalf
situate in the Province of Chihli aforesaid and including all the mines and
of coal and minerals geologically connected with the mines and seams of coal
at Tong-Shan, Kwe Shan,Pan Po Tien,Wa Chia Kou,Wu Chu Chwang,Chao Ko Chwang an
Linsi and the exclusive right to search and mine for coal and minerals within
area and coalfield aforesaid and all other rights and privileges enjoyed in
connection therewith and all other the interest of the said Chinese Engineer
and Mining Company therein

Second All the canal and land used therewith from Wao Ko Chwang to Lutai and all oth
canals belonging to the Chinese Engineering and Mining Company And all the la
and premises of the said Chinese Engineering and Mining Company at or near t

1901年2月19日张翼、德璀琳代表开平矿务局与英商墨林代理人胡佛签订的《移交约》(二)

ports andplaces more particularly mentioned in the schedule hereto and all rights and privileges enjoyed in connection therewith and all other the interest of the said Chinese Engineering and Mining Company therein.

To hold the same unto the Chinese Engineering and Mining Company Limited their successors and assigns in perpetuity from the date hereof.

2. In pursuance of the said agreement the said Chinese Engineering and Mining Company and the said Chang Yen Mao and Gustav Detring with the consent of the said Herbert C.Hoover hereby assign absolutely unto the Chinese Engineering and Mining Company Limited their successors and assigns

First All buildings erections plant machinery fixtures railways wharves piers and godowns erected on or used in connection with any of the property hereby intended to be hereby vested in the Chinese Engineering and Mining Company Limited.

Second All the shares and interest of the Chinese Engineering and Mining Company in the Cheng Ping Silver Mines the Kien Ping and Yung Ping Gold Mines and the Cement Factory near Tong Shan and in the Tientsin-Tong Shan Railway and all debts due to the Chinese Engineering and Mining Company and the benefit of all contracts entered into by and all other the assets of that Company.

3. The Chinese Engineering and Mining Company and the said Chang Yen Mao and Gustav Detring hereby agree with the Chinese Engineering and Mining Company Limited to sign all other documents and do all other acts that may reasonably be required for completing the transfer to the Chinese Engineering and Mining Company Limited of all the properties hereby agreed to be transferred.

4. The Chinese Engineering and Mining Company Limited hereby undertake to assume all the bona fide liabilities of the Chinese Engineering and Mining Company as existing on the date hereof and to indemnify the Chinese Engineering and Mining Company against the said Chang Yen Mao and Gustav Detring against the same.

IN WITNESS whereof the seals of the Chinese Engineering and Mining Company and the Chinese Engineering and Mining Company Limited have been hereunto affixed and the said Chang Yen Mao,Gustav Detring and Herbert C.Hoover have hereunto set their hands and seals the day and year first before written.

The Schedule above referred to.

TIENTSIN: land and wharf on the East side of the river containing about 18 acres and land and wharf on the West side of the river containing about 8 acres.Also land situate in the British Municipal Extension containing about 10 acres and bounded by the Taku, Race Course and Meadows Roads.

TONGKU: land and wharves containing about 40 acres.

CHEFOO: reclaimed land on the harbour front containing about half an acre.

NEWCHWANG: land and wharves.

SHANGHAI: land and wharf containing about 4 and a half acres situate at Pootung, also about 2 acres of land at Woosung.

CANTON: land and wharf containing about 11 acres.

HSIN-HO: land containing about   acres.

PANGCHOR: land containing about one and a half acres.

POOCHOR: land containing about one and a half acres.

CHING WANG TAO: land and harbour property containing about 15,400 acres.

Pao Ko Chwang: coal depot and land.

Signed sealed and delivered by the
above named Chang Yen Mao and sealed
by him with the official seal of the
Chinese Engineering and Mining Company
and with the official seal of the
Directorship General of the Mines
of the whole of the province of
Chihli and Jenol in the presence of

Signed sealed and delivered by the
above named Gustav Detring in the
presence of

Signed sealed and delivered by the
above named Herbert C.Hoover in the
presence of

A true copy of that part of this document (marked A.B.C. which
are hereunto united and to the fastening of which the
Consular seal has been affixed) is registered in this
Consulate General as Deed No 153 of the 25th February 1901,
in the Register Book of Deeds.

H.B.M.Consulate General, Tientsin.
25th February 1901.

1901 年 2 月 19 日张翼、德璀琳代表开平矿务局与英商墨林代理人胡佛签订的《移交约》(三)

西歷一千九百零一年弍月十九號因督辦直隸全省及熱河礦務開平礦務局　前內閣侍讀學士督辦直隸全省及熱河礦務大臣張京卿燕謀於光緒二十六年五月二十八日札飭津關稅務司德君璀琳招集股本英金壹百萬鎊中外凡辦凡開平礦務局之礦地等各產業　復有細節詳載約移交聽憑管理且招集續股整頓開辦一切復因德君璀琳於西一千九百年七月三十號因奉此札特興德璀琳其以後所訂有限公司股本英金壹百萬鎊將所云之產業歸該公司管業辦理又因該公司緣所訂合同現已設立即此合同內以後所云之開平礦務有限公司此令開平礦務局其總局設在中國天津張京卿燕謀該局之督辦德璀琳該局之總辦興胡華興開平礦務有限公司訂立合同將開平礦務局之產業交與開平礦務有限公司其以下所訂各條均已先可

計開

一開平礦務局暨張京卿燕謀德君璀琳該局之總辦也　胡華君先可　旅將以下所開盡歸開平礦務有限公司倈管燕謀今將以下所開交與開平礦務有限公司　先准移交而督辦直隸全省及熱河礦務大臣張大人

一所有直隸省開平煤山地畝各礦質煤質煤礦凡禮凡與唐山西山羊壁店馬家溝無水莊趙各莊林西地脈相接者皆在其內此外凡界內開礦尋礦均可自由暨凡利權與此相關者及開平礦務局在該處所有一切利益

二所有自唐各莊至蘆台之運煤河暨河地及開平礦務局他處之運河并開平礦務局所有在通商口岸或他處之地畝院宇等皆詳載細單之內以及利權與此相關者暨開平礦務局所有在彼處一切利益

自此令日起開平礦務有限公司即永遠執守

二今因訂立合同開平礦務局暨張京卿燕謀德君璀琳胡華君先可

一所有房屋器具機器鐵路碼頭貨廠凡一切不能移動之物或在移交開平礦務有限公司地畝之上或與其產業有關用者

二所有開平礦務局之永平銀礦建平永平金礦唐山左近之洋灰廠暨天津唐山鐵路各處股本及開平礦務局　所有地脈已變質為凡及某一切所訂內存在某之內屬

1901年2月19日张翼、德璀琳代表开平矿务局与英商墨林代理人胡佛签订的《移交约》(四)

目　录

前　言

　　"思想的生命力在于接触和交流"①，一个国家和社会的进步也绝不能在闭关锁国的环境中实现。19 世纪中期，随着中国国门的被动打开，大批西方侨民来到中国，他们的在华活动是中外文化交流的一条重要渠道，因此侨民研究是近代中外关系史研究的一项重要内容。

　　在过去的研究中，一般称这些随帝国主义侵略而来华工作生活的外国人为"淘金者"或"冒险家"。然而，近代侨民来华的那个时代，既是带给中华民族耻辱的时代，也是近代中国由闭关自守、故步自封走向厉行自强、对外开放，并由传统农业社会向现代工业社会转变的时代。虽然他们来华的目的并不是帮助中国走向富国强民的道路，但西方侨民通过其在华活动参与和影响了中国的现代化进程，刺激和促进了中国社会在许多方面的变革，成为近代中西文化交流的桥梁与纽带。

　　本书详细介绍了晚清重臣、洋务派领袖李鸿章的两位洋顾问——德国人古斯塔夫·德璀琳（Gustav Detring）和康斯坦

---

① 〔法〕费尔南·布罗代尔：《15 至 18 世纪的物质文明、经济和资本主义》第 1 卷，顾良等译，生活·读书·新知三联书店，2002，第 473 页。

丁·冯·汉纳根（Constantin von Hanneken）在华一生的活动。作为有雄心壮志的年轻人，在晚清政府发动自强运动的环境下，他们得以幸运地参与中国在军事、经济、外交、教育等各个方面的改革，不但获得了自身的成长，也在一片广袤的天地间开创出属于个人的一番事业。本书希望通过对这两个人物在华的特殊经历，即对他们如何努力适应和融入中国社会并取得事业成功的经历进行描述，呈现出在华外国侨民群体的整体状况，并分析其对中国现代化所发挥的作用。

德璀琳是一位成功的近代来华侨民，他年纪轻轻来到中国，担任由外国人一手创办的大清海关的洋员。像其他"淘金者"一样，他梦想着在这里开疆拓土、发财致富。为了在海关中出人头地，他刻苦学习中文，努力结交各级清政府官员，并终于获得当时中国最有权势的大臣之一——李鸿章的信任和倚重，得以参与晚清政府所进行的各项现代化事业。他是一个典型的普鲁士人，具有强势的性格。他希望能够按照自己的理想去改造中国这个缓慢地向前发展的古老帝国，使它能够符合西方的现代化要求。他积极参与北洋海军的创立活动，帮助联络和验收北洋水师向国外订购的船舰，修建大沽船坞。他向李鸿章鼓吹建立铁路、电报、电话等近代交通通信系统，创办了中国近代邮政事业。作为一名西方人，他比较熟悉西方外交规则，因此他多次代表李鸿章参与对外交涉活动。德璀琳不仅能力超群，而且野心勃勃。在李鸿章的支持下，他多次向总税务司赫德的权威发起挑战。尽管清政府的保守落后使德璀琳提出的改革计划屡次付诸东流，而与赫德进行的争斗又总是失利，但是他仍然不屈不挠地继续奋斗，直到获得自己所渴望的财富和地位。

汉纳根在中国的发展是阶段性的，他一生对中国的最大贡献是参与了中国近代军事改革，包括海防建设和近代新军的编练。第一次来华，他是经德璀琳介绍来给李鸿章做军事顾问的。他用8年的时间为北洋海军修建了世界一流的旅顺、威海卫海防炮台，之后载誉归国。第二次来华他参加了中日甲午海战并负伤，获得清廷授予的提督军衔。在为清政府和李鸿章效力过程中，他一开始尽心竭力地出谋献策，对李鸿章充满感激和敬仰，后来逐步认识到清政府和李鸿章等人的腐败无能。深感失望的汉纳根此后两次来华都从事个人投资开发事业，一心一意地为积累个人财富而奋斗。

德璀琳与汉纳根不仅在中国奠定了一生事业发展的基础，而且在此度过了人生中最重要也是最美好的时光。身为直隶总督兼北洋大臣，李鸿章驻在天津达四分之一个世纪，他也将这里作为所倡导的洋务运动的策源地。为了便于从旁顾问，德璀琳在李鸿章的要求下，担任天津海关税务司达22年之久，几乎与李的任期相始终，并因此成为天津租界地位最高的侨民。他对天津的城市化进程贡献颇多，天津的第一条碎石子路、第一份英文报纸、海河整治工程、中国近代第一所大学的前身等，都是由德璀琳创议和一手经办的。汉纳根则在天津老城修建了第一套排水系统，他还迎娶了德璀琳的长女，他们一起在天津租界组成了一个幸福的侨民大家庭，是众多近代来华侨民的成功典范。

德璀琳与汉纳根等西方侨民初到中国时，大都深受西方殖民主义的影响，特别是德璀琳，他是一名不折不扣的殖民主义者。刚在海关站稳脚跟，他就顺应德国在世界范围建立殖民地的要求，迫不及待地向德国政府提出了在长江附近的城镇设立一个德国人居留地的计划。然而，随着在中国的时间越来越长，特别是因为深得李鸿章信任而在天津扎下根后，他的思想观念开始逐渐转化为一个在华侨民的立场。在此立场上，他一方面不忘记自己祖国的利益，不断在李鸿章身边为德国争取利益，并把自己的德国同胞，如汉纳根等，安排到李的身边，同时积极游说德国政府和企业界加快向中国投入资本，以与其他列强争夺各项权益；另一方面，在华多年的他毕竟对中国产生了一定的感情，不愿看到中国沦为在宗主国面前毫无地位、饱受压榨和奴役的殖民地。

侨民是一群地位尴尬的中间人，不得不在夹缝中求生存。对于这种身处中西间的两难处境，中国台湾学者黄一农教授曾形象地用"两头蛇"来类比。有一首诗形容"两头蛇"的艰难处境是："首鼠两端乎，犹豫一身尔。蛇也两而一，相牵无穷已。……屈伸非自甘，左右何能以。岂不各努力，努力徒萦累。"[①] 这首诗所指的"两头蛇"是明末接受了天主教的中国士大夫们，他们所面临的主要是文化上的认同错置，而德璀琳、汉纳根们更多的则是面临利益上的两难——有侨居国和本国之间的利益之争，也有个人利益与国家利益冲突的困境，他们的处境也因此而更加复杂艰难。

总结近代来华侨民对其本国所起的作用，可以说，侨民在中国各通商口岸的经商活动，促进了本国的贸易发展，使大批的本国工业制成品倾销到中国的市场上来。但是，当利益发生矛盾时，他们却无力对抗本国的垄断财团和国际形势的影响。

---

① 黄一农：《两头蛇：明末清初的第一代天主教徒》自序，上海古籍出版社，2006，第4页。

德璀琳在开平煤矿上的如意算盘落空和汉纳根在一战中失去井陉煤矿，都说明：侨民是帝国主义殖民侵略的工具，而不是最大和最根本的受益者。

本书并不是一部传记，因为这需要有两位传主全面、连续的资料，比如档案、日记和通信等。而德璀琳、汉纳根作为李鸿章的幕僚，更多时候更多活动是在幕后秘密地进行，这使研究者很难从政府所保管的档案中得到翔实有用的信息。加之，两人的活动距今已有100多年的时间，德璀琳的宅邸又曾在义和团运动中被烧毁，大批珍贵资料付之一炬，其后代手中仅存有一些1900年以后朝廷赐给的器物、勋章和一些股票、几份文件等，只有汉纳根的后代保存有一批其在华期间与家人的通信，从中可以找到二人部分活动的线索。

本书作者除了利用天津市档案馆有关德璀琳任职海关税务司期间的工作档案之外，还在近代天津博物馆的大力支持下，多次赴海外与德璀琳后代进行联系，搜集他们所保存的珍贵的私人信函和照片等。这使本书有可能厘清德璀琳、汉纳根二人在中国一生的事业发展和主要活动，勾勒出他们的性格特征，分析和评价他们对自强运动所发挥的重要作用，给予他们在近代中西文化交流史上应有的地位。在此，谨对近代天津博物馆致以最诚挚的谢意！

第一章 清末洋务运动与洋顾问

第一节 德璀琳其人及其早期经历

谁是德璀琳?

德璀琳(1842～1913),德国北莱茵－威斯特法伦州(Nordrhein-Westfalen)人,一生中绝大部分时间在中国度过。他是海关总税务司英国人赫德(Robert Hart)最重要的下属之一和主要的竞争对手,曾长期作为直隶总督兼北洋大臣李鸿章的私人顾问(幕友)而参与李的各项洋务活动。德璀琳在中国近代史上是一位有着重要影响的在华外国人,在促进中西文化交流和中国现代化进程中都曾发挥重要的作用。

作为李鸿章最重要的幕僚之一,自1876年开始,德璀琳任职津海关税务司22年,几乎与李鸿章任职直隶总督兼北洋大臣的时间一样长,也几乎参与了李的各项洋务活动,并由此涉足中国近代经济、政治、军事、外交、文化等

图1－1 德璀琳像

各个方面。他被认为是一个能对李产生重要影响的洋顾问。德璀琳在海关的下属庆丕（Paul King）曾记述："他与总督（李鸿章）都喜欢玩政治。这位津海关税务司常被召到衙门里去参加'彻夜'的商谈。"① 另一位海关同事安格联（F. A. Aglen）评价道："……李鸿章的地位是如此令人生畏，以至于德璀琳是唯一敢告诉他不中听的真话的人。"② 一位熟悉他的外国人评价他对李鸿章外交活动的重要影响，认为"25 年来他几乎是中国实际上的外交部长，因而，北京的外交使团成员如果不先来天津会见德璀琳先生与李鸿章，他们将不会有什么作为"③。在租界的外国人圈内，他被称作是"古斯塔夫大王"。德璀琳自己则形容李鸿章是"一只没有舵的航船"，而李鸿章在天津的时候，自己就是他的舵。④ 此话虽然有德璀琳自夸的成分，但是二人之间的亲密关系也是无可否认的。

作为清朝海关的税务司、总税务司赫德的得力下属，德璀琳服务海关 40 年，参与了海关的一系列重要活动。凭借自己的努力和才能，在进入海关 10 年后，德璀琳已经在海关主管层中拥有一个比较突出的地位。1873 年，他作为四个负责具体工作的税务司之一，代表中国政府第一次参加了维也纳世界博览会；1878 年他受赫德指派全权负责创办中国邮政事业，

① 摘译自 Paul King, *In the Chinese Customs Service: A Personal Record of Forty-seven Years*, New York: reprint, 1980, p. 74。
② 摘译自 William F. Tyler, *Pulling Strings in China*, London: Constable & Co. Ltd., 1929, p. 43。
③ 〔英〕雷穆森：《天津租界史（插图本）》，许逸凡、赵地译，天津人民出版社，2008，第 68 页。
④ 摘译自 Stanley F. Wright, *Hart and the Chinese Customs*, Belfast: WM. Mullan & Son Ltd., 1950, p. 511。

建立了中国近代邮政系统，并发行了中国第一套邮票——大龙邮票。由于李鸿章的要求，德璀琳没有像海关的其他税务司那样在海关的各个港口循环任职，而是成为赫德手下唯一不能随意调动的人。并且，在李鸿章的支持下，他成为赫德在许多方面的有力竞争者。赫德在给亲信金登干的密函中多次谈到德璀琳。尽管他反复强调只要德璀琳的所作所为有利于中国他就不会在乎，说"（海关）这个场所足够容纳一打领袖人物在其中活动"①，但他还是不得不提防极有才干的德璀琳对他位置的挑战。1885 年夏，李鸿章向清廷提议由德璀琳作为继任者接替被提名为英国驻华公使的赫德。赫德为了不让自己几乎一手创办的海关落入德璀琳和李鸿章手里，最终竟忍痛放弃了这个可以令他一生事业达到顶峰的职务而留任海关。这些事实都足以证明德璀琳在海关的地位和影响力。

作为在天津生活长达 36 年的外籍侨民、英租界董事局主席，并且由于与总督李大人"深厚而持久的友谊"，德璀琳在天津拥有极大的影响力，进而对近代天津的城市化进程产生了极其重要的影响。在德璀琳的建议和影响下，天津英租界得以几度扩张，他还因此被多次选举为英租界董事局主席，并长期担任海河工程委员会委员。在市政建设方面，他与大女婿汉纳根一起，参与整治海河、清淤疏浚，排干海河两岸沼泽、填埋地基，修建了天津第一条碎石子街道，建造了中国第一座市政大厦并修建了维多利亚花园，并通过以上举动使英租界成为天津各国租界中最大和建设最好的一个。在文化教育方面，他从

① 摘译自 Robert Hart, John K. Fairbank et al eds. , *The I. G. in Peking* , Cambridge, Massachusetts: The Belknap Press of Harvard University Press, 1976, letter 342 , 389, letter 493 , 563。

海关拨款创建了中国第一所大学北洋大学的前身——博文书
院，与他人一起创办了天津第一家英文报纸《中国时报》和
天津第一家印刷厂天津印刷公司，后来又合伙创办了中文
《时报》。在娱乐方面，他创建了天津赛马会，修筑了世界一
流的跑马场。当他在津去世时，在华北颇具影响力的《京津
泰晤士报》评价德璀琳说，"他对天津的持久繁荣所发挥的影
响简直是不可估量的。实在很难在我们的社会和公共生活中找
出有哪一阶段德璀琳先生没有投入很大的和有益的力量"，而
且"在将近四十年的时间里，他在华北占有如此独一无二的
和权威的地位，以致我们不可能在想到天津时不想到他"。①

1913 年 1 月 4 日，71 岁的德璀琳在天津自己的寓所病逝。
按照他的要求，他被葬在自己花园的一角，永远留在了这片他
视作家园的土地上。

成长于"欧洲的摇篮"

1842 年 12 月 28 日，德璀琳出生于德国西部的于利希市
(Jülich)，② 它属于北莱茵－威斯特法伦州，自 1815 年后被划
归普鲁士。德璀琳的父亲是一名普鲁士的公证师，母亲则是瑞
典人，德璀琳还有一个弟弟，他们一家于 1840～1850 年在于
利希市居住。

德璀琳家族虽然并非贵族，但以其父亲的工作，在当时的
收入至少可以使家庭生活水平达到中等以上。只可惜，父亲在
德璀琳只有 8 岁的时候便过世了。失去主要经济来源使家庭社

① 〔英〕雷穆森：《天津租界史（插图本）》，许逸凡、赵地译，天津人民出
版社，2008，第 69 页。
② 根据德国于利希市档案馆保存的德璀琳出生证明。

图 1 - 2　德璀琳出生时于利希市市政厅所在地，是一座建于
1548 年的古堡，德璀琳的出生证明在此颁发
（作者摄于 2011 年 8 月）

图 1 - 3　城堡内的市政厅（作者摄于 2011 年 8 月）

会经济地位下降，逐渐走向没落。父亲去世后，德璀琳的母亲只得带着孩子们回到亚琛市（Aachen）的娘家。他的外祖父是退役的亚琛第四卫戍步兵部队少校。① 德璀琳后来虽然没有从军，但是从他的家族传统来看，他对军事具有天生的热爱，也从不缺乏冒险和进取的精神。

图 1-4　亚琛古镇（作者摄于 2011 年 8 月）

亚琛与于利希相距甚近，同属于德国北莱茵-威斯特法伦州，靠近比利时与荷兰边境。它的面积更大，人口更多，经济上以机械制造、纺织和矿山设备生产为主。最重要的一点，那里是一个古都，曾是欧洲中世纪的权力中心。由于很早就发现有优质的温泉，又位于欧洲大陆的正中央，德国人、法国人和意大利人的祖先查理大帝（Charles the Great，或译为查理曼大帝、卡尔大帝）把法兰克王国的首都定在这里，800 年，他加

_____

① 《于利希报》（*Jülicher Kreisblat*）第 2 期，1913 年 1 月 8 日，第 3 页。

冕成为罗马帝国的君主。在中世纪时期，查理大帝统治着大半个欧洲，而亚琛作为帝国的首都，是其权力的中心，因而也被称为"欧洲的摇篮"。

图 1 – 5　亚琛大教堂（作者摄于 2011 年 8 月）

查理大帝在亚琛修建了恢宏壮观的大教堂，从 936 年至 1531 年，共有 30 位皇帝或者国王的加冕仪式在此举行。查理大帝还在这里为自己修建了豪华气派的皇宫，他的宝物，包括象征神圣和权力的《圣经》、剑、王冠等，也被从罗马和君士坦丁堡（今伊斯坦布尔）带到了皇宫，它们的存在增强了亚琛在德国乃至欧洲的重要地位。

德璀琳在亚琛上学一直到高中，这也是他的最后学历。学校位于大教堂和后来成为市政厅的皇宫之间。不知，在上下学的路上或者课余时，德璀琳曾经多少次独自或者与伙伴们一起，流连在已有 1000 年历史、印满查理大帝足迹的教堂和皇宫；多少次仰望教堂和皇宫高高的穹顶，遥想查理大帝金戈铁马、一统欧洲的光辉伟业；多少次让那些金光闪闪、炫耀着权力和欲望的宝物晃花自己的双眼……这些，又在他成长的少年心灵上烙下了怎样的印记？

德璀琳的学校虽然是一所教会学校，但讲授的课程颇为实用，除了宗教课程以及德语、法语、英语、意大利语和拉丁语以外，还设有数学、计算、绘图、物理、化学、地理、自然史、写作、声乐等课程。这为德璀琳一生的事业发展奠定了扎实的学识和能力基础。根据校方记载，德璀琳是一名非常出色的学生，并为高年级的学生写过作文（不知道这算不算是一种作弊行为）。①

图 1-6　教堂侧面（作者摄于 2011 年 8 月）

① 《于利希报》（*Jülicher Kreisblat*）第 3 期，1913 年 1 月 11 日，第 5 页。

图 1 - 7　收藏在查理大帝皇宫中的宝物（作者摄于 2011 年 8 月）

在德璀琳上学期间，学校发生了一件对学校和学生的发展产生重要影响的事情。学校董事会的保守派和改革派发生了激烈的斗争，保守派要求增加拉丁语而减少数学、计算、写作等课程的授课时数，最终保守派获胜。这导致了部分学生及家长的不满，一些人因此而退学。虽然未有资料说明，德璀琳是否因为这个而未能毕业，但是这一事件也肯定会对他的观念造成一定的影响，或许我们能从中找到德璀琳一生勇于改革、反对保守力量、追求实用性的精神源泉。

亚琛地处欧洲中心、交通要津，当地居民生活富足而眼界开阔。从 18 世纪开始，不少富庶的家庭开始收藏大量的东方艺术品，比如来自中国和日本的瓷器以及绘画作品。到 19 世

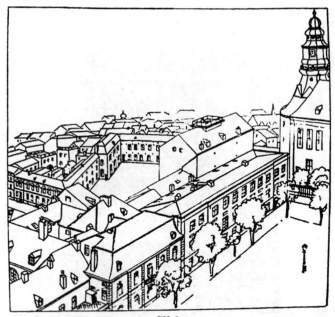

Abb. 1.

Die Höhere Bürgerschule, das spätere Realgymnasium zu Aachen mit seiner Umgebung.

Gezeichnet von Jos. Buchkremer.

In der Bildmitte der Schulhof mit den Bauten der ehemaligen Dechanei des Aachener Krönungsstifts. Links auf dem Klosterplatz die spätere Direktorwohnung, ein Neubau von Leydel. Rechts vom Schulhof das Aulagebäude mit dem Observatorium, ein Bauwerk von Ark. Daneben nach dem Ratschhofe zu die ebenfalls von Leydel erbaute ehemalige Karlschule, später ein Bestandteil des Realgymnasiums. Hieran schließt sich links die ehemalige Acht, das Gerichtshaus der Schöffen. Ganz links sieht man den Anfang der zur Münsterkirche gehörenden Kreuzgänge. Rechts der Marktturm des Rathauses, der beim Stadtbrande am 29. Juni 1883 zugrunde ging.

图 1 - 8　学校简图（绘于学校百年纪念册，作者摄于亚琛市档案馆，2011 年 8 月）

纪，许多一般的家庭也开始收藏甚至在日常生活中使用一些来自中国的外销瓷器。听着从马可·波罗时代流传下来的东方故事，观赏着这些既是艺术品又是时髦奢侈品的收藏品，生活在这样一种氛围中，很难不令生活在中下层、雄心勃勃而又缺少机会的年轻人心动神驰，对神秘东方充满遐思。据校方记载，还是一个小男孩的时候，德璀琳就对外国的事情很感兴趣。中学六年级时，德璀琳离开了在亚琛的市立学校，没有得到毕业文凭，也无法继续接受在当时普鲁士已倍受重视的高等教育。这使他不可能在本国获得一份像其先辈那样体面的工作，断绝了进入上层社会的机会。之后，他义无反顾地离开了祖国。

德璀琳首先来到比利时首都布鲁塞尔，进入一家丝绸店工作。再以后，他为《比利时星报》（*Etoile Belge*）工作，

图1-9　亚琛富裕家庭中使用的中国瓷器（作者摄于2011年8月）

当了一名记者。德璀琳热爱体育运动，业余时间里，他担任布鲁塞尔地区德国人体操协会的会长。① 在布鲁塞尔期间，他还结识了一个对他此生产生重要影响的英国人，就是这个人推荐他为中国海关工作。1865年4月德璀琳抵达中国，到海关正式任职。

德璀琳从事的这几样工作和活动对他的成长是一个很好的锻炼：记者的职业可以培养一个人人际交往的才能和敏锐的洞察力（或者反过来说，由于具有这样的天赋并显现了这种才能的苗头，他才得以当上记者），业余时间坚持体育锻炼使他具有了良好的身体素质和旺盛的精力，这也为他后来远赴条件艰苦

---

① 摘译自 Vera Schmidt, *Aufgabe und Einfluβdereuropaischen Berater in China：Gustav Detring（1842-1913）in Dienste Li Hung-chang*, Wiesbaden：Harrassowitz, 1984, p.6。

的中国奋斗打下了身体基础。德璀琳早期经历说明，他天生具有组织能力和领导欲，并且总是能够抓住机会使自己更进一步。

在海关崭露头角

1865 年 4 月，德璀琳初到中国海关，① 从此开始了在华一生事业的发展。此时，海关的人事行政大权已经完全由赫德一人独揽。1861 年春，赫德趁署理总税务司的机会，极力经营海关，利用总理衙门对自己的信任，将人事大权抓到手中。1863 年赫德被总理衙门正式任命为总税务司，"总税务司为海关行政之长官，对于关员之任免绌陟，掌握全权，为他国行政长官无比之独裁的行政长官"②。在信中，他不无得意地告诉金登干说："总理衙门对我说，'我们只认得您本人，您愿意怎么办就怎么办，但如果任何人出了错，您本人得负责'。"③赫德非常重视对于受过教育、有一定社会地位、有才能的各国年轻人的选拔。

德璀琳当初入选海关时，算不上是赫德所希望的理想人选。他的受聘更可能是由于他的国籍而非教育背景，因为他没有接受过高等教育。而在他被聘用的同年，即 1864 年，赫德请求曾任美国驻华公使的蒲安臣（A. Burlingame）帮助招聘三名合适的美国年轻人时，提出的要求是："年纪在 18 岁至 22

---

① 关于德璀琳来华时间，《近代来华外国人名词典》称是 1864 年，但《海关职员题名录》上记录他的"初到"时间是 1865 年 4 月。这里从后者说法。

② 〔日〕高柳松一郎：《中国关税制度论》，李达译，商务印书馆，1927，第 19 页。

③ 1881 年 11 月 6 日赫德致金登干第 876 号函件，陈霞飞：《中国海关密档——赫德、金登干函电汇编（1874—1907）》第 2 卷，中华书局，1990，第 651 页。

岁之间，受过大学教育，……要有一般良好的才能，良好的社会地位，工作勤奋。"① 显然，德璀琳仅能满足后三个条件。幸亏当时招聘高级人才到条件相对艰苦的遥远的东方并不是一件容易的事情，这样他才有幸中选。

自 1865 年进入海关后，德璀琳历任职务均为负责征税的海关内班职员。② 按照 1869 年 11 月 1 日颁布的《大清国海关管理章程》规定：海关内班职员第一次任命为三等帮办后班，以后按资历晋级；由三等提升到二等帮办再到头等帮办及副税务司，必须学习汉语，并通过相关考试，否则得在一个职位上连续服务不少于 6 年，才能得到提升；税务司职位之任命由总税务司从副税务司及头等帮办中遴选，不能熟练使用汉语者，不能任命为税务司。③ 按照赫德原先的预期，一个初入海关的

① 赫德 1964 年 6 月 25 日给蒲安臣的函件，附在蒲安臣 1864 年 7 月 5 日给西华德的 88 号函件，美国国务院档案（函件）第 21 卷，转引自〔英〕魏尔特《赫德与中国海关》，陈敉才、陆琢成等译，厦门大学出版社，1993，第 361～362 页。

② 不同时期，海关内班的人事编制不尽相同。1861 年赫德初次抵京时所呈的《通商各口征税费用》中规定的海关职员有：税务司、副税务司、帮办写字、扦子手、通事、书办、差役、水手，其中前三种为聘用洋员的内班职员，后五种为外班职员。1869 年 11 月 1 日颁布的海关总税务司署通令第 25 号，对海关内部建制进行了新的调整，在其附件《大清国海关管理章程》中规定，内班职员分为：税务司、副税务司、头等帮办前班、头等帮办中班、头等帮办后班、二等帮办前班、二等帮办中班、二等帮办后班、三等帮办前班、三等帮办中班、三等帮办后班。1875 年，总税务司署在《海关职员题名录》中对海关的组织机构和人员安排做了明确的记载，各口内班职员一般有：税务司、副税务司、头等帮办前班（A）、头等帮办后班（B）、二等帮办前班（A）、二等帮办后班（B）、三等帮办前班（A）、三等帮办后班（B）、四等帮办（A）、四等帮办（B）。

③ 1869 年 11 月 1 日海关总税务司署第 25 号通令附件，黄胜强：《旧中国海关总税务司署通令选编》，中国海关出版社，2003，第 85～92 页。

年轻人必须努力学习汉语，之后大约一年晋级一次，总共用 8 ~ 10 年的时间升到税务司的位置；而能力不足又不肯学习汉语者，只能凭资历晋升，即便苦熬十几年亦不能晋升至税务司。

从德璀琳 1865 年初入中国海关到 1872 年升任税务司，整整用了 7 年时间。① 在这 7 年中，德璀琳的就职简历如下：1865 年 4 月先后在烟台、淡水（台北）海关任供事；1867 年在津海关任三等帮办；1869 年 10 月升二等帮办；1870 年 1 月暂时代理淡水海关税务司；1871 年以二等帮办任淡水海关代理税务司，同年 7 月升头等帮办；1872 年 3 月署镇江海关税务司。

德璀琳刚进海关时只是一个未列等的供事，2 年之后才当上三等帮办。但是他没有等到再连续服务满 6 年，而只过了 2 年即升至二等帮办。这就意味着，从初入海关到升任二等帮办的 4 年多时间里，他一直在刻苦学习汉语，之后顺利通过了包括汉语考试在内的所有考试，从而得以提前晋升。而两次在台湾的任职对德璀琳来说意义尤为重大。1862 年 6 月（另一说为 1863 年 5 月），淡水海关正式开关。德璀琳第一次到台之时，清廷又陆续在鸡笼（今基隆）、打狗（今高雄）、安平（今台南）等地设立了海关，而以淡水总理台湾关务。在海关任职早期，德璀琳在台湾待的时间是最长的，这个阶段也是台湾海关各口开放之初关务初兴、诸事待举的时期，虽然条件艰苦、工作繁重，但这为他全面学习掌握各种相关知识、拓展海关业务提供了大好的机会和施展才能的舞台。正是第二次在台

---

① 1869 年的《大清国海关管理章程》规定："供职满七年后，自期满后任何一年之四月一日起准予长假二年，支半薪。"

湾淡水海关任职期间，他几乎一年一个台阶向上晋升，在来到中国7年后的第一个回国长假到来之时，就已经爬上了海关税务司这个令人艳羡的职位。这一年，德璀琳30岁，正好是孔子所说的"三十而立"。

图1-10　淡水海关税务司官邸，建于1870年德璀琳任期内，今称"小白宫"（作者摄于2010年8月）

图1-11　1867年的打狗（高雄）港

与海关中同时期其他税务司的升迁速度进行比较，可以对
德璀琳的工作能力有更清晰的认识。根据 1875 年的《海关职
员题名录》，与德璀琳前后一年内进入海关的内班职员有杜德维
(E. B. Drew)、廷得尔（E. C. Taintor）、吴德禄（F. E. Woodruff）、
薄郎（H. O. Brown）、哲美森（C. Jamieson）、许妥玛（T. F. Rug-
hes）、马根（F. A. Morgan）、班谟（J. L. Palm）、李辉华（L. Le-
febvre）等 9 人。① 从进入海关到 1875 年，杜德维仅用 3 年时
间就升任税务司，德璀琳和吴德禄用 7 年，廷得尔用 8 年，薄
郎用 10 年；哲美森用 8 年时间升到副税务司；许妥玛、马根、
班谟用 9 年时间升至头等帮办；李辉华用 6 年时间只升至二等
帮办。其中杜德维毕业于美国哈佛大学，廷得尔毕业于纽约联
合学院，吴德禄毕业于耶鲁大学。② 考虑到德璀琳既没有亲友
在海关做靠山又没有接受过高等教育，能在 7 年内升任税务
司，这个成绩可以说是相当不错的。

第一次回国休假

1873 年德璀琳在海关任职已满 7 年，他被批准首次回国
休假 2 年。此次休假可谓公私兼顾，除了回家探亲以外，深受
赫德器重的德璀琳还被指派参加了在维也纳举办的国际博览
会，这是中国第一次参加国际博览会，也是德璀琳登上人生更
大舞台的开始。

1870 年，奥匈帝国政府决定继英国伦敦国际博览会和法

---

① 孙修福：《中国近代海关高级职员年表：1861—1948》，中国海关出版社，
2004，第 3~5 页。

② 〔英〕魏尔特：《赫德与中国海关》，陈敉才、陆琢成等译，厦门大学出
版社，1993，第 362 页。

国巴黎国际博览会后，于 1873 年 5 月 1 日在维也纳举行国际博览会，并邀请中国参加。由于对万国博览会的情况一无所知、对全国商务商情也了解不多，总理衙门责成赫德筹办此事。从 1870 年底开始，赫德就通知各口岸税务司准备土特产做展品，并指定广州税务司包腊（E. C. Bowra）到各口岸催办，届时由德璀琳、葛德立（W. Cartwright）、杜德维、汉南（C. Hannen）和包腊组成代表团到维也纳代表中国参加。奥匈帝国与德国同属德语系国家，母语为德语的德璀琳在此次展会上，正可以大展身手。在德璀琳等人的努力之下，代表团的组织工作卓有成效，中国展品在这次展览会上获得各国好评。后来，奥地利政府给与会的德璀琳等人发了勋章，① 清政府也对德璀琳等人"赏给三品衔"以示奖励。② 从此直到 1905 年止，中国海关承办大小规模不等的博览会 25 次左右。

由于在维也纳展会上的出色表现，在 1878 年举办的巴黎博览会的组织活动中，德璀琳又发挥了极为重要的作用。他不仅负责为展会准备展品，而且负责中国馆的设计和布置北方展品。他甚至还想到了一个绝妙的主意，建议在巴黎展览会上开设中国饭店，将中国美食介绍到欧洲的美食大国——法国。尽管赫德当时认为，"这个建议恐怕很难实行，因为派出厨师、堂倌，运送烹饪用具、调味汁和中国菜肴的各种调料、原料等等，是极其麻烦的"，而且经费有限。然而，他也认为，"巴

① 赫德致金登干第 62、21 号信函，陈霞飞：《中国海关密档——赫德、金登干函电汇编（1874—1907）》第 1 卷，中华书局，1990，第 39、99 ~ 101 页。

② 1878 年 2 月 20 日海关总税务司署第 46 号通令及附件，黄胜强：《旧中国海关总税务司署通令选编》，中国海关出版社，2003，第 223 ~ 225 页。

黎也许是世界上做这样一个尝试的最好的地方——他们能够制作出多么引人入胜的菜肴供人们品尝啊！"直到1883年赫德筹办在伦敦举办的渔业展览会（又称食品博览会）中国展区时，这个设想终于变为现实，所以德璀琳应当是将中国美食介绍到近代西方的创意人。由于展览的成功，巴黎博览会授予德璀琳"荣誉军团"军官的称号。① 之后他还参加了1879年的费城博览会的策划和准备工作，展现了非常卓越的组织才能。② 这是后话。

此次回国，对德璀琳来说也算是荣归故里。作为一位年薪2000多英镑、前途无量的年轻中国海关税务司，德璀琳有理由骄傲地面对成长的家乡亲人和儿时的伙伴。此时的中国海关在赫德苦心经营之下，已经名声大振。中国海关的工作薪酬待遇优厚，对西方人是颇具吸引力的。1869年海关规定，一名税务司的年薪为6000～9000两，合2000～3000英镑。此外，内班职员工作7年后可享受2年拿半薪的休假，并准予报销本人及家庭成员（5名以内）返程路费的一半。税务司、单身的副税务司和帮办还可以安排宿舍，已婚的副税务司和高级帮办则给予房租补贴，内班和外办职员都享受免费医疗。③ 这样，

① 赫德致金登干第385、390、393、399、391、403、406、534、537、1156号信函，陈霞飞：《中国海关密档——赫德、金登干函电汇编（1874—1907）》第1卷，中华书局，1990，第605、617、619、625、637、643、645、650页；第2卷，1990，第133、136页；第3卷，1992，第448～453页。

② 1879年11月7日赫德致金登干第630号信函，陈霞飞：《中国海关密档——赫德、金登干函电汇编（1874—1907）》第2卷，中华书局，1990，第258页。

③ 1869年11月1日海关总税务司署第25号通令附件《大清国海关管理章程》，黄胜强：《旧中国海关总税务司署通令选编》，中国海关出版社，2003，第85～92页。

在海关工作的人，"其薪水和其他进项加起来要远超西方外交部门，再加上中国廉价的住房、食品和仆人，一个精打细算的家伙就能节余下他的一半薪水，并计划提前退休"①。

回到德国后，德璀琳首先用在中国积攒下的薪金，为母亲在亚琛租了一处大房（这里也是他婚后的新房）。在维也纳，德璀琳还获得了一份美妙的爱情，他结识了当地的一位富家小姐。既是薪水丰厚的中国海关官员，又刚刚在维也纳博览会上获得了国际声誉、证明了无量的前程，仪表堂堂、器宇轩昂、能言善辩的德璀琳很快俘获了小姐的芳心，两人闪电结婚。据德璀琳后代说，这位小姐与欧洲最大的财阀罗斯柴尔德家族也有亲属关系，后者为德璀琳日后在欧洲的一系列活动提供了可靠的财务担保。至此，德璀琳来中国发展后的第一个阶段，凭借勤奋的个人努力、凭借卓越的能力，善于捕捉和利用机会，终于取得了引人瞩目的成就，并且成家立业。

说英语的在华德国侨民

德璀琳出生的那一年正是中国近代史上第一个不平等条约——《南京条约》签订的同一年。从那时开始，中国古老的大门逐渐被打开，越来越多的西方人涌入中国，其中也包括来自当时尚未统一的德意志商人。在近代，尽管早在18世纪，由普鲁士国王腓特烈二世特准设立并从中分红的"普鲁士王家艾姆敦对华亚洲贸易公司"，就从普鲁士派船到中国，进行茶叶、生丝、丝织品和瓷器的贸易，但是，直到第一次鸦片战

---

① 〔美〕斯特林·西格雷夫：《龙夫人：慈禧故事》，秦传安译，中央编译出版社，2005，第134页。

图 1 – 12　德璀琳在中国海关工作后，用薪金为母亲在亚琛租了
这座古建筑附近的房子，现已不存（作者摄于 2011 年 8 月）

争英国战胜中国后，即将打开一个拥有 3.5 亿顾客的市场，中国才引起了普鲁士的注意。①

　　第一次鸦片战争之后的 20 年中，野心勃勃的德意志商人纷纷前往中国。1849 年初在中国只有 33 名德意志人，纯粹由德意志商人经营的商行只有 4 家。而此后，越来越多的德意志商人在条约中所规定开放的通商口岸以及香港定居开业。1860 年，也就是德璀琳离开中学到比利时首都工作的前后，当普鲁

---

① 〔德〕施丢克尔：《十九世纪的德国与中国》，乔松译，生活·读书·新知三联书店，1963，第 47～48 页。

士东亚考察团到中国时，他们发现差不多所有通商口岸都有德意志商行。①

勇于冒险的航海家更是走在前面。19 世纪 50 年代，汉撒同盟城市特别是汉堡的船，在中国沿海航运中占有重要地位。根据汉堡领事的报告，1853 年有 25 只汉堡的船和 9 只不来梅的船、1855 年有 39 只汉堡的船和 10 只不来梅的船，驶入香港以及广州附近的黄埔；1856 年有 90 只汉堡的船驶入香港。普鲁士考察团成员于 1861 年在天津为欧洲人新开放的停泊地见到 15 只汉堡的船、4 只不来梅的船和 6 只其他国家的船。据他们估计，从事中国沿海贸易的德国船为 200 只，中国沿海航运绝大部分被操控在德国人手里。②

中德《天津条约》的签订为德国商人进入中国市场扫清了障碍。该条约仿效英、法与中国签订的条约，承认德国商人享受与其他列强一样的低税则；德国公民获准在为外商开放的口岸居留及在该处经营工商业、购置或租赁土地房屋、修建教堂以及在通商口岸之间用他们的交通工具运载货物往来；中国政府保证保护德国侨民以对付中国民众的袭击；只有德国领事有权逮捕及处分德国侨民；中国政府应对任何德国人与德国人之间或德国人与其他外国人之争执不加干涉；德国军舰允许开往中国所有通商口岸。条约签订后不久，在天津，不晚于 1862 年 4 月，就已经至少有一位德国商人来到这里经商了；他于 1863 年 2 月 12 日被任命为普鲁士皇家驻津领事代办处的

---

① 〔德〕施丢克尔：《十九世纪的德国与中国》，乔松译，生活·读书·新知三联书店，1963，第 47～48 页。

② 〔德〕施丢克尔：《十九世纪的德国与中国》，乔松译，生活·读书·新知三联书店，1963，第 47～48、50～51 页。

领事。① 1870 年上海有德国人 138 人，仅次于英国人和美国人，在外侨人数中排第三位。②

德国社会中，一些出身中下层家庭的青年也来到中国寻找机会。第一次鸦片战争之后的"十五至二十年以来，有进取心的青年商人纷纷前往东印度和中国去，他们通常除了精神上的资本而外，别无其他资本"。由于英国是在华贸易量最大最具影响力的国家，通商口岸的英国洋行最多并且能提供更多的就业机会，所以这些来华的德国青年往往受雇于英国洋行。他们在这些英国洋行工作几年，熟悉了当地情况并积攒了一定的资本后，再开创自己的事业。所以，通常他们跟英国的联系比跟本国更密切。"最初可能主要是高工资打动了他们，对可以录用的职员，大的英国商行给三千至四千塔来尔。他们在这些位置上做上几年，从小的、店主允许他们做的副业中赚到一些钱，熟悉了当地的情况，并且利用这些为日后自己独立创业的基础。"据说，差不多所有在中国的德国商行都是用这种方法创立起来的。③

这些德国洋行通常与德国的关系并不广，而往往和英国商行保持密切的关系并用英国的资本来周转。甚至于，一家德国瑞生洋行长期作为英国阿姆斯特朗军火厂的在华代理人进行商业活动。同英国密切的商务关系，在英国的优势下所过的生活，以及经常与那些充满了强烈的资产阶级民族自豪感的英国

---

① 〔英〕雷穆森：《天津租界史（插图本）》，许逸凡、赵地译，天津人民出版社，2008，第 38 页。

② 熊月之等：《上海的外国人（1842—1949）》序言，上海古籍出版社，2003，第 3 页。

③ 〔德〕施丢克尔：《十九世纪的德国与中国》，乔松译，生活·读书·新知三联书店，1963，第 48～49 页。

人接触，产生了一种奇怪的结果——德国商人中有许多人很快地模仿了英国的社交方式，甚至在彼此交际时讲英语。一直到19世纪90年代，相似的状况仍然存在于上海、天津等德侨聚居的地方。[①]

"没有祖国的冒险家"

德璀琳正是在这样一种背景下来到中国。他与这些通商口岸中的外国侨民一样，为了生存和发展而孜孜以求，并且跟英国的关系比跟本国的关系更为亲密。与遥远的祖国相比，英国所给予的机会和保护是更为实在的依靠，中国各地通商口岸的非英籍欧洲侨民，为了自身生存发展自然而然地选择了这种"自私自利"的亲英行为，当然也引起了国内同胞的强烈不满和鄙视。

虽然倍受在华外国侨民的推崇和李鸿章的重用，但德璀琳在其本国并未受到政府的特别重视，只有普鲁士王国曾授予他一枚二等王冠勋章，而统一后的德意志第二帝国却从未给过他任何荣誉。同他在中国和世界所获得的地位和荣誉相比，并考虑到他的老竞争对手赫德在英国所得到的荣誉，这显然是非常令人尴尬的。

德璀琳在德国的坏名声来自那些驻华使节。德国驻华公使巴兰德（M. v. Brandt）在成为德璀琳的朋友前，曾经很不友好地批评德璀琳："像很多在外国的德国人一样，德璀琳属于那种没有祖国的冒险家。他和其他人一样，曾经有很长一段时间以中国人自居，并且很明显地拒绝参加在天津的德国战舰上

---

① 〔德〕施丢克尔：《十九世纪的德国与中国》，乔松译，生活·读书·新知三联书店，1963，第49页。

举行的庆祝德皇和皇后生日的庆典，而其他德国人都以能参加此庆典为荣，德璀琳的这种行为看上去好像不属于他本来的国家一样。"① 巴兰德的继任者绅珂（G. v. Schenk zu Schweinsberg）虽然客观地认为，在德国与中国的利益关系上，德璀琳是完全中立的。② 但绅珂很快被调走，他的继任者海靖男爵（E. v. Heyking）更是处处与德璀琳为敌。"在海靖眼里，德璀琳是一个不可信任、处处想着自己和哥儿们利益的中国化了的德国人。"③ 海靖不能理解，"一个德国人如何能够为一个国家服务 30 年，而这个国家的人民是他很不喜欢并且也是以一种非常傲慢的眼光来看待的，他还形容中国人为没有'血性的民族'，既没有能力交朋友也不懂得仇恨"④。海靖的敌意影响

---

① ADAA, China 7, Bd. 1, Ber. A 103, v. Brandt an Bismarck, 17. 5. 1886, 转引自 Vera Schmidt, *Aufgabe und Einflußdereuropaischen Berater in China: Gustav Detring (1842 – 1913) in Dienste Li Hung-chang*, Wiesbaden: Harrassowitz, 1984, p. 83。

② Vgl. dazu z. B. den in Anm. 427 zitierten Bericht Schencks zur bevorstehenden Reise Li Hung-chang, Herr Detring beschäftigt sich gern mit Fragen der Höheren Politik, geht aber darin bisweilen seine eigenen Wege. Er gilt als ein unabhängiger, durchaus ehrenhafter Charakter, ADAA, China 9/2, Bd. 4, Ber. A 26, Schenck an Hohenlohe, 29. 2. 1896, 转引自 Vera Schmidt, *Aufgabe und Einflu. βdereuropaischen Berater in China: Gustav Detring (1842 – 1913) in Dienste Li Hung-chang*, Wiesbaden: Harrassowitz, 1984, p. 83。

③ Hallgarten, a. a. O., Bd. I, Privatbrief v. Heykings v. 4. 12. 1896, 转引自 Vera Schmidt, *Aufgabe und Einflußdereuropaischen Berater in China: Gustav Detring (1842 – 1913) in Dienste Li Hung-chang*, Wiesbaden: Harrassowitz, 1984, p. 83。

④ ADAA, China 4/1, Bd. 2, Ber. A 56, v. Heyking an Hohenlohe, 27. 3. 1898. Vgl. dazu auch seine Stellungnahme zu Detrings Memorandum im Anhang, 转引自 Vera Schmidt, *Aufgabe und Einflußdereuropaischen Berater in China: Gustav Detring (1842 – 1913) in Dienste Li Hung-chang*, Wiesbaden: Harrassowitz, 1984, pp. 83 – 84。

和阻挠了德璀琳的诸多计划，为此，德璀琳不得不于1898年委托自己的大女婿汉纳根到外交部提出抗议。

德璀琳虽然与德国来的使节们关系不那么友好甚至彼此敌视，但是他与本国的工商界却关系密切。他与德国军火商们建立联系，主要是通过汉纳根父子。德国军火输往中国开始于19世纪60年代，李鸿章在1875年就从德国军火商代表李迈尔手中购买过一套野战炮队的装备。对于刚刚在中英烟台谈判中得到李鸿章赏识的德璀琳来说，当时还没有那么大的影响力来直接介入李鸿章与德国军火商之间的军火买卖。这个时期李鸿章与德国之间军火贸易的主要推手是德国驻华公使巴兰德及其手下的天津领事馆。在英国驻华外交官看来，巴兰德"经常强迫中国人购买德国武器"①，他利用自己与李鸿章的亲密关系，抓住中俄伊犁危机和中法战争所造成的机会来为克虏伯、伏尔铿等德国大军火商推销大批军火。

虽然此时的德璀琳地位尚无法与巴兰德相抗衡，但是军火贸易的巨大利润是德璀琳不可能弃之不顾的。于是，德璀琳在1880年利用向李鸿章推荐老朋友汉纳根做其私人军事顾问的机会，增强对李鸿章在武器购买方面的影响力。很快，汉纳根就成功说服李鸿章订购了1000支步枪。接着，汉纳根又劝说李鸿章进一步购买15万支步枪，汉纳根父子将从中赚取总价款的20%的佣金（不过这笔军火买卖最终没能成功）。②

---

① 〔德〕施丢克尔：《十九世纪的德国与中国》，乔松译，生活·读书·新知三联书店，1963，第107～108页。

② 摘译自1880年6月27日汉纳根致其父母的信函，Constantin von Hanneken, *Briefe aus China: 1879–1886; als deutscher Offizier im Reich der Mitte*, Köln: Böhlau Verlag GmbH & Cie, 1998, pp. 84–87。

总的来说，在中法战争之前，德璀琳的威望还不足以达到能够为其谋取巨大利益的程度，特别是他的背后并没有德国政府的支持。当 1880 年 7 月德璀琳谋求取代赫德成为海关总税务司的时候，支持他的只有李鸿章，而德国政府并没有让德璀琳取赫德而代之的打算。

一八九五年之后

1895 年的中日甲午战争是中国近代史上的一个转折点，也是德璀琳和汉纳根个人事业的转折点。甲午战争彻底暴露了清政府的软弱无能，使列强掀起了瓜分中国的狂潮。李鸿章开始逐渐失势，本来以李鸿章为靠山的德璀琳与汉纳根也失去了原来的价值。在帝国主义列强可以肆无忌惮地侵略瓜分中国的情况下，谁还需要中间人呢?!

德璀琳失去了他原本有限的作为德国在华利益维护者的价值。他对祖国本来的那一点忠诚也全部转化为对个人利益的追求。在 1897 年时，他还坚决地反对盛宣怀利用比利时财团资本修筑卢汉铁路的计划；而到了 1899 年，德璀琳就决定与有比利时、法国等国财团背景的东方辛迪加合作，共同侵占开平煤矿。这个转变如此之大，除了涉及个人的巨大利益之外，是不可能有别的解释的。

对日战争的结果之一，是使清政府认识到铁路的重要性。战后，李鸿章和张之洞建议修建一条贯通南北的铁路干线。1896 年，当李鸿章访问比利时会见利奥波德二世时，就卢汉铁路的修筑问题进行了商谈。1896 年 10 月 12 日，中国铁路督办大臣盛宣怀建议，允许外国金融资本家参与修筑卢汉铁路，但外国资本家必须是对中国没有政治野心的国家的，如美国或比利时。皇帝批准了他的建议。作为李鸿章的下属，盛宣怀的这项建议不过是执行李鸿章在欧洲时所制订的计划而已。最后，俄法两国均参与了比利时的筑路计划。

德璀琳希望在中国成立一个结合英国利益的类似海关的铁路总局，而自己成为总铁路司——一个与赫德同等地位的在华外国人。为此，他一直在游说李鸿章修建铁路。早在19世纪70年代，德国人就对在中国修建铁路以与欧洲铁路相连接极感兴趣。作为铁轨生产商，克虏伯曾命其营业经理部在一封致李鸿章恭贺其被任命为大学士的贺信中"提及铁路"，但是此后并无进展。① 20年后，克虏伯兵工厂甚至还送了一套小型的铁路模型给李鸿章作为礼物。身为德国人的德璀琳自然不能容忍盛宣怀那份排除了德国利益尤其是排除了自身利益的合同。

在这份合同批准以前，德璀琳向皇帝递了一个条陈说，铁路督办大臣盛宣怀"骑在虎背上，四面张望，而没有一点获得帮助的希望；他抱着宰割人民供老虎饱腹的主意。比利时是一个富有的小国，但是，它同中国的贸易是微不足道的，并且这两个国家之间没有很大的交情。他们怎么会突然把这么大的一笔款额借给中国呢？法国人实际是这件事情的主使人，并且有俄国人帮助他们，……俄法的目的是要获得中国中部地区"②。但是，由于俄国和法国在甲午战争后成为中国的最新盟友，总理衙门和李鸿章得到了俄国代表提出的俄国政府的保证以对抗列强的反对，因此德璀琳的阻挠没有成功。

未几，在八国联军入侵期间，为了占有开平煤矿，德璀琳

---

① 〔德〕施丢克尔：《十九世纪的德国与中国》，乔松译，生活·读书·新知三联书店，1963，第95～96页。

② 《北华捷报》1897年9月10日，〔英〕菲利浦·约瑟夫：《列强对华外交：1894—1900》，胡滨译，商务印书馆，1959，第166页。

却决定主动引进比利时的资本。这时他所列举的理由竟然跟他先前反对盛宣怀向比利时借款的理由如出一辙——"比国作为财政来源有很大的重要性，同时也可以作为一个兴办事业的政治力量，因为它是个很小的国家，而不是个侵略的国家"，并且比利时的金融家多半和德、法、俄的财团有关。①

这说明，从中国在中日甲午战争中战败并由此而面临列强的瓜分可能，到 1900 年八国联军入侵中国实际面临列强的瓜分，德璀琳的思想经历了一个巨大的转变：一开始他极力想要保全中国，但之后他预计"中国将被列强瓜分，会出现多年的无政府状态"②，于是他就完全抛开清政府的利益，转而一心一意地为自己家族的利益打算了。

德璀琳与德国的对华殖民政策

在"铁血宰相"俾斯麦的领导下，德国通过三次对外战争得到统一，而统一后的德国很快走上掠取海外殖民地、争夺世界霸权的道路。尤其是 1888 年威廉二世登基后，迫不及待地要使德国从一个欧洲强国上升为一个世界强国，国王及其一部分大臣们"也要属于自己的那太阳下的一席之地"。③

---

① 1905 年 2 月 3 日墨林在伦敦高等法院的证词，熊性美、阎光华：《开平煤矿矿权史料》，南开大学出版社，2004，第 51 页。
② 〔德〕奥托·冯·俾斯麦：《思考与回忆：俾斯麦回忆录》第 2 卷，杨德友、同鸿印等译，生活·读书·新知三联书店，2006，第 45～49 页。
③ 这一说法出自德国政治家伯恩哈德·海因里希·卡尔·马丁·冯·比洛（Bernhard Heinrich Karl Martin von Bülow, 1849～1929, 1900～1909 年任德意志帝国总理）于 1897 年 12 月 6 日德国国会辩论发表的声明："让别的民族去分割大陆和海洋，而我们德国满足于蓝色的天空的时代已经过去了，我们也要求阳光下的地盘。"这一说法之后成为被广泛使用的名言，它被看作是对一战前德国之世界强国野心的生动隐喻。

在德国统一之前，俾斯麦清醒地认识到德国地处中欧、三面环敌的不利地理形势，欧洲大陆上的强国法国和俄国，包括隔海相望雄踞世界霸主地位的英国，都不希望看到在欧洲大陆的心脏位置出现一个新的强大的国家来破坏欧洲的均势。① 因此俾斯麦认为，即便在统一后的一定时期内，也应当推行"大陆政策"，把注意力集中在欧洲大陆，注意与俄国的友好关系以防止俄法结盟，对世界霸主英国则分外小心不去招惹，避免过早卷入海外殖民地的争夺。所以，德国虽然在一定程度上参与了列强争夺殖民地的狂潮，但是其主要目的是获取德国的海外商业基地，为同其他强国商人进行竞争的本国商人提供保护，并维持国内高涨的民族主义热情以便因势利导促进国内统一安定。

虽然俾斯麦反对夺取殖民地作为德国移民海外的居住点，但他并不是真的反对殖民主义。事实上，在蒲安臣代表清政府访问欧洲时，俾斯麦还与蒲安臣秘密地讨论过关于在中国获得一个海军基地的想法。接着，在1870年俾斯麦再次秘密地要求德国驻华公使与美国驻华公使商议，在不引起同美国竞争的情况下在鼓浪屿或者舟山群岛取得一块海军基地。② 可以说，德璀琳在中国的亲英行为，与俾斯麦对英国的态度是不相违背的；而他在1895年以前对俄法联合扩大在华利益的防范，也与俾斯麦的大陆政策是完全一致的。

---

① 1870年4月2日俾斯麦关于获得一个海军根据地的命令，〔德〕施丢克尔：《十九世纪的德国与中国》，乔松译，生活·读书·新知三联书店，1963，第332~334页。

② 〔德〕施丢克尔：《十九世纪的德国与中国》，乔松译，生活·读书·新知三联书店，1963，第91页。

然而，威廉二世登基后，俾斯麦被迫于 1890 年辞职。独掌大权的威廉二世一改俾斯麦稳健灵活的对外政策，命令"全速前进"，从"大陆政策"转而推行"世界政策"，加入列强间对海外殖民地的霸权争夺。在中国，1896 年德国为扩大对华影响力，与列强争夺在华势力范围，联合俄法，三国干涉日本归还于中日甲午战争中占领的辽东半岛。德国借机于 1897 年占领胶东半岛，在青岛建立起它的"模范殖民地"。直到第一次世界大战结束，德意志第二帝国崩溃，它对中国的殖民活动才告终结。

在德国的对华殖民活动中，德璀琳是发挥了一定作用的。但是他的思想与其本国的殖民政策并不始终相一致，这一点很耐人寻味。1872 年施陶煦（A. v. Stosch）在国会提出的报告中提到在长江附近的镇设立一个德国居留地的计划。这个计划是由时任镇江关税务司的德璀琳发起的，此项计划引起了热心殖民的上层统治者的关心。当时还是皇储的威廉二世请首相俾斯麦认真研究这个计划，但是首相坚持，做这种事的时机还未成熟。俾斯麦的反对出于以下几方面的顾虑：一是预料中的中国政府和人民的反抗；二是德国国内大部分资产阶级的反对；三是德国建国以后与欧洲各国的关系。①

然而，20 多年后，当 1896 年德国政府向到访德国的清政府代表李鸿章提出，作为对德国于三国干涉日本还辽所提供的帮助进行补偿而允许德国在中国建立基地这个问题时，陪同李鸿章一起出访的德璀琳却提出了强烈的反对意见。他的建议

---

① 〔德〕施丢克尔：《十九世纪的德国与中国》，乔松译，生活·读书·新知三联书店，1963，第 91 页。

是，清政府主动将胶州湾开放为通商口岸，转让使用权，以免被迫割让土地；德国资本界则获得开发贸易基地的可能并可打开内陆市场，而德国海军也可以在维护中国领土完整及主权的前提下在那里修建船坞和码头。最终，德璀琳这个"道德获取"的计划却两头落空：清政府总理衙门的大臣们埋怨，正是德璀琳引起了德国人对胶州湾的注意；而德国政府显然也对保持中国的领土完整并不感兴趣。①

德璀琳并不是在华侨民中唯一遇到这种尴尬处境的。身为侨民，他们既希望本国在华拥有强大的影响力从而有利于自己在华的商业利益和保证人身财产安全；出于同样的考虑，他们也希望本国在保持优势条件下能与中国政府尽量友好。同时，侨居中国多年，他们或多或少地对中国产生了一定的感情，对中国所遭遇的列强侵略给予了一定的同情，这使他们不愿看到中国沦为在宗主国面前毫无地位、饱受压榨和奴役的殖民地。为此，德璀琳等在华侨民一方面尽其所能地使中国最大限度地开放其市场，一方面最大限度地维护其独立地位。

然而，在近代列强与中国优劣明显的实力较量中，在帝国主义垄断财团来势汹汹的掠夺下，在殖民主义赤裸裸的蚕食侵略面前，他们的愿望，无论是出于道德的还是利己的，却总是落空，并且显得那么不合时宜。正如德国学者施密特所指出的："在帝国主义时代，在距离列强，尤其是德国，可以不费一枪一炮就迫使中国割让土地仅剩一年半（此处指 1897 年 11 月 13 日德国通过胶州湾事件占领青岛距李鸿章访德的时间）

---

① 摘译自 Vera Schmidt, *Aufgabe und Einflußdereuropaischen Berater in China: Gustav Detring* (1842－1913) *in Dienste Li Hung-chang*, Wiesbaden: Harrassowitz, 1984, pp. 85－90。

的时候，仅仅是为了使一个其弱势对所有人都有好处的国家强大起来就主动放弃自己的经济利益和殖民扩张，这样的要求势必显得荒唐可笑。"①

随着中国一步步走向被列强瓜分的境地，德璀琳在中国的事业也开始走向衰落。作为一名侨民，从他踏上中国土地的那一天起，他的命运就已经与侨居国的命运紧密地联系在了一起。

第二节　汉纳根其人及其早期经历

谁是汉纳根？

康斯坦丁·亚历山大·斯特凡·冯·汉纳根（Constantin Alexander Stephan von Hanneken，1854～1925），德国人，中文名为汉纳根。他是德璀琳的朋友，也是他的大女婿。

汉纳根一生四次来华。第一次是1879年，25岁的普鲁士退役军官汉纳根来到中国，投身海防建设8年，载誉归国；第二次是1893年，这一次只待了2年，于甲午战争后失望而归；第三次是1899年，在天津创业20年，于第一次世界大战结束后被遣送回国；第四次是在1922年，这一次直到1925年3月在天津去世。他在中国一共生活了33年，把最好的黄金年华与中国、与天津紧紧地联结在了一起。

汉纳根一生对中国的最大贡献是参与了中国近代军事改

---

① 摘译自 Vera Schmidt, *Aufgabe und Einflußdereuropaischen Berater in China: Gustav Detring*（1842–1913）*in Dienste Li Hung-chang*, Wiesbaden：Harrassowitz, 1984, pp. 77–78。

革，包括海防建设和近代新军的编练。汉纳根用长达 8 年的时间，苦心营造了达到当时国际先进水平的旅顺和威海卫炮台。中日甲午之战，汉纳根亲历了"高升号事件"，之后以北洋海军督察的身份参加了甲午海战，临危受命并在激战中受伤。战后，光绪皇帝授予他提督衔（清军"提督"衔相当于将军）。他最早提出全部以西式训练方法和西方先进装备编练十万新军，尽管

图 1 - 13　汉纳根肖像

不久后他离开了小站，但是这并没有改变清政府乃至后来的民国政府以德国陆军为榜样进行军事改革的既定方针。尤其在袁世凯小站练兵的计划书中，我们不难找到汉纳根建议的影子。

汉纳根与他的岳父德璀琳一样，是清朝末年来华"淘金"的众多外籍侨民的典型。他一生的事业皆系于侨居地——中国的命运，他们的命运应清末的洋务运动而起，漂洋过海来华定居，受聘于清政府，参与洋务运动方方面面的改革。正如汉纳根的父亲寄予的期望："你现在正好赶上中国重整经济、政治等方面秩序的历史时刻，你应该抓住这个难得的机会。赫德先生在重整财政秩序方面抓住了机会，现在他至少已经控制了中国一部分的财政大权。而中国军事秩序方面的改革即将进行，我希望你能抓住这次大好的机会，积极参与到军事改革的浪潮中去。"① 然

---

① 摘译自 1880 年 5 月 18 日汉纳根之父致汉纳根的信函，Constantin von Hanneken，*Briefe aus China: 1879 - 1886*；*als deutscher Offizier im Reich der Mitte*，Köln: Böhlau Verlag GmbH & Cie，1998，pp. 73 - 76。

而，在中国官场的多年的经历，再加上寄予厚望的编练新军计划遭受挫折，使汉纳根认识到，尽管经过甲午海战用鲜血证明了他的忠诚，但他仍然是不被信任的外国人，是不可能真正将自己对中国军事改革的梦想付诸实施的。

甲午战后，汉纳根离开清政府和李鸿章，在天津投身报业、餐饮业和市政建设等领域，最大的投资是在河北省投资创办了井陉煤矿。不过，这并没有使他挣脱命运的摆布。20 年之后，在第一次世界大战期间，身为德国人，汉纳根一家被作为敌侨看管；战后，所有财产被没收，尤其是他苦心经营的井陉煤矿也被收回，一家人被遣送回国。

汉纳根初次来华时风华正茂、踌躇满志，他不甘心屈从命运的安排，不愿意在祖辈居住的宅第里终老一生。他一心想要到遥远的东方去探险，尽管并不知道在冒险的尽头，等待自己的将会是什么：好运、厄运，还是马马虎虎的运气？这些都不重要，重要的是改变的力量和勇气。如老汉纳根所说："当初，如果说我以相对比较轻松的心情同意你去冒险，那是因为我认识到你身上抗击命运的能力，并且我也相信你作为一个男人可以战胜命运带给你的危险的未知数。"[1] 而当 1922 年他最后一次来华时，距离生命的终点只剩下不到 3 年的时间，他已经无力再抗拒命运的安排。花甲之年的他只能乞求中国政府，推念过去自己对中国的贡献而归还部分财产。1925 年 3 月 14 日，汉纳根因肺炎医治无效于天津逝世，终年 71 岁。不久，他的遗体由夫人和孩子护送，运回德国。

---

[1] 摘译自 1883 年 11 月 11 日汉纳根之父致汉纳根的信函，Constantin von Hanneken, *Briefe aus China: 1879 – 1886; als deutscher Offizier im Reich der Mitte*, Köln: Böhlau Verlag GmbH & Cie, 1998, pp. 226 – 230。

从青年到盛年再到暮年，从"汉大人"到阶下囚，汉纳根在华一生的冒险可谓跌宕起伏、多姿多彩，但他终究还是没能战胜命运对他的捉弄。在那个多灾多难的时代，无论是殖民者还是被殖民者，又有谁能真正掌握自己的命运呢？

年轻的退役炮兵少尉

1854 年 12 月 1 日，汉纳根出生在德国莱茵河最大支流摩泽尔（Mosel）河畔风景如画的特里尔（Trier）。那里是德国最古老的市镇，甚至曾经是西罗马帝国的首都，至今留存着大量古罗马时期的遗迹。1815 年特里尔与亚琛一起被划归普鲁士。汉纳根是一个法国姓氏，至今在法国的一个村子里还有一百多位居民姓汉纳根。大约在 15 世纪或 16 世纪，这个家族因为在法国组织抗议活动被驱逐到德国。起初他们主要在教会任职，大约在 1770 年，一位先辈娶了德国贵族女子为妻，成为普鲁士军官和地主，并被封为世袭贵族。从那以后家族中多有男人从军，堪称军人世家。

汉纳根的祖父是一位将军，他的两个儿子也都是将军。汉纳根的父亲老汉纳根（Bernhard von Hanneken）是特里尔当地驻军的少将司令官，对军事理论颇有研究，还出版过一本书，对研究中国和亚洲的政治、经济、军事状况也有浓厚的兴趣。汉纳根是他的第三个儿子。在这个世袭军人家庭里，汉纳根少年时期即被送到普鲁士的军官学校去学习。1873 年他 19 岁的时候，在东普鲁士第 8 步兵团第 45 营任候补军官，之后晋升为少尉军官。1877 年，他被调到驻扎在德国中部城市美因茨（Mainz）的野战炮兵团第 27 营任职。然而不久，汉纳根即遇到麻烦，断送了自己在军队的前程，不得不离开军队。

　　据汉纳根家族后代讲述，麻烦是这样惹下的。当时的德国社会矛盾很尖锐，社会党人反对帝制，主张共和。因此社会党人和坚持保皇立场的军人之间嫌隙很深。一天，汉纳根和几个青年军官穿着军服走在街上，一个社会党人迎面走来，指责他们不应当为皇帝效劳，双方发生了激烈口角。最终，那个社会党人被血气方刚的汉纳根痛揍了一顿。这场冲突随即引发社会党人在全国范围的抗议，为了平息事端，官方命令汉纳根退役。

　　汉纳根的冲动让自己付出了巨大的代价，不过他此举也显露了其家族的性格特征。几百年前汉纳根的祖先因组织抗议国王的活动而由法国被放逐到德国，而他的父亲老汉纳根作为一位普鲁士将军，也有过受贬的经历。汉纳根家族有一个口口相传的故事：[①]

　　　　有一次，老汉纳根陪同当时的皇储、后来的德皇威廉二世检阅军队。也许是为了考察部属对自己是否足够忠诚，皇储指着天空，对老汉纳根说："你看，天上飞过来一只鸭子。"

　　　　老汉纳根实事求是地说："不，那是一只灰鹅。"

　　　　皇储面露愠色："明明是鸭子，你怎么把它说成灰鹅?！"

　　　　"灰鹅就是灰鹅！"老汉纳根坚持说："你命令它是鸭子，想必就是鸭子了。"

　　　　皇储："鸭子就是鸭子！"

---

① 刘晋秋、刘悦：《李鸿章的军事顾问汉纳根传》，文汇出版社，2011，第8页。

老汉纳根的诚实惹恼了皇储，失去了未来皇帝的信任，后来就一直赋闲在家。汉纳根的行为颇有其父之风，真是有其父必有其子！这个故事我们并不陌生，在中国的秦朝时也发生过"指鹿为马"的事情，让人不禁感叹：专制独裁者为巩固权力所使用的手段何其相似！

恰在年轻的汉纳根前途一片晦暗不明、内心忧虑之时，从他的朋友德璀琳那里，传来了一个

图1-14　德皇威廉二世画像

令他振奋的消息、一个即将改变他命运航向的机会。1879年，李鸿章不仅积极购买军舰发展北洋海军，而且也开始修筑沿海炮台以巩固海防。李鸿章对德璀琳说，想找一位毕业于欧洲军事学校的军官，要具有丰富的军事知识和应对战争的技能；最好是拥有中士以上军衔的德国军官；能够翻译军事理论方面的著作；能帮助训练李鸿章手下的军官们以提高作战技能。德璀琳立即推荐了汉纳根。对德璀琳几乎言听计从的李鸿章立刻答应了他的举荐。不过这个建议似乎遭到了总税务司赫德的阻挠。虽然口口声声为中国利益着想，但赫德毕竟是英国人，他时时不忘维护英国的在华利益，自然不愿意尚处于起步阶段的中国海防被德国人所掌握。由于向国外聘用外国人需要经过海关，所以他设法将此事压了下来。当然，同样野心勃勃的德璀琳为了今后可以想见的巨大商业利益，也绝不会让此事不了了之。于是，他绕过赫德，直接给汉纳根打电报，要求他立即动

身前往中国。①

航向中国

为了得到李鸿章军事顾问一职，在德璀琳的指示下，汉纳根做了积极的准备。自 1878 年初失去普鲁士军职后，经过德璀琳的启发，他开始有意到中国寻求发展。他系统学习了机械制图、建筑力学、建筑工程设计特别是与军工机械和军事工程相关的课业，同时还学习了海关的通用语言，以备将来与其他在华的外国同事进行交流。

1879 年 9 月，接到德璀琳的电报，汉纳根立刻启程，搭乘客轮"喀什噶尔"（Kashgar）号航向中国，这一趟海上航行用了足足一个多月的时间。如果说在德国时的汉纳根对中国的所有认识还只是想象的话，那船行至锡兰（今斯里兰卡）以后，他就开始实实在在地接触中国人了。"现在我们船上有很多有辫子的同伴，他们是去香港的头等舱的旅客。而我有闲暇来观察我未来的同胞。"汉纳根愉快而又好奇地观察着中国人的行动坐卧，倾听着中国人说话的声音，中国男人头上梳的辫子令他印象深刻。他渴望对中国人有更深层次的了解，期盼着中国人中能有用英语交谈的人与自己交流。经过新加坡的港口时，汉纳根发现这里基本上是一个中国城市，"所有的地方都凌乱不堪，……都在繁忙的喧闹中，哪里有一个家伙在工作，就有十个人在旁边大喊"。日后汉纳根在中国的官场和军队生活中，一定会再一次想起并印证自己最

---

① 摘译自 1879 年 10 月 31 日汉纳根致其父老汉纳根的信函，Constantin von Hanneken, *Briefe aus China: 1879 - 1886*; *als deutscher Offizier im Reich der Mitte*, Köln: Böhlau Verlag GmbH & Cie, 1998, pp. 23 - 25。

初在新加坡对华人社会的这个印象。船驶到香港时，汉纳根对中国人有了进一步的了解："中国人都是些友好的家伙，他们看起来非常尊重我们。"①

　　汉纳根抵达天津后，德璀琳为他的到来精心安排了一次热情的见面活动，把他介绍给上层社会许多中外知名人士。在等待李鸿章面试的这段时间里。精力旺盛的汉纳根在天津城里乃至四郊转了个遍。他发现，这是一座以水见长的城市，大大小小的河流如蛛网般密布，到处是湿地洼地。大多数中国人居住环境简陋。穷人多住着屋顶上覆以茅草的土坯房，有的甚至只是用几根木棍或竹竿搭成的三角形窝棚，外面铺以苇席用来遮风挡雨。条件好一点的有半截青砖半截土坯的房子。而富人的房子则很讲究，多为方形或长方形高墙围成的深宅大院。汉纳根注意到天津的城市卫生条件恶劣：偌大一座城市的生活用水主要依靠河水、井水和池水；排水则是往就近的污水沟里随意排放，谈不上给排水系统设施；居民缺乏良好的卫生习惯，衣着肮脏，随地吐痰便溺；离居民区不远随处可见粪场，每有大风大雨，难闻的臭味和粉尘会飘出很远，污水也会肆意蔓延。这座城市的市政建设也很落后：偌大一座城市几乎没有一座像点样的公共厕所；整个市区只有四五条铺着石板的马路，宽不过八九步，其他几百条道路清一色全是土路，路面凹凸不平走起路来深一脚浅一脚，遇到水坑或淤泥只能跳过去；老百姓养的家禽、家畜等也经常徜徉在大街上，行人走在大街上被家畜

---

① 摘译自 1879 年 10 月 10、20 日汉纳根之父致汉纳根的信函，Constantin von Hanneken, *Briefe aus China: 1879 – 1886*；*als deutscher Offizier im Reich der Mitte*, Köln：Böhlau Verlag GmbH & Cie, 1998, pp. 20 – 23。

绊倒是一点也不奇怪的。①

从工业革命后的欧洲来到前工业社会的中国，城市建设方面的巨大落差和迥异的文化风俗是显而易见的事实。汉纳根的看法应当是客观真实的，没有理由指责汉纳根对天津城市环境和风土民情的负面评价是殖民主义者的态度。而且，除去物质上的落差，汉纳根认为，虽然不少中国人外表看起来肮脏，但乐于助人的品格是这个国家底层人民所特有的美德。

与李鸿章的初次见面

1879 年 11 月 2 日，对漂洋过海只身来到陌生的中国谋生的汉纳根来说，这是命运攸关的一天。他的内心交织着兴奋和紧张，因为总督李鸿章安排在这天召见汉纳根。后来他在写给父亲的信中，详细描述了李鸿章接见他的过程。

汉纳根为这次会面做了精心准备，他换了一套正式的礼服，在下午 3 点之前赶到德璀琳的家里，由德璀琳带领，雇了两顶轿子，前往总督官邸。官邸是座巨大的两层石头建筑，处处雕梁画栋。汉纳根几乎难以想象，这位似乎拥有无限权力的大人就是住在这么豪华的地方。在第一个庭院的候客室里，即寻常所谓的"二堂"，德璀琳和汉纳根受到了天津地方行政长官的迎接。随后，二人被引进第二个庭院。尽管心情紧张兴奋，但是充满好奇心的汉纳根还是保持着观察力。他看到，在大厅站着两排表情严肃、帽子上有长长的"鸵鸟羽毛"的侍卫。大厅呈长方形，四面墙壁摆放着和二堂一样的座椅，看上

---

① 摘译自 1879 年 11 月 3 日汉纳根致其父老汉纳根的信函，Constantin von Hanneken, *Briefe aus China: 1879 – 1886; als deutscher Offizier im Reich der Mitte*, Köln: Böhlau Verlag GmbH & Cie, 1998, pp. 25 – 31。

去显得更大、更漂亮。他特别注意
到，大厅正中宝座的旁边，摆着一
幅真人大小的总督的油画像，这是
德国克虏伯兵工厂让人按照片绘画
并作为礼物送给李鸿章的。①

　　李鸿章的出现对于汉纳根来
说，是一个"伟大"的时刻。下
午4点，他终于见到了百忙中抽
身接见他的总督大人。李鸿章身
材高大，蓄着灰色翘起的胡须，
穿着一件长长的灰色羔羊皮大衣，
官帽上有红色的绒线和长长的向

图 1 – 15　李鸿章画像

后垂下的羽毛（花翎）。在汉纳根眼中，即使用欧洲标准来衡
量，总督大人也称得上是英武伟岸的男人。李鸿章先微笑着和
德璀琳打过招呼，又像父亲般慈爱地拍了拍汉纳根的肩膀，然
后请他们就座。李鸿章虽已从德璀琳处了解了汉纳根的基本情
况，但还是详细地询问了他本人。诸如，汉纳根的年龄、在普
鲁士军队里担任的职务、服役的年限、特长，还有在军校学生
团待了多久、是否学习过其他方面的军事知识、能否绘图、是
否带来了必要的测量设备，以及手边有什么样的书籍、在步兵
部队服役多久、当了多长时间的炮兵、对骑兵了解多少等一长
串问题。汉纳根尽自己所能一一道来，德璀琳则为他们充当翻
译，并适时为李鸿章做些补充介绍和解释。李鸿章对他的家庭

---

　　①　摘译自 1879 年 11 月 3 日汉纳根致其父老汉纳根的信函，Constantin von
　　　　Hanneken, *Briefe aus China: 1879 – 1886*; *als deutscher Offizier im Reich der
　　　　Mitte*, Köln: Böhlau Verlag GmbH & Cie, 1998, pp. 25 – 31。

情况，特别是对他父亲的情况非常感兴趣，问了一些关于老汉纳根的问题。汉纳根敏锐地意识到，父亲的军人背景可能是自己被李鸿章接纳的原因之一。[①]

后来，李鸿章问汉纳根是否认识一个叫保利（Pauli）的、大约 40 多岁的德国军事学家。因为这个保利跟中国驻德公使很熟，此时已经中国公使介绍来华，正在为清军训练年轻军官。"啊，一个强有力的竞争者！"听到保利的名字，汉纳根顿时紧张起来。论经验，年轻的汉纳根自然比不上保利，这使他心中感到不安。果然，李鸿章问道："保利是不是比你更优秀的军人？"这个问题提得很刁钻，如何回答将面临两难选择：汉纳根若说自己比保利优秀，显然是在说大话，其结果将是失去这得之不易的机会；如果说自己比不上那个竞争者，等于是对自己的否定。汉纳根迅速思索答题的最佳角度，他知道保利的年龄在 45 岁左右，年龄显然是太大了；而且，40 多岁的军人还是少校军衔，不得不让人联想到晋升缓慢怕是别有隐情，这是对手的一根软肋。汉纳根并没有抓住保利的软肋大做文章，只谈自己的长处，不谈别人的短处。他巧妙地避开"现在时"的孰优孰劣，以"将来时"代替，回答道："保利比我年长，所以他应该比我懂得更多军事理论方面的知识。绘图技巧需要很多经验，他肯定比我熟练。""但是年轻人应该有更多的精力和忍耐力，对不对？"总督马上明白了汉纳根的潜台词，笑着问道。"是的，我有健康的体魄能够承受更多的磨砺！"汉纳根立即应道。李鸿章对汉纳根的回答很满意。看

---

① 摘译自 1879 年 11 月 3 日汉纳根致其父老汉纳根的信函，Constantin von Hanneken, *Briefe aus China: 1879 – 1886; als deutscher Offizier im Reich der Mitte*, Köln: Böhlau Verlag GmbH & Cie, 1998, pp. 25 – 31。

来，李鸿章非常喜欢年轻人的勇气和诚实。[1]

接着，李鸿章又问汉纳根对大沽炮台有什么看法。汉纳根经海路来天津的时候，曾经路过这个炮台。尽管并没有什么成熟的想法，汉纳根还是把这当作是展示自己的绝好机会，做了一个关于永久性防御工事及其必备条件的小型报告。汉纳根还告诉李鸿章，这样的炮台在德国很少见，甚至不存在。李鸿章听了非常吃惊，因为这个普鲁士风格的炮台所参照的模型是通过中国公使从柏林运回来的，是德国作为礼物送给中国的。[2]

经过这次面试，李鸿章对汉纳根非常满意，表示愿意雇用汉纳根。而汉纳根也对这位未来的老板非常景仰。李鸿章的态度是亲切和蔼的，然而他的权位和威严仍然使初来乍到的汉纳根感到非常紧张。汉纳根在给父亲的信中描述当时的心情："尽管靠近这位中国的太阳，但我还是吓得浑身发冷。"[3]

一份聘任合同

虽然面试令人满意，但在聘用自己的军事顾问方面，李鸿章显然是非常谨慎的。对于一个年仅 25 岁、在军队资历尚浅、缺乏经验的年轻军官来说，李鸿章不光要听他说什么，更重要的还是看他是如何做的。

---

① 摘译自 1879 年 11 月 3 日汉纳根致其父老汉纳根的信函，Constantin von Hanneken, *Briefe aus China: 1879 - 1886*; *als deutscher Offizier im Reich der Mitte*, Köln: Böhlau Verlag GmbH & Cie, 1998, pp. 25 - 31。

② 刘晋秋、刘悦：《李鸿章的军事顾问汉纳根传》，文汇出版社，2011，第 39 页。

③ 摘译自 1879 年 11 月 3 日汉纳根致其父老汉纳根的信函，Constantin von Hanneken, *Briefe aus China: 1879 - 1886*; *als deutscher Offizier im Reich der Mitte*, Köln: Böhlau Verlag GmbH & Cie, 1998, pp. 25 - 31。

在等待聘用合同签订的一段时间里，李鸿章让汉纳根在海河入海口附近监督炮兵训练，每月薪俸为 100 两。这可以被看作是一个试用期。那时，天气已逐渐变冷，白霜蒙地，寒气袭人，海边风也大，冬季的训练非常艰苦。而一心要干出一番事业的汉纳根全然顾不上这些。"面试"后一个多月的时间里，李鸿章又两次召见了汉纳根。一次是让汉纳根陪同前往大沽考察刚刚从英国买来的炮艇，李鸿章再次就大沽炮台和汉纳根讨论了海岸线一带的防御问题。第二次是在一次盛大的炮兵检阅中，汉纳根被安排参加操练和实弹射击。在这两次召见之间，汉纳根自己又单独对直隶省的几处炮台进行了考察，找出了各处炮台存在的实际问题。他的汉语水平也大有长进，已经可以用中文做简单的自我介绍了。

对汉纳根的最终被聘用，起决定性作用的可能还是面试后的第二次实弹演习。在那次射击演练时，汉纳根险些出丑。李鸿章让汉纳根瞄准一个不知道距离的目标发射炮弹，偏偏汉纳根对这种火炮并不熟悉。火炮的基本原理是一样的，但是不同国家有不同的设计，即便是同一国家的产品，也有不同时期的不同型号，这需要操作者有一个熟悉的过程。作为检阅的最高指挥官，李鸿章不可能理会汉纳根对这种火炮熟悉与否。第一发炮弹偏离了目标，人们瞪大了惊异的眼睛，集中在汉纳根身上的目光几乎能使他燃烧起来。好在他足够镇定，有了第一发的误差值心里就有了底。经过修正之后，第二发、第三发炮弹都命中目标，李大人对此非常满意。①

---

① 刘晋秋、刘悦：《李鸿章的军事顾问汉纳根传》，文汇出版社，2011，第39 页。

1879 年的 12 月，汉纳根终于得到了由德璀琳转交的聘任合同。合同为中英文两种文本，措辞严谨，内容翔实，从合同的有效年限、职责范围、平时战时各种可能出现的情况及相应的待遇，到应当遵守的纪律、赏罚、路费等都有具体说明。

一、从 1879 年 11 月起计算，工作时间为 7 年；主要职责是为总督李鸿章及其手下的将领提供军事方面的建议；如果中国与他国（除德国之外）交战，汉纳根有参战的义务。

二、先为总督手下的将领做军事顾问，18 个月以后升级，为总督担任军事顾问；同时要求汉纳根的汉语必须达到一定水平。

三、汉纳根来华路费（往返约 1200 塔勒，塔勒为当时普鲁士的货币单位，二塔勒大约相当一两白银）由中方报销。第一年的月薪为 150 塔勒，以后每年月薪将增长 25 塔勒（当然这是以学好汉语为基础的）；如果在规定的期限内学不好汉语，虽然不会被解雇，但月薪将不再增加；月薪涨到 300 塔勒的时候，每次工资的增长将取决于业绩。

四、如果中国政府在合同期内认为汉纳根的工作并非不可缺少，可提前辞退，剩余时间里中国政府将每年支付不少于 2 个月的全额月薪，即 7 年得到 14 个月的工资，在战时工资翻倍；如果 7 年后合同续签，可享受带半薪休假 1 年。

五、如果在战争中阵亡，其家人可得到 14 个月的全额工资作为抚恤金；和平时期，其家人也可得到每年 2 个月的工资作为生活保障；如果其家人有兴趣来中国的话，路费另算。

　　六、工作期间，对于工作中涉及采购军火事项，不得代表任何商人的利益，不得接受任何中间商或生产厂作为贿赂的礼物为其游说；不得参与任何商业活动。①

　　合同以中文和英文写就。合同的一切条款，汉纳根都事先详细地与德璀琳研究过了。两人对其中的规定都十分满意。当然，从这份合同的条款中，亦不难发现李鸿章聘用"洋员"是非常正规和严格的。

　　合同第一条明确规定汉纳根负有战时为中国作战的义务，这说明了他实际上已经受聘成为中国军人。同时也照顾到了他的民族感情，合同中特意标明交战国"除德国之外"。

　　第二条和第三条严格要求汉纳根作为外籍雇员必须学习中文，而且要在规定的 18 个月期限内达到一定水平，否则月薪将不再增加，其初衷当然是为了汉纳根在中国工作方便，也让人心中不由得涌起一种感慨。19 世纪下半叶的清朝虽然大厦将倾，却还有着文明古国的骄傲，外国人来我中华谋生必须学好中文，而不是给你配翻译。在具体做法上赏罚分明——达到了要求就涨工资，达不到就停止涨工资。

　　第三、四、五条规定了优厚的待遇，但也有相应的要求。

　　第六条规定的用词是明确而严厉的，表面看来清政府也"反腐倡廉"，不准收受商业贿赂，但实际执行起来就是另一回事了。汉纳根在合同上签了字，但是后来他并没有完全履行

---

　　① 摘译自 1879 年 12 月 3 日汉纳根致其父老汉纳根的信函，Constantin von Hanneken, *Briefe aus China: 1879 – 1886; als deutscher Offizier im Reich der Mitte*, Köln: Böhlau Verlag GmbH & Cie, 1998, pp. 33 – 35。

自己的承诺。在汉纳根父子的通信中，老汉纳根多次催促汉纳根向清政府推销德国武器，汉纳根也多次向父亲大人禀报在清廷高层游说的结果。军火买卖历来都是和政府行为紧密相连的，暴利是军火商的终极目标，发财致富当然也是汉纳根来华的目的之一。

汉纳根如愿以偿地得到这份工作，他对自己的未来充满了信心。"这个职位很有影响而且往后会是有利可图的，当然也是相当困难的，需要我具备很高的外交素质。无论如何我打算在这里做出些成绩，这里有很大的发展空间，但我不缺乏必要的耐力。"他下定决心，"在德璀琳先生帮助开拓的这项事业上，我将从头走到尾"①。这一年，汉纳根年仅25岁。

汉纳根与李鸿章的关系

汉纳根来华的目的非常明确，就是抓住中国正在进行洋务运动的难得的历史机遇，以海关总税务司赫德成功控制中国的财政大权为榜样，利用李鸿章实行军事改革、加强军备的大好机会，积极参与到军事改革的浪潮中去，争取把德国的军火贩卖到中国军队以获取最大的政治和商业利益。

在被聘任作为军事顾问后，汉纳根对李鸿章充满感激之情。一方面是李鸿章对他的信任和器重，使他能够大展身手，干出一番事业。另一方面是李鸿章给他的高薪（月入200～400两白银，相当于当时德国货币400～800塔勒）足以使他在经济上非常富有。即便在普鲁士军队里，这笔收入也绝不是

---

① 摘译自 1879 年 12 月 3 日汉纳根致其父老汉纳根的信函，Constantin von Hanneken，*Briefe aus China: 1879 – 1886*；*als deutscher Offizier im Reich der Mitte*，Köln：Böhlau Verlag GmbH & Cie，1998，pp. 33 – 35。

他这样级别的军官可以享有的。

汉纳根也清醒地认识到李鸿章的重要地位，"他不只是个统治者，而且还是四亿人中最伟大和最重要的人，为他效劳并且尽我所能支持他的计划将是我今后毕生的使命"①。他深知，当好李鸿章的军事顾问不是一件简单的事，一个错误的建议有可能打破自己的饭碗，使多年的努力功亏一篑，一个好的建议也可能带来意想不到的收获。顾问虽然只有建议权，一旦建议被赏识接受，再从李鸿章口中说出来，分量就不一样了。所以，汉纳根懂得自己必须谨慎小心地对待与李鸿章的关系，以取得他对自己的信任和倚重。

汉纳根通过长时间的接触并仔细观察中国官员如何对待李鸿章后，发现总督大人非常有主见，要想改变他的意见或决定不是一件简单的事。在修建旅顺、威海卫炮台时，李鸿章几乎对每一项重要的工程都要实地踏勘，亲自过问。多数情况下，李鸿章的意见是正确或基本正确的，但百密一疏，遗漏或错误在所难免。汉纳根如要提出不同的看法，必须小心翼翼。他很快就学会了官场的进言方式，首先要肯定海防工程所取得的成绩归功于总督大人统领的正确，然后再提出需要改进的部分，而且要着力说明只有这样做才能更好地体现总督大人的总体构想。在等级森严的官僚体制下，这样的上下级关系具有普遍性。

1883 年 10 月，汉纳根回到天津。在黄金山炮台建成之后，继续建造第二个炮台所涉及的选址和预算问题要向总督大人请示。旅顺军港是在海湾内东侧岸边修建的，李鸿章主张第

---

① 摘译自 1879 年 11 月 3 日汉纳根致其父老汉纳根的信函，Constantin von Hanneken, *Briefe aus China: 1879 - 1886; als deutscher Offizier im Reich der Mitte*, Köln: Böhlau Verlag GmbH & Cie, 1998, pp. 25 - 31。

二个炮台还要建在海湾的东侧，以加强对海湾内的防卫力量。这并不是最好的决策，因为两座炮台之间的距离不足千米，就射程而言，建在西边的炮台完全可以覆盖东边的军港。但是，汉纳根不想在这个问题上违背李鸿章的主张，完全照办了。

最棘手的是经费问题，第一座炮台所花的费用约合5.5万两白银。汉纳根凭经验凭直觉就可以断定，第二座炮台要是再花费这么多，在总督大人那里无论如何是通不过的。汉纳根只好在给父亲的书信中发泄不满。他常把基地的预算和清朝官场令人愤怒的奢靡联系起来，指出王公大臣们花在娱乐消费上的钱每年大概要5亿塔勒。这笔钱要是用来建黄金山规模的海岸炮台，至少可以建上千座。但愤怒归愤怒，汉纳根也明白这不是自己所能左右得了的。

权衡再三，汉纳根只好重新修改了第二座炮台的设计图纸，将费用节省下来近一半，约2.8万两白银。无论是汉纳根还是李鸿章都清楚，省下的费用未来在战争中将用参战官兵的鲜血和生命来支付，这是心照不宣而又无可奈何的事。汉纳根很长时间寝食不安，精神几近崩溃。①

其实，李鸿章也有难言之隐。他的权力不可谓不大，但在筹集海防经费上却常常是有翅难展、力不从心。买船时有钱，修船时没钱；买炮时有钱，买炮弹时没钱；根据海防形势的变化更新舰船的钱就更难筹措了。军费历来是庞大的开支，未雨绸缪式的开支往往会引来许多非议，一个钱字常常搞得李鸿章焦头烂额。他最大的担心是，迟早有一天落个"有钱买棺材

---

① 刘晋秋、刘悦：《李鸿章的军事顾问汉纳根传》，文汇出版社，2011，第111页。

没钱买药"的结局。

在来华最初的几年里，汉纳根对李鸿章的态度可以归纳为：感激、听话、努力接近并紧跟。然而李鸿章在中日甲午战争中所表现出的冷漠和犹豫不决，却让汉纳根非常失望。他无法相信，在总吨位上超过日本海军的北洋水师却没有充足的炮弹来打一场几个钟头的海战；他无法理解，为什么几乎所有的北洋水师官兵能够效死用命、血战到底，而它的最高指挥官却不积极备战反而仰赖于欧美列强的外交调停；他更不能接受，自己耗尽8年心血苦心营造的达到当时国际先进水平的旅顺、威海卫炮台，轻易落入敌人手中，甚至被用来给予困在威海港内的北洋水师最后致命的一击。"我现在也开始考虑，我为总督大人的服务是否得到了真正的重视，我的才华是否真的用对了地方。"他认为，"采取正确的战略战术和及时的拿出相应的应变措施是关键所在。而总督大人好像还是一个没有长大的孩子，他总是紧紧抓住自己看中的那颗星星不放，并幻想那颗星星能够给他带来好处，即使那颗星星不再发光，他也紧抓着不放"（他在这里所说的"那颗星星"是指李鸿章不积极备战，而把希望寄托在西方列强的调停上）。①

被李鸿章的无能和北洋水师的彻底失败所激怒，看到自己8年来的辛苦付诸东流，汉纳根对中国的前景深感无望，黯然回国。当然这并不是他对中国和李鸿章的诀别。1896年李鸿章出访欧美七国，当他访问德国时，汉纳根和德璀琳陪同翻译。此后不久，汉纳根第三次来到中国。这次，他远离政界和

---

① 摘译自1894年9月30日汉纳根致其姐姐的信函，Constantin von Hanneken, *Briefe aus China: 1879 – 1886; als deutscher Offizier im Reich der Mitte*, Köln: Böhlau Verlag GmbH & Cie, 1998, pp. 339 – 359。

军界，主要从事工商业方面的事务。

第三节　洋务运动与清政府中的洋顾问

洋务运动与洋员的任用

　　鸦片战争结束了中国与世隔绝的状态，中国同西方的接触日益频繁。一部分先进的中国知识分子开始睁开眼睛看世界。林则徐、魏源提出了向西方学习、"师夷长技以制夷"的论点。第二次鸦片战争后，先后增开了 11 个通商口岸，西方资本主义势力因此开始深入中国内陆。面对此"数千年来未有之变局"，如何抵御那些"数千年来未有之强敌"，清朝统治阶层打出了"自强"的旗帜。1861 年 1 月总理各国事务衙门成立，洋务运动正式开始。

　　至于师法列强的可能性，这并不成问题，因为清政府与列强很快达成了合作的意向。列强十分欢迎清政府的这一态度改变。此时刚刚通过《天津条约》和《北京条约》进一步打开中国大门的列强意识到，维护清朝的威望与权力，对国人的排外斗争进行镇压，对他们是最有利的。为了增强清政府的统治能力，第二次鸦片战争结束后，代表英国在华利益的赫德提出《局外旁观论》，向总理衙门建议"外国可教之善法，中国应学应办"，包括"铸银钱以便民用，做轮车以利人行，造船以便涉险，电机以速通讯"，① 向清朝统治者提出了"变法"的最初方案。英国驻上海领事阿礼国（R. Alcock）则以俄国的

---

　　① 《筹办夷务始末（同治朝）》卷四十，故宫博物院，1930，第 13~22 页。

现代化进程为例，向总理衙门强调"借用外国人才"的重要性，建议中国"何妨依照俄国而行"。①

关于聘用外国顾问，清政府一开始是有顾虑的。总理衙门大臣文祥曾告诉多次向总理衙门进行游说要清政府聘请外国顾问的威妥玛（Thomas Wade）和李泰国（Horatio N. Lay），中国人认为"利用外国人的援助是一种耻辱"。"李泰国回答说，根本不必把利用外国人的援助视为可耻之事。……中国开始和外国人交往而又不理解外国人的习惯、思想方法或性格，在这种情况下，如果不雇佣外国人，就不能恰当地处理对外事务。在今后50年内，如果中国人不想陷入各种不幸和圈套，就必须继续雇佣外国人。"李泰国还形象地比喻说："一个人病了，就得找一位大夫，自己无能为力的事情就得交给别人去做。……不求救于大夫的病人是糟糕透顶的。"文祥回答："可是如果大夫不了解病人的体质，给他服药，虽然使他免于一死，却使他大伤元气，那又如何呢?"② 尽管有这样的顾虑，清政府为了开展洋务运动，还是不得不采用英国人的提议——"借材异地"——雇用一批洋顾问为洋务运动献计出力。

德璀琳与汉纳根就是这些洋员的典型。从1860年清政府雇用美国人华尔（F. T. Ward）组织洋枪队镇压太平天国运动开始，"一大批洋员相继受聘进入中国的军事、教育、工矿企业、邮电通讯、交通运输等部门"③。在清政府的洋顾问中，

---

① 《筹办夷务始末（同治朝）》卷六十三，故宫博物院，1930，第23页。
② 1863年6月6日赫德日记，〔英〕赫德著，〔美〕布鲁纳等编《步入中国清廷仕途：赫德日记：1854—1863》，傅曾仁等译，中国海关出版社，2003，第331页。
③ 向中银：《晚清时期外聘洋员生活待遇初探》，《近代史研究》1998年第5期，第196页。

最著名的当属以赫德为首的海关中的一大批洋员。仅 1875 年，海关就有洋员 408 人。① 洋务运动中的各项事业，包括购买舰船火炮、组建近代海军、开筑矿山铁路、设立现代化工厂、开办同文馆、遣派幼童留美、参加世界博览会以及协办外交和对外派驻使节等等，几乎无处没有海关洋员的参与。马士（H. B. Morse）评价说：“赫德爵士和他所主持的机关，凭着办事效率和诚实可靠，从一个非常受猜忌的地位中，博得了中外人士的信任。”② 这使他们有机会成为“现代化倡导者”③。

在军事方面，清政府在训练新式军队方面大量启用外籍教练。19 世纪 60 年代，李鸿章的淮军中有 15 名英国人、3 名法国人和其他 6 名国籍未详的外国人担任教练；70 年代以后，李鸿章还聘任德国军官按照德国陆军新式操法训练淮军。④ 在组建近代海军的过程中，从 1875 年至 1880 年，清政府由赫德经手向英国阿姆斯特朗厂（Messre Armstrong & Co.）订购铁甲舰，同时聘任一些英籍海军军官及水手驾驶这些舰船来华。另外，北洋海军先后还聘任了 6 名外国人任“总查”（总教习）。其中，英国人琅威理（W. M. Lang）前后任职 8 年，将北洋海军训练成为一支军容整肃的近代化海军。在旅顺海军基地和沿海炮台的营造工作中，先后有德国人汉纳根率领的 16

①　孙修福：《中国近代海关高级职员年表：1861—1948》，中国海关出版社，2004，第 3~76 页。

②　〔美〕马士：《中华帝国对外关系史》第 3 卷，张汇文等译，上海书店出版社，2000，第 416 页。

③　〔英〕赫德著，〔美〕司马富等编《赫德与中国早期现代化：赫德日记：1863—1866》，陈绛译，中国海关出版社，2005，第 5 页。

④　王尔敏：《淮军志》，台北中研院近代史研究所，1981，第 198~199 页，转引自陈绛《在华西人与中国早期近代化》，《近代史研究》1991 年第 2 期，第 42 页。

名德国人、1 名英国人和 13 名法国人等工程技术人员参与设计建造。

　　洋务运动中，除了军事领域之外，清政府还在民用企业中大量聘请洋员担任重要工作。中国第一家现代化企业——轮船招商局成立后，其所有船只的船长、大副、二副、大车、二车等重要技术职务几乎全部聘用外国人担任。[①] 在采用西方现代技术开采的矿山和创办的各个工厂中，也多在技术上依赖外国人。以开平煤矿为例，1877 年唐廷枢受命筹建，曾聘用多名英国矿师进行实地勘察，其中有 2 人还先后担任了开平的总工程师；到 1879 年底，开平有 9 名英国人担任工程师和领班；1883 年，全矿有外籍人员 18 名。此外，在教育方面，清政府创办的各种现代化学校均聘用西人担任洋教习。如 1862 年成立的京师同文馆，由赫德任监察官，传教士丁韪良任总教习，前后达 25 年。从 1862 年至 1895 年，该馆共延聘洋教习 40 人，而汉教习仅 29 人。[②]

　　这些洋员经由种种途径被雇用：有的由清政府驻外使馆招聘，有的主动前来"投效"，有的由外国驻华使馆推荐，有的从原来有关企业中留用，有的由在华洋行代为延聘。[③] 他们被高薪政策和优厚待遇所吸引，纷纷来到中国服务。许多外国人都希望在中国的商行得到一份工作，而进入海关、邮政局和铁路这样由外国人控制的机构中工作更被视作美差。"中国海关

---

① 聂宝璋：《中国近代航运史资料》第 1 辑下册，上海人民出版社，1983，第 1227 页。

② 陈绛：《在华西人与中国早期近代化》，《近代史研究》1991 年第 2 期，第 44、45 页。

③ 陈绛：《在华西人与中国早期近代化》，《近代史研究》1991 年第 2 期，第 47 页。

成了人们最向往的地方，其吸引力要超过一个人在西方所能谋到的任何职业。"以至于"国会议员和其他要人都缠着赫德，请求他雇用他们的孩子或者他们亲戚的孩子"①。

这些洋员当中，既有不少真正掌握并认真向中国传授西方先进科学技术、成绩卓著者，当然也不乏平庸之辈甚至滥竽充数、招摇撞骗之徒。他们中很多人长期在中国生活，受到中华文化的影响。美国学者柯文指出，这些人"开始经历了一个'杂交'的过程"，变成了"在中国的西方人（Westerner – in – China）"，而不再是"单一纯粹的西方人"了。② 但是，"他们毕竟是他们自己国家的公民，他们的活动往往反映了自己国家的在华利益"③。以德璀琳为例，尽管他享受着中国的高官厚禄，一生服务于中国海关并作为李鸿章的幕友而参与各项洋务事业，生前曾被清廷赏赐一品顶戴花翎并多次获赠双龙宝星；然而骨子里，他仍然是一个终其一生追求个人名誉和利益的野心家和冒险家，并且在不妨害个人利益的同时，不忘记为自己的祖国争取在华利益。

总之，洋顾问的出现与洋务派的出现一样，标志着近代中国开始走上近代化的道路。他们的身份决定了他们虽然彼此之间是雇主与雇员的关系，但实际上，他们之间却是学生与老师的关系。对于他们在中国现代化中所起的作用，我们一方面要看到这些洋顾问不仅传播了西方先进的科学技术知识，而且培

---

① 〔美〕斯特林·西格雷夫：《龙夫人：慈禧故事》，秦传安译，中央编译出版社，2005，第134页。

② 〔英〕柯文：《在中国发现历史》，林同奇译，中华书局，2002，第5～6页。

③ 陈绛：《在华西人与中国早期近代化》，《近代史研究》1991年第2期，第55页。

养了大批的现代化人才，为中国的现代化事业做出了一定的贡献；另一方面也不能忽视他们作为帝国主义侵华工具所起的消极作用。

洋顾问的回顾

中国有悠久的"借材异地"的传统。在明朝，近代科学知识逐渐由西方传往东方。从万历年间来到北京的意大利人利玛窦（Matteo Ricci）开始，[①] 天主教耶稣会传教士络绎不绝地来到北京。他们向明朝和清朝的皇帝们介绍有关欧洲的自然科学领域的知识，翻译了大量的科学著作。特别是在天文历法方面，耶稣会传教士一直占据着钦天监的位置。这些传教士中有的人得以在中国的朝廷中担任官职，成为将西方的科学器物传播到中国的洋顾问。不仅如此，通过书信往来，他们也将中国的文化制度、风土民情介绍到欧洲，从而为中西文化交流做出了极大的贡献。

17 世纪初，明朝万历皇帝将意大利传教士利玛窦留在北京，初时只是出于对西洋贡品的喜爱。利玛窦在北京定居下来后，与徐光启、李之藻等人一起先后翻译了《几何原本》前 6 卷、《同文算指》等 5 部科学著作，将西方近代数学、天文学等介绍到中国。[②] 他还重新修订了世界地图，绘成代表 16 世纪欧洲比较先进的地理知识水平的《坤舆万国全图》，并先后"翻刻了十二次之多"，[③] 由是使中国人对世界的了解大大进

---

① 本文中的洋顾问不包括曾在唐朝做官的晁衡与在元朝做官的马可波罗等人，因为他们没有发挥顾问的作用。

② 余三乐：《早期西方传教士与北京》，北京出版社，2001，第 90 页。

③ 转引自余三乐《早期西方传教士与北京》，北京出版社，2001，第 88 页。

步。在华期间，他通过书信将大量有关中国的情况介绍到欧洲，晚年更撰写了《利玛窦中国札记》，使欧洲人对中国的了解比马可·波罗的传说更进了一步。利玛窦虽然没有正式被中国政府雇用，但是明朝政府给他发了俸禄，可以说，利玛窦是近代来华洋顾问的先驱。

Le Pere Matthieu Ricci.　　　Le Pere Adam Schaal.　　　Le Pere Ferdinand Verbiest.

图1-16　利玛窦、汤若望、南怀仁画像

明朝后期，由于后金大军进逼山海关，明朝政府邀请汤若望（Johann Adam Schall von Bell）等传教士协助仿造西洋大炮，并在实战中发挥了巨大的效用。借助大炮的威力，一批博学的传教士，如邓玉函（Johannes Schreck）、卫匡国（Martino Martini）、南怀仁（Ferdinand Verbiest）等耶稣会士得以进入晚明和后来大清王朝的朝廷充当皇帝的顾问，并长期担任钦天监监正（相当于国家天文台台长）的职务。他们与一些中国优秀的学者一起翻译了大量的科技著作，将当时欧洲的数学、医学、机械学、天文学、植物学、制图学等实用技术介绍到中国。与此同时，他们还撰写了大量有关中国地理、历史、风土民俗和科学技术等方面的书籍和信函，将中国的形象传播到了欧洲，促进了中西方的相互了解。①

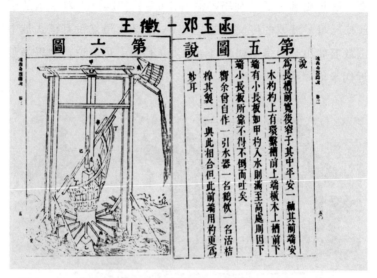

图 1-17　1627 年德国传教士约翰内斯·施莱科（Johannes Schreck，1576~1630），中国名字邓玉函，与清朝官员王征（1571~1644）一起编撰了关于欧洲机械制造的教科书《远西奇器图说》（图为该书插图）

在借材异国的封建统治者中，最为成功的当属康熙皇帝。他从 17 岁开始，师从南怀仁，学习数学和天文学；后来一段时间又跟随徐日升（Thomas Pereira）、安多（Antoine Thomas）、白晋（Joachim Bouvet）、张诚（Jean Franco Gerbillon）、巴多

---

① 关于耶稣会士对中国近代科学技术发展的作用，何兆武与何高济两位学者认为利玛窦等人虽然带来一些近代新器物和新知识，开启了清代讲求经世致用的实学的学风，但他们的学识是为宗教反改革服务的，他们的整个思想理论体系是陈腐不堪的经院神学，是和近代科学和近代思想格格不入的东西，不仅远远落后于同时代的西方学者，也远远落后于一些同时代的中国学者。因此，不能认为是传教士传来了近代科学，详见利玛窦、金尼阁著，何高济等译《利玛窦中国札记》中译者序言。

明（Dominique Parrenin）等传教士学习天文学、数学、医学、地理学甚至拉丁文，每日不辍。他还组织传教士和中国的学者官员一道编纂了介绍西方科学知识的大型丛书"律历精蕴"，绘制了中国第一部采用西方先进测绘方法的全国地图《皇舆全览图》，同时也培养了一批中国自己的科技人才。①

除了传授西方科学技术，康熙皇帝还任用传教士参与外交活动。1676 年和 1686 年他两次令通晓多种欧洲语言的南怀仁担任翻译，方便与来访的俄罗斯和荷兰使者进行交流。1688 年和 1689 年他又任命徐日升和张诚作为中国与俄罗斯关于签订《尼布楚条约》谈判使团的成员。二人在谈判过程中"任使尽职"，在促成条约签订的过程中发挥了极为关键的作用。②《尼布楚条约》是中国与外国签订的第一个条约，而且是一个平等条约。它的签订使中国在北部边疆的利益得到条约范围内 150 年的保证。康熙皇帝对此极为满意，并以放宽对天主教在中国传教的限制作为回报。"由于康熙皇帝与西方传教士频繁交往，发挥他们的特长，使之人尽其才，所以康熙年间是我国历史上中西文化交流的一个黄金时期。"③

康熙皇帝之所以能有如此胸怀和成就，有其独特的主客观因素。满族初期是处于马上打天下的创业阶段，由于起用了一些汉族精英而吸收了汉文化的统治技术，从而迅速崛起并入主中原。因此，本身就是少数民族的清朝早期统治者，能够对来

---

① 余三乐：《早期西方传教士与北京》，北京出版社，2001，第 183～190 页。

② 关于徐日升、张诚在《尼布楚条约》签订过程中所发挥的作用，详见余三乐《早期西方传教士与北京》一书中《徐日升、张诚与中俄〈尼布楚条约〉的签订》一文。

③ 余三乐：《早期西方传教士与北京》，北京出版社，2001，第 190 页。

自西方的传教士和他们所传授的西洋科学知识采取宽容和接受的态度。①

　　然而，到了近代的中国，处于守成阶段的清朝中后期统治者固守闭关锁国的政策，虚妄地抱持着"天朝上国"的尊严，厉行海禁，只开放广州一处通商，多次拒绝来访外国使团传教、通商和进行平等外交的要求。

　　雍正皇帝曾召见在华传教的天主教教士，明确地讲出了自己的担心。他说："教友惟认识尔等，一旦边境有事，百姓惟尔等之命是从；虽现在不必顾虑及此，然苟千万战艘，来我海岸，则祸患大矣。"②此后的事实证明雍正帝确有一定的"先见之明"。只可惜，他远不能像古代的帝王大禹那样，懂得对外来的洪水猛兽只能采取疏导的方法而不能一味地筑坝封堵；近不能学习自己的父亲康熙，自信地去接纳并学习西方科学技术。到了他的儿子乾隆皇帝时，更是"间年外域有人来，宁可求全关不开，人事天时诚极盛，盈虚默念惧增哉"③。于是，雍正、乾隆时期的洋顾问除了在钦天监掌管天文历法和参与绘制地图等方面发挥一定的作用外，就只能在宫廷里作画制图、传播西方绘画及园林艺术了。近代中国文明在封闭保守的环境中日趋衰败，闭关锁国的后果就是中国沦落到只能挨打的境地。

　　只是，100多年后，当国家处于危急时刻，洋顾问作为一

---

① 余三乐：《早期西方传教士与北京》，北京出版社，2001，第183页。
② 转引自陈旭麓《近代中国社会的新陈代谢》，上海人民出版社，1992，第33页。
③ 《乾隆御制诗》卷二十六丁未二《上元灯词》，转引自陈旭麓《近代中国社会的新陈代谢》，上海人民出版社，1992，第31页。

种"以夷制夷"的统治法宝再次被祭起，清政府的统治者对此倒还算是驾轻就熟。洋务运动中，在指定的技术和军事领域中，大量洋员被起用。尽管其中的大多数人没有在历史上留下他们的名字，但另外一些顾问的名字却和 19 世纪下半叶到 20 世纪初中国致力于现代化发展的这段历史不可分割地联系在一起，其中便有本书的主角——古斯塔夫·德璀琳和康斯坦丁·冯·汉纳根翁婿二人。

第二章 清末外交与李鸿章的幕府

第一节 李鸿章幕府中的洋顾问

幕府中的洋顾问

在 19 世纪的后 40 年里，李鸿章开始作为主持者之一参与洋务运动，并作为清政府的外交代表进行了一系列的外交活动与和约的谈判活动。因此，他迫切需要了解外国人与整个西方世界的有用知识。李鸿章的洋务知识主要有两个来源：一是来自阅读译成中文的西方书籍和报纸，一是来自他幕府中的洋顾问。而后者以其提供的信息生动灵活、有的放矢而尤为重要。这样，李鸿章的幕府中便聚集了一大批能够向他提供所需知识和直接帮助的洋顾问。

李鸿章最早与外国人打交道，是从 1862 年他麾下的淮军进驻上海与常胜军会剿太平军开始的。他雇请美国人华尔（Frederick T. Ward）组织了一支镇压太平军的附属队伍。这支军队由一群中国人和外国人构成。在上海处于混乱的那些日子，那里有很多外国冒险家，华尔就是其中之一。他那支中外混编的队伍在李鸿章的领导下发挥了重要作用，被称为"常胜军"。2 年后，华尔被太平军击毙，"常胜军"由美国人白齐文（H. A. Burgevine）接管。很快，白齐文与他的中国上司发生争吵，甚至调转枪口加入了叛军一方，他被逮捕后意外死亡，于是由英国人戈登（Charles G. Gordon）接掌了这支军队。戈登出身于英国正规军，不仅作战指挥才能出众，而且善于组织管理，使常胜军纪律严明，赢得了清军的赞誉，他是清朝末年仅有的两个被赏赐黄马褂的外国人之一。在与常胜军并肩作战的过程中，李鸿章与常胜军的将领华尔、戈登以及英法驻军司令和驻沪领事经常往来，不时"会商事件，无不择善而从"，并建立起"深相友爱"的关系。李鸿章曾得意地告诉别人，英国驻华海军司令何伯"与薛吴诸公向不见面，其待鸿章之礼貌情谊，沪人谓得未曾有"[1]。

在这些外国人中，戈登给李鸿章留下了深刻的印象，因为有一次他差一点把后来的总督大人打死。那是在太平天国末期的苏州战役中，戈登与协同作战的清朝将领曾答应苏州的太平军领袖，投降后保全他们的性命。然而，李鸿章却违约，将他们全部处死。戈登出于义愤想要射杀李鸿章，追得这位李大人在营房里抱头鼠窜、四处躲藏。这一次的

图 2 - 1　戈登身穿黄马褂、
戴花翎像

① 同治元年（1862 年）四月初二日《上曾相》，《李鸿章全集（朋僚函稿）》卷一，时代文艺出版社，1998，第 3034 页。

冲突虽然几乎要了李鸿章的命，但也让他在与外国人的初次接触中，发现他们有讲信用重承诺的一面。不过，后来与那些列强的外交官和冒险家们打交道的经验却告诉他，早先的结论是错误的：外国人和中国人一样，有诚实的，也有不诚实的，大约各占一半。

李鸿章的幕府长期以来吸引和招募了大量的美国人和欧洲人。他们大多是来到中国寻找发展机会或者发财机会的冒险家们。野心勃勃、崇拜权力、富于勇气、追求财富和荣誉，是他们共同的特征。为了达到发财致富、出人头地的目的，他们纷纷投靠到李鸿章的门下。从1870年当上总督到1894年因中日甲午战争去职，李鸿章被在华的外国人看作清廷的实际总管。虽然在此期间，一个类似外交部的政府部门——总理衙门——诞生了。但是，经常被总理衙门的各种拖延策略搞得厌烦不已

图2-2　丁家立佩戴双龙宝星
勋章像

的各国外交官们，不得不跑到天津，与"伟大的总督"协商，才能把事情敲定下来。

在这些外国人眼中，李鸿章的权力似乎是无限的。冒险家们围绕着李鸿章，就像是蜜蜂围绕着鲜美的花朵，他们心甘情愿为他效劳，为其洋务事业和外交活动出谋划策、四处奔走。李鸿章的洋顾问主要有两类人：一类是由清政府正式雇用的有职务的洋员，另一类是李鸿章自己聘用的私人秘书、外交代表或者家庭教

师。前者以德璀琳、汉纳根、马格里（Halliday Macartney）①等人为代表，后者则有毕德格（William N. Pethick）、敦约翰（John Dunn）、丁家立（Charles D. Tenney）等人。前者中，德璀琳多年任职海关税务司，汉纳根曾被聘为北洋水师副提督，而马格里曾被清政府派驻英国任公使馆参赞。后者中，美国人毕德格因担任李鸿章的家庭教师和私人秘书被免去了美国驻天津副领事一职，几乎从 1879 年直至李鸿章去世，一直为李鸿章服务；英国人敦约翰本是在津商人，李鸿章曾就与梵蒂冈建立外交关系一事派其赴罗马与教皇商谈；美国人丁家立一边在天津创办中西书院，一边担任李鸿章的家庭教师，前后长达 6年，后来与盛宣怀一起创办了北洋大学堂，还曾任美国代理驻华公使。李鸿章的幕友吴汝纶评价说，李所用的外国幕友，"皆尽其力，能文武有立"②。当然，他们的服务并不是无偿的。正是有李鸿章做靠山，他们在中国的事业都得到了极大的发展，获得了在本国不可能得到的高官厚禄。

在权力的光环下，这位总督大人也显得非常富有人格魅

① 1862 年英国人马格里作为军医随英军来到受太平军威胁的上海。在这里，他遇到了李鸿章并得到了李的赏识。之后，他毅然放弃在英军中的职位，投到李鸿章的幕下，为李鸿章训练军队、管理兵工厂。1863 年马格里帮助李鸿章在松江创建了第一座兵工厂，以后又在苏州及南京主持江南制造局和金陵机器局的日常工作。1870 年李鸿章去天津赴任直隶总督后，接管了天津机器局。马格里又几次奉命到天津去指导天津机器局的技术工作。马格里管理下的几座现代化兵工厂为淮军提供了大量的军火，使其成为中国装备最好的一支军队。马格里还为李鸿章与外国人交涉出谋划策，在 1866～1867 年，他被李鸿章任命为外交顾问，充当其与外国领事之间的联络官，成为李鸿章的左右手。此后，1876 年李鸿章为马格里谋得了中国驻伦敦公使馆参赞的职位，随郭嵩焘赴英，在公使馆恪尽职守 30 年，并成为李鸿章在英国的眼线。

② 吴汝纶：《桐城吴先生日记》，河北教育出版社，1999，第 906 页。

力。李鸿章身高 1.83 米，初次接触他的人皆认为他身材伟岸、器宇轩昂、谈吐优雅。除此之外，李鸿章极具好奇心，能够接受来自西方的新鲜事物。他为子孙们聘请的家庭教师丁家立回忆说："我非常愉快地接受了李鸿章总督的邀请，做他儿孙们的家庭教师，每天下午花两个小时在衙门或官邸授课。……我偶然了解到，总督的一些朋友极力反对他让自己的孩子受外国人的影响。而总督坚持按自己的方式行事。"请外国人作私塾先生，在当时的清朝官员中，李鸿章确实是开风气之先了。丁家立还记得，李鸿章热爱科学。有一次，在大地震中，他们跑到院子里，当周围的墙壁还在嘎吱作响的时候，李鸿章让他给大家讲解地震的成因。很多在华多年的外国侨民都认为，李鸿章是一个稳健的改革者，他虽然遵循传统，但能够随着时代前进，"比辛亥革命和民国时期走到台前的任何人物都更杰出"①。正是基于以上原因，李鸿章能够招募到许多有能力的洋顾问，长期追随左右为他出谋划策。

在李鸿章幕府的洋顾问中，有两个人站在顶点上，津海关税务司、德国人德璀琳和前任美国驻津领事毕德格。他们之间有一个不太严格的分工：德璀琳支配着在李鸿章手下任职的大部分欧洲人，毕德格则吸引着英美人。② 在李鸿章直隶总督任期内二十几年的宦海沉浮中，德璀琳几乎自始至终与李鸿章保持着非常密切的联系，在各种洋务活动以及外交事务上为李鸿

---

① 摘译自美国达特茅斯学院未刊档案：Charles Daniel Tenney, Reminiscences of Li Hung-chang, Charles Daniel Tenney Papers, ca. 1900–1920, Anhang 11, pp. 3–4, 7。

② 〔美〕K. E. 福尔索姆：《朋友·客人·同事：晚清的幕府制度》，刘悦斌、刘兰芝译，中国社会科学出版社，2002，第 146 页。

章出谋划策。他对于为李鸿章的各项洋务事业效劳的兴趣要远远大于对海关的日常业务。他在津海关的下属庆丕回忆道："我是一名头等帮办，但是由于我的上司对中国政治比对办公室的事务更感兴趣，我很快就被赋予在处理公务时自由行动的权力。"庆丕还曾记述："这位津海关税务司（指德璀琳）常被召到衙门里去参加'彻夜'的商谈。"①

中外幕僚之间的关系

李鸿章的幕府属于私人统治集团的性质。在不同时期，李鸿章的幕府中有几百人之多。为了笼络人才并使这些人能忠诚地为自己效命，他经常运用保举官吏的权力来回报部下对自己的忠诚，将他们向朝廷推荐，使他们被授予官职，获得高官厚禄。除此之外，李鸿章还在自己创办的官督商办的洋务企业中聘用了大批的官吏，他甚至可以不经过朝廷的批准而直接任免这些人。所以，李鸿章幕府中幕主与幕友之间存在着密切的利益关系。

为了获得李鸿章的信任并最终获得个人的荣华富贵，各幕友之间，特别是中外籍幕友之间，也是存在着矛盾和竞争的。一般情况下，李鸿章对于自己选用的洋顾问都是非常信任的。但是，如果是自己属下的中国官员和外籍雇员发生矛盾冲突，李鸿章最终维护的还是自己的同胞。

从 1862 年开始，英国人马格里为李鸿章管理兵工厂。1866 年李鸿章离开南京，马格里被留下与一名中国官员共同负责金陵制造局。他与这位中国官员之间矛盾不断，发展到

---

① 摘译自 Paul King, *In the Chinese Customs Service: A Personal Record of Forty-seven Years.* New York: reprint, 1980, pp. 71, 88。

1873 年，马格里要求李鸿章要么把这位官员调走，要么把自己调走。李鸿章满足了他的要求，调走了那位中国官员。但他与继任的中国官员的关系更糟，李鸿章对他就不那么支持了。特别是李鸿章认为，马格里并不真心教导中国工人，致使金陵制造局成立多年仍然要依靠外国技师。之后，1875 年的一次事故后，李鸿章解除了马格里在金陵制造局的职务。[①]

此外，琅威理从北洋海军辞职和马士（H. B. Morse）[②] 从轮船招商局辞职都是出于同样的原因。1885 年应李鸿章的请求，曾在津海关任职的德璀琳下属马士被从海关调到轮船招商局，协助进行收回在中法战争中转让给美国旗昌洋行的招商局船只和库房的工作。其间，马士通过德璀琳向李鸿章汇报工作进展情况。在马士任职轮船招商局的两年中，他就仓库、船坞、轮船设计及成本核算等招商局内发生的几乎所有事情，都一一写信给德璀琳汇报，成为李鸿章和德璀琳在轮船招商局的情报员。[③] 显然，在这一过程中，他不管是出于诚实还是偏见，对盛宣怀的种种做法都提出了自己的不同意见。

李鸿章雇用洋匠的目的在于向西方学习先进的科学技术，

---

① 摘译自 Demetrius C. Boulger, *The Life of Sir Halliday Macartney*, London: John Lane The Bodley Head, 1908, pp. 24 – 75, 150.

② 马士（Hosea Ballou Morse, 1855 ~ 1934），美籍加拿大人。1874 年从哈佛学院毕业后来华，至 1908 年，一直在大清海关任职。马士曾是在李鸿章幕府内任职的一位洋顾问，退休后出版了多本有影响的学术著作，最出名的著作是 *The International Relations of the Chinese Empire*（中译本《中华帝国对外关系史》）与 *The Chronicles of the East India Company Trading to China: 1635 – 1834*。1909 年，他拒绝美国政府使他担任美国驻中国大使的邀请，1934 年 2 月死于肺炎。

③ 《马士函稿》，1885 ~ 1887 年，马士致德璀琳，转引自〔美〕K. E. 福尔索姆《朋友·客人·同事：晚清的幕府制度》，刘悦斌、刘兰芝译，中国社会科学出版社，2002，第 147 页。

并最终用中国人替代这些外国人。而且，"非我族类，其心必异"的华夷之见，在深受中国传统文化影响的李鸿章身上，恐怕还是有着根深蒂固的影响。所以，从根本上，李鸿章在中外幕友之间发生矛盾时是不可能完全倾向于洋人的。修筑北洋海军基地旅顺港时，德璀琳曾向主持旅顺港工部局工作的袁保龄推荐德国工程师善威任工程局帮办。善威没有主持这么巨大工程的经验，不仅"两年无尺寸效"[①]，反而与中国官员在工作中发生很多分歧，因而遭到袁保龄的反对。后来，袁保龄建议采用招标的方式聘请外国公司承包旅顺港的工程，这引起了德璀琳的极大不满，甚至以在天津的外国报纸上载文批判来威胁。但是，李鸿章最后还是采纳了袁保龄的合理建议，以在竞标中胜出的法国公司取代了原来德璀琳推荐的德国人。不过，此次事件并未影响到德璀琳与李鸿章的亲密关系。在所有外籍顾问中，德璀琳仍然是最受信任的。

德璀琳虽然对李鸿章非常忠诚，对于李鸿章的各项洋务事业都非常乐于贡献力量，但是他终究还是一名德国人，有着德国人的骄傲。除了李鸿章之外，这个傲慢的普鲁士人是不可能以平等真诚的态度对待其他中国同僚的，他与周馥的关系就极好地说明了这个问题。

周馥是李鸿章所有幕友中追随时间最长的，他从1861年开始服务于李鸿章，终其一生都对幕主忠心耿耿，并在建立电报局、北洋水师学堂、北洋武备学堂及其他工作中给予李鸿章宝贵的帮助。李鸿章死后，他历任山东巡抚、四川总督和两广

---

① （清）袁保龄：《致高勉之》，《阁学公集·书札》卷四，第49页，转引自姜鸣《龙旗飘扬的舰队：中国近代海军兴衰史》，生活、读书、新知三联书店，2002，第287页。

图 2-3　周馥像

总督等。可以说，周馥是一个非常有能力的人，他虽没有取得过任何科举功名，却受过大约 10 年的正规学校教育。丁家立、庆丕等外国人都对他极为尊敬。丁家立称周馥是一位"著名的儒家学者"，[①] 而庆丕则评价他是"伟大的人"[②]。周馥与德璀琳虽同为李鸿章的左膀右臂，却彼此不能融洽相处。

周馥曾指责直隶省的全部官员都是一群"老婆子"，让德璀琳牵着鼻子走；而德璀琳仗着李鸿章的友谊，知道自己根本不用惧怕这些微不足道的官员们。所以，心有不平的周馥每每见到德璀琳都要刺激他一下。每次德璀琳与庆丕一起因为公事而去拜访时任津海关道的周馥时，周馥都会故意殷勤地问候德璀琳的家人——"敢问您有几个孩子？是男孩儿还是女孩儿……"然后再转向庆丕问他同样的问题。周馥其实早已知道，德璀琳只有 4 个女儿没有儿子，[③] 而庆丕则有 4 个儿子。接着，周馥就向不知所措的庆丕表示祝贺。他很清楚，由于在华多年而深受中国文化的影响，德璀琳对于没有儿子一事是非常敏感的。德璀琳还曾告诉庆丕，他和周馥经常发

① 摘译自美国达特茅斯学院未刊档案：Charles Daniel Tenney, The Chinese Ancestral Rites, Charles Daniel Tenney Papers, ca. 1900 - 1920, Anhang 1, p. 5。

② 摘译自 Paul King, In the Chinese Customs Service: A Personal Record of Forty - seven Years, New York：reprint, 1980, p. 192。

③ 德璀琳此时育有 4 个女儿，后来又生了 1 个女儿。

生口角，甚至互相拍桌子对骂。①

总之，不论是李鸿章还是他手下的中国幕僚，不管是出于华夷之见还是出于利益之争，对于为李鸿章效劳的洋顾问，特别是对具有强势性格的德璀琳，其基本态度都是利用加防范，既用其才来以夷制夷，又对其野心加以提防。这是一个基本的方针。

熟记《康熙字典》的德璀琳

从地球的一边跨越到另一边，从一种文明融入另一种，语言既是相互沟通的首要障碍也是跨越鸿沟的唯一桥梁。100 多年前，西方人来到大清国是"孤独的外来者"。对于那些想在海关任职或者像李鸿章那样的实权人物身边立足的洋顾问们来说，第一道关卡就是学会说汉语。很难想象德璀琳与李鸿章进行彻夜长谈时，是通过翻译进行的。更何况，李鸿章自己早年是一位颇具才情和抱负的文官，他对不能讲汉语、不了解中国文化的外国人不可能给予信任。可以说，学习汉语并进而了解中国文化和习俗，对德璀琳和汉纳根等洋顾问更好地融入中国社会和官场、进而开拓自己在中国一生的事业意义重大。

在外国人当中，最早提出洋顾问应学习汉语问题的，是海关总税务司赫德。海关初建时，除了李泰国、赫德等有限几个人以外，无人能讲汉语，更不用说了解中国的风土人情、官场习俗并与中国官员进行日常行政和交际了。李泰国虽然很能干，"却是一个在文化上严重固步自封的年轻人"②。他曾师从

---

① 摘译自 Paul King, *In the Chinese Customs Service: A Personal Record of Forty - seven Years*, New York: reprint, 1980, pp. 192 - 193。

② 〔英〕赫德著，〔美〕布鲁纳等编《步入中国清廷仕途：赫德日记：1854—1863》，傅曾仁等译，中国海关出版社，2003，第 421 页。

德国传教士郭士腊（C. Gutzlaff）① 学习汉语，但他从不把清朝统治者看在眼里，就任总税务司几年后就因"阿斯本舰队"问题被清政府辞退了。赫德虽然精通汉语和中国文化，也总能够与中国官员搞好关系，但是海关繁忙的日常行政工作使他不可能事事亲力亲为，所以他希望通过引导所有关员学会汉语来增强海关洋员在华服务的本领，并且"能使吾等对为之服务之中国政府及与之共命运之中国人民增进认识与产生兴趣"。此外，在海关初创阶段，很多中国官员不愿与不会讲汉语的洋员打交道，甚至写信给赫德，要求"勿调派不懂汉语之税务司至其所在口岸"。赫德清楚地认识到，从道理上讲，"任何政府部门之雇员均应讲雇佣国语言"。因此，为了海关的继续存在，为了与中国海关监督更好地沟通以提高行政效率，洋员也必须学会汉语。②

截至 1866 年，"海关中或多或少熟悉汉文及汉语之洋员约计五十名"③，对于不断开辟新关和不断拓展的海关业务来说，这些人是不敷使用的。为了鼓励和鞭策海关洋员学习汉语，赫德在海关章程中明确规定，"汉文知识不足，在处理特殊事务时需要译员帮助者，不能任命为税务司"；在总税务司署第 26 号通令中规定，"不学汉文不得担任税务司职务只留任原职"。甚至于，赫德"有时不得不将能操汉语之低级关员先于不会

---

① 郭士腊是一个臭名昭著的传教士，既传教又充当间谍、走私鸦片，还直接参加过第一次鸦片战争。

② 海关总税务司署第 8、25 号通令，黄胜强：《旧中国海关总税务司署通令选编》，中国海关出版社，2003，第 31、81～82 页。

③ 《1866 年天津贸易报告》，天津社会科学院历史所、天津市档案馆：《津海关年报档案汇编（1865—1911 年）》上册，内部发行，1993，第 46 页。

讲汉语之资深关员提前提拔"，以激励更多的职员学习汉语。①

对于外国人来说，跨越语系学习另一种语言并不是一件容易的事。丁家立曾潜心研究中国语言文字的特点，他总结出以下三点。一是中文有 45000 个汉字，一般要能达到阅读文章的水平，至少要认识 4000 ~ 5000 个汉字，② 这对初学者来说门槛较高，使其不能很快掌握这门语言的认读和书写。二是汉字是表意字符不表音，又有很多同音字，光用耳朵听文言文很难搞懂意思；而且，中国幅员辽阔，方言众多，即使使用同一种文字，彼此之间也很难用语言沟通。三是中文的书面用语与口语之间有极大的差异，书面语言非常简练，要表达一个意思，书面语通常只用单字，而口语要用多个字。中文又有许多多义字，对初学者来说难度很大。③ 汉纳根曾说："最让人头疼的是中文书面词汇的一词多义现象，同一个词在不同的句子里会有不同的意思。在一个陌生的句子中看到一个认识的词，但在这句话中它早就不是我所知道的那层意思了，这就是中文的难学之处。"④

对于那些初到中国的年轻洋员来说，学习汉语即使不是一件艰难而枯燥的事，也是一件需要极大毅力的事。赫德曾说："我想几个年轻人在一起跟着好的老师学习并得到精通这门语

---

① 海关总税务司署第 25 号通令及附件、第 26 号通令，黄胜强：《旧中国海关总税务司署通令选编》，中国海关出版社，2003，第 82、86、93 页。

② 摘译自美国达特茅斯学院未刊档案：Charles Daniel Tenney, The Chinese Language, Charles Daniel Tenney Papers, ca. 1900 – 1920, Anhang 3, p. 3。

③ 摘译自美国达特茅斯学院未刊档案：Charles Daniel Tenney, Miscellaneous Correspondence about Tenney, Charles Daniel Tenney Papers, ca. 1900 – 1920, Anhang 13, p. 4。

④ 摘译自 1880 年 4 月 30 日汉纳根致其父母的信函，Constantin von Hanneken, *Briefe aus China: 1879 – 1886*; *als deutscher Offizier im Reich der Mitte*, Köln: Böhlau Verlag GmbH & Cie, 1998, pp. 66 – 67。

言的长者的建议与指点，会比一个单独的、又有别的事打扰的个人取得快得多的进步，而且获得更有用的汉语知识，因为这个人从来不知道可称为是他自己的时间有多少，每天的奇思怪想时而飘向这里时而飘向那里，从来也不知道自己的时间是否花在值得努力的追求上，或者是否在按恰当的方式工作。"①

赫德最初的设想，是让刚进海关的各国年轻人住到讲官话（今天普通话的前身）的北京，用两年时间专门学习汉语，由海关提供住宿并发给薪水。但是由于各通商口岸相继开办海关，急需人手，所以很多新入海关的外籍关员，不得不直接被派到指定的口岸立即开始工作，而不是先进行系统的汉语学习。因此，他们的学习只能是在一天紧张的工作之后，在业余时间聘请当地汉人做老师。

野心勃勃的德璀琳初入海关就开始学习汉语，想以此作为自己的晋身之阶。这一时期，他先后在烟台和淡水海关任供事。可以想象，在那炎热的夏日午后，寂静无人的海岛上，灿烂的太阳从如洗的碧蓝天空中直射而下，照在淡水海关税务司署那殖民地式的白色建筑——"小白宫"。一个身材魁梧的日耳曼青年，刚刚抄写完一堆文书，下了班。他走回办公室旁自己的宿舍，那里已经坐着一位当地人在等着给他讲课。日耳曼青年擦了擦头上的汗，请汉语老师坐到拱圈回廊上，一边享受那里的习习海风，一边用生硬的汉语腔调与老师一问一答。香港总督包令（Sir John Bowring）曾发表这样的意见："在热带地区，爱好学习的劲头必须非常强烈，在六小时公务前或是在

---

① 〔英〕赫德著，〔美〕布鲁纳等编《步入中国清廷仕途：赫德日记：1854—1863》，傅曾仁等译，中国海关出版社，2003，第49~50页。

六小时公务后坚定地、不屈不挠地追求自己的目标。"① 据赫德在日记中记载，尽管"有些口齿不清"并且"总是带着土音"，但德璀琳来中国仅半年时间，就已经能讲中国话了。② 德璀琳初入海关半年，即能讲汉语，说明他必定以极大的热情，下了很大的功夫。而作为刚刚开埠的小口岸，在烟台或者淡水恐怕是找不到什么能讲标准官话的中国人来当老师的，所以赫德对德璀琳讲官话的口音问题未免有些吹毛求疵。

赫德从自己学习汉语的经验中总结出，海关关员应学习官话，即北京的清廷官员所使用的官方语言。因为既然政府的各地方官员和海关关员都是在各地方或各口岸轮换的，所以没必要学习各地方言。这虽然给学习汉语的初学者们指明了一条捷径，但也给南方各口岸的关员出了一个很大的难题。曾任津海关税务司的狄妥玛（Thomas Dick）认为，"在中国欲与土著直接交谈，他处均不如北方各口之为容易"。③ 另一位海关关员庆丕回忆说："在潮海关的那些日子，学习官话是相当困难的一件事——在当地找不到北方人。"④ 想象一下，各口的税务司操着不同口音的所谓官话进行交流，很让人怀疑他们彼此能真正听懂多少，因此海关内部的通用语言是英语。

---

① 〔英〕赫德著，〔美〕布鲁纳等编《步入中国清廷仕途：赫德日记：1854—1863》，傅曾仁等译，中国海关出版社，2003，第49页。

② 〔英〕赫德著，〔美〕布鲁纳等编《步入中国清廷仕途：赫德日记：1854—1863》，傅曾仁等译，中国海关出版社，2003，第420、422页。

③ 《1866年天津贸易报告》，天津社会科学院历史所、天津市档案馆：《津海关年报档案汇编（1865—1911年）》上册，内部发行，1993，第46页。

④ 摘译自 Paul King, *In the Chinese Customs Service: A Personal Record of Forty - seven Years*, New York：reprint, 1980, p. 19。

作为后来者的汉纳根，在汉语学习方面也是非常自觉的。他初到天津后，一直住在舒适豪华的大饭店里。饭店地处租界，是西方人集中的地区，生活便利，却远离中国人。为了便于工作和学习汉语，汉纳根在签订工作合同后不久，即搬入一处远离租界却靠近总督衙门的院落。这里是中国人居住区，附近还住着另外两个年轻的欧洲人，同样是为了学习汉语的目的而住到这里。

工作初期，李鸿章给汉纳根安排了一位汉语教师兼翻译。汉纳根就请他住在自己的住所，还特意为他准备了一间靠近自己卧房的房间，以随时请教老师、练习汉语。所以，由于有德璀琳的领路和李鸿章的帮助，在汉语学习中，汉纳根显然比德璀琳一开始遇到的困难要小多了。汉纳根学习汉语进步也很快，半年时间就可以与说官话的北京人和天津人很好地交流了。不过，他还是觉得汉语的书面语言太难了。好在李鸿章并不要求他在一年半的时间内就学会中文写作，会说、可以与中国人交流就可以了。①

不过德璀琳似乎更具有语言天赋。据其后代讲，德璀琳认识1万多个汉字，熟悉《康熙字典》，中国文化造诣颇深。假设这是真实的，学会1万多个汉字意味着需要花费多大的精力呢？以赫德做比较，赫德是英国名校贝尔法斯特皇后大学（Queen's University of Belfast）毕业的高才生，在学期间曾多次获得奖励，在英国外交部选拔到中国的外交部译员考试中获第二名的成绩。在赫德早年学习汉语时，曾用14天的时间学会

---

① 摘译自1880年4月30日汉纳根致其父母的信函，Constantin von Hanneken, *Briefe aus China: 1879 – 1886: als deutscher Offizier im Reich der Mitte*, Köln: Böhlau Verlag GmbH & Cie, 1998, pp. 66 – 67。

读写 100 个以上的汉字。① 如果以此为标准的话，认读 1 万个汉字就意味着至少要用 4 年的时间。当然德璀琳下的这个苦功是会有报偿的，那就是与李鸿章等清廷要员毫无障碍的自由交谈和交往。

第二节　作为李鸿章密使的德璀琳

喜欢"玩政治"的德璀琳

李鸿章是清末政府中最熟悉外交事务和最有权势的大臣的之一，因此在晚清各项外交事务中大概没有他不曾直接参与的。德璀琳作为李鸿章最重要的外交顾问之一，以其私人密使的身份参与了清末许多外交活动，如中英鸦片贸易谈判、中法和谈和中日和谈等。在许多来华外国人的眼中，德璀琳被认为是一个能对李鸿章产生重要影响的洋顾问。一位熟悉他的外国人评价他时，甚至认为："25 年来他几乎是中国实际上的外交部长，因而，北京的外交使国成员如果不先来天津会见德璀琳先生与李鸿章，他们将不会有什么作为。"②

德璀琳热衷于权力角逐的政治和风云诡谲的外交，在各种洋务活动以及外交事务上为李鸿章出谋划策，与其接触十分频繁。德璀琳在津海关的下属庆丕曾记述："他与总督（李鸿章）都喜欢玩政治。"而且，德璀琳对李鸿章非常忠诚，没有

① 〔英〕赫德著，〔美〕布鲁纳等编《步入中国清廷仕途：赫德日记：1854—1863》，傅曾仁等译，中国海关出版社，2003，第 421 页。
② 〔英〕雷穆森：《天津租界史（插图本）》，许逸凡、赵地译，天津人民出版社，2008，第 68 页。

表现出非常明显的德国倾向，这是李鸿章对他极为信任的最主要原因。尽管他在许多方面都是一个非常典型的德国人，但他还是表现出了一种"世界主义"的精神和超越了"德国高于一切"的态度。① 他的名声甚至传到了欧洲。1881 年英国鸦片贩子沙苗（Joseph Samuel）为了从中国政府那里取得垄断鸦片贸易的特许权而准备赴中国游说。行前，他向海关在英国的代表金登干（James D. Campbell）提到李鸿章最信任德璀琳，而且"他担心德国在中国的影响是那么大"，这个国家很有可能取得在华的筑路权。② 此外，丹麦的大北电报公司的经理也曾向金登干打听，是否认识德璀琳以及德璀琳在中国的地位等。③

德璀琳还非常善于结交各种有用的朋友和获得各方面的情报。早在 1875 年李鸿章赴烟台与英国驻华公使威妥玛（Thomas Wade）谈判时，奉派协助李鸿章的赫德就发现任职烟台海关税务司的德璀琳与所有在那儿的清朝官员都有良好的关系，并且非常善于与参与谈判的每一位重要人物建立起联系。"德璀琳有一套设法与官员的朋友和师爷们结识的好计划。通过他们来行动，他确实成了这儿的一股势力。"德璀琳不仅善于和中国官员搞好关系，他的世界主义精神还使他同样善于从其他外国人那里搞到情报。1880 年曾统率常胜军与李鸿章并肩对太平天国作战的戈登再次来华访问期间，英国驻天津领事写信给威妥玛说："我想我应当告诉您戈登上校让我看了您给他的

---

① 摘译自 Paul King, *In the Chinese Customs Service: A Personal Record of Forty-seven Years*, New York: reprint, 1980, pp. 72, 74。

② 1881 年 8 月 26 日金登干致赫德第 854 号函件，陈霞飞：《中国海关密档——赫德、金登干函电汇编 (1874—1907)》第 2 卷，中华书局，1990，第 617 页。

③ 1882 年 8 月 11 日金登干致赫德第 963 号函件，陈霞飞：《中国海关密档——赫德、金登干函电汇编 (1874—1907)》第 3 卷，中华书局，1992，第 108 页。

信，他随后写了一个字条给德璀琳并附上了您的信，我对他说我不认为您想让德璀琳看这封信。他说'噢！德璀琳反正什么都知道'，这当然是一点儿也不假的。"①

虽然赫德讥讽德璀琳，说他"尽力结识每一个下级职员以探明首脑人物的活动，然后他慢慢习惯于把给下级职员的电报等看作好像是打给他的，把下级职员的话看作好像是表达首脑人物的意图"②。但是不管怎样，信息就是资源。德璀琳的消息灵通使他在外国人圈子中颇负声望，而这样一位善搞情报的顾问自然对李鸿章有莫大的作用。中国古代兵法中有一条著名原则——"知己知彼，百战不殆"。李鸿章在与洋人打交道的过程中，当然更能深刻领悟到这句话的重要意义。他对外国人和西方世界的了解在当时的清朝官吏中可以说是非常广博的。从轮船、火炮的技术细节到国际法的主要原则，从当时错综复杂的国际关系再到天津租界里的最新趣闻轶事，他几乎无所不知，都能信手拈来，随意地与来访的外国人谈论。这应当说有德璀琳极大的功劳。

德璀琳凭借着李鸿章外交顾问的名声，不仅在天津租界里与驻津的外交使节打得火热，而且利用海关职员每 7 年一次回欧洲度假的机会，在欧洲的外交界频繁穿梭、秘密会晤，进行了很多秘密的外交活动。在能够利用的资料中可以发现，德璀琳所从事的外交活动主要有：中英鸦片贸易垄断计划、中法战

① 摘译自 Vera Schmidt, *Aufgabe und Einfluβdereuropaischen Berater in China: Gustav Detring* (1842 – 1913) *in Dienste Li Hung – chang*, Wiesbaden: Harrassowitz, 1984, pp. 18, 22。

② 1883 年 6 月 14 日赫德致金登干第 1077 号函件，陈霞飞：《中国海关密档——赫德、金登干函电汇编（1874—1907）》第 3 卷，中华书局，1992，第 290 页。

争和谈、北堂迁移谈判、中日甲午战争和谈以及陪同李鸿章访问欧洲。因为所从事的这些外交活动，德璀琳获得了清政府和许多国家授予的勋章和荣誉。清政府授予他的荣誉包括：三品花翎总兵衔（1878 年 2 月 13 日，因之前参加维也纳国际博览会）、二品花翎总兵衔（1886 年 12 月 3 日，因北京蚕池口天主教堂搬迁案）、一品顶戴花翎（1894 年，因肩负使命赴日本调停）、双龙三等第一宝星（1884 年 6 月 5 日，因参与中法战争交涉）、双龙二等第二宝星（1896 年 1 月 31 日）和双龙二等第一宝星（1902 年 1 月 31 日）。此外，还有八个国家授予他勋章：1873 年奥地利的佛兰西斯·约瑟夫（Francis Joseph）下级爵士勋章，1878 年法国的武官荣誉勋位（Legion of Honor），1882 年巴西的玫瑰上级爵士勋章、丹麦的丹尼布罗格（Danebrog）下级爵士勋章、罗马教廷的庇护九世（Pius IX）上级爵士勋章，1889 年葡萄牙的基督上级爵士勋章、普鲁士的二等王冠勋章、比利时的利奥波德（Leopold）武官勋章。① 这些荣誉的获得，见证了德璀琳的主要外交成就。

鸦片垄断计划与清政府的道德困境

在中英关系中，对华鸦片贸易扮演着非常重要的角色。鸦片是 19 世纪全世界最贵重的单项商品贸易。从 1828 年到 1836 年，从中国流出了 3800 万元，国际收支因此发生逆转。鸦片烟使中国人深受其害，据赫德统计，吸鸦片者的人数是 200 万，约占全国人口的 0.65%；而另一位学者认为吸鸦片者的

①　摘译自 Vera Schmidt, *Aufgabe und Einflußdereuropaischen Berater in China: Gustav Detring (1842–1913) in Dienste Li Hung-chang*, Wiesbaden: Harrassowitz, 1984, p. 10。

人口占全国总人口的 10%。① 而且，由于吸烟所费不赀，吸烟的人往往是富有的绅士地主、各级政府官员、衙门胥吏和士兵。由吸烟所造成的腐败、银荒和军队战斗力下降使清政府感到恐慌，但是鸦片却屡禁不止。

到 19 世纪 70 年代，中国不仅从国外进口鸦片，内地也开始种植、制造鸦片，甚至就连与北京近在咫尺的天津以东以北之地处处可见种植的鸦片。② 郭嵩焘曾感慨说："西洋为害之烈，莫甚于鸦片烟。英国士绅亦自耻其以害人者为构衅中国之具也，力谋所以禁绝之。中国士大夫甘心陷溺，恬不为悔。数十年国家之耻，耗竭财力，毒害生民，无一人引为疚心。"③

然而，英国并不仅仅满足于经过两次鸦片战争所取得的鸦片进口合法化。为了获得更大的利益，英国利用马嘉理事件，与清政府谈判提出鸦片关税和厘金由海关统一征收以扩大鸦片贸易量的要求，这一点成为《烟台条约》中关于通商事务方面最主要的内容。1876 年，赫德向总理衙门建议中国派员长驻印度，就地向鸦片商征收两种税款，以使这部分税收收归中央，不至于因缴纳厘金而落入各省地方财政的掌握中。这一建议未能实行，但是李鸿章却颇感兴趣——既然通过禁烟运动和两次鸦片战争也未能使鸦片在中国禁绝反而使之进口合法化，那为什么不能从鸦片巨大的贸易额上征收税金、充实国库以为中国的自强运动提供所需的资金呢？

---

① 〔美〕费正清、刘广京编《剑桥中国晚清史（1800—1911）》上卷，中国社会科学院历史研究所编译室译，中国社会科学出版社，1993，第 193 页。

② 〔日〕曾根俊虎：《北中国纪行：清国漫游志》，范建明译，中华书局，2007，第 166 页。

③ 《郭嵩焘诗文集》，岳麓书社，1984，第 189～190 页。

1881 年下半年，李鸿章委派幕友马建忠秘密前往加尔各答，想撇开英国政府直接与印度交涉。这个由德璀琳起草、李鸿章同意、但未得到清政府批准的方案，提议由中国来实行鸦片专卖。但是，印度政府推托必须由英国政府批准这个方案，因此未能成功。李鸿章于是又命德璀琳与马建忠转商于英国驻华公使威妥玛。与此同时，英国著名的鸦片贩子沙苗也到中国串通赫德，研究如何说服李鸿章、由自己包揽鸦片贸易并向中国政府完纳鸦片税厘的问题。①

李鸿章想要独揽鸦片贸易专卖一事，并不希望沙苗与赫德插手。而就清政府总理衙门这方面来讲，由于赫德的极力推荐，他们更愿意采纳赫德所支持的沙苗方案，并允诺将会给予必要的支持。但是鸦片问题却不仅仅是一个贸易问题，它更是一个道德问题。既然已经知道鸦片毒害人民危害国家，作为国家的统治者，清政府就不能公然鼓励鸦片贸易的扩大，更不用说把鸦片作为国家税收的重要来源。由于总理衙门方面的态度一直模棱两可，李鸿章和德璀琳商议，决定到英国试一试——如果英国方面答应了，总理衙门这边也就不会坚决反对了。于是，1882 年 4 月，德璀琳启程赴英，利用第二次回国休假的机会到英国开展秘密外交活动。

在英国，德璀琳一方面要多方进行游说以得到英国政府的允许和大鸦片商的经济支持，另一方面还要面对有赫德全力支持的沙苗的竞争。在前一个方面，德璀琳凭借自己的智慧取得了很大的成功，在伦敦时，德璀琳和多位英国下议院议员就此

---

① 《李鸿章全集》，时代文艺出版社，1998，第 4559～4565、4586～4588、4630～4631 页。

方案交换了意见。而在后一个方面，德璀琳的此次行动事先没有得到清政府的授权，不得不秘密活动，以防止赫德的掣肘。为了使沙苗知难而退，德璀琳向赫德在伦敦的耳目金登干透露，自己不仅得到了怡和洋行资金上的支持，而且同维也纳的罗斯柴尔德家族关系密切。如果有这两家的联合支持，资金实力并不雄厚的沙苗是无论如何也无法相比的。

为了获得总理衙门的支持，德璀琳最后与赫德达成了一个折中方案。他大胆设想，将在华从事鸦片贸易的洋行而不是中国商行联合起来组成辛迪加垄断鸦片贸易。① 在德璀琳和赫德看来，由英国商人而不是中国人来垄断鸦片贸易，是一个两全其美的计划，而最终能否成功就看英国政府的态度了。

然而，出乎他们意料的是，英国广大民众不赞成任何一项旨在扩大鸦片贸易的垄断计划。此时，英国国内的舆论开始反对鸦片贸易，而且民众还成立了一个反对鸦片协会，要求在中国禁绝鸦片。② 在这样的舆论压力下，没有哪个内阁能接受上述任何计划。还有一个现实的问题是，即使英国政府批准此项计划，他们也无法阻止其他国家购买鸦片并通过东京湾走私运入中国。③ 这样，无论是沙苗还是德璀琳关于垄断鸦片贸易的计划最终都失败了。

---

① 1882 年 10 月 12 日赫德致金登干第 984 号函件，陈霞飞：《中国海关密档——赫德、金登干函电汇编（1874—1907）》第 3 卷，中华书局，1992，第 139～140 页。

② 〔美〕威罗贝：《外人在华特权和利益》，王绍坊译，生活·读书·新知三联书店，1957，第 670～671 页。

③ 1882 年 12 月 1 日金登干致赫德第 1008 号函件，陈霞飞：《中国海关密档——赫德、金登干函电汇编（1874—1907）》第 3 卷，中华书局，1992，第 169～170 页。

尽管这是一个貌似中英两国政府双赢的计划——不仅有利于英国在全世界范围内对鸦片贸易进行垄断，而且有利于增加中国的财政收入——但是就其本质来说，这是一个进一步毒害中国人民身心健康的恶劣计划，因而遭到了中英两国公众舆论的坚决反对。贩卖鸦片是非正义的，如果中国政府不能公开指定某个个人或公司专卖鸦片毒害本国人民并因此承担道义上责任的话，英国政府也不敢冒天下之大不韪来支持任何一项鸦片专卖计划。

德璀琳此次的秘密外交活动以失败告终，并不是由于能力不足，而是遭遇了近代罕见的一次正义对邪恶的胜利。

"厨子太多煮坏了汤"的中法和谈

德璀琳是一个坚韧顽强、永不言败的人。在鸦片一事上遭遇挫折后，他马上把目光转向当时中国所面临的更为紧迫的问题——中法战争。

1883 年，中法战争爆发。由于清朝统治者在如何处理越南问题时一直对法国和战未定，又寄希望于其他列强的调停干涉，同时还要顾及自己内部慈禧与奕訢、清流党与李鸿章之间的权力斗争，所以在由谁来负责与法国进行和谈交涉的问题上，他们也徘徊未决。1883 年 7 月 5 日赫德致信金登干说，"我看不出我们将怎样了结这件事，也不了解决定问题的权力究竟在谁那里。正像我前些日子电告你的那样：'厨子太多煮坏了汤。'总理衙门既不肯自己来处理，又不肯给李（指李鸿章）或曾（指清政府派驻英法公使）'全权'，以确保或鼓励他们设法解决问题。……七爷（皇帝的父亲）全力主战，他的势力很大，并且日益增长，六爷（恭亲王）只好退到后面不作声。恭亲王既然保持沉默，李和其他有见识的人也就没有支持者，因此这个庞大帝国的利益，就完全掌握在愚昧骄矜的文人手中，而无法控制他们。给他们放手去搞是教训他们的唯一方法。但是在现在这紧要关头，和越南这样一个事件上，使他们接受教训，可能对整个国家是个可怕的灾难。"①

至于清政府寄予希望的列强干涉与调停，并不像所想象的那样乐观。驻在伦敦的曾纪泽曾密电清政府分析说，"各友好的缔约国将不会承认法国的保护国或法国的并吞"②。然而英、德、美等国都从各自的利益出发，宁愿牺牲中国而维护欧洲的共同利益。他们认为抗法战争的胜利会鼓舞中国人民反侵略斗争的信心，从而在全国范围掀起反抗列强侵略的热潮。

本来，赫德与李鸿章都属于主和派，千方百计地希望避免战争。因为如果打起仗来，无论胜利还是失败，主战派都将占据主动，李鸿章将会失势。作为洋务派的中流砥柱和主张对外妥协的实力派地方大员，李鸿章对于列强的在华利益、对于海关来说都意义重大。赫德一伙儿担心："如果李发生了任何情况，对海关来说，将是前景不妙，因此，制止战争以挽救李和海关是事关重要的。"③ 然而，当作为德国人的德璀琳介入中

---

① 1883 年 7 月 5 日赫德致金登干第 1083 号函件，陈霞飞：《中国海关密档——赫德、金登干函电汇编 (1874—1907)》第 3 卷，中华书局，1992，第 304 ~ 305 页。

② 1883 年 7 月 5 日赫德致金登干第 1083 号函件，陈霞飞：《中国海关密档——赫德、金登干函电汇编 (1874—1907)》第 3 卷，中华书局，1992，第 304 ~ 305 页。

③ 1883 年 6 月 8 日金登干致赫德第 1075 号函件，陈霞飞：《中国海关密档——赫德、金登干函电汇编 (1874—1907)》第 3 卷，中华书局，1992，第 286 ~ 287 页。

法和谈时，事情就发生了变化。围绕对法交涉越南问题的主导权，李鸿章、德璀琳与赫德明争暗斗，甚至互相拆台，主要目的是扩大各自在清政府中的影响力。

一听到战争开始的消息，德璀琳立即放下正在英国进行的鸦片专卖计划，赶往法国打探消息。之后，他从巴黎返回伦敦，然后匆匆赴德，随即又返回巴黎。他这样活跃地来往欧洲各地，主要目的是在欧洲为李鸿章搜集各方情报。1883 年汉纳根写给父亲的信中提到德璀琳从巴黎带来了"法国人将要占领海南岛和台湾地区"的消息。① 无疑，这些消息都从德璀琳通过马建忠传递到李鸿章那里。

德璀琳的活动引起了赫德的警惕。对于德璀琳参与中法和谈的动机和立场，赫德并不清楚，他既怀疑德璀琳是为俾斯麦即德国的利益服务，又怀疑在德法边境长大的德璀琳有可能倾向法国人；既怀疑他是出于公心而真心想要帮助中国，又怀疑他出于私心而想要取曾纪泽而代之以扩大个人影响力；当然，德璀琳也可能仅仅是出于自己对于外交或秘密活动的爱好而全力参与此事。② 不管怎样，德璀琳在欧洲的行动都令赫德感到不满，他尤其担心德璀琳所代表的德国势力在中国将超越英国。于是，他决心将德璀琳调离天津，远远地离开李鸿章。1884 年 2 月德璀琳休假期满准备启程回中国。在香港，他接到赫德指令，暂派他为粤海关税务司的命令，并且要他不必先

---

① 摘译自 Vera Schmidt, *Aufgabe und Einfluβdereuropaischen Berater in China: Gustav Detring (1842 – 1913) in Dienste Li Hung – chang*, Wiesbaden: Harrassowitz, 1984, pp. 44 – 45。

② 1884 年 4 月 27 日赫德致金登干第 1199 号函件，陈霞飞：《中国海关密档——赫德、金登干函电汇编 (1874—1907)》第 3 卷，中华书局，1992，第 529 ~ 530 页。

回天津，而广州此时正是众所公认可能受到法军攻击的地方。德璀琳的前景似乎一下子黯淡下来。

不过，德璀琳绝不是甘心任人摆布的人。经香港赴广州途中，德璀琳接受舰长福禄诺（F. Fournier）的邀请，搭乘"伏尔他"（Volta）号军舰前往广州。福禄诺与德璀琳1880年结识于天津，算是老相识。在赴广州的路上，德璀琳与福禄诺讨论了中法之间的冲突形势与和平解决的前景。福禄诺立刻向国内报告，德璀琳表示要为结束中法之间的冲突做些事情。德璀琳也发电报给李鸿章汇报了与福禄诺商谈的经过。到达广州后，德璀琳又利用例行拜访两广总督张树声的机会，告以自己从法国人那里了解到的情况，并说法国人有可能进攻广州。张树声赶紧给李鸿章打电报，要求召回德璀琳参与和谈，朝廷很快下旨批准请求。于是，李鸿章向赫德要求调德璀琳来津。这是赫德所始料未及的，德璀琳似乎总能找到办法，躲开赫德为他安排的悲剧命运。

德璀琳大约于4月20日回到天津，28日出发去烟台。30日，福禄诺取得了法国政府的正式授权，以官方身份与李鸿章进行谈判。之后，德璀琳陪同福禄诺前往天津。5月7日，李鸿章与福禄诺的谈判正式开始。11日，双方签订了天津简明条约，史称"李福协议"。协议的签订使德璀琳的威望大为提高，他促成"和平"的功劳得到公认。6月5日经李鸿章上奏，清政府授予他双龙三等第一宝星勋章。

对于李福协议和德璀琳的成功，赫德一方面赞赏德璀琳抓住机会缔结了和平，另一方面他也为德璀琳个人威望的增长而感到妒忌。然而，从后来发生的事情来看，"李福协议"是一份不够细致的协议。在中国撤兵的时间上，双方发生了误会。法国不宣而战，炮轰了台湾基隆，摧毁了福州船政局和南洋舰队。中国政府于1884年8月27日宣布对法开战。

冲突之后，李鸿章和德璀琳仍然继续试图寻找挽回的机会。1884年10月，法方提出了苛刻的条件，李鸿章担心自己出面会招致政敌的批判，因此他让德璀琳和盛宣怀出面，与赫德一起继续与法国方面进行协调交涉。不过法方的方案被清廷拒绝，李鸿章、德璀琳等人的努力再次失败。赫德趁机说服总理衙门，将和谈的权力完全交给自己。他和他的代表金登干获得了谈判的全权，从1884年10月开始到1885年4月，中法在巴黎进行了秘密谈判。最终，金登干与法方代表毕乐（Billot）于1885年4月4日签订草约，作为"李福协议"的一份附件。至此，中法战争和谈方告结束。

参与中法战争和谈，是德璀琳闪耀于国际政治舞台的开始。从此，他的威望在清政府和欧洲都大大提高，甚至成为堪与赫德比肩的人物。二人在这个时期的关系开始全面转向竞争。然而，追根究底，德璀琳与赫德之争是个人利益之争，虽然赫德总是道貌岸然地将其归结为英德两国在华利益的争夺，但从中法和谈一事上可以看出，德璀琳并非受德国的指使而为德国利益效劳。就其个人来说，无论从德璀琳参与此事的动机还是结果来看，他都达到了目的——扩大个人影响力、提升知名度，以拓展自己未来的事业。至于条约的内容及其所带来的影响，德璀琳与赫德各自与法国签订的协议本质上没有什么大的不同。条约剥夺了中国对越南的宗主权，使中国的西南边疆向法国开放，法国在战场上没有得到的利益却在谈判桌上轻易得到。不仅如此，为了安抚法国，中国答应如日后在中国南部建造铁路时应向法国要求供应器材，法国取得在华筑路的优先权。由此，"法国第一个打破了过去通行的对中国商业侵入机会均等的原则"，进一步引发了日后各帝国主义国家争夺在华利益范围的野心，"这件事接着又使英国取得对它在长江流域的优越地位的保证"。① 虽然不能否认德璀琳与赫德确有为中国设想的一面，但是与雇用他们的中国的利益相比，个人利益和"欧洲的共同利益"显然更为重要。

北堂迁移与罗马遣使

因从中牵线搭桥使中法之间签署了"李福协议"，德璀琳的声望大增，受到清政府的重视。此后，他又因参与北堂迁移一事而更加赢得清廷的赏识。

北堂坐落于北京皇城内南海蚕池口，又称蚕池口教堂，靠近紫禁城，始建于1696年。教堂用地是1693年康熙皇帝为感谢天主教传教士治愈自己的疾病而特赐的一块宅基。天主教会在此建起了一座天主教教堂，"堂基宏大，工料极为精致"，而最高处的钟楼高达八丈四尺，巍峨耸立，"附近宫殿窥及大内，为中国所厌恶"，"犹之芒刺在背，必去之而后快也"。② 1885年中法战争的硝烟才刚刚散去，慈禧就命李鸿章设法将蚕池口教堂迁移别处。李鸿章自然就这件棘手的事与德璀琳进行了商议，决定分别委派英国商人敦约翰赴罗马与教皇、北堂教士法国人樊国梁（A. P. Favier）赴法国与法国天主教会进行

① 〔美〕威罗贝：《外人在华特权和利益》，王绍坊译，生活·读书·新知三联书店，1957，第85~86页。

② 《李鸿章全集》，时代文艺出版社，1998，第3884~3886、3891、3875、3879页。

交涉，德璀琳则负责居中联络。

除了商议北堂易地重建一事外，李鸿章还欲与罗马教廷商议互派使节以统管中国教务。以往，遇有教案发生，法国每每以天主教保护者自居，借保护教民之名行侵犯中国主权之实。于是，李鸿章欲借迁移北堂的机会与罗马直接建立外交关系，以排除法国的无理干涉。而且如此一来，还有一个好处——罗马教廷并不是一个强国，不可能派遣军队到中国来滋事，相比法国更容易打交道。

这样，敦约翰于1885年阴历十月初一日从天津启程赴罗马。与此同时，德璀琳前往北京，秘密在皇城内什刹海边选地购置，并与其他中国官员一起商议盖造新堂所需经费。翌年正月，敦约翰来电告知在罗马洽谈事宜比较顺利，德璀琳即赴京与北堂主教达里布（F. Taglibus）商议踏勘新地。之后，德璀琳又与达里布手下的亲信樊国梁具体商议新教堂的勘建工作。三月十八日，德璀琳写信邀樊国梁到天津与李鸿章面议。经三人商议，同意将新教堂移往西什库，并且不可再建高楼。三月二十八日，德璀琳即接到敦约翰电报，说"教皇允准派公使驻京，并应允移让北堂地方"。经过大约一个月的测量、估价等工作，德璀琳与樊国梁于四月二十六日为北堂迁移一事签订合同。合同规定"应只候大清国大皇帝、大罗马大教皇御览批准，谨遵奉行事"①。这样，将北堂迁移事限定在清政府与罗马教廷之间协商解决，而排除了法国的干预。之后，樊国梁携带此份合同赴罗马，请教皇批准。

樊国梁本以为自己会被罗马教廷派作驻中国的使节，但抵

---

① 《李鸿章全集》，时代文艺出版社，1998，第3882、3877、3883、3888页。

达罗马后发现所派全权大使为意大利人，"顿生忌妒，复往巴黎播弄是非"。于是，法国驻津领事来向李鸿章诘问罗马遣使一事，并要求北堂迁移必须经法国批准。李鸿章据理力争，称北堂"乃教中产业，非法国产业也"，且"樊教士前订合同仅声请教皇批准，未提法国一字。樊系法人，果于法国相干，岂有不认法国，专认罗马之理"。法国领事"其气顿沮"。据德璀琳情报，法国人对北堂迁移一事可以商量，但欲以此事要挟阻止罗马遣使。而据敦约翰报告，罗马教皇心意虽然坚定，但法国最后以撕毁全部与教皇所订条约，并停发所有国中教士薪俸为要挟，教皇最后只得让步，暂时停止派公使赴华。八月十五日，樊国梁来电说，法国教会批准所订合同，但为顾及法国面子，仍由法国经手，李鸿章同意。此后，李鸿章于十月十六日收到法国教会的正式来函，同意迁移北堂。接着，李鸿章与法国驻华公使恭思当（J. Constans）互换照会。十一月初二日，李鸿章向朝廷上奏报告迁移蚕池口教堂的结果。之后，就是由德璀琳具体负责实施合同条款，并将所议折价银两分批转付给北堂教士。至此，北堂迁移一事终于解决。为表彰德璀琳等人，清廷特下谕旨赏赐德璀琳二品顶戴，其余外国人，包括主教达里布、樊国梁、敦约翰、法国驻津领事等人皆有封赏。[①]

　　北堂迁移本是慈禧太后为维护皇室体面而办的一件劳民伤财的事。但李鸿章能够利用这个机会提出与罗马教廷互派使节以解决教案纠纷，虽然最终由于法国的阻挠而未能实现与罗马

---

① 《李鸿章全集》，时代文艺出版社，1998，第 3903、3904、3908、3910～3912 页。

教廷的建交，但这仍说明他的外交思想在当时的清政府官员中还是颇有见地的。当然，德璀琳作为其外交顾问在其中所发挥的作用也是不容小觑的。

赴日求和与中国人的面子

在中法战争过去 10 年后，爆发了中日甲午战争。清政府战败后，德璀琳代表李鸿章赴日求和。关于这次求和，在李鸿章写给清廷的正式奏折中并没有提及。只有赫德致金登干的信函和翁同龢的日记以及日本、美国政府的外交文书有关于此事的记载。这是一件耐人寻味的事。

1894 年，中日甲午战争爆发后，清政府无论在思想上还是军事上都缺乏必要的准备。随着丰岛海战、成欢之战、平壤之战、黄海海战的一系列失败，日本不断扩大侵略规模，将战火一直烧过鸭绿江到了中国东北。北洋水师的基地旅顺失守后，日军一路向中国首都进犯。清政府急切地期待着列强的调停。1894 年 11 月 3 日，总理衙门正式召见英、法、德、俄、美等国驻京使节，吁请他们努力争取和平。日本通过美国向中国示意，中国应首先提出讲和。于是，清廷决定派德璀琳赴日求和并了解日方和谈的条件。

李鸿章与总理衙门的大臣们商议，"惟有拣择洋员之忠实可信者前往，既易得彼中情伪又无形迹之疑"①。李鸿章举荐了德璀琳担当此任。因为担心自己的身份不足以引起日本人的重视，行前，德璀琳要求清廷授予自己头品顶戴。李鸿章没有上奏朝廷就同意了，事后才致函恭亲王和庆亲王说明此事。11 月 22 日，

---

① 《李鸿章全集》，时代文艺出版社，1998，第 4993～4994 页。

德璀琳与英国人泰勒（B. Taylar）和密嘉（A. Michie）[1]，以李鸿章特使的名义，从大沽乘德国商船前往日本。

德璀琳此行的主要目的是询问日本关于议和的条件。德璀琳随身携带了一份清政府致日本的照会以及李鸿章给首相伊藤博文的一封私函，表明清政府求和的意愿、证明德璀琳的身份和权力并了解日本在停战与签订和约方面的意见。然而，在他出发的第三天，日本方面即答应由美国居间调停。美国驻华公使田贝立即向李鸿章和总理衙门提出，召回德璀琳，如德璀琳已到日本亦不可开谈。相比于德璀琳的力量，清政府当然更希望得到美国的支持和调停，所以立刻发电阻止德璀琳。但晚了一步，德璀琳已于出发四日后抵达神户，并立即拜访了当地知事，要求面见伊藤博文呈递李鸿章信函。

在如何对待代表李鸿章前来求和的德璀琳一事上，日本政府内部首相伊藤博文和外相陆奥宗光的意见并不一致。比较慎重的伊藤博文主张有条件地会见德璀琳，而陆奥宗光则主张拒绝接待。后者向前者指出："有关德璀琳事，经过较全面地考虑后，我认为，无论您或日本政府接待他，还是接受李鸿章的信件，都是不恰当的。在目前情况下，除非中国政府预先发出通知，并派出合适的、有资格的全权代表，否则是不能与中国政府官员进行接触的。如果德璀琳带着任何受我们鼓励的迹象回到中国，则要导致德璀琳本人或赫德被任命为将来谈判的全权代表。而任命外国人为全权代表，无论如何都必须拒绝。因为这样做不仅不合适，而且可能给列国一个间接干涉的机会。

---

[1]　泰勒是德璀琳的私人秘书，密嘉是伦敦《泰晤士报》驻华通讯员及天津《时报》的编辑。

因此，我坚持认为，您不要接见他或接受李鸿章的信，而应签署命令，让德璀琳在限定时间内离开日本。"①

之后不久，陆奥宗光接到德国驻日公使的电话，对方间接建议日方接见德璀琳。这是德璀琳在无法见到伊藤博文本人且没有日方正式接待的情况下，为摆脱尴尬的局面而向德国请求帮助的结果。然而这正好印证了陆奥对列强干涉的担忧。于是，日方以德璀琳没有正式被委任为由拒绝接见他。② 德璀琳没有回应日方通知，却告知对方，自己已接到恭亲王的来电须立即返回，并将李鸿章的信函及照会邮寄给了伊藤博文。这样，德璀琳虽然没能完成使命，却也未使自己及所代表的李鸿章在日方面前失去尊严和体面。11 月 29 日，德璀琳一行自日本返航。

清政府派德璀琳赴日求和，却没有赋予他进行正式谈判的外交授权，这主要是出于三个方面的考虑。其一，清政府官员此时没有人愿意赴日，因为议和是一件极其艰难的事，有了中法战争谈判的前车之鉴，谁也不愿担此"沉重而不得人心"的任务。总理衙门尤其害怕在日本议和受其胁迫，③ 一定要去的话，当然要派一个不那么正式的外籍洋员，这对清廷来说更为灵活。其二，德璀琳作为一名德国人，与同样属于外籍的助手赴日，即暗示日本人德国及其他强国都准备对中日战争进行

---

① 《日本外交文书》第 27 卷，第 885 号，转引自戚其章《甲午战争史》，人民出版社，1990，第 339 页。

② 1894 年美国外交文件，附录一，第 83 页，转引自〔英〕菲利浦·约瑟夫《列强对华外交：1894—1900》，胡滨译，商务印书馆，1959，第 55 页。

③ 赫德致金登干第 2279、2363 号函件，陈霞飞：《中国海关密档——赫德、金登干函电汇编（1874—1907）》第 6 卷，中华书局，1995，第 87、244 页。

干涉。而列强的干涉，是此次战争中日本所极力避免而中国所寄予希望的。其三，派一个受雇于中国的外国人而不是正式的清政府官员赴日乞和，可以保存一些清政府的面子。李鸿章等认为，"目下彼方志得气盈，若遽由我特派大员往商，转虑为彼轻视"①。

上述三方面的考量，其实尤以第三个最为重要。对于中国人来说，面子是很重要的。德璀琳之所以被清政府选择充当赴日求和的代表，是由于清政府方面不想失去面子；而日本通过美国向中国提出必须由中国首先提出讲和，所争的也是面子。日本坚持让李鸿章赴日进行和谈，就达到了羞辱中国的目的。② 作为曾经被中国人轻蔑地呼为"倭人""倭寇"的日本，一旦把曾经当作偶像来仰视和学习的东方大国打败，这种胜利当然令其志得意满、兴奋难言。日本人不但要在战场上打败中国，还要中国人到日本来乞求和平，借此在全世界面前羞辱中国，令其彻底折服。从中国战败和签订《马关条约》后国内的群情激愤来看，中国人所恼怒和痛心的也正是被日本这样一个自己素来瞧不起的小国所打败，而以前的两次鸦片战争和中法战争都不能使国人如此痛心疾首。所以，关键还是一个面子问题。

中国在甲午战争中的失败，使德璀琳等在华外国侨民对中国彻底丧失了信心。战争中，各强国政府以及在华侨民都在观望中国是否能够战斗到底，因为只有血战到底才能博得一向以实力为唯一衡量标准的列强的尊重。中国妥协避战并公开向各

① 《李鸿章全集》，时代文艺出版社，1998，第4993~4994页。
② 〔英〕菲利浦·约瑟夫：《列强对华外交：1894—1900》，胡滨译，商务印书馆，1959，第57~58页。

国呼吁请求干涉的举动，不仅令德璀琳、赫德等为清政府服务的洋员不齿和失望，亦令列强看轻。德国政府明确告诉向其请求调停的中国驻柏林公使说，"如中国坚决作战到底，则长期战争的危害可能诱使有约各国更有力地为中国而行动，但中国自己却住手不打，它能指望英国或德国代它作战吗？"① 然而，清政府却从未认真地想要战斗到底，更不用说为此做好战斗准备了。最后，"全世界又一次目睹了一个庞大的、支离破碎的、有着丰富的资源但是没有很好地开发的帝国，败给一个小得多的、但是更加军事化、组织得更好、领导得更好并且更加团结的强国"②。所以，与其为这样昏庸无能的政府效劳而使多年来的梦想——用自己的力量帮助中国，让它强大起来并与列强进行合作——破灭，还不如多考虑一下个人的实际利益。如果说德璀琳在甲午战争以前还是比较忠心地在为中国和李鸿章服务的话，那么从此以后，他就开始一心一意地为自己的利益而奋斗了。

随李鸿章出访欧洲

由于在中日战争中的失败，李鸿章被免去了直隶总督兼北洋大臣的官位，投闲京师。不过，慈禧太后并没有对他弃之不顾，因为清王朝这间四处漏风的破屋还需要李鸿章这位勇于任事、不辞劳苦的"裱糊匠"来勉力支撑。1896 年 2 月，借恭贺俄皇尼古拉二世（Tsar Nicholas II）加冕之机，清廷决定让

---

① 中国近代经济史资料丛刊编辑委员会：《中国海关与中日战争》，中华书局，1983，第 75 页。

② 〔英〕魏尔特：《赫德与中国海关》，陈敖才、陆琢成等译，厦门大学出版社，1993，第 283 页。

李鸿章以"钦差头等出使大臣"的名义前往俄国致贺，并游历欧美诸国进行外交访问。

李鸿章此行主要有三项使命：第一，联络俄国、签署《中俄密约》以共同防御日本对中国的进一步侵略；第二，向俄、德、法三国在夺回辽东半岛过程中提供的帮助以及美、英两国在中日战争中提供的支持表示感谢；第三，与各国商讨提高关税的问题。以上这三项任务，环顾当时清政府的众多官员，确实找不出第二个人能完成。所以，刚刚在甲午战争中一败涂地的李鸿章又扬扬得意地出发了。

1896 年 3 月 1 日，李鸿章向光绪皇帝陛辞出京，乘船由天津出海，正式开始环球访问。他率员先后到访俄国、德国、荷兰、比利时、法国、英国和美国等欧美七国，加上途经加拿大、日本共 9 国，前后历时 7 个月。李鸿章此次环球访问，跨越三大洋，遍访三大洲，是清朝大臣中第一个做环球访问的人。他以清廷头等钦差大臣的身份周游列国，所到之处皆受到各国的热情接待，待以上宾。各国报纸无不争相报道李鸿章的一举一动。"伦敦《中国新闻纸》云：亚洲中国之大臣，比来奉使而至欧洲者，岁不绝书。然以在华之功业言之，恐无能出李中堂之右；且以在欧之名望言之，亦恐无能与李中堂相侔。是故踪迹所至，观听一倾。笔有所书，书中堂也；口有所说，说中堂也。且俄、德、法、英各报，无不争相传述。"①

此次出访，李鸿章的随员队伍庞大，除了他的两个儿子李经方、李经述及于式枚、罗丰禄等中国官员外，随行还有由海关

① 蔡尔康、〔美〕林乐知：《李鸿章历聘欧美记》，湖南人民出版社，1982，第 65 页。

图2-4 李鸿章出访随员在德国合影（前排左起：李经述、李经方、李鸿章、罗丰禄，右一为联方；后排为德璀琳、汉纳根）

随员暂充的参赞官，负责沿途的向导、翻译、接洽等事宜，其中包括将要到访的几个主要强国在海关的税务司各一名，分别为俄国的柯乐德（V. von Grot）、法国的穆意索（A. Mouillesaux）、英国的赫政（J. H. Hart）、美国的杜德维（E. B. Drew）及德国的德璀琳。德璀琳也正好是第三次回国休假。

　　1896年3月5日，李鸿章从北京到达天津后，德璀琳等在津西方侨民为李鸿章设宴送行。随后，德璀琳陪同李鸿章乘"海晏"轮出海，一路随行至欧洲。因为，李鸿章此行首要目的是参加沙皇登基庆典，并且要与俄国签订密约，而此事又不能为其他列强所知，所以，李鸿章不愿意德璀琳等外籍税务司参与此事。故德璀琳等人应当是在塞得港李鸿章换乘俄国轮船时，就另乘其他邮轮分赴本国，准备在那里接待李鸿章。6月

13 日李鸿章结束在俄国的访问，乘火车从俄国到达德俄边界时，德璀琳和汉纳根在车站迎接。当时业已回国的汉纳根以私人助理的身份也成为李鸿章的随员之一。

在德期间，由德璀琳、汉纳根翁婿二人负责李鸿章所有会谈的翻译工作。火车路经但泽市时，李鸿章顺路参观了那里的一家大船厂。厂主献给李鸿章最新的船舶设计图和多幅地图作为礼品，这应当是出于德璀琳等人的精心安排。当日抵达柏林后，李鸿章下榻在一家名为"该撒好司"（Kaiser's House，即皇帝旅馆）的旅馆内。德方为了讨好这位总督，特意提前询问德璀琳、汉纳根二人关于李鸿章的喜好，在饭店内妥为安排，甚至连李鸿章常吸的雪茄烟、喜爱的画眉鸟都一样不差地陈于室内。1896 年 6 月 14 日，德皇接见了李鸿章。李鸿章向德国呈递国书，致辞感谢德国干涉还辽，然后德皇致答词，均由德璀琳当场翻译。16 日，李鸿章赴德皇宴，之后与德璀琳、汉纳根一起到兵工厂参观。17 日，赴法兰克福参观陆军演习。18 日，拜会德国外交部及德国首相何恩禄。19 日，李鸿章答记者问。20 日，前往什切青船厂参观并赴基尔参观海军。27 日，李鸿章专程到家中拜望前首相俾斯麦，请教中国复兴之道，俾斯麦向其建议应以练兵为立国之基。7 月 2 日，李鸿章参观克虏伯兵工厂。① 在汉纳根给他妻子的信中，有对李鸿章访问克虏伯兵工厂的描述："昨天晚上来自杜塞尔多夫的上层人士和克虏伯兵工厂的高级军官参加了盛大的宴会。爸爸（指德璀琳）和我仍旧按照惯例坐在总督的右边和左边。克虏伯先生

① 蔡尔康、〔美〕林乐知：《李鸿章历聘欧美记》，湖南人民出版社，1982，第 58~72 页。

也坐在我们这边。……爸爸和我在整个晚上的谈话中义不容辞地的担当了总督大人的翻译。今天早上我们陪同总督参观了克鲁伯兵工厂的生产铁轨和铸造大炮的车间。双方兴致都很高。"①

图2-5 李鸿章会见俾斯麦 (李鸿章右边背对镜头者为德璀琳,
俾斯麦背后面向镜头者为汉纳根)

李鸿章离开德国后,德璀琳继续以非官方身份陪同前往欧洲其他国家。直到李在英国的访问结束前往美国,德璀琳才回到德国,继续李鸿章交给他的任务——与德国政府谈判加税一事。德璀琳陪同李鸿章访问欧洲其他国家的目的,显然是为了借此机会扩大个人影响,建立或加深与欧洲各国政府、财团的联系以实现他在中国的商业计划。从后来的结果看,几年后,德璀琳在图谋侵吞开平煤矿时,就引入了以比利时国王利奥波

① 摘译自 Constantin von Hanneken, *Briefe aus China: 1879 - 1886; als deutscher Offizier im Reich der Mitte*, Köln: Böhlau Verlag GmbH & Cie, 1998, Einleitung, p. 11。

德二世为首的由俄法比等财团组成的"东方辛迪加"。此外，1902 年德璀琳与天津一些外国人准备修筑从天津老城至租界的电车，为募集资金，他又找到比利时财团进行投资，成立了"比商天津电车电灯公司"，修筑了中国第一条有轨电车。①

在李鸿章继续前往美国访问后，德璀琳回到德国。他与外交部、海军部以及德皇进行了会谈，重点一方面是就德国租借胶州湾作为海军基地达成一致；另一方面是关于中国方面希望提高关税的建议，为此德璀琳提交了一份关于中国希望修订关税的备忘录。李鸿章在德国访问期间，同德国外交部谈过这两个问题。德国外交部以同意提高关税和希望中国对德国干涉还辽的贡献进行报偿为由，要求获得胶州湾，但李鸿章告以自己没有授权进行关税以外的谈判权力，会谈没有结果。于是，德璀琳利用休假在德国继续商谈这两个问题。德璀琳只有李鸿章的一般委托，并没有代表清政府与德国外交部进行谈判的权力。但是作为李鸿章的亲密顾问，他的祖国对他还是比较尊重，愿意听到他在这方面的建议。

根据德国方面的记录，德璀琳于 1896 年 10 月 12 日向外交部提交了一份自己撰写的计划书。在这份计划书中，他向外交部列举的要求提高关税的原因与中方文件中的一样，但是他拒绝了德方提出要一块殖民地的要求，因为这与其他列强的要求相似，会引起对中国的瓜分。德璀琳认为，这种瓜分对德国不利，因为德国缺乏在东亚的军事力量，不太可能与其他国家得到同样的待遇。因此他建议德国应当尽可能推迟这种瓜分，

---

① 刘海岩等：《八国联军占领实录——天津临时政府会议纪要》，天津社会科学院出版社，2004，第 343、348 页。

以便等待一个更有利的时机到来。德璀琳还认为，德国应当加强对华贸易，并且维持和加强清政府的统治。为了这两个目的，德璀琳建议德国应在中国修建铁路。虽然清政府当时修建铁路只允许"官督商办"的形式，并且不允许外国入股，但是德璀琳认为，德国如果为修建铁路提供资金和技术支持，那么在修建和管理这条铁路的过程中，中国的新手逐渐就会被有经验的德国专业人员淘汰掉，从而实际控制这条铁路。为此，德璀琳认为应当成立一个对中国和欧洲同样有益的类似中国海关的铁路管理部门，或许叫作"铁路总局"。由于海关实际上是在英国人的掌控下，所以德国应该拿到铁路的掌控权。对德国自身的利益来说，德国由于提供修建铁路的资金、原材料和派遣管理技术人员带来的好处将抵消由于提高关税而带给德国的弊端。此外，德璀琳还建议，为了维护清政府的统治，德国应当派遣更多的军队教官到中国训练新式军队。为了促成德国与中国结盟，德璀琳认为：德皇应明确阻止从中国获取一块殖民地的意图；由德皇向中国皇帝递交一封信函，明确向中国示好，并授予中国皇帝一枚德国最高勋章和德皇的一张照片；与英国一起成立一个铁路卡特尔或辛迪加，以垄断中国的铁路建设计划。①

德璀琳提出这个庞大计划时，显然并不知道李鸿章已经签订了《中俄密约》、俄国已与中国结为盟友。德璀琳还在幻想，让德国成为中国最亲密的盟友，同时不排除英国在华商业利益。这样，作为在中国最有影响力的德国人，他自己就将成为中德同盟最大的受益者，其直接后果就是他当上自己所倡议

---

① 摘译自 Vera Schmidt, *Aufgabe und Einfluβdereuropaischen Berater in China: Gustav Detring（1842－1913）in Dienste Li Hung－chang*, Wiesbaden: Harrassowitz, 1984, p. 77。

成立的铁路总局的"总铁路司",成为另一个赫德。在向德国政府呈递了这样一份计划书之后,尽管他的休假还没有结束,德璀琳就于 1896 年 11 月 14 日离开德国并于次年年初返回中国,为他雄心勃勃的计划去做准备。不过,结果仍然是失败的。

秘密外交

外交形成于近代。从 17 世纪开始,现代民族国家兴起,世界范围内基于主权国家的世界政治体系诞生。此后,"自私自利的国家们在一个基本上无政府的国际体系中为保护各自利益而争斗不休"[①],由此诞生了近代外交事业。

近代国际关系史上,盛行秘密外交。这是建立在强权政治"弱肉强食"的道德原则基础上的。不论是强国还是弱国,他们各自为了本国的利益,在近代外交活动中煞费苦心地经营所谓"均势政策",实际上暗中拉帮结派,进行各种旨在瓜分殖民地和划分势力范围或者保全自己不被列强瓜分而沦落为殖民地的秘密谈判。"有的资产阶级外交家甚至公然宣称:外交即秘密,使节们就是'光荣的间谍'。"[②] 这种秘密外交与赤裸裸的侵略相结合,构成了近代国际关系中的主要活动内容。各国秘密外交活动的开展也为德璀琳、赫德等为清政府所雇用的洋员参与近代外交活动提供了机会和舞台。

中国真正意义上的外交,是从第二次鸦片战争结束后,在不平等条约的基础上形成。海关从一开始设立就被赫德打造成英国对华关系的基石。以此出发,随着海关越来越多地参与清

---

① 〔美〕约翰·罗尔克:《世界舞台上的国际政治》,宋伟等译,北京大学出版社,2005,第 21 页。

② 金正昆:《外交学》,中国人民大学出版社,2004,第 20 页。

政府的各种对外活动，海关逐渐成为不仅是中英关系而且包括各种对外关系的基石。海关中，上至赫德，下至许多税务司，都参与过清政府的许多外交活动。作为海关税务司，特别是李鸿章最重要的顾问，德璀琳代表李鸿章和清政府执行了多次秘密外交活动。赫德曾讥讽德璀琳是特别喜欢搞"秘密外交"的人，这是因为德璀琳代表李鸿章执行的外交活动触犯了赫德的利益，甚至撼动了他的特殊地位。有时，赫德会直接写信警告在欧洲进行秘密活动的德璀琳，"劝他享受他的假期而不要为这里的事操心"①。这种矛盾的产生，从大的背景来看，是由于他们所代表的不同国家利益——德国、英国以及其他欧美列强——之间进行博弈以实现本国利益最大化的结果。从个人角度来说，无论是德璀琳还是赫德，他们积极参与秘密外交活动的目的有两方面：一是为了维护清政府的统治，并确保清政府在遵守不平等条约的基础上建立与列强的外交关系；二是为了扩大自己在中国的影响力以牟取个人私利，同时为本国商业、金融财团获取最大的在华利益。

在德璀琳与赫德的竞争中，由于拥有总税务司的职位和总理衙门的支持，赫德总能占据优势，并常常取得最后胜利。太平天国起义削弱了清朝中央政府的权力，地方督抚势力壮大，但是皇权仍然是至高无上的，最终的决策权仍然掌握在以慈禧太后为首的清皇族手中。总理衙门与地方督抚特别是与南北洋大臣之间的关系是错综复杂的。他们之间既有共同合作以对付清廷中的顽固派和清流党以及一致对外应付洋人侵略的一面，

---

① 1883 年 6 月 8 日金登干致赫德第 1075 号函件，陈霞飞：《中国海关密档——赫德、金登干函电汇编（1874—1907）》第 3 卷，中华书局，1992，第 285 页。

又有因争权夺利和满汉之别而彼此防范斗争的一面。而这种复杂的关系对于像赫德和德璀琳这样居留中国多年、混迹于清朝官场的洋员来说也是心知肚明的。赫德曾说："一个总督在省里可以比北京的一个部为中国做更多的工作，他几乎可以独立行事，而一个部除非六个成员全都同意才能办一件事，然后还会被别的部或被碍事的地方官员推入困境。"① 赫德虽然羡慕德璀琳可以依靠有权势的李鸿章自由行事，然而他也清楚地知道，李鸿章虽喜任事揽权，但并不掌握最后的决定权。所以，赫德一直与总理衙门的各大臣保持着牢固而密切的友谊。在二人进行的各种较量中，以李鸿章为靠山的德璀琳最后总是败给以总理衙门为后盾的赫德。德璀琳与赫德的斗争关系也正是总理衙门与李鸿章等地方大员关系的翻版。

第三节　赫德手下的税务司

海关与中国的现代化

从19世纪下半叶起，清王朝统治下的中国社会开始经历西方工业革命所带来的现代化历程。在近代中国所进行的这一小步的现代化历程中，中国海关曾经发挥了很重要的作用。作为半殖民地半封建社会的产物，中国海关名义上是一个清政府的机构，实际上却长期为外籍税务司所把持，被称作是"国际官厅"。在近代，海关曾把它的触角伸向中国的政治、经济、军事

---

① 1881年10月16日赫德致金登干第868号函件，陈霞飞：《中国海关密档——赫德、金登干函电汇编（1874—1907）》第3卷，中华书局，1992，第638页。

和教育等各领域，或多或少地推动了中国现代化的发展进程。

1861 年 1 月 20 日，"总理各国事务衙门"的成立，标志着洋务运动的开始。也是在这一年，海关被列入总理衙门的管辖之下。李泰国被任命为总税务司后，英国驻华公使欣喜地认为，这项任命"对于政府不但在贸易和关税方面，而且作为一个一般洋务的可靠顾问方面"，都是非常有价值的。① 特别是赫德自 1861 年 6 月接替李泰国署理总税务司一职后，凭借着他出色的语言能力、人际交往技巧、行政管理专长以及特别是对中国传统文化的理解，成为清朝中央政府亲密可靠的顾问，这使得赫德与他治下的海关从一开始就直接参与了中国的各项洋务活动。他自称："我领导的这个机构虽然名为海关，但其范围极为广泛，其目的是在各个可能的方面为中国做出有益的工作：实际上，它可能是改革这个帝国的各个部门的行政和改进其各工业部门的核心。"②

对于海关的洋员，赫德在 1864 年给海关下属的通令中要求他们，"不须忘却自己乃先进文明之代表，该文明与中国之文明截然不同，因之亦不必抑制发扬先进文明与推行西方成功经验有益成果之自然愿望"，赫德因此规定各口税务司除了海关本身的职责以外，还有责任向本口税务监督就各种洋务提供咨询或建议。③ 这样，以海关为基地，赫德与其下属洋员逐渐插手经办了一系列洋务活动。

---

① 1861 年 3 月 12 日卜鲁斯致罗素第 14 号函，附 1 月 11 日威妥玛函，转引自陈诗启《中国近代海关史》，人民出版社，2002，第 64 页。

② 1885 年 8 月 26 日赫德致格兰维尔勋爵的信，陈霞飞：《中国海关密档——赫德、金登干函电汇编（1874—1907）》第 4 卷，中华书局，1992，第 262 页。

③ 1864 年 6 月 21 日海关总税务司署通令第 8 号，黄胜强：《旧中国海关总税务司署通令选编》，中国海关出版社，2003，第 29 页。

海关在中国近代财政方面占有极其重要的地位，它的首要职能和工作是征税，这不但是中国政府所指定的工作，而且它插手干预近代中国的各项内外事务无一不是依靠其所控制的财源。新关建立之后，关税总收入从1861年的5036370关平两增加到1910年的34518589两，近50年中增长了5.85倍之多。由此，海关税收"成为支撑清朝统治的稳定的、可靠的财政支柱"，占到清政府国用的三分之二或五分之四以上。[①]凭借着手中的财权，不仅赫德自己，德璀琳等其他海关税务司也积极介入中国的购买船舰、军火以及海防要塞的修建等需要大量资金和技术的事务。

自海关新关建立之后，由于历次赔款和外债大都规定以海关税收担保和偿付，税务司既是海关关税的征收者，同时又成为债权国的代理人，对税收分配也有了监督的权力。并且，作为总理衙门最重要的顾问，赫德经常就洋务运动中的对外借款和经费使用等问题提出意见。1879年，赫德指责左宗棠西征借款利息过重，并拒绝以海关税收为其拨抵偿还。[②] 1881年，李鸿章瞒着赫德向德国什切青船厂订造铁甲舰，为了报复李鸿章，对于李鸿章购买的另一批军火，赫德准备"一旦查明下落及其价格后"，"将向李对这批军火的拨款开火"[③]。由此可见，为了自身和英国的利益，赫德是如何积极地运用所掌握的清政府最重要的财政来源干涉中国的国防建设。

---

① 陈诗启：《中国近代海关史》，人民出版社，2002，第185～186页。

② 中国人民银行总行参事室：《中国清代外债史资料：1853—1911》，中国金融出版社，1991，第69～71页。

③ 1881年1月24日赫德致金登干第771号函件，陈霞飞：《中国海关密档——赫德、金登干函电汇编（1874—1907）》第2卷，中华书局，1990，第492～493页。

海关的日常行政工作包罗万象。除了征税以外，在海务方面，海关在沿海和内河的港口建设和管理、船务管理等方面做了大量工作，包括规定航船停泊地段、管理引水业务，设置和保养灯塔、航标，进行气象观测，疏浚航道，进出口检疫等。

在以上征税和管理海务方面的本职工作之外，海关在赫德的领导下，还干了许多"业余"工作，主持开办或试办诸多洋务事业。例如，在海防方面，海关帮助李鸿章向国外订购船舰和大炮等军火并聘任外国教习训练水兵，帮助创建中国近代海军。在教育方面，1866年总税务司署迁往北京后，赫德即着手改造同文馆以引进西方新学，不仅为同文馆提供经费，而且帮助聘任外籍教习和总教习，甚至负责同文馆毕业生的考试和赴海外游学事宜等。在外交方面，赫德一直敦促清政府派遣驻外使节以与西方各国建立正常的外交关系，为此海关不仅为清政府使节出访欧美提供经费、派遣翻译人员，还帮助筹设驻外使馆，从而为开拓中国近代外交事业发挥了一定作用。在邮政方面，赫德让德璀琳成功试办了海关书信馆，制定了邮务章程，还发行了中国第一枚邮票，并将邮政业务逐步发展到其他省份。1877年赫德兴奋地告诉金登干说："我们这里正为公事忙得不可开交，……煤气、矿山、铁路、电报线路、觐见、驻外代表机构、扩充海关、增设口岸、商轮、军舰等等事项全都在'进行中'了。我确实认为中国开始动起来了！"[1]

由于拥有经费上的保障以及海关比较高效的管理制度和人事安排，在清末政府所举办的各项洋务活动中，基本上都有海

---

① 1877年1月11日赫德致金登干第313号函件，陈霞飞：《中国海关密档——赫德、金登干函电汇编（1874—1907）》第1卷，中华书局，1990，第483～484页。

关的参与甚至是由海关主导，并产生了比较显著的效益。然而，不容忽视的是，近代海关由代表英国在华利益的总税务司赫德所把持，他的下属又是分别代表不同国家在华利益的外籍税务司，因此他们所主持和参与的近代各项洋务活动成为帝国主义列强争夺中国各项利权的目标。无论是从他们的动机还是后来的结果都说明，在殖民地半殖民地的中国，在主权被部分篡夺的情况下，不可能真正实现对中国人民有益的现代化。

作为税务司的德璀琳

德璀琳与李鸿章是在 1876 年中英谈判签订《烟台条约》期间相识的。当时李鸿章是清政府的全权代表，而德璀琳则是谈判当地烟台的海关税务司。德璀琳参与协助李鸿章，在谈判中为解决马嘉理在云南遇害一事显露了非凡的才干，由此得到了李鸿章的赏识。条约签订之后，李鸿章随即要求总税务司赫德将德璀琳调往津海关。李鸿章之所以要把德璀琳从烟台调往自己衙署所在地天津的海关，是需要他随时在身边顾问咨询，并且能为自己的各项洋务运动提供稳定而可靠的资金来源。

作为海关税务司，德璀琳的本职工作干得相当出色。从 1876 年开始，德璀琳在津海关充任税务司达 22 年之久，从 1877 年至 1882 年、1884 年至 1896 年、1900 年至 1904 年。这期间，是德璀琳一生事业的顶峰，也是天津港和津海关迅速发展的阶段。德璀琳在职期间，天津港的税收数由 1877 年的 322684 关平两增长到 1882 年的 387370 关平两，从 1884 年的 386579 关平两增长到 1896 年的 841042 关平两，再从 1900 年庚子之乱后的 516707 关平两恢复并增长到 1904 年的 2009198 关平两。这样的业绩在全国各口岸中，除了地理位置更为优越的上海以外，是最为突出的。①

税收的增长来自贸易量的增长。开埠之后，天津成为直隶、山西两省以及山东、河南两省北部的天然出海口，贸易量大增。对外贸易以对俄国茶叶转运、大宗进口棉布、煤油、大米、绸缎、纸张、大麦、瓷器及糖为主，出口货品以羊绒、羊毛、草帽辫、骆驼毛、棉花、生羊皮和生牛皮等农畜产品为主。除此之外，来自货物运输的运费、打包费、清洗费等也相当可观。德璀琳任职期间一直被认为"在促进这个口岸日益扩大的贸易方面做了很多工作"，"他一向把自己当作贸易的助手，而不是贸易的控制者"。②此后由于海河淤塞和大沽口的拦沙坝等不利因素的影响，进出口贸易总量虽有所下降，但税收并未遭受影响。

不过，对于德璀琳来说，促进贸易发展的首要目的并不是为了中国，而是为了满足欧美厂商倾销商品的需要。在他就任津海关税务司的第一个五年任期里，天津的进口贸易总值占全国的 10% ~ 16%，仅次于上海；而出口总值却只占全国的2.4% ~ 2.91%，仅在温州与北海之上。以 1879 年为例，入超达到相当可观的 11299388 关平两。③所以，虽然海关的税收增加了，清政府的财政来源得到了保证，但却并不能真正促进中国的经济发展和现代化进程。

---

① 《津海关历年税收（1861—1948 年）》，天津海关译编委员会：《津海关史要览》附录 8，中国海关出版社，2004，第 230 ~ 231 页。

② 〔英〕雷穆森：《天津租界史（插图本）》，许逸凡、赵地译，天津人民出版社，2008，第 68 页。

③ 附录 6《天津口岸历年进口总值统计表（1861—1948 年）》、附录 7《天津口岸历年出口总值统计表（1861—1948 年）》，天津海关译编委员会：《津海关史要览》，中国海关出版社，2004，第 222 ~ 223、226 ~ 227 页。

德璀琳能够在海关中众多庸庸碌碌、只知唯赫德之命是听的税务司中脱颖而出，成为海关中仅次于赫德的重要人物，除了自身能力出众之外，最主要的是有李鸿章作为靠山。有一句官场谚语："官不修衙，客不修店。"意思是当官不会永远在一个衙门，调职是很平常的事，衙门修得再好也是留给后任的，所以没有必要大兴土木、大费周章地去修建办公楼。不过，因为有了李鸿章的支持，德璀琳知道自己不用像海关的其他税务司那样在所有口岸轮调，不能也不会离开李鸿章的身边，当然就不用顾忌那么多了。

1887 年夏季，他开工修造了新的海关大楼，于翌年 10 月建成。他还特意请李鸿章亲自题写了"津海新关"的匾额悬挂在新办公楼上。在面向海河新建的两层欧式海关大楼里，一层为业务大厅，面积为 200 多平方米。在这里直接处理海关各项业务，包括为进出口船舶预先挂号和办理一切手续，为货主办理各项手续。津海关将报关、验估和结关手续集中在一起，全部手续不出大厅即可办完，使货主深感方便。这一工作模式在当时是极为先进合理的。大楼二层为行政办公室，即德璀琳日常工作的地方。

图 2-6　津海关新办公楼

图 2-7 李鸿章题写的匾额

在德璀琳任职期间，他拓展了津海关的管辖区域。秦皇岛海关成立之后，德璀琳就兼任了这个海关的关长。不仅海关的管辖区域延伸，而且管辖的内容也不断增加。海关除负责进出口船货、人员物品监管、征税缉私之外，在他任内还包揽了海河航道的整治维护、灯标设施、港口管理、检疫防疫等海港事务，创办了邮政业务、兼办商标业务，参与创办北洋大学前身博文书院、修建马路、架设电报电话线等地方事务，更积极插手北洋水师的军需军务。当时天津租界内的侨民回忆说："在他的本职工作中，他决不把自己局限在狭窄的税务司管辖范围之内。"德璀琳利用自己的顾问身份，不断对李鸿章施加影响，总是在总督的耳边说些新的想法，"诸如引进新的牲畜与水果的'品系'、造林、医学教育、陆海军体制、采矿、铁路以及设施完全的大学等等"①。虽然他的各项建议并不总能立刻得到实现，但他仍然信心十足、百折不挠地坚持着。

德璀琳与赫德的矛盾关系

多年来，在中国海关里，德璀琳与赫德既是志同道合的上

---

① 〔英〕雷穆森：《天津租界史（插图本）》，许逸凡、赵地译，天津人民出版社，2008，第 68 页。

下级，又是彼此争权夺利的竞争者。长期以来，德璀琳代表德国利益，与代表英国利益的赫德，在插手中国事务中明争暗斗，彼此防范。海关洋员庆丕说，总税务司不喜欢有李鸿章撑腰的德璀琳，这在海关是一个公开的秘密。[①] 但是两人的关系并不是从一开始就不融洽的。公平地说，德璀琳初入海关时，赫德是欣赏甚至喜欢德璀琳的。

两人的第一次见面是在德璀琳来到中国半年后的 1865 年 10 月 21 日。这一年，年仅 23 岁的德璀琳应聘来到中国海关，作为海关的一名供事。虽然赫德只比德璀琳大 7 岁，但此时他已经是声名赫赫重权在握的海关总税务司，所以德国人崇拜权威的特性使德璀琳在见到这位"温和的独裁者"时表现得很激动。这次见面，德璀琳也给赫德留下了深刻的印象。赫德在 10 月 22 日和 24 日的日记中两次提到了德璀琳，说"他看上去是一个愉快聪明的年轻人"[②]。赫德在逐渐把海关建设成为一个高效的行政机关的过程中，建立了一整套比较完善的人事录用和考核制度。每一个新人的录用，都要通过考核以至考试。他非常重视对于受过教育、有一定社会地位、有才能的各国年轻人的选拔。而就个性来说，赫德喜欢的人，是"安静、可靠、专心、有涵养、头脑清楚、勤奋、易于相处的人"[③]。德璀琳即使不具备这些赫德所喜欢的所有优点，至少也还令赫德满意。

---

① 摘译自 Paul King, *In the Chinese Customs Service: A Personal Record of Forty - seven Years*, New York: reprint, 1980, p.74。

② 〔英〕赫德著，〔美〕司马富等编《赫德与中国早期现代化：赫德日记：1863—1866》，陈绛译，中国海关出版社，2005，第 420、422 页。

③ 1874 年 1 月 27 日赫德致金登干第 2 号函件，陈霞飞：《中国海关密档——赫德、金登干函电汇编（1874—1907）》第 1 卷，中华书局，1990，第 6 页。

此外，还有一些细节可以说明赫德起初是喜欢德璀琳的。一般新到海关的年轻洋员，除了那些有背景、有关系的人，都会被分派到南方的新开口岸开始他们的海关生涯，过几年再逐渐被调往北方的口岸。调往北方口岸工作被视作一种奖励，原因倒并不是越往北越靠近清朝的中央政府所在地因而位置重要，而是因为气候——来自温带地区并习惯于温带海洋气候的欧洲各国海关洋员一般都不太能适应中国南方潮湿炎热的气候，这经常损害到他们的健康。赫德曾写信给一位税务司："你喜欢汕头吗？我相信你不喜欢；因为三月你完全有可能调往更北边的口岸"，结果他被调往天津。[①] 德璀琳在台湾待了不到 2 年，1867 年就从淡水海关被调往津海关任三等帮办，在那里待了 3 年，并被晋升为二等帮办，直到 1870 年 1 月他被提升至更高的职位，才离开北方去代理淡水海关税务司。因此，这完全可以被看作是赫德对德璀琳的一种优待。

1873 年，德璀琳首次回国度假，并于第二年结了婚。为了照顾德璀琳太太以便她能与丈夫一同返回中国，赫德特意打电报给德璀琳，批准他可以在家待到明年春天再回中国，[②] 而赫德对不喜欢的下属是没有这么关心和体贴的。1873 年赫德还指派德璀琳作为四个负责具体工作的税务司之一，代表中国政府第一次参加了维也纳世界博览会，使德璀琳登上了更广阔的舞台。1875 年，德璀琳被派往牛庄（今营口）任税务司，1 年后又被派到烟台任东海关税务司。这些都是气候比较舒适的

---

① 〔英〕赫德著，〔美〕司马富等编《赫德与中国早期现代化：赫德日记：1863—1866》，陈绛译，中国海关出版社，2005，第 145 页。

② 1874 年 6 月 20 日赫德致金登干第 46 号函件，陈霞飞：《中国海关密档——赫德、金登干函电汇编（1874—1907）》第 1 卷，中华书局，1990，第 76 页。

城市，并且都距离赫德的总税务司署并不遥远。

　　作为比德璀琳年长又是较早来到中国并取得辉煌业绩的外国侨民，赫德在许多方面都是德璀琳的榜样，同时也是野心勃勃的他努力追赶的目标。清朝统治下向现代化缓慢前行的步伐又给德璀琳迅速赶上赫德、扩大自身影响力提供了时间和机遇。由于德璀琳在《烟台条约》谈判、创办邮政、参与国际博览会等过程中所表现出的杰出能力，赫德一开始对德璀琳极为欣赏。但是随着德璀琳逐渐显露出他的野心，与李鸿章走得越来越近，并以李为靠山插手了太多赫德认为涉及自身和英国利益的事，如鸦片贸易改革、军火买卖等，日益暴露出他的"德国倾向"，令赫德感到不安进而产生警惕，这样两人的关系才紧张起来，直至逐渐公开地进行竞争。

　　左宗棠收复新疆后，1878 年清政府派崇厚出使俄国谈判交还伊犁问题。当年 9 月正在欧洲休假的赫德致函国内代行其职的妻舅裴式楷，要求他不要派遣德璀琳随崇厚出使，以防德璀琳从中捣鬼。① 1880 年，在聘用琅威理等洋员训练北洋海军等问题上，李鸿章试图绕过赫德，通过德璀琳与琅威理直接联系，这引起了赫德的不满甚至阻挠。此外，德璀琳还插手了派遣中国船员赴英国学习轮驾并将自英国订购的炮艇驶回中国一事。② 之后不久，德璀琳于 1882 年春天第二次回国休假时，专门去德国什切青造船厂（Stetin & Co.）进行考察。后来李鸿章

① 1878 年 9 月 10 日赫德致金登干第 506 号函件，陈霞飞：《中国海关密档——赫德、金登干函电汇编（1874—1907）》第 2 卷，中华书局，1990，第 110～111 页。

② 金登干致赫德第 655、659、885 号函件，陈霞飞：《中国海关密档——赫德、金登干函电汇编（1874—1907）》第 2 卷，中华书局，1990，第 298、305、665～667 页。

命令李凤苞在德国什切青厂订购了一条 5350 吨的铁甲舰，这条船日后成为北洋海军中最大的主舰，这更引起了赫德的警惕。他"担心什切青装甲舰只一出现，我们在天津将会陷于困境；舰只或许完全由德国官兵（低薪俸）驾驶来此，而中国有可能全部雇用他们"①，最终英国人有可能丧失对北洋海军的控制。

尽管面临着德璀琳的有力竞争，赫德还是要标榜自己的公平与公正。他说："很多人告诉我要警惕等等，这虽然有时会激起我短暂的妒忌之情，但我的准则是永远不扮演'占着茅坑不拉屎'的角色，我在北京不能办成的事，如果有别人在别处为中国办成，我应感到高兴。"② 然而事态的发展越来越对赫德不利，赫德非常忧虑自己一直孜孜以求的"总海防司"一职会落到德璀琳的手中，并最终阻碍到赫德将北洋海军控制在英国人手中的目的。1884 年赫德认为问题已经严重到"或者是支持德璀琳，或者是推翻发展海军的计划"的地步。因此他下定决心，一定要将德璀琳从李鸿章的身边调开。当1884 年德璀琳从欧洲回到中国后，赫德将德璀琳暂时调去广州，然而他却通过李鸿章向总理衙门提出要求，从而又被朝廷调回天津"办理要务"，参与中法和谈。这更加令赫德如芒刺在背，却又无可奈何。"他行动快到那么一个程度，以至在有耐力的竞争者能赶上他之前，他已到达目的地了。"③ 后来，

---

① 1882 年 1 月 8 日赫德致金登干第 898 号函件，陈霞飞：《中国海关密档——赫德、金登干函电汇编（1874—1907）》第 3 卷，中华书局，1992，第 6 页。

② 1881 年 10 月 16 日赫德致金登干第 868 号函件，陈霞飞：《中国海关密档——赫德、金登干函电汇编（1874—1907）》第 2 卷，中华书局，1990，第 638 页。

③ 赫德致金登干第 978、1079、1173、1189、1199 号函件，陈霞飞：《中国海关密档——赫德、金登干函电汇编（1874—1907）》第 3 卷，中华书局，1992，第 130、295、479、509～511、529～531 页。

由于李鸿章的要求，德璀琳没有像海关的其他税务司那样在24个口岸轮调，成为赫德手下唯一不能随意调动的人。

多年的上下级关系使赫德对德璀琳的性格和野心知之甚深。他曾对金登干说："我不相信德璀琳是不忠诚于我的，也不信他意在取代我或继任我的位子，但是我确知他决不肯在任何别人手下办事，而企图为他自己设立一个新的职位。对此，我既不反对也不阻挠，因为不能什么工作都由我来做（即使中国人请我做），而这里的活动场地宽广得可容纳下十几个领袖人物。"①赫德作此表态，是因为他不相信德璀琳能对自己总税务司的职位构成挑战。然而机遇却不期而至，使得赫德不得不认真面对德璀琳对他的挑战并进行痛苦的选择。这也是德璀琳与赫德竞争最激烈的一次。

1885年，由于赫德在中法战争中排挤掉德璀琳和李鸿章，抛开英国外交部直接与法国总理联系，促成了《中法新约》的签订，赫德在国内外的声望大增。此时恰逢英国驻华公使巴夏礼在北京病逝。基于赫德在中国的成就，英国政府和维多利亚女王认为他是最合适的继任人选。②这项任命既给赫德带来了意外的惊喜，也使他进退维谷。一方面，他认为这项任命"使我有机会来做也许是有益的工作并体面地结束我在中国的经历"③；另一方面，赫德担心自己苦心经营多年才建立起来

---

① 1884年9月7日赫德致金登干第1238号函件，陈霞飞：《中国海关密档——赫德、金登干函电汇编（1874—1907）》第3卷，中华书局，1992，第605页。

② 摘译自Juliet Bredon, *Sir Robert Hart: The Romance of A Great Career*, London: Hutchinson, 1910, p. 174。

③ 1885年4月12日赫德致金登干第1305号函件所附发给赫德夫人的绝密电报，陈霞飞：《中国海关密档——赫德、金登干函电汇编（1874—1907）》第4卷，中华书局，1992，第75页。

的、拥有许多实权的海关就会落到旁人的手中。为此，赫德曾想推荐自己的弟弟赫政继任总税务司，兄弟二人共同掌握英国在华的最高利益。这个提议甚至得到了英国政府和总理衙门的同意。

但是正当赫德踌躇满志地准备到公使馆就职时，德璀琳作为继任人选的运动也在悄然酝酿着。李鸿章向清廷提议由德璀琳作为继任者接替赫德。在 1885 年 9 月 4 日由法国人创办的报纸《临时工》（*Temps*）上甚至出现了这样一则消息，在英国委派赫德出任英国公使之后，德国打算以英国为榜样让德璀琳出任德国驻北京公使。[①] 这些传言令本来满心欢喜的赫德转而感到忧虑。如果"有了德璀琳那样一个坚强的人在税务司公署，又有李鸿章那样的一位坚强的大臣的支持"，海关极有可能最后落到德璀琳和李鸿章的手里，赫德的势力将被逐出海关，而英国就会逐渐丧失对中国的影响力，德国的影响力将得到增强。[②] 为了不让海关落入竞争对手的手中，赫德最终忍痛放弃了这个令他一生事业达到顶峰的职务而留任海关。至此，德璀琳与赫德的矛盾达到顶峰。不过，作为一个能干的下属，又是李鸿章身边的红人，直到 1904 年，赫德才利用开平煤矿案迫使德璀琳辞去税务司之职，了结了两人的恩怨。

从海关档案中可以发现，在赫德与常驻伦敦的金登干长达几十年的总数为 3528 封的公私信函中，有 260 封信函涉及德璀琳的活动及赫德对其的评价，在所有海关洋员中，除金登干

---

① 摘译自 Vera Schmidt, *Aufgabe und Einflußdereuropaischen Berater in China: Gustav Detring (1842 - 1913) in Dienste Li Hung-chang*, Wiesbaden: Harrassowitz, 1984, p. 9。

② 〔美〕马士:《中华帝国对外关系史》第 2 卷，张汇文等译，上海书店出版社，2000，第 410 页。

和赫德的亲属之外，是数量最多的。由此可见，德璀琳在中国确实做了不少事，也给赫德找了不少麻烦。就连海关以外的其他在华外国人也很容易发现赫德与德璀琳之间的紧张关系，在对赫德谈起德璀琳时说道，"可是赫德先生，不管您怎么说，您的最好的税务司却是强硬而不服从您的命令的人"①。然而，直到这两人去世为止，"公开的争吵"从来没有发生过。② 作为赫德的下属、海关的职员，德璀琳至少在表面上还要表现出对赫德的尊敬与顺从。

热衷赛马的德璀琳与爱好音乐的赫德

赫德是典型的维多利亚时代的英国人，而德璀琳则来自打败欧洲强国后统一并崛起的德国。两人从外形到气质都极不相同，但有一点他们是一致的，那就是他们都野心勃勃地要在中国这个曾经遥远陌生、如今却被帝国主义和殖民主义肆意侵略的东方古国成就一番"伟大"的事业。

美国心理学家谢尔登（W. H. Sheldon）认为，体型与人的性格特征有一定的内在联系。虽然"体型说"把复杂的性格及心理同简单、明显的体型相联系，有过于简单化之嫌，但它在分析德璀琳与赫德两人的性格方面却还是比较有益的。德璀琳的体型应当属于肌肉发达、强壮有力的"身体紧张型"，具有这种体型的人，其特征是：自信、大胆、健壮、精力充沛、冒险冲动，心理特点为任性、刚愎。而赫德则属于瘦长、虚

---

① 〔英〕雷穆森：《天津租界史（插图本）》，许逸凡、赵地译，天津人民出版社，2008，第 68 页。

② 摘译自 Paul King, *In the Chinese Customs Service: A Personal Record of Forty-seven Years*, New York: reprint, 1980, p. 74。

弱、神经系统敏感的"大脑紧张型",其特征是:内向、拘谨、胆怯、不好社交、工作热心负责、爱好艺术,心理特点为懦弱、稳重有余。①

从德璀琳家族提供的照片上看,德璀琳身材高大、线条粗犷、体魄强健,头发和眼睛的颜色比较深,并在上唇蓄有浓密的短须,外形上是比较典型的德国人。照片上的他给人留下气度不凡、性格强悍而又有些傲慢的印象。赫德曾说李鸿章"喜欢身材高大的人,因此他喜欢葛雷森、章师敦和德璀琳"②,庆丕也曾形容德璀琳有希腊神话中大力神"海格力斯式的身材(a Herculean figure)"。德璀琳的强健体魄得益于他一生热爱体育活动。早年在比利时,他就曾担任布鲁塞尔地区德国人体操协会的会长。来中国后,他平常骑马上下班,还爱好赛马,"他在赛马方面所取得的成功可以写一本书"③。有一件事非

图 2-8 德璀琳像

---

① 张春兴、杨国枢:《心理学》,台北:三民书局,1980,第 438~441 页。

② 1881 年 8 月 8 日赫德致金登干第 848 号函件,陈霞飞:《中国海关密档——赫德、金登干函电汇编(1874—1907)》第 2 卷,中华书局,1990,第 608 页。葛雷森(W. H. Clayson),英国人,1870 年入中国海关海班,1872 年任海关缉私用大巡船"飞虎"号管驾官。1880 年率中国海关在英国购买的四艘炮舰回到中国。李鸿章委派他在天津船政学堂训练驾驶员,1887 年又回到海关。章师敦(S. J. Johnstone),英国人,1880 年 4 月进中国海关,任大巡船"飞虎"号管驾副。

③ 〔英〕雷穆森:《天津租界史(插图本)》,许逸凡、赵地译,天津人民出版社,2008,第 69 页。

常典型地说明了德璀琳强悍与傲慢的性格。庆丕记述道，1872
年德璀琳署镇江海关税务司时经历过一次"街头暴动"，中国
民众冲击了海关办公处。据说，当时德璀琳坐在办公室里，手
里拿着一根火钳，静静地拨弄炉火，直到一群中国人闯进来冲
上楼梯，他挥舞着红彤彤的火钳，凶神恶煞似的将那一伙人赶
跑。庆丕评价说，德璀琳"总是为所有给他找麻烦的人，无
论是中国人还是外国人，准备着另一种形式但同样有效的
'热火钳'"①。

照片上的赫德身材细长，脸庞瘦削，目光深邃敏锐甚至令
人感觉有些阴鸷，据其自我描述
为"肤色白皙，头发是浅棕色
的"②。从外形和气质上，赫德给
人以柔顺、细致、文雅的感觉，
颇符合一位维多利亚时代英国绅
士的典型形象。阅读赫德的日记，
深入他的内心，则可以发现，初
到中国的赫德是一名虔信的教徒，
一个内心孤独、敏感的年轻人，
既充满野心同时又小心谨慎、时
刻注意自己的言行。随着在中国
的事业蒸蒸日上，赫德不满29岁

图2-9 赫德像

① 摘译自 Paul King, *In the Chinese Customs Service: A Personal Record of Forty-
seven Years*, New York: reprint, 1980, p. 73。

② 1881年11月19日赫德致金登干第882号函件，陈霞飞：《中国海关密档——
赫德、金登干函电汇编（1874—1907）》第2卷，中华书局，1990，第
661页。

就当上了大权在握的海关总税务司。他的性格也逐渐变得坚定甚至强硬，这在他以后的行事方式上日益显著地体现出来，以至被海关的下属称作"温和的独裁者"或"仁慈的暴君"。①

赫德并不喜好运动，他的运动顶多是散散步，因此身体状况也很糟糕。无论是在日记里，还是在他给金登干的信函中，他经常抱怨自己哪里不舒服或又得了什么病。如果不是身体实在虚弱的话，就是他过于敏感了。不过，敏感常常是艺术家的气质禀赋。赫德热爱音乐，在海关伦敦办事处成立后的第一个年头里，他发给金登干的大量指示信函中，除了公事之外，有很多是让金登干为自己买小提琴、乐谱等跟音乐有关的东西。他每天早上用两个小时练习演奏小提琴，甚至自己谱了几首小提琴曲和两首歌，还想让金登干"设法找一个作曲家为我的那些小提琴曲配上钢琴伴奏曲"。② 他非常得意的一件事，是在海关组建了一支由中国人演奏的铜管乐队。他经常让这支乐队在自己的府邸为各种宴会、游园会演奏。这难道不是一个有趣的悖谬吗？来自德国这个培育了众多举世闻名大音乐家的德璀琳，最热衷的娱乐是英国人热爱的赛马，而赫德这个英国人却如此酷爱音乐！

然而，不管这二人的外在形象气质与内在性格爱好有多么的不同，他们将中国这个古老帝国拉上世界资本主义发展的战车、使中国走上西方所谓现代化道路的抱负却是一致的，他们

---

① 摘译自 Paul King, *In the Chinese Customs Service: A Personal Record of Forty-seven Years*, New York: reprint, 1980, p. 21.

② 赫德致金登干第 5、13、27 号信函，陈霞飞：《中国海关密档——赫德、金登干函电汇编（1874—1907）》第 1 卷，中华书局，1990，第 12、26～27、49 页。

追求在中国建功立业的成就动机也是同样强烈的。因此，在一生的合作与竞争中，他们也表现出了许多共同之处。

首先，他们都出身于中下层家庭。赫德的父亲只是一个小酒店老板，而德璀琳的父亲是公证员且很早去世。他们很难完全靠自身努力在本国社会中获得相当成就和地位。因此，他们都在青年时代远赴海外，来到遥远的中国开拓自己的事业。

其次，这两个人都野心勃勃，拥有很强的成就动机。在海关的职责内外，他们参与了大量与中国政治、经济、军事、外交、文化教育等密切相关的各项洋务活动，插手中国的军火买卖，创办海军，创设电讯、邮政、煤矿、铁路、铸币厂，筹借外债，派驻外交使节，开办新式学堂，等等。凡其视野所及，无不跃跃欲试，既为自身利益也为各自的国家利益而四处伸手，抢夺中国的各项利权。

第三，这两个人都非常聪明、善于变通。他们懂得在中国做事，必须与中国官场上的权势人物搞好关系以获得必要的支持。两人的汉语水平都很高，这使他们能很好地了解中国文化及其民族感情进而融入中国社会。德璀琳以海关洋员身份得到李鸿章的青睐而成为他的"右臂"，被天津租界的外国人称作"古斯塔夫大王"；而赫德则从一个英国领事馆的普通译员登上了中国海关总税务司的宝座，赢得了总理衙门中恭亲王、文祥等人乃至慈禧太后的信任，成为不离左右的顾问，并被亲热地唤作"咱们的赫德"。

第四，他们既善于审时度势又意志坚定，能不屈不挠地坚持自己的目标。即使清朝的中央政府与地方洋务派已经达成了开展自强运动的共识，并开始着手进行各项洋务事业，但在中国这个封闭保守、充满惰性的社会引进西方文明仍然是一件非常艰难而缓慢的事。所以他们必须懂得如何"迂回"地达到自己的目标。德璀琳虽然有时不免急躁冒进，一生在向清政府谏言改革和与赫德的竞争中屡遭挫折，先后失意于邮政总办、总税务司、总铁路司、总矿务司等职位的竞争，但他仍然坚忍不拔地继续自己的事业。而赫德一生奉行"在起步前要先站稳，而后缓步前进"。他说："我们走得越慢越好；走得越快，我们就越准定会失足而陷入沙洲或浮沙之内。"①

作为同在中国奋斗的外国侨民，他们二人既要有时为在中国站稳脚跟、建功立业而并肩战斗，又要为捍卫个人利益和各自国家的利益而互相竞争。尽管他们的性格上存在差异，但从根本上说，他们是同路人，是 19 世纪下半叶来到中国的众多外国侨民中获得个人成功的典范。

---

① 〔美〕马士：《中华帝国对外关系史》第 3 卷，张汇文等译，上海书店出版社，2000，第 68、71 页。

第三章　德璀琳、汉纳根与中国军队的现代化

第一节　德璀琳与北洋水师

协助验收船舰

第一次鸦片战争之后，清政府意识到战争失败的重要原因，在于没有水师巨舰与英军接战，造成军事上的被动局面，于是命令福建、广东、浙江等沿海各省赶造大号战船，多安炮位。如果赶造不及，可先行设法购买。然而《南京条约》刚刚签订，外患甫消，海军的建设又被搁置起来。

清政府真正开始考虑购买外国轮船，是从 1856 年太平天国运动如火如荼迅猛发展的时候开始。当时担任上海江海关税务司的李泰国建议清廷购买西方舰船，组建一支"有适当组织而由欧洲人充当官兵的舰队"①，即"阿思本（S. Osborne）舰队"。由于李泰国想要将这支中国海军完全控制在自己手

---

① 〔美〕马士：《中华帝国对外关系史》第 2 卷，张汇文等译，上海书店出版社，2000，第 36~37 页。

中，遭到了清政府的坚决抵制，最终被遣散。清政府这次购买西方舰船改善旧式水师的努力经营几近两年，耗银数十万两，却以令人沮丧的结局告终，徒增笑柄。中国第一次建立近代海军的梦想就这样破灭了。有了这次教训之后，整整十年的时间被浪费，几乎没有人再提起购买外国军舰的事。一直到1874年日本侵台时，新一轮购买军舰的计划才又再次酝酿起来。

尽管无论是清朝政府还是西方列强，谁都没有真正将崛起不久的日本放在眼里，但清朝的洋务派还是借此掀起了海防建设的大讨论，并很乐于利用这次机会来购买大量西方的军用物资。1874年11月5日的上谕里，将"练兵、简器、造船、筹饷、用人、持久"等列为海防事务中紧要应办的事宜，着李鸿章等大臣尽快商议办理，其中"简器"一条，即为购买船舰军火。

总理衙门将购舰任务交给李鸿章，由赫德协助。从1874年之后，赫德主要通过设立在伦敦的中国海关办事处、由那里的主管金登干（James D. Campbell）向英国的制造厂商阿姆斯特朗公司（Armstrong Co.）进行联络，定购蚊子船和快碰船，先后达十余艘，耗资近200万两。[①] 1876年3月，总理衙门正式任命金登干为驻伦敦代购舰只的代理人。由是，赫德与金登干充当了英国大军火商向中国出售船舰的掮客。李鸿章虽然在镇压太平天国时见过长江上的英国军舰，但是对于这种工业文明的产物还是知之甚少。德璀琳接受李鸿章与赫德的双重委派，在接收所购船舰一事上为李鸿章从旁顾问，以备咨询。

---

① 1874年9月4日赫德致金登干第95号函件注②，陈霞飞：《中国海关密档——赫德、金登干函电汇编（1874—1907）》第1卷，中华书局，1990，第141页。

1876 年 11 月 27 日，还未被正式任命为津海关税务司之前，德璀琳陪同李鸿章和赫德，在天津大沽口视察接收由英国购回的、中国人称为"龙骧"号和"虎威"号蚊子船（即炮艇）。验收过程中还发生了意外情况。正当李鸿章在艇上视察的时候，艇上的一位军官把一支上了膛的来复枪交给了他手下的一名水手。谁知，那个水手竟然走了火，子弹紧挨着德璀琳的耳朵和李鸿章的头顶飞了过去。幸亏李鸿章当时正端坐着，没有乱动，否则很有可能会被击中。① 这件事令赫德吓得一身冷汗，如果李鸿章被击中了，那后果不堪设想——不但这桩有利可图的生意势将泡汤，而且有可能对洋务运动的各个方面、中国的现代化进程乃至中英两国的关系产生诸多不利影响。不过，好在久经战阵的李鸿章对此表现得毫不在乎，而且以他为首的中国官员们对"龙骧"等舰艇极为满意。

在"龙骧"号和"虎威"号之后，清政府打算进一步购买英国舰船。1878 年，经总理衙门同意，决定请德璀琳通过海关总理文案税务司、赫德的妻舅裴式楷致电正在欧洲度假的赫德及金登干，询征价格有无变化，以再订购第二批四艘舰艇。② 1879 年，新订购的四艘舰艇出厂，由原英国海军军官琅威理（Captain W. M. Lang）等人率领从英国驶抵天津。

此时，德璀琳已正式被任命为津海关税务司，作为抵达口岸的海关税务司，负责接待率船来华的琅威理等人并安排李鸿

① 1877 年 4 月 28 日赫德致金登干第 344 号函件，陈霞飞：《中国海关密档——赫德、金登干函电汇编（1874—1907）》第 1 卷，中华书局，1990，第 534～535 页。

② 《李鸿章全集（奏稿）》，时代文艺出版社，1998，第 1324～1325 页；陈霞飞：《中国海关密档——赫德、金登干函电汇编（1874—1907）》第 2卷，中华书局，1990，第 44 页。

章验收船舰。由于在验收船舰的过程中所体现出的细心谨慎，1880 年和 1881 年德璀琳又两次为李鸿章验收船舰。[①] 第二批和第三批船舰是由赫德特别向英国海军部请求批准而雇用来的英国皇家海军军官率领而来。在验收过程中，傲慢的英国军官们并不把中国海关的税务司放在眼里。据赫德告诉金登干，第二批带船军官在天津受到津海关的优厚招待之后，反而对德璀琳表现出雇佣兵式的、不通情理的态度；而第三批送船的船长罗斯在抵达天津后，"经常不是喝醉就是发疯"。[②]

受到冒犯的德璀琳当然将这些情况汇报给李鸿章和赫德，并表达了自己的不满。赫德一心想要清政府日后继续雇用英国海军军官在北洋水师服务，以将这支海军掌握在自己同胞的手中。为了不节外生枝，赫德要求金登干如再聘用海军军官时，一定要向他们所有人讲清楚：他们必须登门拜访德璀琳和他的太太。[③] 这说明，这时的赫德需要依靠德璀琳，通过他向李鸿章美言，以确保船舰购买的顺利进行。

插手船舰购买

任何时候，军火买卖都是一桩利润巨大的生意，是列强及其在华利益代理人争夺的焦点之一。德璀琳虽然来华资历比赫

① 天津市档案馆、天津海关：《津海关秘档解译——天津近代历史记录》，中国海关出版社，2006，第 179 ~ 180 页。
② 赫德致金登干第 640、853 号函件，陈霞飞：《中国海关密档——赫德、金登干函电汇编（1874—1907）》第 2 卷，中华书局，1990，第 271 ~ 272、614 ~ 615 页。
③ 1879 年 12 月 10 日赫德致金登干第 640 号函件，陈霞飞：《中国海关密档——赫德、金登干函电汇编（1874—1907）》第 2 卷，中华书局，1990，第 271 ~ 272 页。

德浅，并且身为下级，但军火掮客所能获得的巨额利润是他不能弃之不顾的。1877年9月，德璀琳正式由烟台调往天津任津海关税务司，开始了他为李鸿章充当顾问的生涯。他利用李鸿章的信任，逐渐插手舰船的购买，以至于威胁到赫德的个人利益和英国军火商的垄断地位。

德璀琳本人其实并没有多少军事方面的专业知识，但是他善于学习和观察，并且具备德国人办事认真的严谨态度。最重要的是，他深得李鸿章的信任，这是其他在华外国人所不具备的优势。对于赫德与金登干不遗余力赞扬的英国阿姆斯特朗船厂出产的舰艇究竟优劣如何，李鸿章自己心里并不十分清楚。但李鸿章是一个非常有城府的人，他对于赫德与金登干的英国立场非常清楚，所以并不完全相信他们对阿姆斯特朗船厂炮舰的吹嘘。此时作为德国人的德璀琳与赫德相比，提出的意见和建议倒显得更为中肯。

在初期的购舰活动中，德璀琳只是充当李鸿章与赫德两人之间的信息传递者。这既是由李鸿章对他的信任，也是由客观上所使用的通信手段所决定的。当时，欧洲通往中国的电报主要有两条线路：一条是通过陆上电报线，终点是俄国的恰克图（Хяагта），然后再由信差将电报送往北京；另一条是经由海底电缆，终点到斯里兰卡最南端的栋德勒角（Dondra Head），由此转由邮船经过香港把电报送达上海，再由陆上信差或海上邮船送往北京。① 由于中国对外的联系主要依靠赫德统领下的海关税务司，中国与外国之间的通信联络都必须经由海关，其中

---

① 〔美〕马士：《中华帝国对外关系史》第2卷，张汇文等译，上海书店出版社，2000，第262页。

甚至包括中央政府与各驻外使节之间的外交密函。

向英国订购舰艇的流程一般是这样：李鸿章向德璀琳发出指示，由德璀琳翻译成英文信函，由信差送到在北京总税务司衙门的赫德，赫德按照李鸿章的要求加上自己的想法写成信件，再经陆路或海路到上海，交给那里返回英国伦敦的定期邮船；或者，如果情况紧急的话，则由赫德写成电报稿，交总税务司署的税务司译成密码电报，再将译好的电报稿送往恰克图，从那里把电报发往英国的金登干。金登干发回的信函或电报也是经过以上的通路，最后经德璀琳之手翻译成中文交给李鸿章。所以，德璀琳是这个流程中负责李鸿章与赫德之间沟通的重要环节。

李鸿章一直试图绕过赫德，与在英国的下属直接联系，以避免赫德对海防事务过多的干预。1881 年丁汝昌与葛雷森（W. H. Clayson）、章师敦（S. J. Johnstone）等人赴英国接收快碰船（即非装甲巡洋舰）时，曾要求金登干把发给李鸿章的电报经由德璀琳转交，但金不同意，认为应当把赫德作为"正当的官方管道"转交送呈李鸿章的一切通信。金登干还向赫德报告说，"直至最近，他们（指丁汝昌与葛雷森）所有上呈总督（指李鸿章）的报告一直都是不密封送交德璀琳的，但由于有消息说德璀琳即将回国，这些报告现在就密封送交税务司"①。由于赫德、金登干的密切监视并从中阻挠，而驻英公使曾纪泽与李鸿章的关系又不是很密切，甚至在购买船舰等事情上常与李鸿章意见相左，李鸿章初期很难与欧洲的厂商直

---

① 1881 年 6 月 19 日金登干致赫德第 833 号函件，陈霞飞：《中国海关密档——赫德、金登干函电汇编（1874—1907）》第 2 卷，中华书局，1990，第 579 ~ 580 页。

接接触。直到 1877 年李凤苞出任海军留学监督奉派到德国，之后又被任命为出使德国大臣，李鸿章向清廷上奏要求"派李凤苞就近在外洋采办军火"[1]，这样李鸿章才得以有自己人在欧洲方便地办事。1880 年，李鸿章决定通过驻德公使李凤苞和使馆二等参赞徐建寅二人在欧洲订购铁甲舰。

此前，在对购回军舰的使用中，英国设计的蚊子船和快碰船很快暴露出它们的弱点。刘步蟾最早向李鸿章指出"蚊子船利于攻人，而无能自卫，只可用于守港"[2]。然而为了确保朝廷对购买舰船政策来之不易的支持，壮大自己的实力和影响，李鸿章还不能立即抛开赫德。1881 年，李鸿章又在赫德的建议下，向阿姆斯特朗船厂订购了"超勇"号和"扬威"号两艘快碰船，但是这两艘购价不菲的船很快又被证明是不堪实用的。受李鸿章派遣随丁汝昌等到英国驶回这两艘船的英国人章师敦干脆说这两艘巡洋舰是骗人的东西，若中国政府经常受人欺骗，他们将会感到非常失望。[3]

为了买到真正能在大洋中与外国坚船利炮进行对决的大型军舰，李鸿章决定甩开赫德和金登干，通过德璀琳和李凤苞、徐建寅等中国驻外使节与欧洲的军火生产厂商直接联系，购买铁甲舰。经过慎重考察，最后他们选择了位于德国什切青的伏尔铿船厂（Vulcan Co.），于 1880 年 12 月订造了第一艘铁甲舰"定远"号，次年又订造了第二艘铁甲舰"镇远"号，这两艘军舰在当时都堪称是相当先进的。除了技术和质量上的考

①　《李鸿章全集（奏稿）》，时代文艺出版社，1998，第 1339 页。
②　《李鸿章全集（朋僚函稿）》，时代文艺出版社，1998，第 3767 页。
③　1881 年 10 月 21 日金登干致赫德第 870 号函件，陈霞飞：《中国海关密档——赫德、金登干函电汇编（1874—1907）》第 2 卷，中华书局，1990，第 641 页。

虑外，经济上的考虑也是重要原因之一。英国是传统海上强国，德国则是后起之秀。倘若订购更为先进的英国军舰，清政府的财政负担将更加沉重。1883 年李鸿章又向德国订购了一艘新近流行的装甲甲板巡洋舰"济远"号，这几艘铁甲舰成为北洋水师的主力战舰。

图 3－1　北洋水师旗舰"定远"号

图 3－2　"镇远"号

无法得知，在为李鸿章服务的过程中，德璀琳是否曾向李鸿章提出"何不向技术同样先进但价格更为合理的德国船厂订造铁甲舰"的建议。但是，作为一个有抱负有心计的人，德璀琳不会放弃任何机会扩大德国在中国的影响，因为祖国毕竟是自己的靠山，扩大德国的影响也会增强自己在中国的影响力。而李鸿章因德国的武力统一与后来居上，向来对德国军火非常感兴趣。

亲赴什切青考察

在向德国订造两艘铁甲舰后不久，德璀琳于1882年春天第二次回国休假，其间专门去什切青进行考察。虽然他为自己的利益与本国的军火厂商加强联系是非常必要的，但是这次考察极有可能是奉李鸿章的差遣，而不是私人拜访。

当初恭亲王在任命李泰国为海关总税务司时，曾明确规定"不准该税务司及所用各项外国人自做买卖，倘有办理不善之处即行裁撤"①。后来，在赫德制定正式的海关章程时，也把这一条作为对海关关员的一项要求。1880年11月，当阿姆斯特朗船厂的代理人初到北京时，赫德为了避嫌，没有正式招待他。他知道"各使馆把他的到来看作是一项政治行动，……作为总税务司，假如我接待了阿姆斯特朗船厂的代理人，而不同样地对待所有其他兜揽生意的军火贩子，我将被人指责为缺乏应有的世界主义"②。不过，赫德还是要求德璀琳利用私人

① 《筹办夷务始末（咸丰朝）》卷七十二，故宫博物院，1930，第16页。
② 1880年11月1日赫德致金登干第742号函件，陈霞飞：《中国海关密档——赫德、金登干函电汇编（1874—1907）》第2卷，中华书局，1990，第445～446页。

身份将这位军火商代表介绍给了李鸿章。

身为海关税务司，德璀琳自然也了解这一规定。他深知，如果是为李鸿章做事也即为中国做事，赫德无话可说，但如果自己从中牟利而被赫德抓住把柄的话，肯定会被从海关赶走。因此，在回国度假期间，他主动将自己在欧洲的旅行计划都通过金登干向国内的赫德进行汇报，包括这次赴什切青考察，以示忠心。

德璀琳插手船舰购买，虽然是奉李鸿章之命，并且也是在其海关税务司的职责范围之内；但是，由于购买船舰是清政府的军国大事，且有赫德在一边虎视眈眈，身为赫德下属和李鸿章顾问的德璀琳，虽然在其中发挥了一定的作用，却还不能单独地起决定性作用。这时他是与李凤苞、丁汝昌等李鸿章的中国幕僚以及葛雷森、章师敦等海关中的非赫德嫡系洋员一起，作为李鸿章幕府成员，共同为其服务。不过，尽管表面上恭顺，德璀琳一伙儿却仗着有李鸿章的撑腰，越来越多地插手赫德视为禁脔的军火买卖和中国海军的创办，从而招来赫德的嫉恨。

修建大沽船坞

晚清的海防，大体上是根据 1860 年南北洋通商大臣的设置而划分。南洋包括广东、福建、浙江、江南（江苏）四省，北洋包括山东、直隶（河北）、奉天（辽宁）三省。起初，南北洋的防务大多由各地的督抚负责，南北洋大臣只负责通商与洋务等。后来因受日本侵略台湾的刺激，1875 年 5 月，清政府将南北洋的海防明令交给两江总督兼南洋大臣沈葆桢与直隶总督兼北洋大臣李鸿章二人督办。① 南洋以上海、崇明为中心，为财富聚集之地；而北洋可称为京师门户，以大沽、天津为枢纽。作为拱卫京畿的战略要地，在两次鸦片战争以及后来的历次战争中，敌舰向北京进犯，皆由大沽口登陆。由此可见，大沽口的战略位置极为重要。

李鸿章创建北洋海军，一开始即以大沽作为北洋舰队的基地。1876～1879年，当从英国订购的炮艇相继驶回大沽口后，李鸿章开始筹划建设大沽船坞。1880年北洋水师已初具规模，拥有各类舰船25艘。为了使日益庞大的北洋海军的舰船能够就近维修，1880年，李鸿章奏请光绪皇帝批准，于大沽海口选购民地110亩，建起一座船坞，命名为"北洋水师大沽船坞"，也称"海神庙船坞"。这是中国北方最早的船舶修建厂和重要的军火基地。

大沽船坞甲坞位于大沽口海神庙的东北，长320尺，宽92尺，深20尺。自1880年5月起兴建，用了大约6个月的时间大致建造起轮机厂房、马力房、抽水房、码头、起重架、绘图楼、办公房、库房、木厂、模具厂、铸铁厂、熟铁厂、熟铜厂、锅炉厂等，其中床机20余台，马力机、扇水机、锅炉等皆由外国购买。全厂工人600余名，工匠300余名，皆由厦门、广州、宁波等早期沿海开放港口征调而来。之后，又逐年修建了乙、丙、丁、己等坞，以备舰艇修理避冻之用。直至1886年，全部工程告竣。②

---

① 张侠、杨志本、罗澍伟等合编《清末海军史料》，海洋出版社，1982，第12～13页。

② 张侠、杨志本、罗澍伟等合编《清末海军史料》，海洋出版社，1982，第156～160页。

图 3 - 3　北洋水师大沽船坞

　　这时的大沽船坞已成为具有相当规模的近代船舶修造工厂，"能在同一时间装配和修理 6 艘船舶"。大沽船坞不仅可以修船而且可以自己造船，其在 1882～1900 年共造乾雷艇、挖泥船等 18 艘，河驳船 145 艘，修理大小船舶 70 余艘。从 1884 年起，大沽船坞还承修海防工程，如修理大沽海口各营雷电炮械及电灯，承造炮台炮洞、铁门等。1886 年，中国海军第一艘潜水艇在这里研制成功并用于海上防御。1890 年以后，船坞除了继续修造舰船外，还开始生产军火。1891 年仿造德国一磅后膛炮 90 余尊，1892 年在船坞院内设修炮厂兼造水雷，大沽口水域布置的水雷大部分由该厂制造。从此，大沽船坞成了一个修船、造船、生产枪炮军火的综合性军事基地。①

---

　　①　张侠、杨志本、罗澍伟等合编《清末海军史料》，海洋出版社，1982，第156～160 页。

大沽船坞不仅关系到北洋海防军务，也关系海关的船务船政等问题，修建船坞尤其需要海关财政的支持，海关自然责无旁贷。因此，赫德指派任职津海关税务司的德璀琳参与大沽船坞的修建工程。德璀琳从开始选购民地到船坞建成，"凡鸠工庀材饬令德璀琳核实经理，并于新关帮办中分派熟悉工务者，帮同筹划，概不另领薪俸"。在修建船坞过程中，所需全部的工料银两事宜，皆由德璀琳统计核实，向李鸿章汇报批准后，再上报"天津海防支应局"核发。[①] 由于德璀琳等人"勤奋趋公，异常劳瘁"，且船坞建成后"来往各兵船，无论事机缓急，工程大小，总可随时立应，殊于水师根本有裨"，李鸿章奏请朝廷奖给德璀琳头等宝星。[②] 后来，再加上其参与中法战争交涉，1884 年，清政府授予德璀琳双龙三等第一宝星。此后涉及大沽船坞的一切维修、采购等财务问题，除了休假和不在任的情况以外，皆由德璀琳负责。

在修筑船坞过程中，德璀琳为将刚刚成立的北洋水师抓到自己和德国的手中，千方百计地插手干预北洋水师的各项军事建设。除了工程本身，德璀琳还向李鸿章推荐了汉纳根、瑞乃尔（T. H. Schnell）等一批德国技术人才，帮助建设旅顺、威海卫基地。经过多年苦心经营，李鸿章在德璀琳、汉纳根等人的协助下，建成了以大沽、旅顺、威海为三角的防御体系。在旅顺港的第一期建设中，由于德璀琳的活动，只有个别英美籍专家受聘，其余皆为德国人。这些德国技术人员良莠不齐，其中既有汉纳根这样的能员，也不乏傲慢自大又无真才实学之

---

① 天津市档案馆、天津海关：《津海关秘档解译——天津近代历史记录》，中国海关出版社，2006，第 189～190 页。

② 《李鸿章全集（奏稿）》，时代文艺出版社，1998，第 1655～1656 页。

徒。为此，袁保龄曾批评德璀琳说："税务司德璀琳者，性最贪狡，百计干预。旅役荐德人善威为工员，两年无尺寸效，犹以华官掣肘为辞，荧惑长官之听。"[1] 不过，总的来说，在近代中国海军的创立过程中，德国的军事技术还是发挥了重要的作用。德璀琳等德国人对清末军事现代化的影响也非常重要。

经管海防经费

德璀琳得以介入北洋海军创立和北洋海防建设，除了李鸿章对他的信任和倚重之外，最主要的是凭借他津海关税务司的身份。在海关税收的分配上，军饷、赔款和外债是支出的主要内容，其总数占国家支出的约三分之二左右。其中，从 1869 年到 1897 年的近 30 年中，各项军饷、协饷达到了税收分配总数的 30% ~ 40%。[2]

李鸿章为筹办海军而列在"饷项"下支付的"海防经费"，即购买船舰和构建海防设施的经费皆来自海关税收。1875 年清政府指派李鸿章和沈葆桢分别督办北洋、南洋海防。同时，总理衙门和户部会议奏拨南北洋海防经费各 200 万两，从江海、浙海、闽海、粤海、津海 5 个关的四成洋税及浙江等省的厘金内拨解。1885 年清政府正式设立海军衙门，并决定首先加强李鸿章负责的北洋水师，同时海防经费不再分解南北洋大臣，而统一拨归海军衙门作为常年饷需经费，直至 1894 年中日甲午战

---

① （清）袁保龄：《致高勉之》，《阁学公集·书札》卷四，第 49 页，转引自姜鸣《龙旗飘扬的舰队：中国近代海军兴衰史》，生活·读书·新知三联书店，2002，第 287 页。

② 汤象龙：《中国近代海关税收和分配统计：1861—1910》，中华书局，1992，第 25 页。

争北洋水师全军覆没，旅顺、大连、威海卫等海防要塞全部被日军占领。清政府于 1895 年裁撤海军衙门，海防经费又改归户部直接划拨。① 以上是清政府历年划拨海防经费的情况。

德璀琳任职津海关税务司 22 年。他的头两个任期，即 1877～1882 年、1884～1896 年，正是北洋海军初创和清政府致力于海防建设的关键时期。作为直隶总督兼北洋大臣的官衙驻在地和北洋水师的基地，津海关的"六成洋税，除坐支税务司薪水、本关经费外，向充本口海防练军额饷"②。从 1875 年至 1910 年的 36 年中，各海关解拨海防经费总计达 68846533 两，其中仅津海关解拨的海防经费就达 6597813 两，约占海关解拨全部海防经费的十分之一（9.58%）。③

任职津海关税务司时，德璀琳将津海关税收的一部分，不定期地存入大沽船坞在汇丰银行天津代办处（Agent Hongkong & Shanghai Banking Corp. Tientsin）的户头；同时，他又受李鸿章和赫德的指派，负责大沽船坞的建设，从汇丰银行大沽船坞账户下支取所需款项。例如，从 1886 年 11 月至 1887 年 9 月不到一年的时间里，德璀琳向汇丰银行天津代办处的大沽船坞账户下存入了大约 3.8 万两，支取了 2.2 万两。他还要求汇丰银行为大沽船坞准备一笔金额为 2.5 万两的准备金，利息照付。④

① 汤象龙：《中国近代海关税收和分配统计：1861—1910》，中华书局，1992，第 28～29 页。
② 《李鸿章全集（奏稿）》，时代文艺出版社，1998，第 1256、1268 页。
③ 根据《全国各海关历年解拨海防经费统计表（1875—1910）》统计得出，汤象龙：《中国近代海关税收和分配统计：1861—1910》，中华书局，1992，第 178～181 页。
④ 《津海关》，天津档案馆未刊档案，目录号：IX，卷号：405，第 6、9、10、11、14、16、17、21～24、28、32、36 页。

这一年中，大沽船坞又续盖了办公房、报销房、西坞抽水房、西坞军械库等，终使大沽船坞的各项工程全部告竣。①

德璀琳之所以将津海关用于海防经费的款项存入汇丰银行天津代办处，然后再由汇丰银行支取修建大沽船坞所需费用，这是由于总税务司赫德与外国银行的亲密关系。按照清朝旧制，海关征收的税款保存在海关监督的手中，并由海关监督按例将税收数目每年分季上报，然后按照中央的规定将税款解归户部或按户部制定的各项开支数目拨解或留用。留用的税款被总税务司赫德存在与其个人有密切关系的英国丽如银行（Oriental Bank）②。1884 年丽如银行停业清理后，赫德改在汇丰银行③开立账户，存入各种经管款项。鉴于汇丰银行的"殷勤随和"，赫德甚至向清政府建议，汇丰银行理应成为中国的"政府银行"，由它来经理中国所有的借款事务。④ 在赫德主持海关的后期，就连解入国库的海关税收也开始部分地由海关官银号转存汇丰银行。

---

① 张侠、杨志本、罗澍伟等合编《清末海军史料》，海洋出版社，1982，第157 页。

② 丽如银行，又称东方银行，东亚银公司。它的前身是印度孟买的西印度银行。之后总行迁往伦敦，在香港、上海、福州等地设有三处分行，在广州、天津、厦门和汉口等通商口岸由洋行代理，是第一个入侵中国的外国殖民地银行。赫德在丽如银行拥有股份。

③ 汇丰银行是为与中国贸易的公司提供融资服务而于 1864 年在香港建立的。1865 年开始营业，同年在上海设立分行，而后在广州、福州、厦门、宁波、天津、北京、营口、烟台、汉口、九江、汕头、海口、淡水、基隆和澳门等地设立分支机构，其股东几乎全部为以中国为其主要基地的通商口岸各大洋行的老板。

④ 1878 年 1 月 3 日赫德致金登干第 411 号函件，陈霞飞：《中国海关密档——赫德、金登干函电汇编（1874—1907）》第 2 卷，中华书局，1990，第 1 ~ 2 页。

从海防经费这个角度来看，德璀琳在参与近代中国海防建设和北洋水师创建的活动中具有双重身份：他既是赫德手下津海关税务司，负责向李鸿章的北洋海防建设提供所需经费（当然，这是中国自己的钱）；同时，他又是深受李鸿章信任的洋务顾问，帮助李鸿章使用海防经费，并且具体负责大沽船坞修建经费的管理使用。

参与北洋军务

除了参与北洋水师船舰的购买、大沽船坞的修建并就海防要塞建设推荐德国技术人员之外，德璀琳还积极插手北洋水师的军务，因此对赫德控制中国海军的企图构成阻碍。

德璀琳在北洋水师中的作用主要是帮助李鸿章出谋划策，具体负责招募外籍教官、炮手等事务。1879 年李鸿章和德璀琳让回国度假的海关副税务司葛雷森为以前在英国订造的蚊子船招募炮手等船上洋员。这些人来到中国后，由德璀琳与这些洋员商定报酬然后禀告李鸿章允准，德璀琳负责对他们的工作情况进行考察，有不称职的洋员则在禀明水师提督丁汝昌后坚决辞退。[①]

1880 年，李鸿章在英国订购的"超勇""扬威"两舰即将造成并预计在来年驶回天津。德璀琳向李鸿章建议，将烟台的艇船及其水勇调来天津进行训练以备来年安排到快碰船上驾驶。烟台的水兵已由德国人瑞乃尔训练多年，一直备而不用。德璀琳的建议深合李鸿章急欲扩张北洋水师的心意，他很快将

---

① 天津市档案馆、天津海关：《津海关秘档解译——天津近代历史记录》，中国海关出版社，2006，第 185 页。

山东的艇船、水兵也划归到北洋海军序列。德璀琳还建议，派丁汝昌与葛雷森一起率领拨自山东的 200 多名中国水师官兵先期乘坐兵船或雇用商船前往英国，到船厂和炮厂观摩学习，"以扩眼界而增学识"，届时由这些中国水师官兵自行驾驶回中国。此举不但可使水师官兵"长见识、勤操练"，而且"较由外洋借弁兵带船来华，可省经费甚巨"①。李鸿章接受了这个建议。

于是，高高悬挂清朝龙旗的中国舰队首次航行在大西洋，一路经由大西洋、地中海、埃及、苏伊士运河、新加坡等地，再经香港、上海最后抵达大沽。此次航行令创立不久的清朝海军扬威海外，"阅历数万里，风涛形势，教练熟悉，保护平稳，卓著勋劳，实为中国前此未有之事，足以张国体，而壮军声"。欧洲诸国也由此"知道中国亦有水师群起，而尊敬之"②。在英期间，丁汝昌甚至得到英王的接见，受到极高礼遇。他还与英政府各部大臣和各国公使社交往来，并赴法国、德国等地参观各兵工厂。英国国内的报纸也对丁汝昌及其所部 200 余名水兵"津津乐道"，大加宣传。这不能不说是德璀琳运筹帷幄的功劳。

自然，这一切令赫德及其驻英代表金登干妒羡不已。1881年 12 月金登干向赫德汇报说："葛雷森似乎有这样的想法，认为派中国船员去英国的整个方案应归功于李、德璀琳和他本人，我听他说过，在他带着李给您征求您同意这个方案的私人信件去北京之前，整个事情已由他们安排好了。我告诉葛雷森

---

① 天津市档案馆、天津海关：《津海关秘档解译——天津近代历史记录》，中国海关出版社，2006，第 187 页。

② 《李鸿章全集（奏稿）》，时代文艺出版社，1998，第 1660～1662 页。

图 3-4　克莱尔（Kreier）家族收藏的北洋水师黄龙旗

说，您过去就有派中国船员来英国驶回第一批炮艇的想法，我则建议由中国的水手和司炉工驶回埃普西隆中队。"金登干还指责葛雷森不应越权（即不通过赫德和金登干本人）代中国海军在英国招募水手。他批评道，"由于考虑得更多的是他自己的利益而不是海关的利益"，葛雷森"找的都是和他自己以前在'卓越'号上时身份相同的人，或是找那些在海军中地位不比他高的人"。①

　　赫德自己也认为，由于德璀琳的干扰，英国的势力或者确切地说是自己在中国海军中的势力逐渐被削减。"我们这里正面临着一次危机，中国的水师几乎肯定要交给李鸿章来统辖，

---

①　1881 年 12 月 2 日金登干致赫德第 885 号函件，陈霞飞：《中国海关密档——赫德、金登干函电汇编（1874—1907）》第 2 卷，中华书局，1990，第 666 ~ 668 页。

而他发现在战时不能依靠英国官员支持他并帮他打仗（英国政府规定，战争时期本国军官不得为交战国服务）"，因此李鸿章不得不考虑其他人选。与此同时，其他列强则在积极运作试图插手中国海军，"法国人企图让李（指李鸿章）聘用戈威因何努瓦康担任水师最高的职位，美国人现在则在促使李任用水师提督薛斐尔"。李鸿章在德国订造铁甲舰后，在定远、镇远与济远三舰来华时，德国方面派遣海军四五百人为之护送。赫德"担心什切青装甲舰只一出现，……或许完全由德国官兵（低薪俸）驾驶来此，而中国有可能全部雇用他们"。他哀叹道，"英国人的所作所为——领事馆是经常，公使馆是偶然——都是反对我的，而其他国家的活动简直使英国自杀的深渊加深五倍"，"我们在中国虽拥有最大的利益，但对它的影响即将减到最小的程度"。①

与赫德争夺对北洋海军的控制权

赫德一直努力想要在中国建立起一支强大的海军，并把其牢牢控制在自己手中。他曾积极参与了 19 世纪 60 年代初"阿思本舰队"的创建，那次努力虽以失败告终，但赫德仍然在耐心等待机会。当 1875 年清政府将国防建设的重点放在海防上并筹备建立北洋水师时，赫德终于等到了插手中国军务的机会。他建议，"建立一个海防衙门或海军部，像总理衙门或外交部那样"，并任命他本人出任"总海防司"。掌管中国海军大权，是赫德梦寐以求的事——"我要使中国强大起来，要

---

① 赫德致金登干第 864、868、898 号函件，陈霞飞：《中国海关密档——赫德、金登干函电汇编（1874—1907）》第 2 卷，中华书局，1990，第 632 ~ 633、638 ~ 639 页；第 3 卷，1992，第 6 页。

它把英国当作它的最好的朋友。"①

然而，由于德璀琳与李鸿章的亲密关系，赫德一直担心海军会落到德国人的手里。1883年6月赫德告诉金登干说，"我刚听说李（李鸿章）建议政府实行我的计划（指设立海防衙门），但把事情交给别人去办（我猜想他看中的要么是德璀琳、要么是葛雷森）"②。鉴于清政府内有识之士的反对，③ 李鸿章要赫德在总海防司和总税务司这两个职位里做一选择。赫德只得放弃争取总海防司一职。但他退而求其次，仍想把北洋水师掌握在其他英国人手中。为此，他运用自己的影响力，使英国海军部批准琅威理来华训练北洋水师。

对赫德来说，中国海军必须要由一个英国人来掌握，"至少也不让它们落入可能对英国的利益施加敌对影响的人的手中"④。琅威理来到中国后，尽心尽力训练海军，工作表现出色，但是他为人脾气暴躁，两次任教中国水师，最终辞职回国。他由于中法战争爆发第一次避嫌回国后，驻德公使李凤苞推荐德国人式百龄（Sibelin）接替。琅威理第二次回国后，汉纳根接任海军副提督，并参与了中日甲午战争。

---

① 赫德致金登干第868、1079号函件，陈霞飞：《中国海关密档——赫德、金登干函电汇编（1874—1907）》第2卷，中华书局，1990，第638～639页；第3卷，1992，第295页。
② 1883年6月27日赫德致金登干第1173号函件，陈霞飞：《中国海关密档——赫德、金登干函电汇编（1874—1907）》第3卷，中华书局，1992，第479页。
③ 1879年《上李伯相论赫德不宜总司海防书》，《薛福成选集》，上海人民出版社，1987，第125～127页。
④ 1884年4月7日赫德致金登干第1189号函件，陈霞飞：《中国海关密档——赫德、金登干函电汇编（1874—1907）》第3卷，中华书局，1992，第509～510页。

图 3 – 5 "致远"舰主要军官合影（中间站立者为邓世昌与琅威理）

据粗略统计，从 19 世纪 70 年代至甲午战争前夕，李鸿章为了海防建设的需要，曾先后聘用洋员 164 人。其中英籍 68 人，约占总人数的 41.5%；德籍 72 人，约占总人数的 43.9%；二者相加约占总人数的 85.4%，可谓占了绝大多数。其余美国 11 人，法国 5 人，丹麦 4 人，奥国 1 人，只占少数。①

由此可见，李鸿章身边以德璀琳为首的一批亲德派，一直试图以德国人代替英国人，以削弱赫德及英国在北洋海军中的影响并代之以德国人的控制。而赫德当然不会轻易放弃自己对海军的控制，由于琅威理在海军的出色工作，赫德成功地"使军舰掌握在英国人手中（这种局面）保持了如此之久"②，直至 1890 年

① 王家俭：《洋员与北洋海防建设》，天津古籍出版社，2004，第 171 页。
② 1890 年 6 月 22 日赫德致金登干第 1846 号函件，陈霞飞：《中国海关密档——赫德、金登干函电汇编（1874—1907）》第 5 卷，中华书局，1994，第 221 ~ 222 页。

琅威理辞职回国。1895 年中日甲午战后，北洋水师全军覆没，德璀琳、赫德围绕中国海军的控制权归属之争也终于落幕。

　　总的来说，由于洋务派官员已形成"自泰西各国竞起争雄，陆兵以德国为最精，水师以英国为最盛"[①]的看法，李鸿章确立了海军师法英国、陆军师法德国的既定方针。因此，基本上，中国海军一直受琅威理等英国海军部军官的训练指导，这使英国保持了对中国海军的影响。这样，德璀琳掌握北洋海军控制权的企图没能完全实现。

第二节　汉纳根与北洋水师

参与修筑大沽炮台

　　在近代海防设施建设中，构筑海岸炮台至关重要。军港基地必须使用大口径火炮射击水面目标，掩护近岸交通线，封锁航道，并支援在濒海活动的舰艇和在岛岸作战的部队。近代中国不仅火炮技术落后，炮台的建造技术更为落后。中国海防炮台在两次鸦片战争中充分暴露出这种缺陷。

　　李鸿章极为看重炮台在海防中的重要性，他认为："水师以船为用，以炮台为体。有兵船而无炮台庇护，则兵船之子药、煤、水一尽，必为敌所夺。有池、坞、厂、栈而无后炮台，亦必为敌所夺。故炮台极宜并举。"[②] 当时原有的海防炮台都极为落后，易为敌舰火炮击破。自 1870 年李鸿章出任直

---

① 1880 年《代李伯相筹议海防事宜疏》，《薛福成选集》，上海人民出版社，1987，第 144 页。

② 中国史学会：《洋务运动》第 2 册，上海人民出版社，2000，第 568 页。

隶总督兼北洋大臣后，就立即对大沽原有炮台进行了加固，又增建了三座炮台。1875 年开始，再次对原有炮台进行了整修和扩建，再加上日益扩充壮大的北洋水师，大沽口成为拱卫京师、抗击列强入侵的军事要塞。

汉纳根来华时，大沽炮台的整修和扩建已接近尾声。第一次面试之后，汉纳根陪同李鸿章视察了大沽口的几处炮台，并就大沽炮台和总督大人讨论了海岸线一带的军事防御问题。[①]汉纳根对大沽口炮台及沿海军事防御问题的见解令李鸿章甚为满意。1880 年 2 月，在担任军队教官的同时，李鸿章还令汉纳根兼任修葺大沽口炮台的工程师。

在北方寒冷刺骨的北风中，汉纳根必须每天不辞辛苦地骑马往返于大沽和北塘之间。他首先仔细勘察了大沽的地质情况，考察原有的堡垒。这些堡垒修建得很早，第二次鸦片战争中，清军也曾在这里取得对英法联军作战的胜利，击沉击伤多艘侵略军的战船。但是今非昔比，这样的碉堡和武器装备已经过时，难以抵御西方先进的海上铁甲快船的进攻。他对原有的 4 个大型堡垒、3 个小型堡垒以及弹药库、军械库做了详细的测绘，绘制了图纸，做出文字记录并提出完善意见。一开始，工作进行得并不很顺利，李鸿章提供的翻译是英文翻译，对军事术语、专业词汇也不熟悉。汉纳根必须先将德语译成英语，再由翻译将英语译成汉语后提交总督，但往往原意已经面目全非。[②]

---

① 摘译自 1879 年 12 月 3 日汉纳根致父母亲信函，Constantin von Hanneken, *Briefe aus China: 1879 – 1886; als deutscher Offizier im Reich der Mitte*, Köln: Böhlau Verlag GmbH & Cie, 1998, pp. 33 – 35。

② 摘译自 1879 年 12 月 5 日汉纳根致父母亲信函，Constantin von Hanneken, *Briefe aus China: 1879 – 1886; als deutscher Offizier im Reich der Mitte*, Köln: Böhlau Verlag GmbH & Cie, 1998, pp. 35 – 37。

尽管存在语言障碍，汉纳根还是全心全意地去完成自己来到中国的第一个任务。他提出了大胆的设想，为检验设想的可行性，这个严谨认真的德国小伙儿还通过翻译组织了6000余名当地百姓进行实地演习，并以图解的方式做了详细记录。通过这次演习，他找出了炮台的许多不足之处，从实战需要出发，对修建新的工事做了详细计划，上呈给李鸿章。① 显然，对于这份计划，总督大人极为满意（事实上，这也是对汉纳根的进一步详细考察）。紧接着，汉纳根就立即被授予另一项更为重要的工作，也是他此次受聘的终极任务——修筑旅顺炮台。

修筑旅顺炮台

为什么要在大沽炮台之外再修建另一座炮台呢？原来，虽然大沽毗邻京津、为京师海上门户，又便于坐镇天津的李鸿章控制指挥，但大沽口有一个致命的缺点，就是面积较狭，深度不够，用以容纳小型的炮艇尚可，而停泊修理铁甲战舰却难以实施。所以，当北洋水师的大沽船坞尚在修造之时，李鸿章即命德璀琳为铁甲舰寻找更适宜的停泊地。1880年6月，德璀琳向李鸿章汇报："现查北洋各屿，惟旅顺口为众好之埠，大小船只出入甚便"，只要挖开入口之处的沙子并修筑炮台数座，就可"以旅顺口为北洋兵船停泊之处"。②

---

① 摘译自1879年12月5日汉纳根致父母亲信函，Constantin von Hanneken, *Briefe aus China: 1879 – 1886; als deutscher Offizier im Reich der Mitte*, Köln: Böhlau Verlag GmbH & Cie, 1998, pp. 35 – 37。
② 天津市档案馆、天津海关：《津海关秘档解译——天津近代历史记录》，中国海关出版社，2006，第189页。

从京畿的水上门户大沽口沿海向东行驶 200 余海里，即是辽东半岛的最南端旅顺，当时西方人把这里称作阿瑟港（Port Arthur），它由一片海湾及周边的群山组成。旅顺又称旅顺口，称其为口是因为海湾朝南有一处出入口，水面宽约 200 米，仅能容许一艘较大型舰船通过，口内则是一片宽阔的海面，港湾内可供大量舰船避风。海湾的周围群山起伏，是天然的陆上屏障，易守难攻。这里冬季海水不冻，是天然良港，在整个远东地区，是建设海军基地和防御阵地的理想地域。

19 世纪中后期，日本对外扩张的野心逐步升级，继 1874 年"牡丹社事件"① 之后，又于 1879 年 3 月 25 日入侵琉球，将其变为冲绳县。面对日本不断升级的侵略行动，旅顺海防阵地建设被提到清廷的议事日程上来。清驻德公使李凤苞早在 1875 年面见李鸿章时就曾提出，旅顺"为京师东北要害，宜早准备"②。这与后来德璀琳的考察结果不谋而合。

德璀琳向李鸿章提议，由汉纳根来负责旅顺炮台的选址和修筑。对汉纳根来说，参与修建完善大沽炮台只是一次热身，是李鸿章为了检验他的才能而进行的一次实际考察，修筑旅顺炮台才是汉纳根真正的使命。1880 年，李鸿章把考察挑选建造炮台的地点、规划炮种和驻兵多少等事项交给了汉纳根具体负责。

在当时，旅顺港工程可说是一项国家级的重点工程，这种工程是汉纳根的长项，可以充分发挥他的才干。而且火炮弹药等武器装备的购置都要花费巨资，经济上也会有许多机遇。更

---

① 1874 年，日本舰队以琉球船民事件为由，入侵台湾，沈葆桢带舰入台交涉退兵，形成中日双方的第一次正面冲突。

② 董进一、戚俊杰：《北洋海军与刘公岛》，海洋出版社，2002，第 59 页。

令德璀琳和汉纳根兴奋的是，这会大大增强中国军队对德国军火装备的依赖，为今后获得更大的商业利益打下基础。嗣后，汉纳根开始在旅顺修筑炮台，加上其后的威海海岸炮台工程，他拼搏了8年的时间。

1880年5月，汉纳根衔命赴旅顺建造防御阵地。他要做的第一件事是地形勘测，以确定修建防御阵地的最佳位置。每天清晨，他背上用于测绘的平板仪和指南针出发，开始一天的工作。夜间归来后，他将白天的测量结果进行整理。然后，再绘制地形图，对地形地貌一一进行标注，以便选择适宜的施工路径。经过多次测量并反复权衡利弊后，他将第一个炮台阵地选择在黄金山并在得到李鸿章的批准后，立即开始了紧张的施工。

一开始，很难找到愿意为这位洋大人工作的中国工人。但在两位当地人的帮助下，很快募集到1500名工人，保证了施工进度。令汉纳根喜出望外的是，每人每天只有几个铜钱收入的工人们很好指挥，他们食宿简陋，但工作起来却异常勤劳、从无怨言。他们在数理方面的知识也许只相当于欧洲小学生的水平，然而一旦理解了设计意图和施工要求，就会非常认真地实施，最终的效果往往比预想的要好得多。

初到旅顺时，汉纳根住在炮艇上。每天早上4点起床，洗个海水澡，然后开始一天的工作。直到动工，汉纳根也没有个像样的住处，只好住在一座屋顶漏雪的破庙里。一直到4年以后的1884年，他才获得批准，修建了办公和居住用房20余间，算是有了正式的落脚处。即使在这样艰苦的环境中，他始终充满着激情和梦想。他朝思暮想，要把旅顺建造成一个坚固的军事要塞，"那里有一座难以攻克的防御性工事，里面有数不清的船的桅杆、船厂和船坞，还有漂亮壮观的码头、机械制造车间、造船设备、火炮铸造车间、军事学校、煤矿，甚至还有音乐学院和歌剧院"①。

这里几乎没有任何社交和娱乐活动，因为他是旅顺口的唯一的外国人。当冬季到来、施工暂停的时候，他也无法像在北京和天津等地的外国人那样，因为封港无事可做而把整个冬季当作社交季节来狂欢，寂寞的他只能把全部时间投入单调的语言学习中去。这是孤独的外来者想要在中国生根吐芽、一展抱负所必须付出的代价。

在这种枯燥的环境中，他的中文倒是进步很大，几乎能够听懂所有的谈话。虽然不是每个词都弄得很明白，但至少能够理解说话人的意思，这就使得汉语学习"比以前单纯的鹦鹉学舌般的练习有趣得多了"。他希望当自己再次回到天津的时候，"就可以不通过翻译与总督大人自由交谈，这样我就能够说出我自己的一些真实想法了"。②

总督大人给他带来好消息

在旅顺海军基地以及防御阵地施工过程中，李鸿章时时关注着工程的进度和质量，曾多次乘舰船到旅顺视察。1883 年 7 月初，李鸿章在从上海返回天津的途中，临时决定在旅顺作短暂的停留，检查炮台工程的进展。12 日清晨，李鸿章从小艇

---

① 参见刘晋秋、刘悦《李鸿章的军事顾问汉纳根传》第三、四章部分内容，文汇出版社，2011。

② 摘译自 1881 年 6 月 5 日汉纳根致父母亲信函，Constantin von Hanneken, *Briefe aus China: 1879–1886*; *als deutscher Offizier im Reich der Mitte*, Köln: Böhlau Verlag GmbH & Cie, 1998, pp. 144–146。

上下来直接走到工地。这时汉纳根已经养成每天早早到工地巡查安排当天施工内容的习惯，当其他官员都还在睡梦之中时，他成为半小时里唯一接待李鸿章的人。

令汉纳根万分惊喜的是，总督大人还带来了一封信。这是一封汉纳根朝思暮想的德皇敕令，来到中国后，汉纳根多次向德皇申述请求，此刻经德国驻华公使转呈并施加影响，他终于得到了德皇的宽宥，在敕令中德皇允准了汉纳根退役军人的身份。① 多年来令汉纳根深感耻辱的身份问题得到解决，他不再无颜见家乡父老了。在汉纳根眼里，这一天的阳光特别的灿烂……

尽管汉纳根此时可以毫无顾忌地回到德国，然而他已经为李鸿章工作了 4 年时间，在中国打下了事业的根基。他感受到众多中国朋友对自己的尊敬和关照，更感激李鸿章对他的知遇之恩。这里比德国更可以让他施展身手，何况还有着一份令人羡慕的薪酬。于是他决定继续留在中国，为李鸿章主持的海防大业效力。

旅顺要塞的 10 座炮台中，黄金山炮台、老虎尾炮台、崂律嘴炮台、蛮子营炮台、馒头山炮台、模株礁炮台、蟠桃山炮台共 7 座为汉纳根设计监造，这些炮台的质量，以当时的国际标准来衡量，达到了先进的水平。炮台竣工后，汉纳根曾邀请旅顺口外停泊的其他国家舰艇上的军官们前来参观，得到一致好评，"它得到了欧洲同仁的，特别是那些来自各个国家炮艇上的军官们的肯定，这无疑是个巨大的成功"②。它的另一个

---

① 摘译自 1883 年 7 月 22 日汉纳根致父母亲信函，Constantin von Hanneken, *Briefe aus China: 1879 - 1886；als deutscher Offizier im Reich der Mitte*, Köln: Böhlau Verlag GmbH & Cie, 1998, pp. 205 - 207。

② 摘译自 1882 年 7 月 1 日汉纳根致父母亲信函，Constantin von Hanneken, *Briefe aus China: 1879 - 1886；als deutscher Offizier im Reich der Mitte*, Köln: Böhlau Verlag GmbH & Cie, 1998, pp. 167 - 170。

收获是，在修建炮台的过程中从人拉肩扛到开始引进先进的施工机械、施工方法，为清军锻炼出一支近代意义上的工兵队伍。

图 3－6　旅顺炮台南子弹库（作者摄于 2009 年 8 月）

随着炮台的依次竣工，汉纳根与他的作品也经历了一次次严格的检验。1883 年 11 月，李鸿章、丁汝昌参加了旅顺炮台一期工程竣工庆祝仪式，参加庆祝仪式的还有赫德从英国聘来训练北洋海军的海军军官琅威理。仪式活动的一个重要内容是火炮进行试射。实弹射击取得了令人满意的成绩。一只约 3 米长的小船插上旗子在 3800 米远的海面上下了锚作为靶船，火炮第一次试射时偏离目标，但不是很远，经过修正后第二次射击即打中了靶子。试射结束后，琅威理以内行的眼光仔细察看了火炮阵地，对炮台安装的质量给予了充分肯定，认为很少见到能将火炮安装得如此精确的。①

① 摘译自 1883 年 12 月 23 日汉纳根致父母亲信函，Constantin von Hanneken，*Briefe aus China: 1879－1886*；*als deutscher Offizier im Reich der Mitte*，Köln：Böhlau Verlag GmbH & Cie，1998，pp. 236－240。

1886 年 4 月，醇亲王奕譞奉皇太后懿旨巡阅北洋水陆各军。这是一次规模盛大的阅兵，巡阅旅顺各炮台亦在此次计划之中。巡察当日，醇亲王登上崂崔嘴炮台，赞赏了汉纳根设计监造的炮台。巡阅之后，醇亲王向慈禧太后禀报了巡阅的结果并提出奖励建议。太后发布懿旨，除了赏赐宝星勋章之外，并特别提出：汉纳根监造炮台，坚固如式，着再加恩赏给三品顶戴，以示鼓励。①

再建威海卫炮台

威海地处山东半岛东北端，与旅顺隔海遥相对峙，共扼渤海门户，素有"渤海锁钥"之称。作为军港和海防要地，威海港和旅顺港有许多相近之处：港口周围都有多处制高点，可设置大口径远距离火炮阵地，易守难攻；两者均为不冻港，而威海比旅顺水域更宽阔。除港内面积大以外，威海港有南北两条通道，较之只有一个进出口的旅顺港更方便于船只的进出，港口外侧还有刘公岛可作为屏障。

1886 年，刚刚完成旅顺港修筑任务的汉纳根正式奉命前往山东半岛修筑威海卫炮台。实际上，旅顺和威海卫两座炮台的修建是穿插进行的，1883 年汉纳根即曾前往威海，策划威海卫炮台的基础设施建设。在 1879 ~ 1887 年这 8 年间，前期汉纳根以旅顺炮台为主，后期则以威海卫炮台为主。

依照地形和实战需要，汉纳根在威海设计和修建了不少炮台，至今保留了多处遗址。这些从结构及外形看，与旅顺炮台

---

① 参考刘晋秋、刘悦《李鸿章的军事顾问汉纳根传》第三、四章部分内容，文汇出版社，2011。

极为相似。在修建旅顺、威海卫炮台的过程中，汉纳根时时关注着国际上海防建设和火炮制造技术的发展，尽其所能参照国际上最先进的技术设计修建炮台。仅仅相隔几年时间，到威海卫炮台建成时，其技术水准又上了一个新台阶。威海卫炮台的修建对拱卫京师起到了重要作用。

图 3 - 7　威海卫炮台

这之后，厦门胡里山炮台在修建时也借鉴了威海卫炮台的技术。汉纳根虽然没有在现场指挥，但是根据自己在以往设计和施工中的经验，向施工方提出了许多高水平的建议。19 世纪中后期，中国沿海建有辽东旅顺、天津大沽口、山东威海、上海吴淞口、厦门胡里山、广州虎门等多处堡垒炮台。其中，汉纳根或参与或主持或献策于大沽、旅顺、威海、胡里山等多座炮台的修葺或建造。① 这些炮台的修建，对晚清中国的海防建设意义重大。

---

① 姜鸣：《中国近代海军史事日志（1860—1911）》，生活·读书·新知三联书店，1994，第 184 页。

李鸿章曾对造好的旅顺炮台赞不绝口："旅顺口黄金山、老虎尾炮垒最得地势，系延德弁汉纳根仿照德国新式创建，尤为曲折精坚"①；"旅顺口黄金山顶炮台，仿照德国新式，内砌条石，外筑厚土，皆欲使炮子陷入难炸，即有炸开，亦不致全行坍裂"②。中日甲午战争中，在日军眼里，旅顺口东西两岸炮台中，"以黄金山炮台为第一坚固，置三百六十度回转自在大炮，海面攻之甚难"③。至于威海卫炮台，李鸿章在1891年6月视察之后，在向朝廷的报告中，亦指其"凿山通穴，夹层隧道，安设二十四生特后膛炮，机器升降灵速非常，能阻击敌船，而炮身蛰藏不受攻击，为西国最新之式"④。清朝政府也对汉纳根修建炮台的功绩给予了充分肯定。在汉纳根回国休假期间，清廷于1891年10月11日"赏其花翎总兵衔"，1893年1月15日又再赏给宝星。⑤

在中日甲午战争中，威海卫炮台被日军攻陷，与汉纳根同在北洋海军任军事顾问的英国人泰莱（W. F. Tyler）批评说："刘公岛、衣岛（在刘公岛东南、海湾东口之中央）及内陆，皆有坚壁重垒，数年前汉纳根之所营也。其建造尚属新式，惟有可异之疏略二事。（一）南部之内陆炮台，其向内一面，并无保障，敌人可从此面来攻也。（二）岛上及他处，皆无测度

---

① 张侠、杨志本、罗澍伟等合编《清末海军史料》，海洋出版社，1982，第226页。

② 《李鸿章全集（奏稿）》，时代文艺出版社，1998，第1864～1865页。

③ 转引自游战洪《德国军事技术对北洋海军的影响》，《中国科技史料》1998年第4期，第25页。

④ 张侠、杨志本、罗澍伟等合编《清末海军史料》，海洋出版社，1982，第274页。

⑤ 姜鸣：《中国近代海军史事日志（1860—1911）》，生活·读书·新知三联书店，1994，第184、186页。

射程之设备。"① 但是公平地说，"威海卫海岸炮台后路空虚的缺陷，与陆军防御战略战术和岸防兵力部署有关，与炮台工程和克虏伯火炮技术无关。正如汉纳根自己所言，海岸炮台主要是打击水面目标，封锁航道，阻击敌舰队突入港口"，而"清廷完全从经费角度考虑，要求北洋裁减兵勇，无疑会影响海岸炮台和整个军港后方的纵深防御"。② 这就不是汉纳根所能左右得了的。

1886年9月8日，汉纳根的父亲逝世，在此之前，他的母亲业已亡故，汉纳根也就失去了回国探亲的欲望，再加上放不下威海的工程，所以，直到1887年工程告一段落后，他才启程回国，比合同上规定的时间滞后了1年。回国后，汉纳根终于能够好好休息了。在艰苦环境中体力脑力透支的他，在德国一待就是5年，但他从来没有忘记中国。这里留下了他多年的心血和汗水，随之而来的是财富和地位以及他在中国所体验到的激动人心的生活。在修建旅顺、威海卫炮台的时候，每有闲暇他常常这样想，年老以后，自己还要到这些炮台走走看看。他相信时间能够证明，这些炮台会为中国的海防事业做出贡献。

1893年，休整好的汉纳根重返中国。这时的他已不是初出茅庐、前途未卜的小伙子，而是颇负声望、为清廷所倚重的军事专家。他顺理成章地继续担任李鸿章的军事顾问，准备再次大展拳脚。

---

① 〔英〕泰莱：《泰莱甲午中日海战见闻记》，张荫麟译，中国史学会：《中日战争》第6册，新知识出版社，1956，第55页。
② 游战洪：《德国军事技术对北洋海军的影响》，《中国科技史料》1998年第4期，第26页。

第三节 中日甲午海战中的汉纳根

"高升号事件"

甲午战争距今已过去一个多世纪，但它却像是国人心头的一道伤疤，永远不能被遗忘。一系列问题久久萦绕于历史学家、军事学家乃至普通史学爱好者心中，大到它所发生的背景、明治维新与洋务运动两种现代化道路的比较、战争结果及其后续赔款对中日两国所产生的深远影响，小到战前两国海军吨位和舰艇数量的对比、双方在海战与陆战中所运用的战术比较，以及战斗中参战人员的具体表现和伤亡人数。这些问题归结到一起，是画在人们心底的一个大大的问号——中国为什么会输掉这场战争？

同样的问题也曾经萦绕在亲身参与那场战争的汉纳根心中。他无法相信，在总吨位上超过日本海军的北洋水师却没有充足的炮弹来打一场几个钟头的海战；他无法理解，为什么几乎所有的北洋水师官兵能够效死用命、血战到底，而他们的最高指挥官却不积极备战反而仰赖于欧美列强的外交调停；他更不能接受，自己耗尽8年心血苦心营造的达到当时国际先进水平的旅顺、威海卫炮台，轻易落入敌人手中，甚至被用来给困在威海港内的北洋水师最后的致命一击。

1893年，汉纳根第二次来到中国，继续担任李鸿章的军事顾问。此时，中日甲午之战已经一触即发。李鸿章秉承慈禧太后的意旨，对日本存在幻想，希望保全和局。其后，朝鲜形势日趋紧张，李鸿章决定派五营清军增援朝鲜。

根据 1879 年 11 月汉纳根第一次被李鸿章聘用的合同规定，如果中国与他国（除德国之外）交战，汉纳根有参战的义务。他知道，与其等待召唤不如主动请缨。最初他的要求未获批准，但是稍晚一些时间，他得到了一次护送运兵船的机会。李鸿章原本打算委汉纳根以公职，不过此举遭到中国将领的反对。经多方考虑，李鸿章决定仍派汉纳根以私人身份护送清军入朝。

1894 年 7 月 23 日上午 9 点 50 分，汉纳根和准备奔赴朝鲜的清军一起，搭乘向怡和洋行租来的英籍"高升"号运输船，从大沽口出发去朝鲜。船上悬挂英国旗，载有 1200 余名清军、12 门火炮以及枪支弹药等，并由北洋舰队的"济远""广乙"二舰护航，其任务是援助先前入朝的清军。

对于这次运兵行动，长期准备、无孔不入的日本特务机关很快即得到了情报。1894 年 7 月 23 日当天，日本联合舰队就接到大本营的密令，如在牙山附近遇有清国军舰，可进行攻击。25 日 8 点左右，"济远""广乙"两艘中国护航舰在鸭绿江口丰岛海域遭遇由"吉野""浪速""秋津洲"三舰组成的日本第一游击舰队，其中担任"浪速"号巡洋舰舰长的正是日后在对马海战中率领日本海军击败俄国海军成为日本海军上将的东乡平八郎。在吨位、炮数以及火炮射速上，日本海军第一游击舰队均占优势。

在双方相距约 3000 米时，"吉野"突然向中国军舰发炮，"济远""广乙"被迫进行还击。激战之后，"广乙"搁浅焚毁，死 40 人；"济远"舰遭重创，伤亡 50 余人后撤退。25 日 8 点 30 分，"高升"号运兵船驶近丰岛，适与海战失利后全速向西撤退的"济远"舰相遇。

日本旗舰"吉野"号追上了"高升"号。"高升"号船长英国人高惠悌（Gals – Worthy）虽感觉事出突然，但他"坚信该船为英国船、又挂英国旗足以保护它免受一切敌对行为"。因此，仍按原航线前进，并从日舰"浪速"号右舷侧通过。上午9点半钟，"浪速"号忽然直冲"高升"号而来，两船相距四五百米时，日舰鸣炮警告，并挂出"下锚停驶"信号。船长高惠悌不敢违抗，立即遵行。"浪速"号将舰上所有的21门大炮都露出来，用右舷炮对准"高升"号船腹，并用旗语命令"高升"号："停锚！不然，接受后果！"①

之后，日舰派出的一艘小船驶往"高升"号。汉纳根与船长高惠悌相约，与日本人谈判时，应坚持让"高升"号开回出发的港口，因为"高升"号驶离大沽口时，两国尚未宣战。全副武装的日本军官上船后，船长高惠悌拿出船上的文件给他们看，证明这是一艘英籍商船。但是，日本军官不由分说，命令船长跟随日舰开驶。

小船离去后，船上的中国管带高善继与营官骆佩德、吴炳文告诉汉纳根，并请他转告船长，我们宁愿死在这里，也不当俘虏。清军官兵士气激昂，纷纷拿起刀枪以示决心。汉纳根对清军官兵说："在谈判进行中，维持船上的秩序是很必要的。"旋即，汉纳根要求船长用旗语通知日本人再次谈判，日舰小船回来后，汉纳根亲自与日本人谈判。他告诉对方："船已失去自由，不能服从你们的命令，船上的官兵不允许船长这样做，坚持让他们回到原出发的港口去。"②

---

① 〔英〕高惠悌：《高升号船长高惠悌（Galsworthy）的证明》，孙瑞芹译，中国史学会：《中日战争》第6册，新知识出版社，1956，第22～25页。

② 〔德〕汉纳根：《汉纳根大尉关于高升商轮被日军舰击沉之证言》，孙瑞芹译，中国史学会：《中日战争》第6册，新知识出版社，1956，第19～22页。

小船回去后不久，日本"浪速"号舰长东乡平八郎下令开动军舰，在距"高升"号150米时，悍然发射水雷，舰上的6门火炮也同时开炮。很快，"高升"号被击中，船上火光四起、浓烟滚滚、弹片横飞，船尾首先下沉。船上的清军官兵只能用手中的步枪勇敢地还击。船沉后，尚未牺牲的清军士兵，包括汉纳根本人，全都落入海水中。

此时，落入水中的清军士兵已无作战能力。按照战场规则，战斗本应就此停止，并且应当救援落水的敌方士兵。汉纳根记述说："我看见一只满载武器和士兵的日本小艇，我以为他们是来搭救我们的，但悲伤得很，我是想错了，他们向这只正在沉没的船上的人开炮。"[1] 日舰用轻武器射杀落水的清军，"高升"号上官兵多数牺牲。时人评论谓其行为与海盗无殊，"恐海盗尚不至残忍若此也"[2]。

游泳获救

"高升"号遭到日舰疯狂的炮击沉没。在此期间，船上官兵或被震到水里，或者跳入水中，或者因船倾而落水。落水后，幸运地躲过日本人轻武器射杀的约有200人，其中就有英国船长高惠悌和汉纳根。

根据高惠悌的叙述，"高升"号被击中后，他"立刻跑到机轮间，拿得一个救生圈（最后留下来的一个）就由船边跳

---

① 〔德〕汉纳根：《汉纳根大尉关于高升商轮被日军舰击沉之证言》，孙瑞芹译，中国史学会：《中日战争》第6册，新知识出版社，1956，第19～22页。

② 《形同海盗》，陈平原、夏晓虹：《图像晚清：〈点石斋画报〉》（第2版），香港中和出版有限公司，2020，第71页。

图 3-8　英国画师所绘"高升"号事件图

下，跳下时，我听得一个可怕的爆炸声。当我露出海面时，我发现空气中充满了烟和煤屑。我立刻向海岸方向游，岸大约离船一又四分之一英里。水里有许多中国人，但我只看见一个欧洲人，即汉纳根"①。

冒着日本人枪炮的追杀，汉纳根与幸存的中国官兵逐渐脱离了日舰的有效射程。稍稍冷静下来的汉纳根发现，这支游泳的队伍前后拉得很长且人们的目标锁定在最近的一个小岛上，看起来用不了多长时间就可以游到那里。但汉纳根认为，最佳选择应是游向岸边，这样才能最终获救。然而大多数中国士兵游泳技术欠佳，体力消耗也很大，无法坚持到岸边。汉纳根只有自己游到岸边，寻找救援。几个小时之后，他终于游到了岸

---

① 〔英〕高惠悌：《高升号船长高惠悌（Galsworthy）的证明》，孙瑞芹译，中国史学会：《中日战争》第 6 册，新知识出版社，1956，第 22~25 页。

边。在"高升"号与日舰对峙的过程中，汉纳根深为清军官兵们不畏牺牲的勇敢精神所感动。"把他们救回来"成为支撑汉纳根坚持游泳几个小时的信念。上岸后，汉纳根不顾疲劳，第一时间联系到停在朝鲜仁川的德国"伊利达斯"号军舰，于 29 日驰赴海岛并救回 120 人。汉纳根还与英国"播布斯"号军舰联系，请其到小岛上运回余下的 87 人。此前，在附近海域的法国"利安门"号军舰从"高升"号的桅顶及漂流舢板中，救出兵勇 42 人，水手、升火 3 人。这样，法、德、英三国军舰先后救回清军 252 人。① 被救人员都被送到了烟台。

关于甲午海战的中方史料中，鲜有关于德、英、法三国兵船救回 200 多名落水清兵的记载。拂去 100 多年历史的尘埃，我们在"高升"号事件中看到的是人道主义的救援。战争教会我们要记住我们的英雄，认清残暴的敌人，不忘血的教训，我们也要看到并记住来自黑暗中的哪怕是稍纵即逝的一丝光亮。这是来自人性的光辉，正是这道光辉，照亮了人类艰难前行的道路。

"高升"号事件后，汉纳根还为 3 名牺牲的中国工匠请求抚恤。这 3 名工匠曾跟随汉纳根在旅顺和威海卫修筑海防炮台，他们在长年的工作中不畏艰险、勤劳苦干、认真负责，确保了汉纳根设计意图的实现。由此汉纳根与他们建立了深厚的友谊。此次赴朝，汉纳根率一部分工匠同行，其中 3 人在"高升"号遭袭时落水牺牲，汉纳根不胜悲痛。遇救回津后，他向李鸿章面陈，为安慰亡灵，解决 3 位工匠留下的孤儿寡母的

---

① 张侠、杨志本、罗澍伟等合编《清末海军史料》，海洋出版社，1982，第318 页。

生计问题，恳请能给予抚恤。后得李鸿章准许，由津海关出资，每人每月发给家属抚恤银五圆；他们的子嗣也得到照顾，待他们年岁稍长后，送入北洋各专科学堂学习，"以期造就而慰幽魂"。①

这次惨案，清朝官兵的英勇表现给汉纳根留下终生难忘的记忆。虽然商船难以与铁甲战舰抗衡，但在强敌面前，清军官兵表现出了宁可战死，不当俘虏的民族气节。汉纳根的请恤行为，体现了他对中国人超越国界的友谊。

没当过海军的"北洋海防总监"

1894年7月25日，日军不仅在海上袭击了"高升"号，还出动4000多人的陆军准备在牙山偷袭清军陆军。29日，日本陆军与聂士成率领的千余清军发生激战。聂士成部拼死作战，终因兵力相差悬殊，后援不力告败。8月1日，中日两国同时向对方宣战，甲午战争爆发。

对中国方面来说，这是一场没有准备的战争。无论是在战争爆发前还是在战争爆发后，作为这支当时中国最具战斗力的军队的最高指挥，李鸿章一直是在极力避免与日本军队正面接触和战斗。黄海海战中，汉纳根是以北洋海防总监的身份参战的，这一任命本身就反映了当时北洋水师的备战情况。

根据汉纳根的记述，在黄海海战前夕，"丁汝昌曾接到这样的命令：'从旅顺口到威海卫一字布阵，并且在任何情况下避免与敌军正面交锋。'这种无谓的行动后来在汉口、南京、

---

① 天津市档案馆、天津海关：《津海关秘档解译——天津近代历史记录》，中国海关出版社，2006，第208~209页。

广州最后在京城都引起了人们的关注。总督不得不将他的指令继续下去，并将布阵一线修改为北起大连湾，南到山东半岛，并且下达了命令，一旦敌舰进犯这一线，迎敌反击"①。作为部下，北洋舰队的将领们自然深知李鸿章的真实意图。"避免与敌交锋"是真，"一旦发现敌舰进犯这一线，迎敌反击"。这是后加的，不过是应付舆论的表面文章。

"在这样的指挥下，小冲突一直没有断过……日本人稳住了在朝鲜的阵脚后，开始在中国沿海地区巡逻侦察。乔装商船三三两两地将北直隶湾（即渤海湾）到山东半岛看了个遍。水师不缺乏相应的情报，但是却在他们来来回回的巡洋中故意回避与日本的侦察舰相遇。"

在一次巡洋搜索敌舰的行动中，总督李鸿章和北洋水师提督丁汝昌一起拟订了由辽东到仁川（朝鲜）的航行路线。如果北洋舰队按计划行动，发现日舰势在必行。但是，由"定远"舰管带刘步蟾指挥的北洋舰队，却在移动途中即向总督报告行动徒劳无果，并掉头回到旅顺，同时向天津报告，在朝鲜沿岸途中没有日本运送的军队，渤海湾也没有发现日舰。

这封谎报军情的电报暴露了李鸿章消极避战的策略。"皇帝龙颜大怒，要剥下总督的黄马褂，摘掉三眼花翎。中国大地一片愤怒，水师的舰长成为众矢之的。"② 李鸿章很清楚，责

---

① 关于在中日甲午战争前期中国北方水师的情况与功绩的报告，摘译自 Constantin von Hanneken, *Briefe aus China: 1879 – 1886*; *als deutscher Offizier im Reich der Mitte*, Köln: Böhlau Verlag GmbH & Cie, 1998, Anhang 2, pp. 339 – 359。

② 摘译自 Constantin von Hanneken, *Briefe aus China: 1879 – 1886*; *als deutscher Offizier im Reich der Mitte*, Köln: Böhlau Verlag GmbH & Cie, 1998, Anhang 2, pp. 339 – 359。

任不完全在提督。刘步蟾消极避战也事出有因，根源还在自己身上，只是不便言明罢了。然而，这次"谎报"在政治、军事和舆论上都造成了严重后果，不处理对上对下无法交代，处理重了也难以服人。思忖再三，李鸿章认为不妨借此机会给北洋舰队的各位管带们敲敲警钟。于是，李鸿章致电丁汝昌，在天津召开一次北洋舰队的指挥会议。在会上，李鸿章、丁汝昌决定聘请炮兵出身的汉纳根为顾问，出任北洋海防总监，监督管理水师的管带。这样，就算战败，责任由这位洋员承担，而朝廷也不会对洋员怎样，更不可能将其处死。

汉纳根没有多做考虑就接受了这项任命，他于1894年8月21日抵达旅顺口，正式就职。此时的汉纳根虽踌躇满志却也深感所肩负的责任重大。他不知道，20多天后将会迎来一场惊心动魄的大海战。

获赏宝星

中日宣战后，两国军队在平壤对峙。由于陆军实力上敌强我弱，9月13日，李鸿章派招商局"新裕""图南""镇东""利运""海定"5艘轮船载运总兵刘盛休率领的铭军八营的兵力自大沽口出发赴大东沟登陆，以援助驻朝清军。鉴于"高升"号惨案，李鸿章命北洋舰队的"定远""镇远""致远""靖远""经远""来远""济远""广甲""超勇""扬威"10艘战舰随行护航，这几乎是北洋舰队的全部主力战舰。

9月17日，10艘战舰抵达目的地，停泊于距陆地12海里之外，陆军及武器装备连夜登岸。早在3天前的9月14日，日军特务机关即已探得消息，决定派出12艘日舰在鸭绿江的出海口——大东沟海域袭击北洋舰队。9月18日上午9时，提督丁汝昌下令，午饭后完成运兵任务的舰队返航驶往旅顺。

根据汉纳根事后的海战报告，10 点左右，北洋舰队发现远方天际的一缕黑烟。但是直到中午 12 点，与定远舰并排停泊且位于舰队编队南侧的镇远舰瞭望手才发现更多的烟柱。用单筒望远镜观测后确认，是一队涂成白色的日军战舰自西南向北洋舰队驶来。12 点 10 分左右，丁汝昌下令北洋舰队全力迎战。

12 点 50 分左右激战开始。丁汝昌派出"定远"担任旗舰，提督丁汝昌和北洋海军海防总监汉纳根站在悬挂着五彩提督旗的舰桥最前端，协同指挥作战。而右翼总兵、"定远"舰管带刘步蟾则在舰桥下的驾驶室内指挥舰艇保持编队队形。

参战的清军舰队由"定远""镇远""济远""致远""靖远""经远""来远""超勇""扬威""广甲"10 艘北洋舰队的主力舰组成。日本舰队则由"吉野""高千穗""秋津洲""浪速""松岛""严岛""桥立""千代田""比睿""扶桑""西京丸""赤诚"12 艘组成，多为下水时间不长的新舰。在船舰总吨位上双方相近，但在航速、火力配备以及火炮射速上进行全面比较的话，日舰实力明显占优。

面对强敌，丁汝昌果断命令北洋舰队以"人"字形排开迎战敌舰。双方舰队相距约 5000 多米时，旗舰"定远"305 毫米火炮率先发射，各舰相继发炮，稍后日舰还击。战斗从中午开始，震耳欲聋的炮声、横飞的弹片、滚滚浓烟烈火交织出一幅激战的场面。

激战伊始，丁汝昌与汉纳根站立于飞桥（飞桥前方直达于前桅，其一部分搁于相交之两座 10 英寸炮上）之上指挥。交战之初，飞桥即被日军炮弹打断。丁汝昌身负重伤，汉纳根此时在船尾指挥旗语，未在桥上。之后，刘步蟾代为指挥作战，林泰曾全力配合，汉纳根则参与决策。汉纳根没有受过海军训练，并不熟悉海战，好在舰炮和岸炮的原理相同、操作方法相近，而岸炮正是他的长项，所以汉纳根指挥起来并不外行。

海战持续到下午，北洋舰队已有"超勇"和"扬威"2艘舰艇沉没，而日舰"扶桑"号的240毫米口径大炮更是集中火力在"定远"舰的前部，险些让汉纳根与这艘舰艇一起沉没。多亏"致远"舰奋不顾身、牺牲自己，保护了"定远"舰没有遭受致命的打击。此时，战斗出现了转折——日方旗舰"松岛"号被击中爆炸，"比睿""赤诚"等多艘日舰也被击伤，而日舰队长时间围攻北洋舰队的2艘主力舰"定远"和"镇远"却久攻不下。终于，由于担心夜幕降临后遭到北洋舰队鱼雷艇的攻击，日本舰队主动撤出了战斗。汉纳根的助手英国人泰莱回忆道：日舰退去后，汉纳根与自己在飞桥之梯上，以香槟及饼干相庆。①

这次海战持续了5个多小时，北洋舰队官兵奋勇作战，击退日军。战斗中，北洋水兵精神饱满、斗志昂扬，意欲为"高升"号死难的士兵们报仇雪恨。他们毫不畏惧，"一兵负重伤，同侣嘱其入内休养，及予重至此炮座，见彼虽已残废，仍裹创工作如常"。作为主帅的丁汝昌，重伤后拒绝入舱内休息，虽不能站立，却仍然坐在甲板上微笑着鼓励士兵。激战中，汉纳根也被一块弹片穿透髋骨，所幸没有造成严重骨折，

---

① 〔英〕泰莱：《泰莱甲午中日海战见闻记》，张荫麟译，中国史学会：《中日战争》第6册，新知识出版社，1956，第51页。

图 3 - 9　英国画报中，"致远"舰（左）撞击"吉野"号（右）
不成，行将沉没的瞬间

他也效法丁汝昌，留在炮台上视察，为士兵做榜样。

　　战后，当汉纳根因受伤回天津医治休养时，他得以有时间认
真总结这次作战的经验。他认为，此次海战打得很激烈，双方船
舰都有相当大的损毁，鉴于激战后日舰逃遁，此役成为甲午战争
中清军唯一的一次"小胜"（"小胜"结论为汉纳根个人意见，若
以战果而论，恐怕难称小胜）。汉纳根以赞叹的口吻说："总之，
日本人没有想到，勇敢的中国人要比他们想象的勇猛得多。"①

　　海战刚刚结束，有关战况和捷报就已传到国内。汉纳根在
战场的表现也很快传扬开来，使他的声望大大提高。李鸿章在
《大东沟战状折》中总结黄海海战时说："我将士效死用命，

---

　　①　摘译自 Constantin von Hanneken, *Briefe aus China: 1879 - 1886*; *als deutsc-
her Offizier im Reich der Mitte*, Köln：Böhlau Verlag GmbH & Cie, 1998, An-
hang 2, pp. 339 - 359。

愈战愈奋，始终不懈，实属勇敢可嘉。"[①] 他奏请清廷颁发给汉纳根双龙二等第一宝星。[②] 按规定，二等第一宝星通常用于奖励有贡献的各国二等公使。汉纳根获此殊荣，说明了朝廷的重视程度。李鸿章还专门就此知会最初推荐汉纳根来华的德璀琳，在给德璀琳的函件中转述了皇帝的谕旨："洋员汉纳根在海军当差，教练有方。此次大东沟之战，奋勇效力，深堪嘉奖，加恩赏给二等第一宝星，以示鼓励，钦此。"[③] 之后不久，汉纳根又受到了慈禧太后的接见，并加恩赏给提督衔，相当于将军。

图 3 – 10　汉纳根后代郎厄（Carl C. Lange）先生保存的
汉纳根所获双龙二等第一宝星勋章

①　中国史学会：《中日战争》第 6 册，新知识出版社，1956，第 50 页。
②　姜鸣：《中国近代海军史事日志（1860—1911）》，生活·读书·新知三联书店，1994，第 214 页。
③　天津市档案馆、天津海关：《津海关秘档解译——天津近代历史记录》，中国海关出版社，2006，第 203 页。

对于用鲜血和生命危险换来的这枚荣誉奖章，汉纳根非常珍惜，这是对他在海战中作战勇敢的最高奖赏。此后几十年中，这枚奖章一直跟随着他。1925 年他离开这个世界之前，仍不忘嘱咐后人要世世代代珍藏下去。颁发这枚奖章的几十年后，德国经历了两次世界大战，但这枚奖章仍完好无损地保存了下来。汉纳根的后人没有忘记他的叮嘱，像爱惜家族荣誉一般爱惜这枚奖章。

旅顺、威海卫炮台的沦陷

汉纳根荣膺奖章的喜悦并未持续太久。黄海海战之后，日本人向辽东半岛长驱直入。1894 年 11 月初，他们攻陷了金州和严加设防的大连湾，21 日占领了北洋舰队的军港——旅顺港。丁汝昌不得不率领尚未修好的舰艇返回威海刘公岛军港。翌年 1 月，日军登陆荣成湾，像登陆辽东半岛花园口一样如入无人之境，轻而易举地占领了威海卫炮台，然后用炮台堡垒上的重炮轰击被包围在威海港内的北洋舰队。这支中国近代装备最好的海军终于覆灭了。

护卫京师的渤海湾南北两个要塞旅顺和威海卫相继失守，修建这两个堡垒要塞的汉纳根顿时成为众矢之的。时任李鸿章家庭教师的丁家立曾回忆道："我记得旅顺被日本人占领后，李鸿章写信给我说，修建旅顺港防御工事的工程师们在安置大炮方面犯了一个错误，大炮只能防御来自海上的进攻，而不能掉转过来抵御地面上的进攻。日本人就是这样从陆地上占领炮台的。我猜想这个可怜的借口是他的某个军官告诉他的。"①

---

① 摘译自美国达特茅斯学院未刊档案：Charles Daniel Tenney, Reminiscences of Li Hung - chang, Charles Daniel Tenney Papers, ca. 1900 - 1920, Anhang 11, pp. 5 - 6。

这个说法是当时乃至后来较为普遍的一种论点。那么，汉纳根所主持设计建造的海岸炮台是否真的存在设计上的致命伤呢？让我们分别回顾一下旅顺和威海卫两个岸上堡垒的沦陷。

汉纳根衔命设计修建的旅顺海岸炮台，在选址和建造伊始，即明确了其主要任务是打击从海上入侵的敌人，以重炮防御海上舰艇的来袭。旅顺炮台地理位置极其重要，汉纳根在选择炮台位置和火力配置上充分考虑了海上作战的需要并兼顾湾内，而湾内的任务主要是保卫海军基地。炮台分工明确，各司其职。前面所述，炮台建成后，对于炮台的质量水平，朝野上下，甚至洋专家，都曾一致给予很高的评价，认为是当时世界最先进的。黄海海战之后两个月的时间里，日舰在鸭绿江口至大连、旅顺之间的海面上频繁游弋，意在阻断清军的海上通道，策应陆军行动，却未敢从海上强攻旅顺，这恰恰证明了旅顺炮台制海的威力。

虽然不能从海上强攻，但日军却看到了旅顺港以外中国沿海其他地方的薄弱防卫。打开地图不难看出，日军以两个军、数万人的兵力入侵，最先登陆的地点是鸭绿江口和庄河花园口，并继续向金州、大连湾推进。鸭绿江口距旅顺约300公里，花园口距旅顺约200公里，最近的大连湾距旅顺也有40多公里。终至1894年11月21日，日军分三路从陆路、炮台的后背攻入旅顺。日军在如此长的距离上能够长驱直入，焉能把罪责归咎于仅仅负责修筑旅顺炮台的汉纳根？中国有漫长的海岸线，旅顺、威海能控制的只是很小的一部分，因为修筑两处炮台就要对几百公里外的战场失利负责，这显然不具有说服力。

其实，自黄海海战结束后，北洋海军舰队驶回旅顺。这时，丁汝昌就清醒地认识到，旅顺势必成为日军的下一个进犯目标。凭借自己对海防的了解，他深知炮台对付海上进攻有绝对优势，但难以担负陆上退敌的重任。为了应对即将到来的恶战，丁汝昌只能与旅顺要塞守军进行磋商，或者守军保证坚守后路，或者自己带队坚守后路，或者联合起来一起坚守后路。然而，他的建议却没有得到炮台守军的明确答复，他们闪烁其词，游移未决，显然信心不足。无奈之下，丁汝昌只好将实情电告李鸿章。可以说，在旅顺守卫战之前，从旅顺守军将领和北洋舰队统帅到李鸿章，对炮台的软肋是一清二楚。但陆上的防守则超出了旅顺炮台和北洋舰队的能力和防守范围，李鸿章对此也是无能为力的。

再看威海卫炮台。它由三个部分组成：威海南炮台、北帮陆上炮台和刘公岛炮台。这三座炮台都对着大海，以防御来自海上的进攻；同时，为了防止来自陆上敌人的背后包抄，也在炮台后方修建了面向陆地的防御炮塔，所思所虑不可谓不周详。从总体布局上说，威海卫的炮台群相互呼应，形成交叉火力，是相当先进的。

不过，炮台的操作和守卫需要一定的人员数量。同旅顺的情形一样，守卫威海卫炮台的士兵人数很少，与登陆的 3 万多日军相比，在整个威海卫周边防卫的只有北洋海军负责岸防的5000 人。与炮台装备的 100 多门大炮相比，配备到每个炮位的不过 50 人左右。日军登陆后，没有遇到当地陆军的阻截，竟只有威海卫守军的 300 名炮兵前来。而炮兵不善野战，离开炮台截击登陆日军的炮兵很快就败退下来。剩余的几千名炮兵根本无法阻挡大批来自陆上的日军。

从地形地势上来看，旅顺和威海卫炮台的后方陆地地形复杂，岸炮即使掉转炮口轰击从背后来袭之敌，充其量也只是在距炮阵地万米以内发挥作用，超过万米则无法发挥作用。即便是万米之内，受各种复杂地形的影响，火炮的威力也会大打折扣，这种复杂地形其实更适宜步兵隐蔽机动。岸炮多是固定炮位，在原地俯仰转动可以，一旦需要出击，无论是牵引手段还是道路条件均难以适应战时需要。即使费九牛二虎之力移动了炮位，那么海上再出现敌情怎么办？

从武器装备来说，旅顺和威海卫炮台都装备了从外国进口的280毫米巨炮，还拥有当时最先进的、隐蔽性极好的地阱炮；但是海岸防御炮台的火力配备主要是应对海面舰艇，对火炮的选择有技术上的要求，如火炮口径、射速、射程、弹种等。适合打击海上目标的炮种不一定适合打击地面目标。战场上武器是重要的，但绝不是万能的，即便是21世纪的今天，也没有万能的武器。说到底，火炮可以压制敌人的进攻，支持地面步兵作战，而地面上的战斗最终要靠短兵相接刺刀见红才能取胜。①

以上种种分析，对于李鸿章这样以战争起家、比较熟悉武器装备并且多年经营北洋海防的军事统帅来说，是不难想到的，甚至于是了然于胸的。只是战争失败，总要有人来承担失败的责任。为了自保，受到国内清流党人攻击和国际"友人"嘲笑的李鸿章，只能推出汉纳根作为旅顺和威海卫炮台失守的替罪羊。事实上，这也正是李鸿章当初任命汉纳根为"北洋海防总监"的目的。当然，汉纳根并未因此而受到任何形式

---

① 参见刘晋秋、刘悦《李鸿章的军事顾问汉纳根传》第六章部分内容，文汇出版社，2011。

的处罚。

汉纳根拒绝再次回到北洋舰队

黄海海战后，汉纳根针对北洋诸舰"皆须修理"而一时又无他船补充的情形，先向李鸿章和清政府提出速购鱼雷快艇、快舰的意见，又向清廷条陈整顿海防的节略，还提出了统一海军领导、建立海军司、裁汰冗员等八条建议。汉纳根的条陈，深得主战官员的重视。1894 年底，经光绪皇帝批准，由总理衙门出面，正式邀请汉纳根到北京，面商练兵事宜。

谈话中，汉纳根特别强调买船的紧迫性和编练新军的重要性，称："买船一事，实为当时要务，千万不可惜小费而误大事。如海军胜了，当可到长崎游弋。将来不惟奉天倭人不能久占，即朝鲜仍须退出亦未可知。"与会大臣认为汉纳根"所说各节，皆中窍要"①。汉纳根的建议是根据当时的国情军情分析做出来的，中肯而又符合实际。然而，他的建议并没有真正得到采纳。

由汉纳根在战前、战后的表现来看，作为李鸿章的军事顾问，他在北洋舰队的建设方面是竭尽所能地想要发挥一定作用的。只是，李鸿章贵为直隶总督兼北洋大臣，尚且时时受到清流党人的掣肘，建设北洋海防的经费常常无从着落；汉纳根一介外国武夫，他所提出的意见和建议又如何能够得到真正的重视呢?!

在长年修建炮台、训练军队的过程中，汉纳根有足够的机

---

① 戚俊杰、刘玉明:《北洋海军研究》第 2 辑，天津古籍出版社，2001，第343 页。

会接触清军的上上下下，看到了整个北洋海军舰队中存在的种种问题，这些问题几乎直接导致了黄海海战的失败。

首先，北洋海军高官带头腐败，将领之间一人腐败，群起效尤，严重削弱了战斗力。"近五年来总督大人都在致力水师的操练，一开始只是为了巩固北方海防。后来则牵扯许多中国人很看重的枝节，随之而来产生的许多权利双收的职位，如获得的皇帝手谕，都会引发当权者的关注与嫉妒。"在汉纳根看来，北洋舰队中的那些下级军官，"最最细心经营的是自己的乌纱帽"，"无论软硬兼施还是现实的紧迫或屡屡失败都不能阻止他们追求自己的最终目标，达成利益目标的信念对他们来说是最坚定的，至于这个目标连带的后果往往被他们所忽略"。①

其次，北洋舰队中，任人唯亲，拉帮结派的现象严重。北洋军官多为闽人，近20人的主要将领中除了丁汝昌和邓世昌之外几乎全是福建人。总兵刘步蟾任用乡人，看不起丁汝昌，还时常责备丁汝昌不能团结人。北洋舰队中，每艘战舰上的管带（即舰长）都对自己的战舰拥有一定的管理权和招募军官的权力。他们总是从自己的乡亲中挑选军官。而汉纳根认为，"那些遍布水军的省一般都出产茶、桑等贸易品，自古物阜民丰"，而他认为"富裕的福建人肯定普遍缺少水兵所需要具备的坚韧意志"。②

再次，北洋舰队的提督丁汝昌不懂海军训练和作战，而负

---

① 摘译自 Constantin von Hanneken, *Briefe aus China: 1879 – 1886; als deutscher Offizier im Reich der Mitte*, Köln: Böhlau Verlag GmbH & Cie, 1998, Anhang 2, pp. 339 – 359。

② 摘译自 Constantin von Hanneken, *Briefe aus China: 1879 – 1886; als deutscher Offizier im Reich der Mitte*, Köln: Böhlau Verlag GmbH & Cie, 1998, Anhang 2, pp. 339 – 359。

责训练士兵的外籍军官则没有实际的权力。"丁提督是太平天国时期的骑兵队队长。他在任何时候都能显示出超凡的果敢素质,并且为李鸿章总督立下了汗马功劳。一方面出于感激,一方面寄希望于老将出马能够给士气低迷的水师军官们震一震军威,总督决定任命丁作为年轻舰队的提督。一开始他还热心地学习海军知识,随后他放弃了这种努力,把一切交给了李鸿章总督派到他身边的欧洲专家。"来自欧洲的专家是指赫德推荐来的英国海军军官琅威理。汉纳根认为,"英国教习琅威理从此几乎独自担起了训练水师的任务,并且明显地提高了训练水平"。但是,"水师的内部事物,如管理、人事、装备、粮食供给完全掌握在丁提督和那些与总督有特殊关系的人手中"。①

中国人几乎一直存在一种普遍的观念,就是"非我族类,其心必异"。在军队的作战训练中启用洋将,往往是"现用佛现烧香,不用佛靠边站"。这种思维惯式反映了清廷使用"夷兵洋将"既"用"又"疑"的矛盾心态。其实,从朝廷到各个地方,同族内部之间也很少有真正的信任。清军内部派系林立,尔虞我诈互相猜忌互相排斥,同乡之谊远重于建制上应有的团结一致。海战打响后,北洋战事吃紧之时,李鸿章也调不来福建海军来支持北洋海军。

看到北洋舰队中存在的种种问题,并且亲身经历了这些问题在海战中所带来的重大危害,当黄海海战结束不久李鸿章让汉纳根再次回到舰队时,汉纳根已经不像上一次那样仅凭一腔热血就慨然应允。他明确提出,除非被授予实权、做海军副提

---

① 摘译自 Constantin von Hanneken, *Briefe aus China: 1879 – 1886; als deutscher Offizier im Reich der Mitte*, Köln: Böhlau Verlag GmbH & Cie, 1998, Anhang 2, pp. 339 – 359。

督并加赏黄马褂，否则绝不再上船。10 月 13 日李鸿章致电丁汝昌："据德璀琳称，汉纳根言船上无用弁兵极多，极为难处，非奉派提督衔海军副提督赏穿黄马褂，不肯再上船。"然而，让外国人统帅中国人的舰队，无论是在当时还是现在，都是统治者绝不可能答应的。李鸿章以"前已赏汉纳根二等第一宝星，未便再奏"为由，拒绝了汉纳根的要求。①

汉纳根不能理解清政府对待洋员既使用又防范的用人策略，他误以为是李鸿章在从中作梗。在天津养伤期间，他在家信中清楚地表达了对李鸿章的不满。汉纳根怀疑，自己的成功以及日渐增大的影响力，使昔日重金礼聘自己的伯乐李鸿章李大人的权威受到了某种威胁。他认为，慈禧太后已经打算赏给自己中国的最高荣誉——黄马褂，恰恰是因为李鸿章从中作梗而使自己与黄马褂失之交臂。李鸿章的电文里确实也有过"未便再奏"的说法，表面看来汉纳根的不满是有根据的。而实际上，对清廷来说，根据汉纳根在战场上的表现重赏是可以的，重用必然是有保留的。这是由清廷对待洋员坚持"权自我操"的基本思想决定的。李鸿章当然知道这一点，但这是不足为外人道的，他不会也不可能对汉纳根直言明说。

日本的备战与李鸿章的求和

甲午战败和北洋舰队的覆灭令汉纳根想了很多很多。最使他不解的是，李鸿章为什么会消极避战、一味地仰赖列强调停。

在回到天津养伤期间，汉纳根不断地思考，为什么总督大

①　姜鸣：《中国近代海军史事日志（1860—1911）》，生活·读书·新知三联书店，1994，第 215 页。

人在战争中竟如此的冷漠和犹豫不决，这里面深层次的原因又是什么？如果换了欧洲人做这个总督，他将如何面对这场战争？他百思不得其解。联想到北洋水师的种种弊端，汉纳根既哀其不幸，又怒其不争。他在写给姐姐的信中慨叹："你肯定不会相信，鼎鼎大名的总督先生在这整出戏中证明了自己是怎样一个漫不经心、优柔寡断的领导者。最近几周里我又进一步看清了一些时局，其他欧洲人肯定也会同意，我敢说没有任何人有兴趣在这样一个冥顽不化而又毫无希望的社会中为它殚精竭虑、鞠躬尽瘁。……总督越来越像个孩子了，他只信仰自己心中的神明或者至少寄希望于他自己的神明，当这神明不垂青于他的时候，他就让自己听从于宿命。"①

公平地说，面对这场双方准备了几乎是一代人时间的战争，李鸿章何尝不想打胜。然而有一点是汉纳根无法明确知道的，这就是清政府内部对李鸿章的掣肘。日军长期以来觊觎中国领土，多年来一直做着战争准备，这早已是公开的秘密。然而，大敌当前，清朝大臣之间的矛盾也在不断"升级"。多年来，李鸿章致力于北洋海防的建设，但随着北洋舰队的日益壮大引起皇帝的重视以及随之产生的许多权利双收的职位都引发了其他当权者的嫉妒与举国上下的关注。

早在甲午战前，皇帝的师傅翁同龢就讲："李鸿章治军几十年，扫平了多少坏人啊！（这是暗指李鸿章以弹疏害了翁同龢的哥哥）现在，北洋有海军陆军，正如火如荼，岂能连一

---

① 摘译自 Constantin von Hanneken, *Briefe aus China: 1879 – 1886*; *als deutscher Offizier im Reich der Mitte*, Köln: Böhlau Verlag GmbH & Cie, 1998, Anhang 2, pp. 339 – 359。

仗都打不了?"① 甚至就连不在朝中的汉纳根都感觉到，大战将临，"人们期待在战争前期能有干涉势力将战争尽快结束，或者至少限制在朝鲜境内。人们希望总督的军队能够跨过国境开进朝鲜，在北洋水师切断敌军与日本大本营的联系后将其一举击垮"；而与此同时，"人们又都掺杂着幸灾乐祸的心理饶有兴致地等着看总督建立的水师如何应付第一轮考验"。②

海军是高消耗的兵种，在一定意义上说，海战打的就是钱，必须有强大的财政支持。北洋海防建设需要用大量银钱堆砌，而翁同龢则对李鸿章处处掣肘，百般设置障碍，阻挠拨付海军军费。再加上，海防建设过程中，迭逢光绪皇帝大婚和慈禧太后的六十大寿庆典，所费何止几千万两。所以，筹集资金是最令李鸿章头疼的事。修建旅顺炮台和旅顺港的费用，多年来中外所估颇为不一，迄今尚无定论，有人估计1600万两，有人估计数千万两，皆与实际数字相去甚远，其准确数字怕是难以算出。经费来源则有直隶海防捐、库部拨银以及北洋海防经费项等途径。而这其中还有拿回扣、索佣金的关节，拨出的银两和实际使用的银两也会有相当大的差距。

北洋水师初建时，舰队实力优于日本海军。明治维新后的日本倾其国力发展海军，短短10年时间就后来者居上。就在大清上下忙着为慈禧准备庆寿大典的1893年，日本政府却在咬紧牙关购买军舰。尽管财力有限，但为了与中国抢购新型战舰，日本国民纷纷捐款，皇太后甚至把自己的首饰都捐献出来

---

① 张建伟:《温故戊戌年》，作家出版社，1999，第31页。
② 摘译自 Constantin von Hanneken, *Briefe aus China: 1879–1886*; *als deutscher Offizier im Reich der Mitte*, Köln: Böhlau Verlag GmbH & Cie, 1998, Anhang 2, pp. 339–359。

了。这艘抢购到的战舰，就是日后黄海海战中日本的旗舰——
"吉野"号巡洋舰。

到甲午海战前，不仅日舰数量超过北洋舰队，且多是铁甲
快船，速度达到每小时 23 海里，北洋舰队最高速度只有 18 海
里，而战场上一分一秒的优势往往都会起到决定性的作用。北
洋舰队不仅数量、速度不如日舰，各种口径的火炮也或有药无
弹或有弹无药，难以应对即将到来的恶战。李鸿章无力挽回海
军军力不断下降的局面，面对日益强大的对手，他只能消极地
选择了"避战保船"，这就为日后的失败埋下了伏笔。"当日
本的第一批运输舰由三四艘军舰护航开来时，中国舰队开出威
海卫港口可以轻而易举将其击垮，但是没有，中国的水师就稳
稳当当地停靠在旅顺与威海卫港口。日本军队连同装备、物资
都顺利登陆，完全没有将中国哪怕一只舰船放在眼里。"① 直
到战败后，面对海战失利的形势，光绪皇帝心急如焚，赶忙给
李鸿章几百万两白银拨款，用于购买德国造的最好的军舰。军
费有着落了，失去的时间、生命却再也找不回来了。

北洋舰队的指挥官是能避就避，但日本人不会听任李鸿章
"避战保船"。无奈之下的李鸿章只有仰赖于列强的调停和对
日本的制约。汉纳根分析道："总督寄希望于欧洲列强势力的
介入，他所有的努力几乎都是为了获得调停。为了实现他期待
的目标，他象征性地做了做战争准备。在朝鲜，总督是孤军奋
战，费尽心机回避着有可能损害到西方列强利益的决战性时刻
的到来。这也彻底导致了中方的战备不足与随后中国军队震惊

---

① 摘译自 Constantin von Hanneken, *Briefe aus China: 1879 – 1886; als deutsc-
her Offizier im Reich der Mitte*, Köln: Böhlau Verlag GmbH & Cie, 1998, An-
hang 2, pp. 339 – 359。

世界的战败。"①

重温甲午海战前前后后这段历史，我们不难发现，汉纳根的分析是十分正确的。李鸿章自日本在朝鲜挑衅之时便寄希望于"俄人钳制，英人调停"，王公大臣之间主战、主和两大派各持己见吵嚷不休，应对大战恶战的思想准备、物资准备、军事准备却被扔在了一边，事实上在战前最为关键的备战时期就已先失一局。反观日本，在发动战争前，做了长时间的准备：在宣传上，大力推行军国主义教育，鼓吹武士道精神；投巨资拼命发展军事工业，特别是海军的建设；海军在战术训练中以北洋海军为假想敌，无所不用其极。

综上种种，中国焉能不败！

第四节 汉纳根与中国近代新军的嚆矢

黄海海战之后的上书建议

"高升号事件"和黄海海战之后，汉纳根在中国的声誉达到顶峰，他以一名外国顾问身份而能参加中国军队并奋勇作战，得到了朝廷上下的一致赞赏。不过北洋陆海军在甲午战争中的全面溃败以及李鸿章等中国官员备战和指挥的不力，则给予出身职业军人的汉纳根极大的刺激。针对日本军队长驱直入、紧逼北京的严重形势，汉纳根于1894年10月撰写了一份建议书，向清政府建议彻底改组清军的编制，全面采用德式装

---

① 摘译自 Constantin von Hanneken, *Briefe aus China: 1879－1886*; *als deutscher Offizier im Reich der Mitte*, Köln: Böhlau Verlag GmbH & Cie, 1998, Anhang 3, pp. 339－359。

备和训练方法，建立一支由外国军官指挥的军队，主要内容有以下几点。

一是建立一支 10 万清兵组成的军队，由欧洲军官率领，接受代表皇帝意志的亲王统一领导。这支军队由分别驻扎在天津和北京的两个军团组成：第一个军团约 5 万人立即接受为期 4~5 个月的训练，然后派去驻扎在山海关一线，以阻止日本人的进攻；第二个军团经过训练在就位后开始实施反攻。

二是重新武装海军舰队。购买智利或阿根廷的鱼雷驱逐舰以增强海军力量；将停泊在广州口岸、从德国希肖船厂（SCHICH-AU）和伏尔铿船厂（VULKAN）进口的南洋水师 4 艘大鱼雷艇投入使用，这些舰船上的船员与指挥官必须由欧美人担任；舰船在战前准备时要到达指定海域与北洋水师会合，以便使这支中国皇家水师由一位欧洲统帅统一指挥和训练。

三是将目前中国可以调动的机动部队集结在营口—牛庄—辽阳—沈阳一线布防，由一位中国将领统一指挥，这位将领最好是宋庆将军。这支军队的任务是要尽可能长时间地阻挠日军前进，至少拖延其行军速度。

在最终的奏折中，除了上述三点建议之外，汉纳根还提出，为解北京燃眉之急，先成立一支由 2000 名外国人组成的军官队，授予中国军衔；并且，由外国军官选练的 10 万中央军应当由驻华海关总税务司赫德指挥。①

奏折递上去之后，在清政府高层中间引起了激烈的争论。

---

① 关于在中日 1894~1895 年战争期间建立一支中国皇家军队计划搁浅的报告，摘译自 Constantin von Hanneken, *Briefe aus China: 1879 – 1886; als deutscher Offizier im Reich der Mitte*, Köln: Böhlau Verlag GmbH & Cie, 1998, Anhang 3, pp. 360 – 384。

满族官员中持赞同态度者略多一些，而以李鸿章及其下属胡燏芬为代表的汉族官员则坚决反对。满族官员的赞同是出于对李鸿章的嫉妒，希望借此机会来削弱以李鸿章为首的汉族官员的兵权，而李鸿章自然不甘心失去对中国精锐部队的绝对控制权。胡燏芬多次上疏反对汉纳根的建议，他列举唐代安史之乱时唐借回纥兵平定叛乱导致回纥轻视唐朝进而兴兵犯唐的史证，谏请借鉴；又以李鸿章借洋将华尔剿灭太平军，华尔得胜后桀骜不驯，不得不予遣散为实证，强调洋人掌握军权的危害。

　　实际上，汉纳根试图掌握中国军权对中国军队进行改革的这种努力，赫德的前任李泰国也做过。1856 年太平天国运动如火如荼发展时期，时任上海江海关税务司的英国人李泰国建议清廷购买西方舰船，组建一支由欧洲人充当官兵的舰队来对付太平军，即"李泰国-阿思本舰队"。这一次，汉纳根想利用中日甲午战争的机会，将建议编练的新军军权控制在自己和已掌握中国财政大权的赫德手中。这种军事改革的性质与"阿思本舰队"几乎是一模一样，不管汉纳根是出于个人野心还是军人的职业责任感，其结果必然也是同样的。

汉纳根对中国军队的看法

　　如果暂时抛开汉纳根的个人野心不论，可以看出，汉纳根的三点建议是基于他多年跟随李鸿章训练军队、整顿北洋海防特别是亲身经历甲午战争而得出的，是比较中肯的。

　　汉纳根于 1879 年第一次受聘为李鸿章的军事顾问后，修建了旅顺和威海卫炮台，兢兢业业地为北洋海防建设付出了 8 年的心血。同时，因工作需要，他也到过军队的很多地方，特

别是 1894 年在北洋海军中 5 周时间的任职，使他比较深入地
了解了中国军队的真实情况。他认为，军队最大的问题是高级
军官的傲慢无能和不负责任。

在汉纳根看来，李鸿章统率下的那些淮军和北洋海军统
领，不管是年轻的将领还是参加过镇压太平军起义的老将，都
同其上司一样，是一些傲慢自大、故步自封而又愚顽无知的家
伙。他们热衷于搞一些华而不实的阅兵式而不是真枪实弹的军
事演习。汉纳根就应邀参观过这样的一个阅兵式。

那是在一个晴朗的天气进行的。士兵们赤手空拳、没有武
器装备，在"穿红戴绿、挥舞彩旗的人"的指挥下，进行队列
表演。"多么迅速的行进，多么令人惊叹的阵型变换，这是怎样
前所未见的军事演习！"汉纳根揶揄道。年轻得令人吃惊的总指
挥显然没明白汉纳根的意思，自以为听到的是真心话，笑得合
不拢嘴。他骄傲地对汉纳根说："看吧，你们欧洲人总以为我们
不懂，可我们偏偏懂而且很懂，我们的军队就是可靠。"那些作
为参谋的老将军们也对汉纳根露出不屑的微笑，看上去年纪最
大的一位老将军捋起衣袖，后来干脆脱下马甲，将自己的累累
伤痕展示给汉纳根和众人观看，炫耀自己的军功。汉纳根建
议："接下来，为什么不来一场真枪实弹的军事演习呢？""哦，
我知道了，"总指挥点点头，"您的意思是……不！我们今天不
做这个，我们今天只进行阅兵式，展示我们手下的人有多精
良、纪律多严明、谋略多机智、指挥多机动，有这个就足够
了。真的军事演习我们今天没安排，那当然是另外一回事了。
是的，那个我们知道，您和我，还有我的将军们都知道——那
是些久经沙场的指挥。您也看见了，那个独眼军官自己就参加
过 24 场战斗，并且现在战斗力依然旺盛。"汉纳根不得不违心

地表示赞同："是啊，不管怎样，必须肯定军队行进中所体现出来的纪律性和速度。对于一个阅兵式来说，形式已经是多得惊人了。一个只是进行队列操练的阅兵式与一场令人疲惫的军事演习，归根结底是一样的。"①

北洋海军和淮军的将领们只擅长做表面文章，而对军队作战实力的具体考察、火炮与弹药的储备情况甚至是士兵的武器和制服等细节，几乎一无所知。黄海海战前，当汉纳根以"北洋海防总监"的身份重访旅顺口和威海卫时，吃惊地发现，"仓库空空如也，修理厂无人照管，也没有足够的人手；没有一个尽职的领导，原先在任的欧洲人都被免职，而任上的中国人又都没有能力完成他们的任务，他们的表现与职位的要求相差千里"②。在北洋海军的总部天津，情况也是一样，管理两个主要军械库的官员都无法胜任。

在军队中，"军官和士兵一样士气低落，普遍地存在厌战情绪，更谈不上战争动员。当清军在牙山、贡州和平壤节节败退之后，甚至引发了士兵对将领的批评。不仅出现许多恶性违纪事件，而且士兵与军官之间纠纷不断"。与那些不能胜任指挥工作的高级军官相比，"少数受过外国顾问训练的学生，永远也不能升任到真正的军官职位，他们在军队中的地位仅仅相当于新兵教习，拿着微薄的俸禄并且毫无实权，只能做出一副随时准备操练新兵的架势"。缺乏训练的士兵完全不能使用现

---

① 摘译自 Constantin von Hanneken, *Briefe aus China: 1879–1886; als deutscher Offizier im Reich der Mitte*, Köln: Böhlau Verlag GmbH & Cie, 1998, Anhang 3, pp. 360–384。

② 摘译自 Constantin von Hanneken, *Briefe aus China: 1879–1886; als deutscher Offizier im Reich der Mitte*, Köln: Böhlau Verlag GmbH & Cie, 1998, Anhang 3, pp. 360–384。

代武器上战场作战，"他们称不上是军队，而是散兵，是一群各自为政的散兵，在各行其是的指挥官的带领下组成 1000 到 5000 人不等的团队战斗，粮草弹药供给混乱无序，指挥官凭头脑一热、灵感来袭做决定"。汉纳根总结说，"在战场上与日军对阵的军队的指挥团队大抵就是这个样子了……这样各自为政的兵团，肯定是抵挡不住组织严明、指挥有序的日本军队的"。①

不过，汉纳根并不认为北洋海军是不可救药的。他坚信，"北洋海军不论是从训练、军纪、组织上还是从战斗精神上来说，都是（中国）最高水准的军队"。特别是战争初期的"高升号事件"给他留下了深刻的印象，"从'高升号事件'中，我看到了截然相反的东西，我震惊于在艰难的情况下，这些粗鲁的士兵仍能遵守纪律，保持对将领的绝对服从"②。他认为，只是由于中国方面从来没有积极认真地备战，才使得奋进的士气下滑，从而导致战争的失败。所以，多年与中国下层官兵打交道的汉纳根，相信中国人的聪明能干和守纪精神，他认为只要组建一支由一位事权统一的欧洲人统率训练的新军，就一定能打败日本人的入侵。

李鸿章的光环褪了色

在天津养伤期间，汉纳根起草了改革中国军队的奏疏，这个奏疏建议建立一支中央军，接受皇帝委托的亲王的直接领

---

① 摘译自 Constantin von Hanneken, *Briefe aus China: 1879 – 1886; als deutscher Offizier im Reich der Mitte*, Köln: Böhlau Verlag GmbH & Cie, 1998, Anhang 3, pp. 360 – 384。

② 摘译自 Constantin von Hanneken, *Briefe aus China: 1879 – 1886; als deutscher Offizier im Reich der Mitte*, Köln: Böhlau Verlag GmbH & Cie, 1998, Anhang 3, pp. 360 – 384。

导。奏疏内容完全排除了李鸿章的参与，这是因为通过多年的接触，特别是通过甲午战争，汉纳根已经转变了对李鸿章的看法，他由一开始对李大人的景仰、崇拜和感激，逐渐变成轻视、不满和深深的失望。

汉纳根从自己的经验中得出结论，李鸿章并不像他表面上看起来那样开明和洞悉世界潮流形势。他举例说，一个初来乍到的外国记者在拜见了总督大人之后，写出这样的报道："我今天拜访了李鸿章总督，李大人提出了许多有意思的问题，我惊讶于他丰富的关于欧洲情况的知识。李大人心情很不错，而且摆摆这、弄弄那（指那些时髦的舶来品）。我觉得他可以出色地胜任他的职位。不管怎样，在我眼中他是一个很开明的人。"不过，那只是做给外国人看的表面文章。汉纳根深刻地指出："诚然，李鸿章总督对欧洲情况惊人地了解，但是应当看到，他是一个只会说汉语写汉字的人，而有关欧洲情况的中文文献太过有限了。"跟他同时代的其他保守官僚相比，李鸿章固然是相对开明和愿意了解西方文明的，但是他自身的局限性使他不可能对西方文化有深刻的了解认知并产生由衷的认同感。"这个记者兼观察员完全忽视了，总督只是在对外炫耀，其内心在无视且蔑视自己所了解的欧洲的东西。"①

汉纳根所说正是洋务运动的基本精神——"中学为体，西学为用"和"师夷长技以制夷"——在李鸿章身上的实际体现。同当时几乎所有的封建官僚一样，李鸿章等人从根本上不承认西方建立在工业化基础上的先进的制度文化，他们认为欧

---

① 摘译自 Constantin von Hanneken, *Briefe aus China: 1879–1886; als deutscher Offizier im Reich der Mitte*, Köln: Böhlau Verlag GmbH & Cie, 1998, Anhang 3, pp. 360–384。

洲赖以打败中国的只是坚船利炮。这些外在的表面的东西是很容易引进和学习的，也是能立竿见影的，就像通过购买英国、德国的舰船大炮，很快就建立起一支北洋海军。然而，如果没有将改革引入制度层面，不能从根本上走上工业化、现代化道路，任何轻易得来的东西也会轻易地失去，就像是北洋海军的最终覆灭。

汉纳根决定离开李鸿章这位曾经带给他机会和希望但现在已经令他深深失望的雇主，去改换门庭寻找一棵能够实现自己理想的根基更大、更有权力的大树，这当然遭到了李鸿章的警惕和反对。李鸿章是一个视军权为生命的封建军阀，他很清楚"兵乃立国之要端，欲舍此别图其大者、远者，亦断不得一行其志"①，有军则有权，志向远大的人必须有军队作后盾，才能一展平生抱负。淮军完全是由李鸿章自募兵勇、自筹军饷、自行训练，由此他才能够将军队牢牢控制在自己手中。此后，为了进一步巩固和扩大自己的势力，他不仅向朝廷大量保举自己手下的将领，让朝廷给予他们封赏，使其成为一个势力庞大的私人统治集团；而且，他还大力发展近代军工企业，并大量向国外购买军火，用国外的先进军事技术武装淮军，使其成为清朝战斗力最强、装备最好、最精锐的一支武装力量。军队奠定了李鸿章一生权力的基础，军权是他绝不可能放弃的。

汉纳根后来意识到，"李鸿章肯定不愿意朝廷的垄断势力越过他直接建立一支将他本人的军队取而代之的军队。就凭这个原因，他也会阻挠我去北京"②。收到汉纳根的建议书后，

---

① 《李鸿章全集（朋僚函稿）》，时代文艺出版社，1998，第3691~3692页。

② 摘译自 Constantin von Hanneken, *Briefe aus China: 1879 – 1886*; *als deutscher Offizier im Reich der Mitte*, Köln: Böhlau Verlag GmbH & Cie, 1998, Anhang 3, pp. 360 – 384.

皇帝下令让汉纳根到北京商讨退敌之策和编练新军事宜。在没有告知汉纳根的情况下，李鸿章向北京禀告说，汉纳根并未完全伤愈，尚不适宜出行。不久，朝廷得到消息，称一支日军部队企图在大连湾附近登陆，顿时慌了神，给李鸿章下达了紧急命令，汉纳根这才得以到北京面见皇帝商议军情。

　　除了想方设法阻挠汉纳根进京以防止他直接向皇帝及朝廷里的大臣们商讨编练新军事宜，在不得不通知汉纳根赴京之后，李鸿章还让自己幕府的幕友胡燏芬上书言事，反对汉纳根的计划，提出自己的意见。胡燏芬不仅例举华尔洋枪队的失败教训，强调洋人掌握军权的危害，而且一一指出清朝军队的弊端："军需如故，勇额日缺，上浮开，下折扣"；"各营员皆以钻谋为能事，不以韬矜为实政，是兵官先不知战，安望教民以战"；"同属一军，而此营与彼营之器不同，前膛后膛，但期备数，德制奥制，并做一家"；"攻守之法，又沿旧习，湘楚各军，尚有以大旗刀矛为战具者"。[①] 试想，如果不是出自李鸿章的授意，曾为其幕友的胡燏芬，怎好意思揭自己老幕主的伤疤。

　　胡燏芬，1874 年中进士榜，授翰林院庶吉士，后投靠李鸿章为幕僚，经李举荐为天津候补道，授天津兵备道，再被擢升为广西按察使，署布政使，中日甲午战争时，受李鸿章之命办理东征粮草。他是李鸿章最忠实的幕僚之一，也是一员洋务干将。并且，由于他出身科举正途，也得到朝廷的器重，能够就修铁路、练兵、办教育等洋务上书朝廷，其上书有理有据，与李鸿章在朝廷上互为声援，推动洋务运动的各项事业发展。

---

① 转引自来新夏等《北洋军阀史》，南开大学出版社，2000，第 95～97 页。

即使在 1895 年李鸿章因签订《马关条约》而被举国唾骂，洋务运动濒临破产之际，胡燏芬仍能遵循李鸿章的既定方针，使洋务运动继续深入发展。例如，他以甲午战争中交通条件落后影响战事为由，上书朝廷倡导修筑铁路，使朝议最终决定修建京榆铁路；也是在甲午战争后，他上书朝廷要求兴办洋务教育，培养能够真正学贯中西的高级人才，推动了中国近代第一所大学——北洋大学堂的创办，他还设法筹款使其建校舍的资金得到保证，后来他更创办了唐山路矿学堂。

遇到胡燏芬这样一位富有才干且深受朝廷器重的李鸿章幕僚的阻挠，再加上李鸿章本人的暗中捣鬼，汉纳根想要改换门庭的努力自然困难重重。

汉纳根让自己卷入了满汉之争

除了对李鸿章及其下属部队在甲午战争中拙劣表现的不满和愤怒，汉纳根也看到，李鸿章的军队几乎是孤军奋战的。中国的军队不能也不愿意协同作战，辽东和山东的守军放任日军轻易地夺取了旅顺和威海卫两处堡垒，而福建水师的舰船则拒绝北上支援北洋水师。甲午战争几乎是李鸿章一个人、一支军队在和整个日本作战。所以，汉纳根认为建立一支名义上归皇帝指挥的中央军而不是一支仍然以李鸿章个人为统帅的地方武装是非常重要的。

那么，为了建立这样一支正规军，"在所有集权帝国中最集权的帝国里，谁的手中掌握着最终的决定权呢？"他想到了中国最高的封建统治者——皇帝。不过，汉纳根也意识到，皇帝已远非康熙、乾隆时代的皇帝了，"自从近两个三四岁的儿皇帝登基以来，世道一日不如一日了"。当然，如今身体羸弱的皇帝也不可能像他的祖辈那样驰骋沙场了，得有一位接受皇帝委托的亲王代为领导。汉纳根想到的是端亲王，认为"他至少到时候可以象征性地指挥一下京城内的禁卫军"①。

汉纳根知道，在满人和汉人中寻找一个可以指挥这支新军的指挥官人选是非常困难的事情，必然会使自己卷入充满嫉妒倾轧、结党营私、钩心斗角的满汉官员之间的权力之争。他知道，"朝廷是满人的，而百姓则是汉人居多。汉人鄙视满人，视他们为干扰人民幸福生活的寄生虫。另外，只要满人不侵犯汉人的财产、不伤害汉人的民族感情，汉人就承认满人统治的合法性，如同承认以前的那些占领者的合法性一样。而将大明王朝亲手颠覆的满人肯定清楚，要想长久地坐稳江山，就要实施细水长流的温和统治。他们已经把汉人的民族性格研究得相当透彻，并且知道应当建立与之相应的集权方式，并且他们不得不避免对传统的风俗习惯、治国方式、司法程序、财政事务与官僚制度方面做哪怕微乎其微的修改"②。

"事实上，即使最愚笨的文人也知道，中国并非被统治了，而是中国人勉强承认清朝皇室，因为后者答应逐步汉化，并且准许汉人继续保持他们习俗礼教。并非清朝皇帝比明朝皇帝更为优秀，一切只源于方便默许。对汉人来说，拿起武器来保卫旧的王朝实在是太不值得了。皇帝仅仅是作为统治的象征，他是谁、来自哪个皇室、什么民族，只要中国还是中国，两千年来久

---

①　摘译自 Constantin von Hanneken, *Briefe aus China: 1879 – 1886*; *als deutscher Offizier im Reich der Mitte*, Köln: Böhlau Verlag GmbH & Cie, 1998, Anhang 3, pp. 360 – 384。

②　摘译自 Constantin von Hanneken, *Briefe aus China: 1879 – 1886*; *als deutscher Offizier im Reich der Mitte*, Köln: Böhlau Verlag GmbH & Cie, 1998, Anhang 3, pp. 360 – 384。

经考验的国家体系一成不变，那么对他们来讲都是一样的。"①

不仅是汉纳根，很多在华时间较长、观察力强的外国洋员，也注意到中国的满汉之争。例如，长期担任海关总税务司的赫德，深受慈禧太后、恭亲王、文祥等清朝皇族和大臣的信任。对于清朝内部满汉官员之间的微妙关系，满族官员毫无避讳地对被呼作"咱们的赫德"的这位洋顾问谈到过。总理衙门大臣满员恒祺告诉赫德："在每个中国人的内心深处，每念及有可能驱逐当今朝廷时，总有一种洋洋得意之感。"恒祺、文祥等满族大臣坚持认为，"皇上的汉人顾问，在有可能引起清政府与列强之间发生纠葛的问题上，不会心甘情愿地提供意见"。他们认为汉族官员内心中有一种幸灾乐祸的想法，即"对清政府的每一次打击都会削弱它！从而使汉族能有加倍的翻身机会"。满族官员认为维持清王朝统治的最佳策略就是利用英国等列强的支持，"与洋人保持最好的关系，避免任何纠纷，甚至不惜重大代价，也不要引起纠纷"。② 实际上，这种态度与雍正、乾隆由于惧怕不断叩关而来的西方人与汉人联手反抗自己的统治而对其传教和贸易的要求一概予以拒绝的态度是一脉相承的。

还有其他一些在华外国人也敏感地意识到了清朝所实行的满汉隔离政策。比如担任过李鸿章私人家庭教师的丁家立发现，儒教领袖孔子规定，人们应当为过世的父亲或母亲服表三年，后来统治者将其定为一项惯例，即官员要强制性地在家

---

① 摘译自 Constantin von Hanneken, *Briefe aus China: 1879 – 1886*; *als deutscher Offizier im Reich der Mitte*, Köln: Böhlau Verlag GmbH & Cie, 1998, Anhang 3, pp. 360 – 384。

② 〔英〕赫德著，〔美〕布鲁纳等编《步入中国清廷仕途：赫德日记：1854—1863》，傅曾仁等译，中国海关出版社，2003，第 427～428 页。

"丁忧"三年。到了清朝，朝廷规定满洲人只服丧一年，这样满员就比汉员多占几年便宜，有利于其巩固统治地位。直到清末，统治者感到不应继续实行满汉隔离，才将满员与汉员的丁忧期统一，并且他们还取消了满汉不准通婚的限制。①

汉纳根尽管非常清楚，一旦建议提交，就将会使自身陷入满汉之争的漩涡，并可能导致计划的最终失败。然而，那些无用的汉族文人阶层在洋务运动和甲午战争中的反对、争吵和掣肘，彻底让汉纳根感到厌烦。他认为："这个阶层的头脑里，充斥着《礼》《易》《春秋》等汉学经典里的大汉族主义和对一切新观念的仇视。他们与生俱来的使命与自我约束的动力，就是对那些箴言典籍的敬畏，而那些典籍最深刻的意义只有他们自己能够理解与表述并向百姓灌输和传播，从而达到他们治理国家和统治人民的目的。"汉纳根总结说："归根究底，统治中国的不是专制的皇帝，不是统治机构，不是京城里的大臣或是各省的官员，而是文人阶层。没有文人阶层的审查和认可，革新的建议不能被提出或实行。这个阶层所持有的唯一学说就是'大一统'思想，并且他们唯一的利益就是维护世代相传的礼教、礼法与规范，能打破这些规矩的唯一例外，就是一个重权在握的人物与他那些满腹'之乎者也'的信徒们需要谋取他们自身利益的时候。"②

这些虽是汉纳根的牢骚之言，却也不乏真知灼见。不过，

---

① 摘译自美国达特茅斯学院未刊档案：Charles Daniel Tenney, Speech on Education in China, Charles Daniel Tenney Papers, ca. 1900 – 1920, Anhang 12, p. 4。

② 摘译自 Constantin von Hanneken, *Briefe aus China: 1879 – 1886*; *als deutscher Offizier im Reich der Mitte*, Köln: Böhlau Verlag GmbH & Cie, 1998, Anhang 3, pp. 360 – 384。

他似乎从自身遭遇出发，把汉人都归为反对改革的保守力量，而把清朝皇族视作可以实施他计划的改革力量，这显然是过于简单片面和理想化了。

另结盟友

汉纳根让自己卷入朝廷里的满汉之争，无非是想寻求一个实施自己军事改革计划的更好的靠山。因为使用西式方法和武器编练新军——具体来说，就是效仿德国陆军训练方法，并用采购自德国的武器装备这支 10 万人的正规军——无疑将会使汉纳根在中国的事业达到一个顶峰，而且作为这支军队的实际指挥官所获得的收益，无论从权力上、声望上，还是从金钱利益上，都将是极为可观的。

在进京面见皇帝及他身边最重要的大臣之后，汉纳根似乎看到了一线曙光——朝廷先是任命恭亲王和庆亲王为陆海两军的总指挥。即使这种任命没有任何实质作用，但至少表明了朝廷的一种积极态度。理所当然，作为练兵计划的倡导者，朝廷中有人（很可能是满族官员而非汉族官员）提议，由汉纳根来承担这一练军计划。这自然早在汉纳根的预料之中，他立即提出了进一步的要求：（一）落实资金来源；（二）确定管理方式；（三）确定募兵方式；（四）确定前期的军队调动；（五）保留北洋地区的所有军事工事；（六）落实武器与装备；（七）确定聘请欧洲人作为御用教习的实际事宜；（八）确定御赐委任状事宜。①

---

① 摘译自 Constantin von Hanneken, *Briefe aus China: 1879 - 1886; als deutscher Offizier im Reich der Mitte*, Köln: Böhlau Verlag GmbH & Cie, 1998, Anhang 3, pp. 360 - 384。

以上几个条件，最首要的是资金保证。汉纳根想到的是赫德掌握下的海关。他认为，"大清海关是整个国家中唯一值得信任的机构，……每天成百上千万流入大清国库的白银，差不多是整个国家可供支配的收入"①。于是汉纳根将自己的设想向赫德进行了汇报。

多年来，赫德居于所有在华外国人的顶点，他一直企图通过推进中国的现代化进程而掌握全部军政大权。在这方面，他既是李鸿章的同道人也是有力的竞争者。他曾经很羡慕李鸿章，慨叹："一个总督在省里可以比北京的一个部为中国做更多的工作，他几乎可以独立行事，而一个部除非六个成员全都同意才能办一件事，然后还会被别的部或被碍事的地方官员推入困境。"② 然而，赫德也很清楚地知道，李鸿章虽喜任事揽权，但并不掌握最后的决定权。所以，赫德一直与总理衙门的各大臣保持着牢固而密切的友谊，耐心等待机会的降临。

为了防范德国势力的扩大而影响到英国的在华利益，赫德一开始是阻挠李鸿章对汉纳根的聘用的。然而就个人关系来说，赫德对汉纳根还是比较宽厚的，汉纳根也十分钦佩赫德在中国所取得的成就，特别是在甲午战争中，他们对李鸿章的批评几乎是一致的。因此，当汉纳根想要向赫德寻求资金上的支持和保证时，赫德想到的是把这样一支几乎肯定能在今后掌握国家未来的军队控制在海关手中，由英国人和德国人共同把

---

① 摘译自 Constantin von Hanneken, *Briefe aus China: 1879 – 1886*；*als deutscher Offizier im Reich der Mitte*, Köln：Böhlau Verlag GmbH & Cie, 1998, Anhang 3, pp. 360 – 384。

② 1881 年 10 月 16 日赫德致金登干第 868 号函件，陈霞飞：《中国海关密档——赫德、金登干函电汇编（1874—1907）》第 3 卷，中华书局，1992，第 638 页。

持，他几乎是立刻应允。"海关总税务司赫德先生完全赞同这样的处理方式，他不仅承诺给我全力支持，并且准备在他的亲自监督之下为新军在海关总署之外特别成立一个部门。"① 这再次印证了俾斯麦的名言——没有永恒的敌人，只有永恒的利益。

关于第三点，即募兵方式。汉纳根坚持，新建陆军在募兵的时候，首先要让宣传机关进行征兵宣传，少一些烦冗的军衔或官阶，军官不应直接负责发放军饷，也不应与手下建立起确保个人忠诚的职务关系。这样才有可能脱离原来地方武装中家长制的募兵和带兵方式，建立起一支名义上受皇帝委派代表皇帝本人来领导，实则由欧洲人（最好是汉纳根本人）来指挥的军队，这个目的在最后两条要求中再明白不过了。

对于汉纳根的另结盟友和步步紧逼，不甘心丧失军权的李鸿章进行了"不屈不挠"的抗争。李鸿章和胡燏芬坚持军队必须控制在中国人手中，财政大权也必须掌握在中方，欧洲人的指挥权应尽可能地受到限制；新军的建军中心必须迁出北京，最好在一个有强大实力的总督的辖区中，此人至少要能够坐镇全局。在当时，举目全国"能够坐镇全局"，"有强大实力"的总督，舍李鸿章其谁也？！李鸿章的意思也是再明白不过了。

妥协的结果

面对围绕建军所产生的争执，仍然需要依靠李鸿章来保卫

---

① 摘译自 Constantin von Hanneken, *Briefe aus China: 1879 – 1886；als deutscher Offizier im Reich der Mitte*, Köln：Böhlau Verlag GmbH & Cie, 1998, Anhang 3, pp. 360 – 384。

京师、处理外交事务、收拾甲午战争烂摊子的朝廷，在权衡利弊之后，做出决定：朝廷采用汉纳根将军提出的建议，同意新建一支军队；派胡燏棻编练"定武军"，聘汉纳根为总教习。

面对朝廷的最终决定，汉纳根无奈之下，只有服从。"我没有理由从中阻拦，因为李鸿章总督依然是整个国家中最有能力的。"汉纳根乐观地期望："如果他遵循我的建议，那么在他的领导下，军队的建立肯定会相对顺利地进行。"①

不过，事情仍然不可能一帆风顺。李鸿章从太平天国时期的华尔和戈登身上得到的教训告诉他，与欧洲人打交道是一件非常麻烦和困难的事。如果雇用他们单个人作为自己的顾问，自己可以恩威并施加以控制，但是一支完全由欧洲人组成的2000人的军官队和一支受欧洲人指挥的10万人的军队，自己是绝对无法驾驭掌控的。李鸿章可不想再让哪个愤怒的欧洲人拿着枪对着自己，把自己追得抱头鼠窜。于是，狡猾的总督和胡燏棻逐步诱导汉纳根改变主意：把10万人的军队减至3万人；尽可能少地雇用外籍军官，用的话也只是作为顾问而非正式的军官；下级军官职位由中国人来担任，并且由胡燏棻来任命。这样，军权仍然牢牢地控制在李鸿章手中。

对于第一点削减计划人数，汉纳根准备做出让步，只要仍由他来向德国采购武器装备，以赚取自己的巨额经济利益，他甚至也准备放弃财政大权。但是，他不想放弃指挥权，不想单纯只作为顾问，不想让这支军队重新走回组织涣散、家长制管理、各自为政的老路上去。而且，没有指挥权的欧洲军官，很

---

① 摘译自 Constantin von Hanneken, *Briefe aus China: 1879 - 1886*; *als deutscher Offizier im Reich der Mitte*, Köln: Böhlau Verlag GmbH & Cie, 1998, Anhang 3, pp. 360 - 384。

有可能无法命令"军队中具有逆反心理的全体中国人"①。

汉纳根自以为已经得到了朝廷中的满族亲王大臣们的支持，为了缩短在天津与李鸿章及胡燏芬进行的艰巨谈判，他想绕过李鸿章，以特别呈文的方式直接找恭亲王汇报情况。汉纳根向恭亲王申请装备5万人的经费，请他作为这支军队的名誉总指挥做出定夺，并尽快批准资金。与此同时，汉纳根开始着手实施自己的计划，打算大干一番。他准备将所有曾经在海关或者中国其他部门任职的欧洲人都招募到天津来，他还按照中国的实际情况，制定了步兵、炮兵和骑兵的训练执勤条例以及关于士兵和外籍军官的所有后勤规定。一切均已就绪，只等京城方面的一声令下了。不知是被中间扣下还是被李鸿章知晓了此事，汉纳根的呈文如石沉大海，再无声息，而资金也迟迟不到位。

到了第二年的2月份，望眼欲穿的汉纳根终于明白，"朝廷早就看出，他们无法与李鸿章及整个汉人势力抗衡来实现我的计划"②。而且，由于此时中日双方有了实现缔结和约的可能性，中国大地又到处是一片歌舞升平的太平景象，编练新军的紧迫性也就消失了。汉纳根不得不一一驳回那些怀揣升官发财梦想而向他提出申请的众多英籍、德籍军官，并打发走其中那些性急的不待召唤就擅自来华的人。最终，他以"所办各

---

① 摘译自 Constantin von Hanneken, *Briefe aus China: 1879 – 1886*; *als deutscher Offizier im Reich der Mitte*, Köln: Böhlau Verlag GmbH & Cie, 1998, Anhang 3, pp. 360 – 384。

② 摘译自 Constantin von Hanneken, *Briefe aus China: 1879 – 1886*; *als deutscher Offizier im Reich der Mitte*, Köln: Böhlau Verlag GmbH & Cie, 1998, Anhang 3, pp. 360 – 384。

节，事多窒碍，旋即中止"①，离开了定武军。在他的最初三点建议中，只有购船的计划得到了迅速批准。

本来为牵制和反对汉纳根而出任练兵总指挥的胡燏棻，原为翰林院的文官，只能纸上谈兵，没有在军队中带兵练兵的实际经验。把汉纳根排挤走，李鸿章交给他的首要任务也就完成了。至于仿照德国陆军方法训练军队，胡燏棻自然是一窍不通。他继续沿袭以前军中训练的方法，把这支军队训练成一个"步法号令均极整齐"却"未尽西国之长"的样子货，② 搞搞阅兵式做做样子尚可，根本上不了战场。汉纳根离开8个月后，胡燏棻调任津芦铁路督办，也离开了这支新军。

李鸿章及其下属的无能是汉纳根提出重新建军的根本原因。改革清军面临三大问题：募兵方式、资金、外籍军官的指挥权。简言之则是权和钱的问题，归根结底还是一个"权"字。有了权力就有了一切，失掉权力就会失掉一切。汉纳根三点建议的核心是雇佣军，他的主张势必会触犯李鸿章及其利益集团中所有人的根本利益，所以，建议一提出即遭遇到强大的阻力。李鸿章绝不会在外籍军官掌握军权的问题上让步，在文化上故步自封的清朝社会，即使存在着满汉之争，那也属于内部矛盾，对于汉纳根这样一个外来文化的代表，是不可能得到根本信任并给予重任的。相比之下，甲午战前，日本海军大约有3.5万人在法国和美国军官的带领下接受正规的军事训练，而且他们还有相当一部分军队在接受野外炮兵的训练，这不得不令人深思，两国在文化方面的开放程度是否是导致甲午战争

① 来新夏：《北洋军阀》第1册，上海人民出版社，1988，第37～38页。
② 来新夏：《北洋军阀》第1册，上海人民出版社，1988，第37～38页。

成败的根源。

袁世凯小站练兵

在中国近代军事史上，"小站"是一个赫赫有名的地方。1895 年后外国出版的一些中国地图上，对小站都有标注。其实，"小站"只是距天津市中心东南约 70 里的一个小镇，原为淮军将领周盛波部（称"盛军"）的驻扎地。盛军在此屯田20 多年，把一片盐碱地变成了肥沃的农田，还培育出著名的"小站稻"。只可惜，种田久了，官兵竟淡忘了自己身为军人的本职。当甲午战起，盛军奉命开赴前线，因继任统帅卫汝贵临阵脱逃而全军溃败。只有当地百姓感念恩德，至今犹有"周公祠"。胡燏芬奉命主持编练新军后，移驻小站，使用盛军原来的营房，这就是"小站练兵"的开始。以后，袁世凯接替胡燏芬编练北洋新军，翻开了"小站练兵"新的一页。

与胡燏芬的纸上谈兵不同，袁世凯不擅科举，凭"军功"而登上仕途。早年曾在嗣父袁保庆的把兄弟、庆军统领吴长庆的幕下帮忙，得到吴的提拔，充当营务处会办。后随庆军开赴朝鲜，逐渐展露出才能，并进一步得到李鸿章的赏识，夸奖他"胆略兼优，能识大体"[①]。1885 年，李鸿章举荐他担任清朝驻朝鲜总理交涉通商事宜专员，成为清政府在朝鲜的最高代表，办理中朝交涉事务。甲午战争爆发前，朝鲜已成危境，恐惧不安的袁世凯 8 天之内连发 6 个电报，终于及时离开，前往北京在军务处当差。有了在军中的经验和独当一面处理外交事务的历练，袁世凯开始膨胀出更大的野心。

---

① 转引自来新夏等《北洋军阀史》，南开大学出版社，2000，第 95~97 页。

图3-11　袁世凯像

1894年12月，清军在朝鲜溃败，举国皆曰练兵，袁世凯认为这是一个大好的掌握军权的机会。善于钻营的他连发几封电报给李鸿章跟前的红人盛宣怀，请求他在李面前举荐自己，并许诺说"必有以报"。之后，他又给总督刘坤一、张之洞，军机大臣李鸿藻等实权人物写信，谈自己对甲午之战清军战败的看法，谈自己对军事改革的设想，把自己包装成一个精通军事的年轻专家。但实际上，他不过是在复述汉纳根等人原有的意见。尤其在袁世凯小站练兵的计划书中，我们不难找到汉纳根建议的影子。

1895年10月，由恭亲王、庆亲王同军机大臣李鸿藻、翁同龢、荣禄、长麟等，联名奏请保荐袁世凯编练新军，继续完成汉纳根和胡燏芬的任务。① 有了权臣的保举，光绪皇帝很快便批准了对袁世凯的任命。他志得意满地到小站接办北洋新军去了。1895 年 12 月袁世凯正式接管新军，他在汉纳根原来设计的步兵、炮兵、骑兵和工兵的建制基础上，对定武军进行了扩编，将胡燏芬招募的 4750 人扩充为 7300 人，正式定名为"新建陆军"。他续聘洋员 13 人（主要为德籍军官），使他们各司其职，并全部使用汉纳根离开之前订购的新式军械，大大增强了军队的战斗力。这些举措为日后北洋军阀集团的崛起奠定了基础。

这支军队仿照德国陆军建制，具有步、骑、炮、工等多个兵种，严格选募、训练士兵，有严明的军纪和突出的作战能力。它的军官由军事学堂出身，具有当代军事知识；还有很多军官被选送到国外培养，其中到德国考察学习军事、谙熟德国兵制的段祺瑞，"为当时所推许军事学第一"，最受袁世凯的青睐，凡"教练新军之事，一以委诸"。② 这说明，袁世凯练军延续了汉纳根最初的主要设想，几乎完全按照德国陆军的建制和训练方法来打造北洋新军，遵循的是师法德国陆军的中国近代军事改革既定方针。这支经过比较严格训练和管理的新式军队，成为中国近代新式陆军的肇始。

不过，在表面的效法之外，骨子里这支军队仍然是一支建立在对统帅个人忠诚和依附关系基础之上的军队。袁世凯从一开始就把北洋新军作为自己日后独掌大权的资本，为此他百般笼络军心、控制属下，凡是他认为可以为己所用的人就提升军

---

① 来新夏等：《北洋军阀史》，南开大学出版社，2000，第 100~105 页。
② 转引自来新夏等《北洋军阀史》，南开大学出版社，2000，第 110 页。

图 3 - 12 北洋军训练情况

职加以金钱收买，使北洋新军同以前的湘军、淮军一样，成为一支"兵为将有"的个人武装，完全与汉纳根的建军思想背道而驰。

小站练兵是中国近代军事改革过程中最重要的一个节点，是中国近代社会努力发展国防，力图在军事上适应近代战争需要的重要措施。在中国近代史上，小站练兵是极为重要的一页，它的直接后果是建立起一支近代化军队并导致了北洋军阀的出现。由小站走出了四位总统、一位临时执政和九位总理，他们所领导的北洋政府和北洋军阀，是民国成立后一个重要的政治军事集团，在中国近代史上产生了很大的影响。

小站练兵的产生与此前几十年来中国饱受列强的侵略密切相关，是清政府在军事上御侮强国的努力，但中国近代的军事改革却离不开来自西方的武器装备和大批洋教官。尤其是后者的参与，使中国得以采用当时国际上先进的军队建制和训练方法，帮助中国军队完成了从传统向近代的过渡。汉纳根不仅是这些洋教官当中的一员，而且还是小站练兵模式的创议者。尽管他不久后离开了小站，但是这并没有改变清政府乃至后来的民国政府以德国陆军为榜样进行军事改革的既定方针。

师法德国陆军的既定方针

汉纳根于 1879 年首次来华时，是受聘为总督李鸿章及其手下将领提供军事方面建议的顾问。此前，李鸿章明确要求其德籍顾问德璀琳，招聘一位拥有中士以上军衔的德国军官。李鸿章如此要求，是由于他了解到普鲁士陆军在三次普法战争中打败欧洲强国法国、促进德国统一的过程中所发挥的重要作用。不仅如此，统一后的德国出现了令人惊异的经济腾飞，迅速迈入世界强国之列，这使它成为中国、日本等落后国家的榜样。日本在法制、学术、教育、军事等各方面师法德国，而中国则更加推崇德国的陆军和军火，在其暴露出帝国主义本来面目之前，它成为中国洋务派在军事改革方面效仿的对象。李鸿章希望自己的军队能够师法当时世界上陆军最强大的德国，借鉴其训练方式，并得到德国比较先进而又价廉的武器装备。这正是汉纳根第一次来华的背景。

而且，当时的德国驻华公使巴兰德（M. von Brandt）曾经信誓旦旦地保证说："德国距华较远，既无边界毗连，又无传教及贩卖洋药等事，可与中国永远实心和好。"他还主动提出要帮助中国发展军事，"将来若欲派人赴泰西学习船政军政，他国纵有恪啬，德国必当尽心帮助"①。在德国人看来，一个致

---

① 《李鸿章全集（奏稿）》，时代文艺出版社，1998，第 1100 页。

力于军事现代化的中国，是其军火和其他工业产品的潜在的巨大市场。汉纳根来到中国时，就明确希望一方面能为李鸿章训练军队，另一方面促使李向德国采购军火从而获取巨额回扣。

汉纳根向朝廷上书建议采用西法编练新军后，中国基本上完全确立了以德国陆军为榜样训练新式军队的方针。他虽然很快便离开了胡燏芬的"定武军"，仍有德国人瑞乃尔（Schnell）等继续留任，帮助训练军队。此后，袁世凯接替胡燏芬训练北洋新军，"专仿德国章程"，并通过中国驻德国大使和德国外交部出重金礼聘所需洋员，后选定以德国人为主的13名洋员担任教习，而且还为军官们设立了一所德语培训学校。同时，张之洞在江南编练"自强军"，聘请德国军官多达35人，这些军官不仅担任训练教官，且掌协（相当于旅）、营、哨（相当于连队）三级指挥实权，也部分地实现了汉纳根最初由洋员领兵操练并指挥新军的构想。

中国近代的军事改革以师法德国陆军为既定方针，这不仅在后来的北洋军阀中得到继承，而且一直延续到二战之前。从1928年到1938年，蒋介石政府同德国关系的密切程度超过了任何一个西方列强。德国人不仅帮助蒋介石改组了军队，还充当了蒋介石的政治和经济顾问。许多从德国考察和留学回来的人相继在国民政府内担任要职，如曾任教育部部长的蔡元培、交通部部长的朱家骅、外交部部长的王宠惠，甚至蒋介石的次子蒋纬国。他们都或多或少将德国在工业、教育、社会等方面的经验带回中国，使德国在诸多方面充当了教员和榜样。

第四章 德璀琳、汉纳根与中国近代邮电、铁路事业

第一节 德璀琳与中国近代邮电事业

海关开办邮政业务

中国的交通邮政事业在古代即已相当发达。秦始皇统一中国后，在全国设有四通八达的驿站。但是驿站主要是为了传递官方文书的，并不用于民间的信件传递。从明朝开始，随着商业的发展，才有了专门为商民寄递信件的民办信局。有些民信局在上海设总局，在其他商埠设分局和代办所，一般从宁波沿海到内地，最远的达东三省、陕西、甘肃、新疆等地，有的营业范围还远达南洋。它们不仅代商民送信，还负责办理汇寄款项和包裹。① 然而这种民办的信局并不能完全满足人们的生活需要。"故民人之书札往来，则必托友朋、或信局、或专足方能投达，每每一函屡月方达者有之，失误遗延者有之，或一函

---

① 中国近代经济史资料丛刊编辑委员会：《中国海关与邮政》，中华书局，1983，第 1 页。

而费至数十金之专足者有之，间有急要之事而书函为信局所延误者亦有之，均以无邮便之利，莫可如何也。"①

近代中国被迫开放通商口岸后，外国侨民大批涌入，他们之间以及他们同各自国家的通信联络，既不能通过中国官方的驿站也不能通过民间的信局，于是纷纷自行设立邮政机关，各自为政，这无疑侵犯了中国的主权。第一次鸦片战争之后，英国根据所签订的《五口通商章程》，在开放通商的口岸设立了邮局，称为"客局"，其他列强也纷纷效仿。第二次鸦片战争后签订的《天津条约》中第四款规定"大英钦差大臣并各随员等皆可任便往来收发信件，行装囊箱，不得有人擅行启拆，由沿海无论何处皆可送文，专差同大清驿站差使一律保安照料"②，其他列强与中国签订的条约也有类似条款。这不但把列强侵犯中国主权的行为合法化，还要求清政府担负保护这些邮递业务的责任。后来，因办理不便，改由总理衙门令驿站代寄各国使领馆的公文。总税务司进京办公后，又改为由总税务司代办寄递外国文件。

列强侵犯中国主权的行为，即令在华外国人亦觉得过分。1877 年 1 月，日本政府指派美国旗昌公司（Russell & Co.）为日本在汉口的邮政代办。九江海关税务司葛显礼（H. C. J. Kopsch）向总税务司赫德呈文指出，日本在中国内地设立邮政局运送中国邮件到外国去是一种不合理的特权，"中国为了维持自己的体面起见"，也应当开办邮政，而不是让别的国家自行设立邮政机

---

① 天津市档案馆、天津海关：《津海关秘档解译——天津近代历史记录》，中国海关出版社，2006，第 21 页。

② 王铁崖：《中外旧约章汇编》，生活·新知·读书三联书店，1982，第 97 ~ 198 页。

构。他还指出，由于相继开放了许多通商口岸，"对于一个寄费低廉、稳妥、经常的传递信件的工具，就感觉有了需要，这种需要从各口岸都设立了许多民信局这个事实就可以看出来了"，所以，"开办邮政是对于人们的好事，也是国家收入的一个来源"。① 他还向赫德提交了一份草拟的海关试办邮政的方案。

事实上，在此之前，海关自1866年开始已自行开办了邮政业务。1867年赫德还颁发了一份《邮政通告》，详细规定了北京与天津、上海等处海关之间邮件往来以及欧美邮轮带来天津的邮件送往北京的时间及邮资等。到1877年为止，经过10年多的运作，海关内部的邮政体系已基本确立，章程制度也基本成形。前面曾提到，总理衙门及李鸿章等清政府官员与驻外人员以及李鸿章与赫德之间的联络完全依靠海关的邮政通信系统；所以，总理衙门和北洋大臣等具体经办洋务的清政府官员对于西方现代邮政制度已有所了解，甚至开始就此进行讨论了。②

另外，1872年李鸿章主持在上海建立了中国第一个官督商办企业——轮船招商局。由于政府给予的帮助，5年之后，轮船招商局的船只已经常行驶于沿海沿江的各个口岸，因此可以由轮船招商局免费代运邮件。此时，在中国模仿西方建立近代邮政的各项条件已基本具备。

德璀琳是创办中国近代邮政的最佳人选

1877年，赫德向清政府建议设立官办信局。于是，总理

---

① 中国近代经济史资料丛刊编辑委员会：《中国海关与邮政》，中华书局，1983，第2~3页。
② 中国近代经济史资料丛刊编辑委员会：《中国海关与邮政》，中华书局，1983，第1~3页。

衙门与直隶总督兼北洋大臣李鸿章商议，在通商口岸及就近地方设立送信官局，由总税务司管理。

此时恰值李鸿章与英国公使威妥玛（Thomas Wade）在烟台进行修约谈判。1875 年，英国利用马嘉理事件要求修订《天津条约》，以扫清资本主义在中国发展的障碍，开放更多的港口。总理衙门与威妥玛在北京的谈判破裂后，于翌年 8 月开始，李鸿章奉命在烟台继续谈判。赫德与他的海关随员作为顾问参与了此项谈判。在谈判过程中，赫德借机怂恿总理衙门委派自己通知威妥玛，"邮政如亦载入该条约范围之内，总理衙门即可核准而创办全国邮政"[1]，作为修约中中方让步的条件之一。可惜，这项提议最终没有成功。虽然邮政一事未能列入《烟台条约》，但是关于开设官办信局一事，还是得到了李鸿章的大力支持。

李鸿章主持洋务运动以来，深知通信在政治、军事、外交、商务等近代社会方方面面的重要性。为此，他积极向总理衙门建议，由赫德主持，先以天津为中心在北方几处海关试办邮政。因德璀琳在烟台谈判中表现出众，得到李鸿章的赏识，他被赫德调到李鸿章身边任津海关税务司，所以试办中国近代邮政这一历史性任务就落到德璀琳的肩上。

在中国创办邮政机构无疑是一项非常有诱惑力的事业，海关中除了赫德，还有不少洋员都跃跃欲试，争取主持邮政这项新业务——它很有可能发展成为另一个海关式的机构，谁不想让自己的仕途更上一层楼，成为比肩总税务司赫德的总邮政司

---

[1] 天津市邮政局、天津市档案馆：《天津邮政史料》第 2 辑，北京航空航天大学出版社，1989，第 2 页。

呢?！得知清政府让海关试办邮政的消息后，不仅最早创议的葛显礼开始积极设法筹划一个西式的邮政系统；就连远在英国的金登干也向赫德提出，"如果您打算把邮政制度引进中国的话，我坚决认为，您应该找一位富有全面实践经验的人"①。鉴于金登干本人曾在英国邮政部门工作，他这里所指的"富有全面实践经验的人"，显然就是他自己。金登干还向赫德汇报说，另一名德籍税务司康发达（F. Kleinwachter）回国休假时，打算留在柏林，"研究德国的邮政体制，以便请求李鸿章让他任职于邮政机构"②。

　　海关中这么多的洋员在竞争主持邮政这项业务，赫德最终没有选择最先创议的葛显礼，也没有指定自己的亲信金登干，而是选择了德璀琳，这自然是他深思熟虑的结果。邮政必须首先在京津沪试办，是因为海关已在这些地方经办海关及驻京使领馆的邮务10余年，有需要且有基础；而在北方试办邮政必须有掌握地方实权的身任直隶总督兼北洋大臣的李鸿章支持，才能得到所需的一切便利条件。德璀琳不仅富有才干且善于与中国官场人物打交道，能够得到中国最有权势的大人物之一——李鸿章的赏识和信任更是首要保证。无疑，德璀琳是办理此事的最佳人选。

　　这样，德璀琳在海关众多洋员中脱颖而出，由赫德委派，在李鸿章的支持下，开始在北京、天津、烟台、牛庄（营口）、上海五处海关试办邮政。

----

　　①　陈霞飞：《中国海关密档——赫德、金登干函电汇编（1874—1907）》第1卷，中华书局，1990，第535～536页。
　　②　陈霞飞：《中国海关密档——赫德、金登干函电汇编（1874—1907）》第2卷，中华书局，1990，第2～3页。

中国第一套邮票——大龙邮票

创办邮政，首先要解决邮资付费问题。德璀琳决定仿照西方现代邮政制度，印制中国自己的邮票。邮票由一个国家或地区的邮政机关发行，作为交寄邮件的缴费标志，它也是一个国家或地区主权的象征，因此在中国印制发行邮票意义重大。

1840 年 4 月，英国人罗兰·希尔（Rowland Hill）获得国会授权印制了第一批邮票，因为其面值一便士且用黑色油墨印刷，所以收藏家称之为"黑便士"，这是世界上第一枚邮票。在首枚邮票诞生后不久，其他国家也开始跟着使用起邮票来。1841 年和 1842 年在美国出现了邮票，1843 年巴西也发行了自己的第一套邮票，同年瑞士苏黎世州发行地方邮票，之后法国、德国的各个城邦和王国以及奥地利也都先后发行了各自的邮票。

德璀琳于 1877 年 12 月正式就任津海关税务司。此前在烟台，他就已经开始筹划如何以天津为中心试办邮政业务了。他向赫德提议，仿照欧美诸国已实行 30 余年的邮政服务付费制度，印制邮票以简化收费结算手续，方便寄递业务。但是，他最初设计的邮票图案被赫德否定。1877 年 5 月，他转求伦敦的金登干给予帮助，在英国寻找公司设计邮票。① 金登干推荐了专门从事邮票设计的德·拉·律公司（De La Rue）。德·拉·律公司提供了一套四种邮票的设计方案。德璀琳征得赫德同意后，发函给金登干，想立即在英国由该公司印制邮票，但为金

① 陈霞飞：《中国海关密档——赫德、金登干函电汇编（1874—1907）》第 1 卷，中华书局，1990，第 535~536 页。

登干所阻。①

为何德璀琳设计印制邮票的计划几次三番受到阻挠呢？原来，看到德璀琳如此富于成效的工作，本想将邮政业务牢牢掌控在自己手中的赫德，感到有可能丧失控制权，再加上他看到李鸿章对德璀琳的欣赏和支持，所以不得不对德璀琳的工作加以拖延。他写信给金登干说，"我不想仓促地听从德璀琳过于乐观的主张。一定要首先站稳我的脚跟，然后再推进这项业务"②。信中在"我"字下加的那个着重号，意思再明确不过了，就是一定要把创办中的中国邮政如同海关业务一样，控制在赫德个人的手中。

本来，德璀琳认为在英国设计印制邮票比较稳妥，毕竟英国已经有比较成熟的邮政体系。然而，由于赫德和金登干的阻挠和拖延，为了不延误邮政业务的开办，德璀琳只得于1878年6月请求上海海关造册处设计和印制了中国第一套邮票，这套邮票后来被称为"大龙邮票"或"海关大龙邮票"，有一分银、三分银、五分银三种面值。1883年，津海关又发行了一套相同图案的新邮票，因主图较小，称为"小龙邮票"，俗称"海关小龙"。自1878年至1883年大龙邮票和小龙邮票共印行了三期，首批各面值每种10万枚。③

究竟是谁——中国人还是海关的洋员——设计了大龙邮票？关于这个问题至今仍为中国邮政史上的一大悬案。对于设

---

① 陈霞飞：《中国海关密档——赫德、金登干函电汇编（1874—1907）》第2卷，中华书局，1990，第4~5页。

② 陈霞飞：《中国海关密档——赫德、金登干函电汇编（1874—1907）》第1卷，中华书局，1990，第621页。

③ 中国近代经济史资料丛刊编辑委员会：《中国海关与邮政》，中华书局，1983，第13页。

图 4 – 1　大龙邮票

图 4 – 2　小龙邮票

计者主要有三种猜测：一是上海海关造册处的德籍职员费拉尔，从 1894 年发行的慈禧万寿邮票，到以后发行的加盖改值票、蟠龙邮票以及邮资明信片等，几乎全由他一人主持，同时他还为上海、镇江等地的商埠邮政机构设计、印制过邮票；二是曾为德璀琳下属的上海海关美籍职员马士；三是某位来自中国的艺术家。

关于第一种猜测，已基本被否定，因为费拉尔是于 1892 年 9 月经葛显礼介绍进入上海海关的，距离大龙邮票的发行已逾 14 年，所以不可能是他设计了大龙邮票。第二种猜测业已经马士本人否定，在 1929 年 7 月 25 日给友人的一封信中，他指出有人说首次发行的中国邮票的设计出自他手中，这是一个误会。关于第三种猜测，主要是认为大龙邮票的设计图案具浓郁的中国气息，而且邮票上中文写得很漂亮，而英文和阿拉伯数字则相对显得笨拙。不过，镌制铜版不等于设计图案，这并不能肯定地说明设计者就是中国人。

笔者更倾向于邮票的设计者是外国人，原因有三。首先，创办邮政、设计发行中国第一套邮票是总税务司赫德非常重视的一件事，也是海关中众多洋员孜孜以求的荣耀，所以设计邮票这种大事是不可能交予某个中国人去做的。而以清皇室的象征——云龙作为邮票的主要图案，再找中国匠人绘图制版并非难事，所以设计者并不需要非得是中国人。其次，从邮票的图案设计来看，设计者并不十分了解中国传统文化。例如，图中宝塔被绘成六层，而佛教的宝塔，层级都取单数，从七级浮屠到十三层宝塔，从来没有双数的。此外，大龙邮票最初设计的颜色，一分票为绿色，三分票和五分票均为蓝色，后来根据德璀琳的建议，五分票使用黄色，三分票使用红色，而不要选用在中国被视作表示哀悼的蓝色。[①] 这些都说明邮票设计者极有可能是在华生活工作的外国人，要么是海关中的洋员，要么是与海关洋员有关系的其他外国人。

海关书信馆与拓展陆海邮路

德璀琳试办海关邮政，主要是在海关书信馆的原有基础

---

① 天津市邮政局、天津市档案馆：《天津邮政史料》第 2 辑，北京航空航天大学出版社，1989，第 202～203、207 页。

上，同时又新开辟了海陆多条邮路。海关原设有专门的邮务处，也称海关书信馆，以前除了寄递各口税务司之间的邮件以及使馆往来的文件，还兼办各通商口岸外侨的外文信件。德璀琳受命试办邮政，首先就是在天津把海关书信馆对中外公众开放。

海关书信馆于 1878 年 3 月 23 日对公众开放，收寄一般民众邮件，不论中文或外文，一律接收。[①] 津海关书信馆设在英租界，起初主要仍为外侨所使用，中国人还不习惯，"民间用之者尚鲜"。李鸿章也于当年函告赫德说，"迨德税司天津信局开后，察看民间各局似照常开设，固无妨碍"。[②] 不久，天津的大昌商行向德璀琳申请，承包在北京、天津、北方各通商口岸和上海的邮递工作。德璀琳急于"把中国人的邮件运送事务抓到手里"，于是同意了大昌商行的申请，由其在北京、牛庄、天津、烟台和上海开办邮务代理机构，命名为华洋书信馆。开办费用和经费由其自行支付，邮费由其自行规定以与其他民信局竞争，它收到的邮件则由海关连同海关邮件通过轮船或信差免费运送。[③] 为了加强监督，开办之初，德璀琳曾三次视察该馆并且事先并未通知，结果令人满意。

海关书信馆除了对公众开放，还承接了津海关与北京总税务司署之间的书信往来寄送业务。1878 年 3 月德璀琳在天津与北京之间开办了骑差邮路，这项业务德璀琳交给中国人胡永

①　中国近代经济史资料丛刊编辑委员会：《中国海关与邮政》，中华书局，1983，第 10 页。

②　转引自天津市邮政局、天津市档案馆《天津邮政史料》第 2 辑，北京航空航天大学出版社，1989，第 156~157 页。

③　中国近代经济史资料丛刊编辑委员会：《中国海关与邮政》，中华书局，1983，第 8~10 页。

安承办。合同规定每日由天津和北京发送邮件各一次，限 12
小时以内到达，每月付给承办人运费银 110 两。但试行 2 个月
后，效果并不理想，都超过了规定的 12 小时，有的甚至要用
大约 30 小时。为了查明原因，德璀琳还亲自骑马试验过一次，
认为如果采用中继站的办法，可以做到 12 小时内跑完全程。
但限于经费问题，此办法未能加以完善。

图 4 - 3 天津租界内的大清邮政津局

　　除了京津陆上邮路的开辟，德璀琳还获得李鸿章支持，委
托轮船招商局和太古轮船公司的船只免费代运邮件。德璀琳在
1878 年 6 月 7 日给赫德的报告中说，李鸿章命令北洋水师各
军舰管带将军舰准备离港的时间通知牛庄和天津的海关税务

图 4 - 4　明信片上的大清邮政津局

司，以便海关能利用机会托带邮件。① 虽然从国防安全的角度来说，这样做不利于保护军事机密，但为了支持海关邮政，北洋水师还是承担了一部分海路邮运的任务，在冬季封冻前为海关免费带运邮件。② 同时，德璀琳在李鸿章支持下与轮船招商局的经理唐廷枢议妥，该局同意免费带运海关封发的邮件。唐廷枢还下令该局所有代理人与各通商口岸的税务司合作，尽力给予协助。德璀琳还征得太古轮船公司的同意，按照与轮船招商局议定的办法代运海关邮件。③ 这样就充分利用现有资源降

---

① 中国近代经济史资料丛刊编辑委员会：《中国海关与邮政》，中华书局，1983，第 5 ~ 8 页。

② 天津市邮政局、天津市档案馆：《天津邮政史料》第 2 辑，北京航空航天大学出版社，1989，第 301 页。

③ 中国近代经济史资料丛刊编辑委员会：《中国海关与邮政》，中华书局，1983，第 8 ~ 10 页；天津市邮政局、天津市档案馆：《天津邮政史料》第 2 辑，北京航空航天大学出版社，1989，第 209 ~ 211 页。

低了运营成本，有利于与当时已有的各国客局和民办信局竞争，同时也为海关书信馆节省了大量经费。

在北方冬季封冻期间，德璀琳又开辟了两条陆上邮路。由于气候条件，在冬季渤海沿岸以及津海关至大沽之间的海河封河后（约12月10日后），北方的海路邮运中断。原先，每年这个时期，英、法等国的邮轮到达上海后，将邮件经陆路发运到镇江海关，然后由镇江陆上邮差转发北京总税务司署。现在，德璀琳要求烟台海关税务司辛盛（C. L. Simpson）和牛庄海关税务司休士（Hughes）指示其下属海关书信馆新开辟两条天津—山海关—牛庄和牛庄—小平岛—烟台的陆上邮路，以便往来于天津和镇江的信差交换邮件。①

为了邮政业务的顺利开展，德璀琳还与上海、牛庄、烟台等地的税务司和北京总税务司署以及上海工部局之间进行密切联络，协调各地海关书信馆的业务。在试办海关书信馆的初期，德璀琳与以上地方的税务司频繁进行公文和函件联系，将自己的工作进程报告给他们，使他们能及时安排各口岸的邮政工作。②

在德璀琳坚持不懈的努力之下，海关邮政初见成效。海关书信馆对公众开放一年零三个月后，仅津海关书信馆即收到来自北京、牛庄、烟台、上海和镇江的邮件共1028袋（每袋约重1.5公斤），发寄以上各地邮件共1396袋。津海关售出邮票418.39两（关平银），各地总共售出邮票1986.67两，③ 试办

---

① 天津市邮政局、天津市档案馆：《天津邮政史料》第2辑，北京航空航天大学出版社，1989，第218~233页。

② 天津市邮政局、天津市档案馆：《天津邮政史料》第2辑，北京航空航天大学出版社，1989，第186~326页。

③ 中国近代经济史资料丛刊编辑委员会：《中国海关与邮政》，中华书局，1983，第10~15页。

期间没有发生过任何丢失邮件的事故。赫德原来指派了一名副税务司协助德璀琳试办邮务的工作，但这名副税务司很快又被调走。① 所以，实际上几乎全部试办邮务的工作都是由德璀琳一人完成的。

由于德璀琳的出色工作，1879 年 12 月，即海关书信馆对公众开放一年零九个月之后，赫德向各地海关发出通令，称"1878 年春季海关在北方各口岸和北京试办的邮递事务，现决定继续办理，并逐渐向其他口岸推广"。并且，通令中将负责邮政推广的总办事处暂设在天津，指派德璀琳负责管理各关邮递业务，要求各关税务司对德璀琳关于邮递业务的指示予以遵照执行，还要求各关对于邮递业务要尽力予以推广。②

这之后，德璀琳于 1879 年冬季新建了四条陆上邮路：天津—北京线、天津—牛庄线、天津—镇江线和齐河—烟台线。其中前三条线路由津海关听差胡永安负责管理（胡永安曾在 1878 年办理天津—北京骑差邮路，因而获得经验）。在德璀琳的监督下，由胡永安以总信差的身份，负责选择、雇用所有信差。这些信差全是天津人，都有保人，并且大多数在民办信局工作过五年以上。后一条线路由烟台税务司负责雇用。不过，由于尚未找到收寄中国人邮件的有效办法，各海关书信馆的收入来源还只限于外国人。③

---

① 中国近代经济史资料丛刊编辑委员会：《中国海关与邮政》，中华书局，1983，第 8～10 页。

② 中国近代经济史资料丛刊编辑委员会：《中国海关与邮政》，中华书局，1983，第 15 页。

③ 中国近代经济史资料丛刊编辑委员会：《中国海关与邮政》，中华书局，1983，第 15～20 页。

"拿破仑翻越阿尔卑斯山时的气魄"

在创办中国近代邮政的过程中，德璀琳遇到了很多阻力和挫折。比如，在海关方面，有赫德 1878 年回欧洲度假所造成的拖延、缺乏足够的经费和训练有素的办事人员等；在顾客方面，有时会遇到刁蛮的客户，他们不肯交付邮费或在邮件上贴足邮票；在环境方面，不仅有冬季沿海的封冻，还有陆上一些地方常有土匪出没抢劫邮差。由于赫德没有授权德璀琳去各地海关视察统筹邮务工作的权力，海关里的一些税务司并不支持邮政工作，再加上中国一些地方政府的反对，因此德璀琳认为各地的邮务发展情况还不能令人满意。[1] 特别是海关信差和邮件在山东被扣一事，这是德璀琳在试办邮政期间遇到的最大挫折。

1878 年 12 月，由华洋书信馆承办的天津—镇江冬季陆上邮路开辟后，由于山东巡抚对李鸿章没有把开办陆路邮运一事事先通知他而感到十分气恼，决心阻挠陆上邮路的建立，结果不仅邮路上的邮差被扣押和驱散，邮件也被扣留。后来，虽经总理衙门和李鸿章干预，[2] 散失的邮件在德州被找到并放行，但是由华洋书信馆承办的从天津至镇江的陆路邮运合同被迫中止，陆路邮运失败，[3] 德璀琳也因此遭到各方面一连串的指责。

对于可能遇到的各种困难和挫折，德璀琳早有思想准备，"若想找到前进的勇气，必须想到拿破仑去麦伦加的途中翻越

---

① 天津市邮政局、天津市档案馆：《天津邮政史料》第 2 辑，北京航空航天大学出版社，1989，第 222～272 页。

② 天津市档案馆、天津海关：《津海关秘档解译——天津近代历史记录》，中国海关出版社，2006，第 5～10、10～11 页。

③ 天津市邮政局、天津市档案馆：《天津邮政史料》第 2 辑，北京航空航天大学出版社，1989，第 252～260 页。

阿尔卑斯山时的气魄"①。从一开始接办邮政业务，他就坚信，尽管有人反对邮务计划，但"如果我们保持冷静，不断地认真进行工作，这种谩骂和捏造不久就会消逝下去，而我们要建立的机构终于会建立起来的"②。不过，德璀琳当时并没有意识到，真正的困难和阻力其实来自自己的顶头上司——不愿被下属夺去权力和荣耀的赫德。

为了扩大海关邮政的影响以承揽更多的邮政业务，德璀琳于1880年向赫德提出以下建议：第一，指示各关税务司提高各海关书信馆的工作效率，做到"能接收、分发和转运寄往任何中国通商口岸、北京和外国的普通邮件"；第二，指示并授权江海关税务司接收上海公共租界的工部局邮局或在江海关成立一个邮务机构；第三，授权自己在天津总督衙门、北京各公使馆和总税务司署附近开办海关书信馆分馆；第四，断绝与华洋书信馆的一切联系；第五，将海关书信馆的华文名称定为海关拔驷达书信馆（即英文邮局 post 的译音），同等对待中国人和外国人的邮件；第六，授权自己同设立在中国的外国邮局谈判，进行业务合作；第七，授权自己同在中国各通商口岸之间和香港有定期轮船航行的轮船公司谈判，鼓励它们带运海关书信馆的邮件；第八，授权自己请伦敦办事处按照1877年赫德批准的图样在伦敦定制邮票；第九，要求给予办理邮政事务的税务司一定的经费。③

---

① 天津市邮政局、天津市档案馆：《天津邮政史料》第2辑，北京航空航天大学出版社，1989，第223页。

② 中国近代经济史资料丛刊编辑委员会：《中国海关与邮政》，中华书局，1983，第8～10页。

③ 中国近代经济史资料丛刊编辑委员会：《中国海关与邮政》，中华书局，1983，第20～22页。

上述各项建议对于海关邮政的发展无疑具有积极意义，并且作为负责推广海关邮政的具体经办人，确实必须拥有一定的事权和财权以利于开展活动。但是，这些合理的要求在赫德看来却无疑是德璀琳在和自己争权并扩大其个人在华影响力的举动，这是赫德所绝不能容忍的。所以他当然不会采纳来自德璀琳的任何建议。尽管赫德口口声声说，"我所希望的不过是看到中国办好邮政，我根本不想把它掌握在我手里"，但是他也绝不愿意看到德璀琳被任命为"邮电总办"。① 于是，赫德利用德璀琳供职中国海关之后的第二次休假到来的机会，让德璀琳回国休假，交出所负责的总办海关邮政的权力。赫德此举，令德璀琳既恼怒又无可奈何。在回国的路上，他甚至一度"垂头丧气"，但是很快他又振作起来，准备在德国考察邮政业务并详细研究德国的邮政制度，以图他日东山再起。②

此后很久，赫德对邮政业务的发展并未给予积极支持，邮政因此处于因循苟且、停滞不前的状态，直到 1897 年 1 月 1 日，中国邮政正式统归海关总税务司掌管，邮政才又获得赫德的积极推动，面目为之一新。

总结德璀琳创办中国近代邮政的功过，我们可以看到，中国近代邮政事业的创办符合时代发展的需要，它不仅方便了中国国内的通信往来，而且增强了中国与世界的信息往来，是中国引进西方先进制度走向现代化的又一项重大进步。而且，中国邮政创办并发展壮大后，同海关一样，成为清政府财政收入

---

① 陈霞飞：《中国海关密档——赫德、金登干函电汇编（1874—1907）》第 2 卷，中华书局，1990，第 607~609 页。

② 陈霞飞：《中国海关密档——赫德、金登干函电汇编（1874—1907）》第 3 卷，中华书局，1992，第 69、108~109 页。

的一项重要来源。近代邮政事业是由德璀琳一手创办起来的，在这一过程中，充分体现了德璀琳卓越的组织策划才能，更体现了他对中国国情、民情的了解和对中国文化的适应。赫德自己也不得不承认，"三十年来海关试办邮递事务的成功，主要应当归功于开办骑差邮路和制定办法的税务司德璀琳"[①]。

然而，不可回避的是，随着邮政事业的发展，外国势力进一步渗透进而控制了清政府的财政。而且，德璀琳在创办海关邮政的过程中，一方面极力打压中国的民办信局，争夺它们的业务；另一方面却努力与外国的客局进行密切合作，这充分暴露了他作为外国势力在华代言人的本来面目。德璀琳与赫德对于中国邮政控制权的争夺，与二人在其他方面的争夺一样，都是为了个人和各自国家的利益而展开的争斗。这一次，赫德倚仗自己的权力地位又获得了胜利。

第二节 德璀琳、汉纳根与电报电话

德璀琳与中国电报

德璀琳在1880年津海关的年度报告总论中汇报，"本年之大事则系帝国政府议定在上海、镇江、南京与天津之间架设电报线"。这条由天津到上海的电报线路，委托丹麦大北电报公司沿运河路堤架设，于隔年12月24日建成开通并正式对外营业。与此同时，电报学堂也已开办，招收了许多中国少年学习

---

① 中国近代经济史资料丛刊编辑委员会：《中国海关与邮政》，中华书局，1983，第79页。

收发电报的基本原理。德璀琳虽然审慎地评价说："对于帝国政府兴办此事之意义不可评价过高。"并且，电报线尚未延伸至京师，即尚未得到清朝中央政府的最终肯定，然而德璀琳还是禁不住热心地期待一片光明的前景："当一条电报线逾越京华之巍巍城垣以后，电报之于中国，犹他国然，终必莫之能御；在本世纪结束之前，电报网自必遍布帝国。"①

清政府中的顽固派本来很讨厌架设电线，他们认为架设电线会损坏土地的元气，而落在坟地的电线杆的影子会玷污祖先之灵。因此，虽然早在 1865 年，俄国人曾建议架设从天津至恰克图的电报线，以连通欧洲至恰克图的电报线路，但是被清政府拒绝了。② 不过，李鸿章等洋务派官员经办洋务活动及北洋军务多年，深知通信对于商务发展和国防安全的重要性。特别是当他升任直隶总督兼北洋大臣、移驻天津后，日常需要处理大量军事、外交等事务，书信往来频繁，而驿递迟缓，容易贻误事机。在李鸿章筹办北洋水师时，早期曾通过赫德等人购买英国船舰，其间也必得通过德璀琳和赫德向欧洲发电报联系，甚至与清政府驻外使节进行通信往来时，也须经海关的转达，几乎毫无国家机密可言。因此，李鸿章深刻认识到建设中国自己的电报线路的必要性。加之，作为津海关税务司，德璀琳出于促进天津港的商业发展的目的，也一直极力向李鸿章鼓吹电报的重要性。这样，李鸿章于 1877 年，尝试在自己的总督衙门至天津机器局架设电报线，并收发电报成功。同年，福

---

① 天津社会科学院历史所、天津市档案馆：《津海关年报档案汇编（1865—1911 年）》上册，内部发行，1993，第 200～201 页。

② 〔日〕中国驻屯军司令部：《二十世纪初的天津概况》，侯振彤译，天津市地方史志编修委员会总编辑室内部发行，1986，第 44～45 页。

建巡抚丁日昌亦在台湾试行修建电报线。

　1879 年，李鸿章将试验线路延伸，以总督衙门为起点，经天津东机器局及紫竹林法租界内的中国轮船招商局，至大沽炮台及北塘兵营，建成中国第一条军用电报线，确保了直隶总督府与北洋海防前线的通信畅通。这也是中国电信的肇始，有了这次试验的成功，才有 1880 年清政府议定架设天津至上海的电报线，这件具有创始意义的洋务又落在了李鸿章的肩头。同年 9 月，他在天津成立中国电报总局，派主管招商局的盛宣怀为总办，指挥全国各地架设电报线的工作，是为中国第一家电报局。[①]

图 4－5　天津电报总局

　1881 年 6 月，李鸿章同丹麦大北电信公司签订了架设电线工程的特殊合约，由中国政府出钱从该公司招聘数名工程师

架设从天津经山东到上海的陆上电报线。工程自该年 6 月 17 日开工，电报总局从天津、上海两端同时动工，于当年 11 月 29 日竣工，历时 5 个多月，线路全长 3075 公里。12 月 24 日，津沪电报正式向公众开放营业，为中国民用电报通信之始。

为了能确保"权自我操"，李鸿章还注意培养中国自己的技术人员，以便在将来替代洋匠。1880 年，直隶总督李鸿章奏请朝廷批准，在天津创办北洋电报学堂，通过大北公司聘请 2 个丹麦人为教习，招募学生学习电报技术。20 年间，该校总共培育出 300 余名毕业生，他们成为中国电信事业的先驱者。1900 年八国联军侵华期间，该校被迫停办。

关于大北公司如何获得这份和约、德璀琳在其中发挥了怎样的作用，虽然没有直接的证据加以证明，但据海关驻英国伦敦办事处的洋员金登干向赫德汇报说，丹麦的大北电报公司的经理曾向金登干打听，是否认识德璀琳以及他在中国的地位等。① 这至少从侧面证实，大北公司要想获得这份合约，是少不了德璀琳穿针引线的。

第一条电报线路开通后，在其发展初期获得了一个"契机"，那就是中法战争的爆发。这次战争使清政府认识到，电报瞬息千里的速度对于战争进程的重要影响，这成为它在全国迅速推进架设电报线路的最大动力。近代史上，我们总是能够看到这样的例子——每一次帝国主义的侵略战争，都迫使清政府不得不在近代化的道路上前进一小步。所以有人说，清末的洋务运动是"被打出来的近代化"，② 亦不为过。

---

① 陈霞飞：《中国海关密档——赫德、金登干函电汇编（1874—1907）》第 3 卷，中华书局，1992，第 108 页。
② 雷颐：《李鸿章与晚清四十年》，山西人民出版社，2008，第 165 页。

此后，中国的电信事业如德璀琳所预期的一样，获得了蓬勃发展。1884 年，电报线路在原来的天津至上海线加以延伸，向北从天津溯北运河沿岸进入京城，向西从镇江府通江宁至汉口，向南从上海经杭州至宁波，并从杭州分线至福州，不久又到达厦门、潮州、九龙、广州和与越南接壤的广西龙州。（1 年之后，根据《中法新约》，这条线路与法国人在越南架设的电报线路相衔接。）此外，还架设了从北京经山海关、牛庄（营口）至旅顺口的线路。（1894 年，这条线路与朝鲜相接。）到 1887 年，北京的电报线一直延伸到西伯利亚的俄国边境上。1893 年，甘肃的电报线延长到伊犁。1895 年，云南的电报线与英属印度相接。① 十数年间，中国境内建立起四通八达的电报网，正好应验了德璀琳的预言。

德璀琳创办天津电话

有了电报事业的开创，电话的发展就顺理成章、相对顺利多了。也是在中法战争期间，德璀琳决定借战争机会进一步推进电话的发展。

电话传入中国时，被称作德律风，是英文名"telephone"的译音。如电报的创设一样，德璀琳先是鼓动李鸿章在自己的行辕做试验。1884 年，李鸿章在天津总督衙门架设了至津海关、北塘、大沽以及另一处衙门保定等处的电话线。这是近代中国人自行架设的最早的长途电话线。当时的报纸报道说："德律风之设，虽数百里不殊面谈。……事为李傅相闻知，亦

---

① 〔日〕中国驻屯军司令部：《二十世纪初的天津概况》，侯振彤译，天津市地方史志编修委员会总编辑室内部发行，1986，第 45～46 页。

饬匠竖杆设线，就督辕接至津海新关等处，文报传递，诸形便捷。随又通至北塘唐元圃统领营中，大沽罗协副戎荣光署内。现又丈量地段，将迤逦接至保定府城矣。"①

图 4-6　电话接线生

电话一事应交中国电报总局负责安设和运营，但购置设备及日后的维护经费则只能由津海关来筹办。作为税务司，德璀琳自是责无旁贷并且是积极主动地协调安排此事的进行。还未曾得到李鸿章的正式批准文件，德璀琳就已迫不及待地跟电报总局交涉，让他们筹备安设电话一事。较真的电报总局未予理睬，要他依行政程式"饬办照会移送敝局，方可详请中堂批准开办"。德璀琳只得按部就班，通过正式途径与电报局总办

① 《申报》1885 年 7 月，转引自王述祖、航鹰《近代中国看天津：百项中国第一》，天津人民出版社，2007，第 81~82 页。

盛宣怀商议，以紫竹林法租界内津海关为起点，经海关在海河边的南货栈、大沽口海神庙的海关办公所，至大沽炮台内海关悬挂旗帜处为止，设置电话线路；所需电话设备由海关直接购置电话设施，其他线杆、线缆、钧碗（即陶瓷绝缘子或绝缘瓷瓶）等辅材则由电报局自行购备；所需技术人员也由电报局派洋匠安设电话线路和设备；所需经费自开办之日起，按年度分四个季度由海关拨付电报局 500 银圆（后又追加关平银 400 两）。①

为了使电话能为天津的贸易发展服务，德璀琳还请电报局将电话线接设到大沽引水公司以及天津的各个洋行。除电话设备由这些公司和洋行自行购备之外，它们还将每年支付一定费用，这样一来，电报局每年也有一笔可观的经费收入。② 从 1884 年农历十一月初四开始运作到第二年农历十月初一他将电话事务完成并移交给电报局，德璀琳用了不到 1 年的时间就全部完备了，可见其工作之高效。

汉纳根与瓶颈线路

义和团运动期间，北京使馆区与天津各国租界之间的交通通信中断，电报线与铁路轨道被义和团团民全部破坏，德璀琳与汉纳根同许多天津的外国侨民一样受困于租界。1900 年 6 月，八国联军在天津登陆后，行伍出身的汉纳根陪同一名德国军官骑马到北京去，准备参加那里解救使馆的战斗。由于通信

---

① 天津市档案馆、天津海关：《津海关秘档解译——天津近代历史记录》，中国海关出版社，2006，第 30～31 页。

② 天津市档案馆、天津海关：《津海关秘档解译——天津近代历史记录》，中国海关出版社，2006，第 32 页。

中断，先期抵达北京的联军统帅部没法与后来陆续赶到的其他
部队联系，因而迫切需要恢复电报通信。

汉纳根自告奋勇地提出由他承担修复天津到北京遭到严重
破坏的电报线，他的建议被接受了。于是，他立即带领奥匈帝
国派到中国的维多利亚海军分队（Victorian Naval Contingent）
的部分士兵骑马回到天津着手这项工作。①

图 4 - 7　八国联军中的奥匈帝国维多利亚海军分队抵达天津

首先是要重新竖立被义和团团民拔掉的电线杆。此时，虽
然义和团已基本被联军镇压，但是零星的动乱依然没有停止。
汉纳根他们冒着很大的风险，仅用了几个星期的时间，就埋好
了电线杆，并准备拉电报线。但是，他们发现无论出多高的价
钱也没法买到绝缘材料。他后来回忆说："我们到处都找不到合
适的绝缘材料，在失望中，我们决定用破啤酒瓶的瓶颈来代替。

---

① 〔英〕雷穆森：《天津租界史（插图本）》，许逸凡、赵地译，天津人民出
版社，2008，第73页。

我们收集或购买了这个地方的所有旧瓶子，几天的工夫就装了好几车。我们很快架好了电线并连通了电报，从那时起一直到很久以后，我们这个临时电报线路都被人们称作'瓶颈线'。"①

汉纳根自己垫资匆忙之间架设起来的这条简陋的电报线，在八国联军入侵并占领京津地区期间发挥了极大的作用，它在这几个月中被使馆用于向国外发送密码电报，以讨论八国之间如何协调行动并如何处置清政府、瓜分中国。汉纳根不仅受到褒扬，也得到了经济上的补偿。当他想要进一步发展自己的电报业务时，已经向八国联军求和的清政府也赶紧修复了原有的线路，恢复了通信。

1900年，占领天津的八国联军成立了临时军政府——天津都统衙门，管理天津城及全部租界的各项事务。曾受聘于天津电报局管理电话业务的荷兰人璞尔生（H. D. Poulsen，又译作鲍尔森）向都统衙门提出申请，要求承办京津地区的电话业务。经都统衙门与各国驻津领事团的认可，璞尔生正式创办了天津电话公司，利用汉纳根所架设的"瓶颈电报线"，将其改为单线式电话线，这是天津与北京之间的第一条电话线。②

这条临时架设的电话线却非常耐用，大约使用了3年。后来，天津的主权被收回。1904年，时任直隶总督兼电政大臣的袁世凯下令架设天津至北京的长途电话线。工程于翌年竣工，天津电话局亦正式成立并从电报局中分离出来，这是中国自办长途电话之开端。不久，连接北京与天津的两条复线式长

---

① 〔英〕雷穆森：《天津租界史（插图本）》，许逸凡、赵地译，天津人民出版社，2008，第73页。

② 刘海岩等：《八国联军占领实录——天津临时政府会议纪要》，天津社会科学院出版社，2004，第185、188、191页。

途电话线也架设成功。中国电话总局的声誉压倒了天津电话公司，璞尔生的客户中有四到五成陆续加入了中国电话总局。天津电话公司的业务大受影响，很快入不敷出。后来，中国电话总局试图收回并撤去璞尔生的电话线。经过长时间的讨价还价，中方最终以5万两白银买回该电话线路的一切权利。① 虽然所费不赀，但至少收回了中国人自办电话的主权。

第三节　德璀琳与中国近代铁路事业

马拉火车与唐胥铁路

唐胥铁路是1881年天津开平矿务局为解决煤炭运输问题而修建的自胥各庄至唐山的铁路。这是一条长度仅为11公里的短短的铁路，而且为了不引起顽固派的注意，初时那上面行驶的只是骡马拉的小车。然而由于设计者的谋略和远见，它不仅是中国自建的第一条采用标准轨距的铁路，而且成为我国自办铁路的肇始，并成为日后整个华北铁路系统的开端。

在中国修筑铁路一直是德璀琳等在华外国人渴望获得的特权。早在1863年，英国铁路工程师斯蒂芬森（Sir M. Stephenson）曾向中国提出了第一个铁路建设方案，劝清政府有计划地修建铁路。他还设计了几条干线：以长江上的重镇汉口为中心，从汉口往西经川、滇到缅甸，从汉口往东到上海，从汉口往南到广州南部；以长江口为另一起点，从镇江往北到天津、北京，从

---

① 〔日〕中国驻屯军司令部：《二十世纪初的天津概况》，侯振彤译，天津市地方史志编修委员会总编辑室内部发行，1986，第47~48页。

上海到宁波；在南方，从福州到内地。[①]

　　许多来华外国人自行其是地为中国谋划修建铁路，他们在中国地图上画了一些虚线，标明是"计划修建的铁路"。各国"公使们、领事们以及一切有机会跟任何中国官员说上话的外国人，总是利用各种时机赞颂铁路在军事上和经济上的优越性"。但是正如同样来自外国的评论者所言：这些鼓吹者"完全是在对着聋子说话，对着瞎子表演"；从斯蒂芬森提出建议到中国人自行修建第一条天津唐山之间的铁路，整整25年时间的铁路宣传完全适得其反，使铁路计划"披上了令人憎恶的外国服装，并引发了对它采取消极抵抗的一种潜在的力量"。"中国人可能已经觉察到，纯粹的仁慈经常是与对租界和垄断的强烈欲望连在一起的。"[②]

　　清政府迟迟不愿修建铁路。一方面出于极端守旧的落后观念，如顽固派认为隆隆的火车震动和破坏了地气，打扰了地下的亡灵。为此，清政府于1877年将一年前怡和洋行在上海与吴淞之间修筑的轻便铁路以近30万两的代价收回，加以拆毁。另一方面，一些始终对列强侵略持警惕心理的中国官员认识到，铁路的修建与列强的入侵和对中国资源的掠夺紧密相连，因此，不管外国公使、领事们如何千方百计地劝说，总是以一种消极抵抗的态度对待，而赞同修造铁路的洋务派也不得不谨慎从事。

　　清政府的最高统治者并非认识不到铁路的长处。1874年，

---

① 中国社会科学院近代史研究所翻译室：《近代来华外国人名辞典》，中国社会科学出版社，1981，第457页。

② 〔英〕雷穆森：《天津租界史（插图本）》，许逸凡、赵地译，天津人民出版社，2008，第61页。

李鸿章曾向恭亲王奕䜣力陈铁路之利，恭亲王虽被说服，但他明白，慑于保守势力的压力，"两宫太后亦不能定此大计"。[①] 开平矿务局成立之前，久已从事洋务事业的唐廷枢就倡议修筑运煤铁路以方便运输、降低成本，这正好给李鸿章一个试验的机会。

1876 年，唐廷枢建议为降低煤炭的运输成本修筑铁路，但鉴于之前吴淞铁路的失败，唐廷枢改为建议仿照台北的煤矿修建马拉车小铁路一条。[②] 到后来，迫于当时情势，只能满足于铺设一条从唐山到胥各庄的一条长 11 公里的轨道，再由胥各庄开掘一条通到芦台的 34 公里长的运河以将煤运至海边装运上船。在 1881 年李鸿章给清廷的奏折里，这条轨道被含混地称作"马路"，[③] 以免引人注目。而且，确实弄了几匹骡马拉着货车载运煤块。

图 4 - 8　1881 年唐胥铁路建成初期使用骡马牵引矿车场景

① 李守孔：《李鸿章传》，台湾学生书局，1978，第 162～163 页。
② 熊性美、阎光华：《开平煤矿矿权史料》，南开大学出版社，2004，第 8 页。
③ 熊性美、阎光华：《开平煤矿矿权史料》，南开大学出版社，2004，第 16 页。

"遇到红灯绕道走"的李鸿章

如前所叙，无论是恭亲王还是慈禧太后，都并不反对甚至是赞成修建铁路的，只是暂时迫于保守的顽固派的压力而无法支持此事。正是有把握知道太后会支持他，李鸿章大胆地进行开平铁路的建设。在李鸿章的授意下，唐廷枢令英国铁路工程师金达（Claude William Kinder, 1852～1936）① 将铁轨设计为国际标准轨幅的 4 英尺 8.5 英寸（约 1.42 米）铁轨。他还极富远见地在修建轨道通过的桥梁时，将它们建造得特别坚固，以便火车将来可以在上面行驶。

有了铁轨，还要有机车，而当时李鸿章不可能奏请朝廷向国外购买机车。于是，唐廷枢命令金达秘密研制一个火车头。金达将一个轻型卷扬机上的锅炉拆下来，作为火车头的心脏，车轮是当作废铁收购来的，车架则用的是煤矿一号竖井架子上的槽铁制成，整个机车造价（包括人工费和材料费）不过 520 墨西哥银圆。②

1881 年 6 月 9 日，这辆被命名为"中国火箭"号（Rocket of China）的火车机车终于造成（斯蒂芬森造的世界第一台火车机车命名为"火箭"号，故这辆机车被命名为"中国火

---

① 英国铁路工程师金达，出生于日本。年幼时由父亲教授，后于俄国圣彼得堡修读铁路工程。1873 年于日本任助理工程师，1878 年前往上海，1880 年被开平矿务局雇用，负责修筑胥各庄至唐山的铁道，同时完成中国第一辆机车——"中国火箭"号。京山铁路建成后，他成为中国首条自主营运铁路——唐胥铁路的总工程师。唐胥铁路后发展为开平铁路、关内外铁路、中国铁路总公司；金达任总工程师长达 30 年，至 1909 年退休为止。

② 〔英〕雷穆森：《天津租界史（插图本）》，许逸凡、赵地译，天津人民出版社，2008，第 62 页。

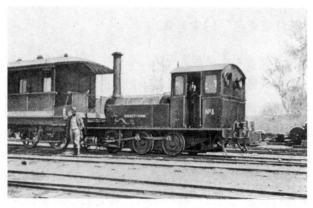

图 4 - 9　英国工程师金达站在"中国火箭"号机车旁留影

箭"号）。这辆机车很快被投入矿山的日常铁路运输中，到
1883 年，开平矿务局已拥有 3 辆客车和由"中国火箭"号牵
引的 50 辆运煤火车。① 在当时的中国煤炭企业中，开平矿务
局是第一家也是唯一一家能够利用现代运输工具去降低煤炭成
本和开拓市场的企业。

　　1882 年"中国火箭"号载着一批官员以每小时 13.5 公里
的速度走完了全程，证实机车确比骡马劲头更大、速度更快。
于是，李鸿章终于下决心，许可将轨道改成铁路。同年，金达
也被任命为开平煤矿的总工程师。这条铁路继续秘密运行达 5
年之久，关于这条铁路，李鸿章一直没有上奏，直到有理由把
唐胥铁路当作成功典范以要求修筑更多铁路时，他才正式向朝
廷汇报。正如金达后来所评述的，李鸿章"把他的赌注押在
这条路线上，而以它的成功来证明他的办法是正确的"。②

————————

① 熊性美、阎光华：《开平煤矿矿权史料》，南开大学出版社，2004，第 21 页。
② 熊性美、阎光华：《开平煤矿矿权史料》，南开大学出版社，2004，第 20 ~
　　22 页。

不过，在铁路发展的初期，李鸿章等地方洋务派在京的奥援恭亲王于1884年突然被慈禧罢黜，李鸿章暂时失去了依靠。1885年，海军衙门正式成立，翌年4月，海军大臣醇亲王奕譞奉皇太后懿旨巡阅北洋水陆各军，李鸿章借机说服总理海军事务大臣醇亲王赞同铁路的发展。

为了巩固与最高层的关系，换取最高统治者对洋务事业的支持，李鸿章煞费苦心地经营这次难得的大阅兵。不仅令丁汝昌提前用10天时间进行巡阅前的合操演练，还令德璀琳通知琅威理，"将来醇王爷来北洋水师各船时，所有船上各洋员之衣服须一律整洁，不得参差"。另外，德璀琳还让洋教习毕德卫对北洋水师各船上的西洋军乐队速加整饬，勤加练习，准备在官邸为醇亲王演奏。① 此次巡阅，共计15天，发射各种炮弹百余发，鱼雷1具，水雷8具，耗银万余两，是北洋水师组建以来规模最大的一次演习。② 当然，效果也是理想的。李鸿章拉近了与醇亲王的心理距离，重新找到了在中央的依靠；醇亲王向慈禧太后详细汇报了阅兵情况，并要求朝廷给予李鸿章更大的支持。③

同年，李鸿章上奏朝廷允许将铁路延长到芦台。1887年，以加强海防为名，海军大臣醇亲王向清廷上奏，请求将这条铁路延伸到天津，即津榆铁路。在奏折中，醇亲王指出，铁路"于调兵、运饷、利商、便民诸大端为益甚多"，特别是直隶

---

① 天津市档案馆、天津海关：《津海关秘档解译——天津近代历史记录》，中国海关出版社，2006，第188页。

② 张侠、杨志本、罗澍伟等：《清末海军史料》，海洋出版社，1982，第232~251页。

③ 张侠、杨志本、罗澍伟等：《清末海军史料》，海洋出版社，1982，第232~251页。

海岸绵长港口甚多，处处可以登岸，而防营太少，缓急不济，"如有铁路相通，遇警则朝发夕至，屯一路之兵能抵数路之用"。① 清政府对于如何运载开平煤炭，如何便利商民并不真正感兴趣，但是对于铁路能够快速调兵、利于海防却极为关注，因此很快准奏。

为募集资金，李鸿章指示开平铁路局公开招股白银 100 万两，在各地报纸上刊载招商章程，这是中国第一份企业招股章程。以后，清政府正式接管这条铁路，并成立了"中国铁路公司"，后更名为天津铁路公司。有了资金之后，铁路进展很快，1888 年 8 月，铁路通到了天津，全长约 55 公里。10 月 9 日，李鸿章率几位中国官员第一次在这条天津至唐山的铁路线上进行视察旅行，当时时速约 30 公里。1894 年这条铁路又向东延伸至山海关和关外的绥中，这是甲午战前北方唯一的一条铁路。

德璀琳在海关年度报告中认为，铁路的开通将使之前束缚天津地区经济发展的交通条件大大改善，"有关天津贸易前程似锦之预言，即可认为信而有征矣"，因此"可将 1888 年视为天津编年史上开纪元之时期"，② 而这一年也被在华外国人誉为"中国铁路世纪的正式开始"③。

李鸿章创办各项洋务运动的时候，几乎都受到来自顽固派的重重阻挠和掣肘。即使他得到慈禧太后和总理衙门的信任、支持，也不得不小心谨慎、迂回前进。其实不仅李鸿章搞洋务

---

① 宓汝成：《中国近代铁路史资料：1863—1911》第 1 册，中华书局，1963，第 131 页。

② 天津社会科学院历史所、天津市档案馆：《津海关年报档案汇编（1865—1911 年）》上册，内部发行，1993，第 253~254 页。

③ 〔英〕雷穆森：《天津租界史（插图本）》，许逸凡、赵地译，天津人民出版社，2008，第 64 页。

图 4 - 10　1888 年 10 月 9 日李鸿章率官员视察天津—唐山铁路线时
在唐山车站留影

遇到此种情形，近代中国向现代化迈进的每一步几乎都是蹒跚
的、踯躅的。

博文书院的创办与铁路

在近代，各帝国主义国家一直把掠取中国铁路建设特许权
作为最高目标。对德璀琳来说，电报、电话只是小业务，铁路
才是他最为渴望发展的事业。说得动听一些，德璀琳认为，如
果清政府允许修建铁路，那么"帝国之政治、军事及商业情
势则将为之一变"，"当优胜劣败之时，今者为保其利权，亦
须师法西国（来修建铁路）"。① 而从实际利益来讲，铁路建设

---

① 天津社会科学院历史所、天津市档案馆：《津海关年报档案汇编（1865—
1911 年)》上册，内部发行，1993，第 201 页。

是一项投资巨大而利润丰厚的商务。仅以筑路所需铁轨一项来看，1886 年兴修津榆铁路的轨道，就需要进口 1500 吨钢轨，[①]其商业利益是相当可观的，当然，由此带来的竞争也是相当激烈的。

天津作为直隶总督衙门的所在地、北方洋务运动的中心，成为外国人进行铁路宣传的中心。德、法、美等帝国主义国家的辛迪加（垄断企业）都纷纷来华，在天津的租界里设置了相当大的办公室，"他们的职员们也使天津的旅馆拥挤不堪"[②]，企图从李鸿章手中获得铺设铁路的特许权或采购合同。这些外国公司所采取的手段多种多样，有几条铁路样品已经被带到天津，他们还急不可待地进口了许多铁路材料，欲"以实物向华人展示此类器具之优点"[③]。法国德康维尔公司（De-cauville）在天津临近租界的一处空场上铺设了另一条短程轻便窄轨铁路，以供展览。在海河河坝上还可以看到铺设的另外几条铁路样品。[④] 其实这就是特意为总督大人修造用来打广告做宣传的。好奇的李鸿章及其他大员都曾前往视察，并"乘之游历"。据德璀琳讲，"现有客车每日往来奔驰，深得华人游客及其家眷之惠顾"[⑤]。

---

① 天津社会科学院历史所、天津市档案馆：《津海关年报档案汇编（1865—1911 年）》上册，内部发行，1993，第 238~239 页。

② 〔英〕雷穆森：《天津租界史（插图本）》，许逸凡、赵地译，天津人民出版社，2008，第 61 页。

③ 天津社会科学院历史所、天津市档案馆：《津海关年报档案汇编（1865—1911 年）》上册，内部发行，1993，第 239 页。

④ 〔英〕雷穆森：《天津租界史（插图本）》，许逸凡、赵地译，天津人民出版社，2008，第 63 页。

⑤ 天津社会科学院历史所、天津市档案馆：《津海关年报档案汇编（1865—1911 年）》上册，内部发行，1993，第 239 页。

　　在各国公司的激烈竞争中，德璀琳由于"近水楼台"，就在李鸿章的幕府服务，当然更加便利地、不遗余力地游说总督，极力鼓吹修建铁路的诸多益处，他不仅积极为德国公司牟取利益，而且利用各种机会劝说李鸿章赋予自己修建铁路的特权。

　　1886年，德璀琳向李鸿章正式推荐英国人金达就中国铁路发展问题提出建议和意见。1891年，金达被李鸿章聘任为新设于山海关的北洋官铁路局总工程师。（在此期间金达任用并训练了中国最早的一批铁路工程人才，其中包括詹天佑等。）作为回报，同大沽、旅顺、威海的炮台所使用的德国克虏伯大炮一样，津榆铁路修建所需的铁轨也全部购自克虏伯铸钢厂。1896年李鸿章进行环球访问时，还在德璀琳与汉纳根的陪同下，专程到埃森的克虏伯工厂参观。克虏伯高层以最高规格的礼节接待了李鸿章一行，设晚宴款待他们，并请他们参观工厂，观看怎样锻造、碾压铁轨和浇铸大炮。李鸿章还特意去瞻仰了老克虏伯的坟墓，由他的两个儿子献上了花圈并鞠躬致礼，感动得克虏伯后代语无伦次、谢了又谢。①

　　与帮助本国公司获得商业利益相比，德璀琳更希望将铁路这个新兴的、前景广阔的洋务项目直接掌控在自己手中。他本来希望在中国成立一个类似海关的修建经营铁路的机构——铁路总局，而自己能在李鸿章的支持下，成为"总铁路司"——一个堪比赫德的、最有权势的在华外国侨民。为了能实现自己的这个梦想，他利用洋务运动对人才的需求，向李

---

　　① 摘译自 Constantin von Hanneken, *Briefe aus China: 1879 – 1886*; *als deutscher Offizier im Reich der Mitte*, Köln: Böhlau Verlag GmbH & Cie, 1998, Einleitung, pp. 1 – 17。

鸿章建议模仿西方在天津创办一所现代大学，以培养出一批真正能够满足需要的高级综合性人才。得到李鸿章的首肯后，他开始创办中国近代第一所大学北洋大学的前身——博文书院，以培养高级人才。1886 年，也就是李鸿章上奏朝廷请求批准将最初的开平铁路延伸到芦台，同时金达被德璀琳引荐给李鸿章的那一年，博文书院正式开工建造。

学校开办，最重要的是经费问题。关于这个问题，德璀琳向李鸿章提出的筹款办法是：第一，所有李鸿章的门生故吏及现在的下属，都应酌量提供资金；第二，凡是塘沽海边的淤地都划拨给该院；第三，在英租界以南的河岸（即后来的德租界）建造码头供船只停泊装卸货物，酌量收取码头费，并在此处修建大粮栈（即粮食仓库）按期收取栈租。德璀琳认为，假如以上三项都能办到的话，则建造书院剩余的经费就可以按年生息，学校的经费来源就得到了长久保证。

由此可见，德璀琳为博文书院募集资金的方法，足以使其成为一个自给自足的独立王国，而他自己将成为这个拥有大片土地、码头仓库的王国的实际掌管者和大地主。如果说这三项要求还是为了书院的长期经费着想，虽有些过分但仍不失为富有远见的考虑；那么，在这三项之外，德璀琳还向李鸿章要求给予书院承办铁路的权利，即总办"马车、铁路等事，以扩利源"，[①] 这就充分暴露出德璀琳的企图已经远远超出创设一所大学的范畴了。

德璀琳打着开办博文书院的旗号，既要李鸿章划拨给他大

---

① 天津市档案馆、天津海关：《津海关秘档解译——天津近代历史记录》，中国海关出版社，2006，第 212 ~ 214 页。

片沿河、沿海适宜建造码头、仓库的土地，又要求得到他一直心心念念的建造铁路的特权。这样，创办博文书院可谓是一件名利双收的美事。只可惜，由于观念上的保守和对外国侵略的担忧，清政府一直对修建铁路不太热衷，更不可能将如此重要的一项权力轻易交给外国人。对于德璀琳的非分之想，李鸿章也是不可能批准的。最终，这所由德璀琳创议并一手经办的博文书院没能开办起来，中国第一所高等学府的创办也由此被推延，高级人才的培养被延迟了达 10 年之久。

好奇心与铁路

人的本性是不满足，好奇心就是人们希望自己能知道或了解更多事物的不满足心态。它是个体学习的内在动机之一，是个体寻求知识的动力源泉。所以，好奇心无论是对于个人还是对于整个民族的生存和发展，都非常重要。

接触过李鸿章的外国人大都认为李鸿章是极富好奇心的。曾任李鸿章家庭教师的美国人丁家立回忆李鸿章时说，总督对各种教学用的简单科学仪器很有兴趣，那些仪器都要拿来给总督演示和说明。李鸿章对体现西洋现代科技"声、光、化、电"的仪器最感兴趣，有一次，丁家立为其展示一种最早样式的留声机，是用蜡质圆柱录音，用玻璃针重放录音。他记述道："这自然引起（总督）极大的兴趣。我记得总督曾经让一个仆人对着留声机唱歌。那个可怜人唱了一首中国歌曲，这对他来说简直是一种痛苦的折磨，他唱到一半就唱不下去了，然后傻笑起来。我猜他以为我会停下机器等他恢复正常，但我就让机器那么一直开着。当我重放录音时，他的停顿和困窘的傻笑全都忠实地传了出来……我从没见过一个人像总督那样笑得那么开心。我以为他会一直笑个不停。"①

德璀琳在建议李鸿章兴办电报电话时，都是请总督先在自己的行辕试行架设电线，然后通报、通话，让他看到电报电话的神奇速度，引起李的好奇心，然后认识到现代通信手段对军务、商务的重要意义，这样才有动力去排除顽固派的干扰和阻挠，推进各项洋务事业的创办和发展。利用李鸿章的好奇心，这正是德璀琳的聪明之处。

同样，李鸿章为了激发中国最高统治者慈禧太后的好奇心，让她亲身感受火车所带来的方便快捷和舒适享受，以换取她对修建铁路的支持，于1888年为慈禧太后修建了一条小型铁路。据档案记载，铁路建在西苑三海。据说慈禧对这条宫廷专列非常感兴趣，建成后她移居西苑中海，以仪銮殿为寝宫，勤政殿为议政殿堂，北海镜清斋为传膳、休息之所，差不多每天都要乘坐一趟小火车，往返于仪銮殿和镜清斋，成为当时京城一景。②（不过也有一说，慈禧太后不喜机车噪声，而用太监牵引车厢。）而在此之前一年，也是为了讨好太后，并让其了解、进而喜爱来自西方的现代交通工具，李鸿章将往返于天津与北京运河上的一艘非常舒适的客运小汽船，以在颐和园湖中组织海军舰队训练表演为名送往北京，实际上是供太后在湖上拖拽一条专供消遣用的画舫。③

慈禧太后的好奇心引起了朝廷中顽固派大臣的议论和不

---

① 摘译自美国达特茅斯学院未刊档案：Charles Daniel Tenney, Reminiscences of Li Hung-chang, Charles Daniel Tenney Papers, ca. 1900–1920, Anhang 11, pp. 6–7。

② 《申报》第33册，上海书店，1893，第973页。

③ 〔英〕雷穆森：《天津租界史（插图本）》，许逸凡、赵地译，天津人民出版社，2008，第60~61页。

满。1889 年 1 月 30 日翁同龢在日记中写道："火轮驰骛于昆湖，铁轨纵横于西苑，电灯照耀于禁林，而津通开路之议，廷论哗然。朱邸之意渐回，北洋之意未改。历观时局，忧心忡忡。忝为大臣，能无愧恨？"①文中"驰骛于昆湖"的火轮指的是颐和园昆明湖中的小汽船；"铁轨纵横于西苑"，指的是三海上的小火车；"电灯照耀于禁林"，指的是仪銮殿安上了电灯；"津通开路"指天津的铁路要延伸到北京通州。这段记载于除夕夜的日记，反映了以翁同龢为代表的守旧大臣对在宫苑禁地引进西洋物品专供慈禧太后享乐的强烈不满。

当然，好奇心不只李鸿章、慈禧太后这样高高在上的人才有，普通民众也很快感受到火车给生活带来的便利，原来三四天的路程，现在有四个小时就到了，因而越来越接受这种新鲜事物。铁路通到天津后不过两年，搭乘旅客在一年内（自 1890 年 12 月起至 1891 年 11 月止）就达到 53.7 万余人次。②庚子事变之后，慈禧太后与光绪皇帝搭乘了一段保定至北京蒸汽机车牵引的火车回到北京，深感火车之便捷，下令修筑北京到颐和园及西陵的御用铁路。有了两宫的公开表态，百姓自然踊跃乘车。据德璀琳报告，在天津火车东站，"华人近皆在东站票房左右，异常拥挤，火车通到北京，乘车之人数更多，虽乘运货之车犹欣欣然有喜色，盖风气已开，如火车头之喷气然"③。最初修造火车原以战时运兵、平时运货为主要目的，

①《翁同龢日记》第 4 册，陈义杰整理，中华书局，1997，第 2259 页。
② 天津社会科学院历史所、天津市档案馆：《津海关年报档案汇编（1865—1911 年）》下册，内部发行，1993，第 28～29 页。
③ 天津社会科学院历史所、天津市档案馆：《津海关年报档案汇编（1865—1911 年）》下册，内部发行，1993，第 117 页。

但关内外火车通行之后，运货与载客所得收入竟不相上下。①

　　以邮政、电信和铁路为代表的西方先进科学技术和制度，初时虽然遭到过顽固派官员和以义和团团民为代表的农民的抵抗，但却以润物无声的方式浸染着人们的日常生活。自"海禁大开，轮轨辐辏"，来自西方的种种便利人们生活的舶来品涌入沿海开放口岸，并经由不断延伸的铁路走进内陆。它们日益改造着人们的日行起居、社会面貌，"它没有大炮那么可怕，但比大炮更有力量；它不像思想那么感染人心，但却比思想更广泛地走到每一个人的生活里去"②。它一方面造成了中国传统社会的解体，另一方面又刺激和推动了中国迈向现代化的脚步。事物的两面性大抵如此。

① 天津社会科学院历史所、天津市档案馆：《津海关年报档案汇编（1865—1911 年）》下册，内部发行，1993，第 141 页。
② 陈旭麓：《近代中国社会的新陈代谢》，上海人民出版社，1992，第 218 页。

第五章 德璀琳、汉纳根与中国近代矿业

第一节 德璀琳与开平煤矿

开平煤矿与中国煤矿的现代化

煤和铁在第二次工业革命中占据重要的地位。强行打开中国大门的西方列强不仅向中国倾销其工业产品，同时也在中国寻找制造这些工业品所需的能源和资源。同时，中国自身由于发展洋务运动的需要也认识到开采矿藏的重要意义。

19 世纪 60 年代开始，蒸汽机轮船在航海业的广泛应用需要消耗大量的煤。以往，西方船只来中国，得从本国载运煤炭而来，这大大减少了载货量，提高了运输成本。美国驻华公使蒲安臣指出："中国沿海的（外国）轮船每年消耗煤炭达 40 万吨，费款 400 万两。"所以，英国人柏卓安（J. M. Brown）早在 1862 年即建议用新式方法开采中国煤矿，以满足外轮需要。[1] 同一时期，

---

① 转引自张国辉《洋务运动与中国近代企业》，中国社会科学出版社，1979，第 181 页。

赫德在《局外旁观论》、威妥玛在《新议略论》中都劝告清政府向外国势力开放矿藏，允许外国人在中国开采煤矿、建立矿场。[①]

对于这些超出条约范围的要求，清政府一开始只是不断地回避和拒绝。直到洋务运动开始后，清政府所开设的机器制造局、所购买的外国船舰也都需要大量的煤铁资源，却不得不依靠洋煤的进口时，洋务派官员才意识到开采矿藏的重要性。"船炮机器之用，非铁不成，非煤不济。英国所以雄强于西土者，惟借此二端耳。闽沪各厂，日需外洋煤铁极夥，中土所产多不合用，即洋船来各口者，亦须运用"[②]；"沪宁各制造局仿造洋枪洋炮，所用煤铁必向行内购办，轮船亦然"[③]。因此，中国官员担心，"洋煤设有闭关绝市之时，不但各铁厂废工坐困，即已成轮船无煤，则寸步不行"[④]。

1867年，英国公使要求对1858年签订的《天津条约》进行修改，并趁机提出在中国开设煤窑等若干要求。[⑤] 总理衙门就此发出通告，让各地方大员进行讨论。曾国藩认为，英使所提各项要求中，唯有开矿一项可以试办。李鸿章也力陈开矿之利，主张"外国挖煤制铁之器与法，精巧倍于内地，……彼若固请开挖，并可酌雇彼之精于是术者，由官督令试办，以裕军需而收利权"[⑥]。经过一年多的修约谈判，中英代表最后同

① 胡绳：《从鸦片战争到五四运动》，人民出版社，1998，第 302~303 页。
② 《李鸿章全集（奏稿）》，时代文艺出版社，1998，第 878 页。
③ 《筹办夷务始末（同治朝）》卷五十五，故宫博物院，1930，第 15~16 页。
④ 《李鸿章全集（奏稿）》，时代文艺出版社，1998，第 878 页。
⑤ 〔美〕马士：《中华帝国对外关系史》第 2 卷，张汇文等译，上海书店出版社，2000，第 226~227 页。
⑥ 《筹办夷务始末（同治朝）》卷五十五，故宫博物院，1930，第 15~16 页。

意中国自行开矿，并且"挖出之煤，华洋商人均可买用"①。表面上看，这样的结果是清政府能够"权自我操"，但实际上，由于中国当时并不掌握开矿的技术，所以如果要经营新式煤矿，离开外国技术的参与根本无法进行，英国人不愁没有办法操控中国的煤矿。此后，修约之事虽未谈妥，但清政府从此开始认真考虑开矿的事情。1874 年，清政府同意先在直隶磁州和台湾基隆试办煤矿。

直隶省煤炭资源蕴藏丰富，特别是京津附近地区的煤田早为西方人所觊觎。19 世纪 60 年代，西方人就已经开始利用到内地游历的机会四处勘测中国的煤矿资源。特别是海关的外籍雇员，利用职务之便，到处考察评估，并与英国驻华公使、美国驻华公使等列强在华利益代言人相勾结，共同向总理衙门施加压力，要求准许外国人开采煤矿并修建运煤铁路。例如，1869 年津海关税务司休士在北京、天津附近的煤田视察，发现京津周围有多处煤田蕴藏丰富的烟煤和无烟煤，认为如果能够采用机器开采并修建若干可以行使大车、矿车的运煤道路乃至于铁路，则可降低煤炭开采的成本，所出之煤将能满足京津两地家庭用和往来轮船所需，从而促进天津的贸易发展。②

1870 年李鸿章移督直隶，开始亟亟以开矿为目标。1876 年他委派轮船招商局总办唐廷枢偕英国采矿工程师马立师（Morris）到唐山开平镇勘测煤铁矿的蕴藏量。勘查的结果十分令人满意，开平煤矿不仅蕴藏丰富，而且所产煤块铁石经京师同文馆化验和送到英国实验室进行化学溶化试验，证实煤质

---

① 《筹办夷务始末（同治朝）》卷六十八，故宫博物院，1930，第 37 页。
② 天津社会科学院历史所、天津市档案馆：《津海关年报档案汇编（1865—1911 年）》上册，内部发行，1993，第 95～99 页。

优良。随即，唐廷枢提出开平煤的开采办法并拟就了开平矿务局的招商章程，汇报给李鸿章。[1]

1877 年开平矿务局正式成立，为官督商办的洋务企业并公开募集股本。翌年，即向国外订购各种机器，并开始进行钻探。1879 年矿务局开挖了两口新式煤井，1881 年正式开始产煤。[2] 此后，一切进展顺利。1889 年在林西开挖了第二个矿井，1894 年在西山开挖了第三个矿井。

开平煤矿于 1881 年开始产煤时，日产量约在 300 吨，[3] 年产量在 10 万吨以上。[4] 经过不断发展，到 20 世纪初，开平的煤炭日产量增加到 4000 吨左右，年产量则在 100 万吨左右。[5] 开平所产之煤赢占天津及华北市场，并远销至上海及关外各地，是当时经营最具成效的煤矿。

中国现代化企业之肇始

开平煤矿是中国最早采用机器开采的大型煤矿，它不仅开启了中国煤炭生产的现代化历程，而且也是中国现代企业制度的开端。

开平煤矿虽为官督商办的洋务企业，但从一开始即采取现代化的经营管理模式，避免了以前官督商办企业的诸种弊端。

---

[1] 熊性美、阎光华：《开平煤矿矿权史料》，南开大学出版社，2004，第 5 ~ 13 页。

[2] 熊性美、阎光华：《开平煤矿矿权史料》，南开大学出版社，2004，第 15 ~ 18 页。

[3] 转引自张国辉《洋务运动与中国近代企业》，中国社会科学出版社，1979，第 204 页。

[4] 熊性美、阎光华：《开平煤矿矿权史料》，南开大学出版社，2004，第 28 页。

[5] 〔日〕中国驻屯军司令部：《二十世纪初的天津概况》，侯振彤译，天津市地方史志编修委员会总编辑室内部发行，1986，第 367 页。

矿务局于1877年成立之后，立即开始向国内商人招股募集资金（计划召集的资本额是80万两，但实际只集得20余万两）。在开平的招商章程中，唐廷枢明确指出："此局虽系官督商办，究竟煤铁仍由商人销售，似宜仍照买卖常规，俾易遵守"，并要求不像其他官督商办企业那样由官府派驻委员及文案、书差等，以节省经费。李鸿章也即应允，要求"摒除官场习气，悉照买卖常规"，并且"各厂司事人等，应于商股内选充，不得引用私人"。①

唐廷枢是中国第一家官督商办企业轮船招商局的创办人之一。在经营轮船招商局多年的过程中，对于官督商办企业的种种弊端了然于心。在受李鸿章委派创办开平矿务局的情况下，提出这样的要求自然是出于前车之鉴。同时，唐廷枢还在招商章程中规定："查股分（份）一万两者，准派一人到局司事。"② 对此，李鸿章也同样应允。由此，开平矿务局初具现代企业的基本组织制度雏形，即公司董事会领导下的总经理负责制。有了李鸿章的保证，矿务局就可以按照资本主义企业的运作方式和管理模式进行经营，这样就从组织制度上确立了开平的现代企业管理模式。其余在经营管理方面，矿务局也在朝着现代企业所要求的产权清晰、自主经营、自负盈亏、有限责任、市场导向、科学管理的方向努力。

因为有了自主经营和自负盈亏的经营管理意识，开平矿务局才能够在当时率先创办铁路、兴修独立码头。为了方便运输、降低成本，创办之初，矿务局于1881年铺设一条从唐山

---

① 熊性美、阎光华：《开平煤矿矿权史料》，南开大学出版社，2004，第10、12页。
② 熊性美、阎光华：《开平煤矿矿权史料》，南开大学出版社，2004，第11页。

到胥各庄的一条长 11 公里的轨道，再由胥各庄开掘一条通到芦台的 34 公里长的运河以将煤运至海边装运上船。截至 1883 年，开平矿务局已拥有 3 辆客车和 50 辆运煤火车。① 以后又于 1885 年延展了中国第一条自主经营的铁路。为了提高国内市场的销售量、抵制洋煤的进口，矿务局还不断购置码头、轮船，先后在东沽、天津、上海、烟台、香港、广东等地修筑码头，至 1897 年已拥有 6 艘轮船，总吨数约达 7000 吨，1899 年更在秦皇岛修筑了专门的运煤码头，形成矿务局独立的深水不冻港。②

在开平矿务局中，唐廷枢还聘请了许多外国工程师，从矿脉的勘测到所有机器设备的使用与维护，都是由外国的专业技术人员进行有效的管理和指导。1879 年底，开平有 9 名英国人担任工程师和领班；1883 年，全矿有外籍人员 18 名，③ 其中最有名的就是英籍总工程师金达。这些外籍工程技术人员将西方现代技术带到中国，促进了矿山生产和管理的现代化。

德璀琳与秦皇岛港的修建

由于比邻天津，作为津海关税务司，德璀琳在秦皇岛港的勘察、集资和修建过程中也发挥了积极的作用，并最终兼任了秦皇岛港海关的关长。

1892 年，曾在醇亲王门下作仆役且备受信任的张翼被任命为开平矿务局督办，接替去世的唐廷枢。按照唐廷枢的经营

---

① 熊性美、阎光华:《开平煤矿矿权史料》，南开大学出版社，2004，第 21 页。
② 熊性美、阎光华:《开平煤矿矿权史料》，南开大学出版社，2004，第 28 页。
③ 陈绛:《在华西人与中国早期近代化》，《近代史研究》1991 年第 2 期，第 47 页。

思路，张翼继续为开平矿务局寻找适宜的运煤码头。1896 年张翼派遣开平英籍工程师鲍尔温（G. W. Baldwin）赴秦皇岛港湾进行水文、地理方面的勘测。1897 年，张翼又亲自协同德璀琳到秦皇岛沿海地区考察。秦皇岛地区主要包括三部分：秦皇岛、山海关和北戴河。后来经过中外人员多次的勘测和反复比较，最终确定在秦皇岛修建码头。

德璀琳 1897 年陪同张翼到秦皇岛视察回来后不久，在天津见到了曾在海关与自己共事多年的英国人葛德立（W. Cartwright，又译作卡特莱特）。葛德立此行是为英国商人墨林（C. A. Moreing）在中国拓展业务牵线搭桥并充当翻译的。墨林是英国一家颇具规模的矿业公司毕威克—墨林公司的合伙人，该公司在澳大利亚、南非等地都开有矿山。德璀琳对墨林的计划很感兴趣，并多次晤谈。于是张翼委托墨林代聘英国"白利工程公司"的工程师秀士（W. R. Hughes）来华，赴秦皇岛详细勘测并绘图。

秀士经过细致考察，并对照 1870 年法国海军测量的秦皇岛港湾水深等数据，再次肯定了在秦皇岛大规模筑港的得天独厚的自然条件。同时，他还详细规划了如何修造堤坝及码头船坞等工程，并估算了工程用款：如为运煤而设，则需 100 万元；若修筑为军民两用港口，则需 600 万元甚至更多。[①]

万事俱备，就等清政府的正式批准了。德璀琳详细地向张翼分析了秦皇岛的开港和修建码头所具有的多重意义，以便张翼奏报朝廷。

首先，对开平煤矿自身来说，1895 年以后，随着采掘量不断提高，开平矿务局的煤炭生产越来越受制于所属塘沽码头

---

① 熊性美、阎光华：《开平煤矿矿权史料》，南开大学出版社，2004，第 23 页。

的输运能力。一方面，由于海河河道狭窄、船只拥挤且时常淤塞，装载不便，一旦因水浅不能停泊较大吨位的船舶，则需依靠驳船倒载，势必提高成本且延误船期；另一方面，海河及大沽港皆在冬季封冻，每年有 3 个月的时间不能通航。以上两方面原因促使开平矿务局必须另外寻找适宜的新码头，而秦皇岛港具备天津港所不具备的有利条件。

其次，从国防战备角度考虑，秦皇岛可成为北洋海军的军港。秦皇岛有自然形成的几处港口，水深八九尺，是大型船舶停泊的理想港口；① 而且，它还是优良的不冻港。早在两次鸦片战争时期，外国侵略军即多次到秦皇岛沿海港湾侦察测量，只是由于天津更靠近北京，地理位置更为重要，所以在《北京条约》中才要求开放天津而没有选择秦皇岛。甲午战后，俄国侵占旅顺，德国强租胶州湾，北洋水师无险可据，而秦皇岛港"形势本佳，复加之以人力，于兵轮之修理停泊，在在相宜"。而且，它临近北京，周围又有铁路，"一旦有事，匪特兵丁之征调、军火之转运，朝发夕至，呼应灵通"②。

再次，如果秦皇岛成为清政府自行开放的通商口岸，将能弥补因俄国经营旅顺而造成的对津海、山海两关所受的税金损失。1898 年，沙俄以干涉还辽有功，迫使清政府与之签订了《旅大租地条约》，规定沙俄租借军港旅顺口、商港大连湾 25 年。而旅顺港是优良的不冻港，水深可停泊三四千吨的轮船。沙俄租借旅顺港后，全力经营，又从中东铁路修一支线到旅

---

① 黄景海、奚学瑶：《秦皇岛港史（古、近代部分）》，人民交通出版社，1985，第 125 页。

② 熊性美、阎光华：《开平煤矿矿权史料》，南开大学出版社，2004，第 22～24 页。

顺、大连。铁路一通，两港以其便捷优势，迅速繁荣起来，而其附近由清政府管辖的天津与营口则受到很大影响，津海关与山海关损失了数万税金。因此，若在秦皇岛开埠、修筑港口，比之旅顺、大连更为近便，"设关征税，使水路转输之货物，皆可以滴滴归源"①。

经过德璀琳的条分缕析，张翼于1899年上奏清廷，要求在秦皇岛修建码头。由于准备充分论证有力，很快清政府谕令让开平矿务局垫款试办，先修煤港。② 于是，又经德璀琳撮合，开平矿务局于1899年向墨林商议借款20万英镑（折合白银约140余万两）以修建秦皇岛码头和开办新矿。

资金到位后，秦皇岛港的开港和修建工程进行得颇为顺利。1900年，德璀琳在当年津海关年报中称："秦王岛（秦皇岛）开筑轮船码头以便运煤一节，至今已颇有成效。……该码头左右亦可停泊吃水甚深之轮船，亦可起落由火车运来之货色，日后该岛于煤务一节及直隶全省土产，最为紧要之区云。"③

清政府在正式下令修筑秦皇岛港码头之前，已于1898年3月26日宣布秦皇岛港为自开口岸。开埠前夕，总税务司赫德向总理衙门建议，因秦皇岛距离天津甚近，可先由津海关道或北洋大臣选派委员驻扎。津海关道即着手在此设立"秦皇岛分关"，1899年2月，总税务司札饬津海关道于秦皇岛正式设立了"税务司公署"，同时派德璀琳作为会办秦皇岛开埠的税务司。1900年11月德璀琳重新被委派到津海关任税务司，

①　熊性美、阎光华：《开平煤矿矿权史料》，南开大学出版社，2004，第24页。
②　熊性美、阎光华：《开平煤矿矿权史料》，南开大学出版社，2004，第25页。
③　天津社会科学院历史所、天津市档案馆：《津海关年报档案汇编（1865—1911年）》上册，内部发行，1993，第98页。

一直到 1904 年 12 月他同时管理这两个港口。[①] 这样，德璀琳扩大了自己的职权范围，如愿以偿地将手伸到了在中国新兴起来的矿山事业中。

德璀琳与张翼、墨林、胡佛

德璀琳非常能干，同时也是一个雄心勃勃的人。然而，由于海关几乎是总税务司赫德一人掌控的独立王国，赫德又对德璀琳颇为忌惮而百般压制。德璀琳知道自己在海关再无前途，于是他将目光转向了正在中国蓬勃兴起的筑路和采矿事业。就如同海关之于赫德，德璀琳希望成立另一个类似海关的机构，自己则成为另一个赫德式的大权在握的人物。因此，德璀琳来华后就一直在寻找各种机会，他的梦想除了前面一章提及的邮政总局的"总邮政司"和铁路总局的"总铁路司"，就是成立矿务总局，自己担任"总矿务司"。

1877 年德璀琳至津海关任税务司时，正是开平矿务局成立并采用机器方法开采煤矿的开始。在当年的海关年报中，德璀琳非常详细地记述了开平煤矿的蕴藏和采掘量等具体情况。[②] 可以说，从那时起，他就开始觊觎开平煤矿的巨大利益。为此，他伺机接近开平煤矿的官员。而接替唐廷枢任开平矿务局督办的张翼，又是一个只知道巴结权要的庸碌无能之辈，他对洋务概不熟悉，因此对加意笼络的德璀琳非常倚仗，二人关系密切，张翼对德璀琳几乎言听计从。

---

① 孙修福：《中国近代海关高级职员年表：1861—1948》，中国海关出版社，2004，第 470 ~ 474 页。

② 天津社会科学院历史所、天津市档案馆：《津海关年报档案汇编（1865—1911 年）》上册，内部发行，1993，第 187 ~ 191 页。

1894 年中日甲午之战爆发，为方便保护矿产，李鸿章曾任命德璀琳为开平矿务局及津榆铁路会办，[1] 这是德璀琳第一次公开插手开平矿务局的事务。战后，为了扩充矿务和在秦皇岛筹办码头，张翼特别向清廷保举德璀琳来协助自己。1899 年他在奏折中夸赞德璀琳，说他"才具开展，熟悉各国情形，在中国三十年，充当税务司兼北洋随员为时甚久，办理交涉海防事务，劳瘁不辞，出使大臣许景澄、吕海寰曾倚任之。其为人公正，不肯唯利是趋，且办事朴诚，是以中国官商知之者多相嘉许，在洋员中尤为难得"[2]。因为张翼的特别保举，德璀琳从开始的顾问咨询到参与开平矿务的拓展，逐渐将开平煤矿控制在自己手中。

甲午之战，中国败于日本，清政府的虚弱无能在列强面前暴露无遗。列强掀起瓜分中国的狂潮，在中国划分势力范围、抢夺筑路采矿的权利。同时，清政府也开始认识到发展近代事业、富国强民的重要性。1898 年夏，作为"戊戌变法"的一项内容，清政府设矿务铁路总局，并于同年颁布了中国第一部矿章。

德璀琳失意于邮政总局局长和海关总税务司之争后，一直在寻找发展事业的另一个机会。"总矿务司"显然是一个极具吸引力的补偿，更何况这个职位背后还有巨大的利益。然而要想获得这个职位，德璀琳还必须获得来自国外的资金和技术方面的支持。1898 年春，英国矿业商人墨林（Charles Moreing）应李鸿章邀请访问中国，就中国的采矿事业提供意见。虽然他

---

①　熊性美、阎光华：《开平煤矿矿权史料》，南开大学出版社，2004，第 66 页。
②　熊性美、阎光华：《开平煤矿矿权史料》，南开大学出版社，2004，第 25 页。

与李鸿章的会见没有带来任何结果，但是却引起了德璀琳的极大兴趣，并极力向张翼推荐。此后，双方就秦皇岛港的修建进行了第一次合作。

在全球的英国殖民地经营采矿事业多年的墨林深知，在中国发展事业必须得到一位"与中国官场有联系的极其重要的人物"的帮助。就这样，墨林与德璀琳这两个同样雄心勃勃又资源互补的人一拍即合。两人不仅在中国多次密谋，墨林回到英国后，还通过密信和电报往来讨论在中国采矿和成立一个类似海关的、专门负责矿务的中央矿务总局的事情。墨林建议德璀琳做自己的合伙人，"我准备如已说妥的那样为中央矿务总局一事与你合作，你将在中国做领导人，我的公司将提供专家和资金，利润与你平分"①。后来，这个计划被证明是太野心勃勃了，德璀琳和墨林只好将其合作局限在张翼直接控制的直隶和热河范围内。

德璀琳与墨林合作还有另一方面的考虑，即"成立国际财团办理中国的采矿事宜"以对抗沙俄潜在的威胁。前面提到，1896 年李鸿章出访欧美，德璀琳随行。此行名义上是代表清廷恭贺沙皇尼古拉二世（Tsar Nicholas II）即位，考察欧美强国实业以及与列强商议"照镑加税"等问题，其实主要目的是与沙俄秘密结盟，签订《中俄密约》以共同对付日本。② 俄国由此取得"借地筑路"的权力，为其以后侵入中国打开了方便之门。因此事涉及中国与列强的关系，极为机密，所以德璀琳当时并不知道此事。但随着此后密约主要内容的曝

① 熊性美、阎光华：《开平煤矿矿权史料》，南开大学出版社，2004，第 48 页。
② 〔俄〕维特：《李鸿章游俄纪事》，王光祈译，东南书店，1928，第 1 ~ 3 页。

光以及英、俄两国商定以长城为界划分两国势力范围，德璀琳越来越感到俄国对东北和华北的威胁，为开平煤矿可能遭到俄国的侵占而忧虑。[①]

为此，德璀琳多次与墨林讨论成立国际财团办理中国的采矿事宜。他希望"任何金融交易都是国际性质的"，因为"如果是一个国家，就会引起政治纠纷"且"俄国方面……显然不愿在他们的边界附近或势力范围之内和英国资本打交道"[②]。此外，第一次世界大战前俄国与德国的宿敌法国结盟，德国因此与俄国处于敌对状态。俄国一旦独占开平煤矿，身为德国人的德璀琳担心自己再不能染指开平矿务。因此，俄国独占开平煤矿被德璀琳视为对自身利益最大的威胁。为了对抗俄国，如同国家需要结成联盟一般，他也必须寻找自己的盟友。

德璀琳决定与墨林合作后，立刻展开实际工作。他要求墨林委派一名矿务工程师来华，名义上是张翼的技术顾问、任职开平矿务局总工程师，实则作为墨林的代表，便于德、墨双方密谋。于是，1899 年 3 月墨林派美国工程师胡佛（Herbert Hoover，中文名胡华）来华。

对于一位日后成为美国第 31 任总统的年轻人来说，胡佛的才华应当是毋庸置疑的。据他自己说，他是斯坦福大学的第一个学生，在校时虽然成绩并不突出，但跟老师们的关系都很好，又是学生会的骨干成员，还没毕业就已经很会赚钱了。刚从斯坦福大学毕业两年，他即被墨林以 6000 美元的高薪派往澳大利亚工作。不过，强烈的进取心恐怕更是他获得成功的最

---

① 熊性美、阎光华：《开平煤矿矿权史料》，南开大学出版社，2004，第 55 页。
② 熊性美、阎光华：《开平煤矿矿权史料》，南开大学出版社，2004，第 61 页。

图 5－1　年轻时的胡佛

重要的特质，而这份来华的差事事后证明可称是他一生事业的奠基石。

年轻的胡佛来华后，对开平矿务局的经营情况、资产负债等进行了非常详细的调查。他指出，开平煤矿经过20多年的发展，拥有土地、矿山、铁路、运煤船、货栈和码头等，其资产总值达104万镑，这还不包括开平煤田蕴藏的丰富资源。他最后得出以下结论："这项产业肯定值得投资一百万镑；这个企业决不是一项投机事业，而是一个会产生非常高的盈利的实业企业。"①

开平煤矿的美好前景使胡佛下定决心要在这里大展拳脚。在得到德璀琳与张翼的信任后，胡佛直接参与了德璀琳的计划。甚至，更年轻更有野心的胡佛最终骗过了德璀琳，在开平煤矿矿权争夺中，获得了最大的个人利益。当胡佛夫妇于1901年9月22日离开天津前往伦敦时，他已经实际成为"比维克与墨林公司"（又译作毕威克－墨林公司）仅有的四个合伙人之一。另外，加上他在新成立的合伙企业中所持有的股票，这个只有27岁的年轻人就已经拥有了巨额财富。到1914年，他成为一个百万富翁，并且在那一年离开商界从政。他的政治生涯在其当选美利坚合众国总统的时候达到了顶峰。这是后话。

---

① 熊性美、阎光华：《开平煤矿矿权史料》，南开大学出版社，2004，第28～41页。

开平煤矿矿权丧失的经过

胡佛来华后，不辞辛苦，对北方的矿藏进行了勘查，还受李鸿章之托，考察了黄河，他对开平煤矿矿藏的专业报告更加坚定了墨林与德璀琳的合作决心。然而，在义和团运动之前，德璀琳在为扩充开平矿务而与墨林所进行的一系列讨论中，还只是为了引进国际资本特别是英国资本，一旦俄国入侵中国北方，可以将开平煤矿置于英国的保护之下。随着时间进入1900 年夏，形势发生了极大的变化——义和团运动开始了。很快，八国联军入侵，他们镇压义和团并占领了天津和唐山。这对一直觊觎开平煤矿巨大利益的墨林、德璀琳等人来说，简直是意想不到的天赐良机，促使他们加快了行动的步伐。

义和团运动爆发后，当地极端排外的拳民烧毁了开平煤矿的一些矿井设备，并焚毁了秦皇岛港的木制码头，矿务局的外国工程技术人员纷纷逃散。1900 年 6 月 17 日，八国联军攻陷大沽炮台后，清军与义和团开始攻击租界。6 月 20 日后，租界内有中国人用带着响哨的鸽子给清军和义和团送情报的谣言开始在外国侨民中流传。[①] 在租界的家中容留了 300 多名中国人避难、并养着鸽子的张翼受到怀疑，被英兵带走关在太古洋行的厨房里，被威胁处死。第二天一早，得到消息的德璀琳即赶去看望被关押的张翼。

关于此事，有学者认为是德璀琳本人导演了张翼被抓这幕戏，以此威胁恫吓张翼使其交出开平煤矿，但是没有证据能够

---

① 〔英〕雷穆森：《天津租界史（插图本）》，许逸凡、赵地译，天津人民出版社，2008，第 126 页。

证明这一点。不过，德璀琳还是很好地利用了这个机会。在看望张翼时，德璀琳告诉他，开平矿务局的产业正处在危险之中，一些产业已被外国军队抢劫和占领。在这种情势下，德璀琳建议，效仿过去的例子，将矿务局的产业置于一面外国国旗的保护之下。德璀琳并拿出一份自己拟好的委任书，要张翼签字。受到惊吓的张翼，在被释放回家后不久即签署了后来被称作"保矿手据"的委任书，任命德璀琳为开平矿务局代理，授予全权以筹划"最善之法"保护矿产。①

后来，德璀琳与胡佛等人担心保矿手据无效，又反复"劝说"张翼签署了两份札文和一份"备用合同"。两份札文，一份是委托德璀琳"或借洋款，或集外国股本，将唐山开平矿局作为中外矿务公司"，并且将日期倒填为义和团运动爆发以前，即开平矿产被外国军队占领之前；另外一份札文则要求德璀琳"广招洋股，大加整顿"。"备用合同"是德璀琳在已得到前两份文件后又怂恿张翼签署的一份虚假的买卖合同。②

之后，德璀琳与胡佛又进一步诱使张翼签署了一份授权书，授权德璀琳、胡佛和墨林筹措 100 万英镑，拟将直隶全省及热河的矿山权益尽行出让，但后来由于德璀琳与胡佛发生矛盾，这份合同作废。③

根据张翼给他的"保矿手据"和两份札文，德璀琳与墨林在天津的代表胡佛于 1900 年 7 月 30 日拟定并签署了一份合同。

---

① 熊性美、阎光华：《开平煤矿矿权史料》，南开大学出版社，2004，第 65~69 页。

② 熊性美、阎光华：《开平煤矿矿权史料》，南开大学出版社，2004，第 70~72、76~77、78~79 页。

③ 熊性美、阎光华：《开平煤矿矿权史料》，南开大学出版社，2004，第 80、81~82 页。

该合同将开平矿务局的所有财产和权益都“移交”给胡佛，再由胡佛将其移交给由墨林在英国注册成立的有限公司。①

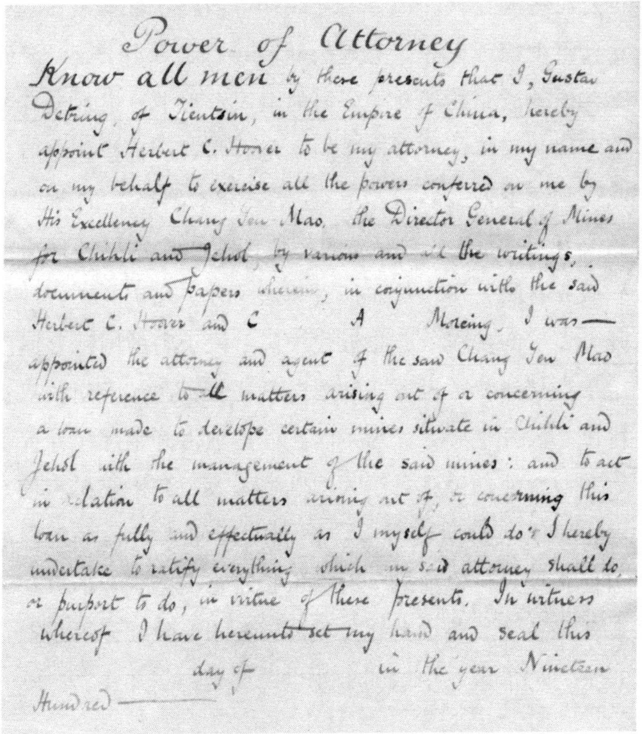
Power of Attorney
Know all men by these presents that I, Gustav
Detring, of Tientsin, in the Empire of China, hereby
appoint Herbert C. Hoover to be my attorney, in my name and
on my behalf to exercise all the powers conferred on me by
His Excellency Chang Yen Mao, the Director General of Mines
for Chihli and Jehol, by various and all the writings,
documents and papers wherein, in conjunction with the said
Herbert C. Hoover and C A Moreing, I was
appointed the attorney and agent of the said Chang Yen Mao
with reference to all matters arising out of or concerning
a loan made to develope certain mines situate in Chihli and
Jehol with the management of the said mines: and to act
in relation to all matters arising out of, or concerning this
loan as fully and effectually as I myself could do & I hereby
undertake to ratify everything which my said attorney shall do,
or purport to do, in virtue of these presents. In witness
whereof I have hereunto set my hand and seal this
day of in the year Nineteen
Hundred —

图 5－2　德璀琳给胡佛的授权书（汉纳根后代郎厄先生收藏）

当合同中规定的“开平矿务有限公司”在伦敦注册成立后，胡佛于1901年再次回到中国。这时，胡佛在德璀琳等人的协助下，围攻张翼四天，要求其签订“移交约”。胡佛向德

① 熊性美、阎光华：《开平煤矿矿权史料》，南开大学出版社，2004，第83～94、95～103页。

璀琳和张翼许诺，给予张翼和德璀琳各5万新公司的股份（相当于5万英镑），并答应张翼任终身督办。胡佛又欺骗德璀琳，声称新公司将成立两个董事部，一个设在伦敦，一个设在中国，并且将由德璀琳等"总理公司在中国之一切产业"。而事实是，在伦敦成立的新开平公司的组织章程中，根本没有关于中国董事部和张翼任督办这样的规定。张翼一番挣扎之后，终于在威逼利诱下低头，答应在签署一份"副约"的条件下签订"移交约"，将开平矿务局的一切产业和权益尽行移交给英国开平矿务有限公司，从而彻底断送了开平煤矿的矿权。①

开平煤矿的矿权争夺是近代中国一段著名的国际公案。德璀琳由于身具津海关税务司和李鸿章、张翼洋务顾问的双重身份而得以介入开平矿务。为了防止沙俄独占开平煤矿并保证得到个人利益，他劝说张翼引入国际资本改组开平煤矿，使其具有欧洲主要国家财团的背景。德璀琳抓住八国联军入侵的机会，迫使张翼效仿以前战争时期保护官督商办企业的方法，将开平矿务局转让给英比财团操纵的新公司，致使开平煤矿矿权完全丧失，德璀琳在中国的事业也因此走向了尽头。

需要澄清的几个问题

一是身为德国人，德璀琳为什么不直接找德国财团而是转向英国和比利时财团？

德璀琳在引进哪一国财团这个问题上，倾向于引进比利时的资本。他认为，"比国作为财政来源有很大的重要性，同时

---

① 熊性美、阎光华：《开平煤矿矿权史料》，南开大学出版社，2004，第109、111~116页。

也可以作为一个兴办事业的政治力量，因为它是个很小的国家，而不是个侵略的国家"。他告诉墨林，比利时的金融家多半和德、法、俄的财团有关。并且，德璀琳还将比利时财团的代表蔡斯（A. Thys）中校介绍给墨林。[①] 由此可见，德璀琳在组织"东方辛迪加"引进国际资本控制开平矿权方面所起的主动作用。

那么，身为德国人，德璀琳为什么不直接去找德国的财团而是转向英国和比利时的财团呢？这其实不难理解。事实上，德华银行（Deutsch‐Asiatische Bank，即德意志亚洲银行）[②] 曾经在1897年借款给开平矿务局60万两以购买运煤新船，并且约定将来矿务局如再想借款时，应首先向该行接洽。"肥水不流外人田"，德璀琳当然希望能有德国资本注入开平，这样也可使控制开平的国际财团的力量更壮大，以备"一旦在北方发生总溃退或被侵入时，能取得依靠或足够的保护"[③]。然而，1897年11月，德国借口两个德国传教士在山东被中国农

① 熊性美、阎光华：《开平煤矿矿权史料》，南开大学出版社，2004，第51页。
② 德华银行是由德意志银行牵头，由德商在华开办的银行，创办于1889年5月15日，是在中国设立较早的外国银行之一。总行设于上海，其后又在天津（1890年），柏林、加尔各答（1896年），汉口（1897年），青岛（1898年），香港（1899年），济南（1904年），北京、横滨（1905年），神户、新加坡、汉堡（1906年）以及广州（1911年）等13个城市设立了分支机构。它为德国与亚洲地区的贸易服务，经营存放款、外汇、发钞和投资业务，向中国政府的借款曾达到上亿美元，1914年以前是在华影响力仅次于香港上海汇丰银行的外国银行。第一次世界大战中，德华银行青岛分行及其在山东投资的铁路、矿山公司全部被日本接收，中国政府也接管了各地德华银行。一战后，德华银行重新来华发展，但其地位已经远非昔比。第二次世界大战后，各地德华银行再次由中国国家银行接收。
③ 熊性美、阎光华：《开平煤矿矿权史料》，南开大学出版社，2004，第48、55页。

民杀死，派兵占领了胶州湾。其后，清政府被迫将胶州湾连同山东境内的筑路采矿权一起交给德国人。因此，德华银行等德国财团此时正把注意力投向山东，无暇他顾。而开平煤矿处于胶东半岛以外，德国方面大概不想因插手山东以外别国势力范围内的事而引起其他列强的不满，所以决定不再投资开平煤矿。

墨林回到英国后，找到英国金融界的重要人物，将开平煤矿又转卖给德璀琳介绍的比国财团，即"东方辛迪加"，其股东有400多个，几乎囊括了欧洲主要几个国家的大公司、大银行，甚至也包括俄国的资本，如：比利时的通用公司、新海外银行、布鲁塞尔银行、国际银行，法国的巴黎银行、国家贴现银行、奥托曼银行、巴黎第二银行以及几家大公司，德国的贴现公司和德意志银行所代表的一个银行和企业集团，奥匈帝国的维也纳银行同盟和匈牙利商业银行，俄国的华俄道胜银行、圣彼得堡国际商业银行，瑞士的瑞士信贷银行、联合银行及金融联合银行，荷兰的阿姆斯特丹银行，意大利的意大利信贷银行、意大利商业银行等。而"东方辛迪加"的首脑就是比利时国王利奥波德二世（King Leopold II）本人。[①]

比利时国王利奥波德二世是一个狂热的殖民主义者，有"殖民主义之王"的称谓。虽然比利时只是一个欧洲小国，领土、人口、军力都并不占重要地位，但他热衷于在亚非国家进行开拓殖民地的罪恶勾当。1876年他组织国际非洲协会，以考察和开发非洲为名，以个人名义霸占刚果大片土地，称之为

---

① 熊性美、阎光华：《开平煤矿矿权史料》，南开大学出版社，2004，第157～158页。

刚果自由邦。他对当地居民的残酷剥削、压迫和屠杀，使当地人口减少了一半，遭到世界舆论的谴责。1908 年刚果转归比利时政府管辖，成为比利时殖民地。利奥波德二世时期的比利时政府多次寻找机会参与侵略中国。天津的比国租界是比利时在世界上的另一块半殖民地，是义和团运动之后从清政府租借而来。德璀琳介绍的开平煤矿，使利奥波德二世像发现了金矿一样，感到异常兴奋。他迅速组成"东方辛迪加"这样一个国际大联盟，把利益冲突的各种势力整合在一起，排除了彼此之间的矛盾，使每个势力都能从开平煤矿这块大蛋糕上分得自己的一份，皆大欢喜。

德璀琳与比国财团的关系还不尽于此。1900～1902 年天津被八国联军占领期间，德璀琳与本地的其他一些外国人组织成立了一家电车公司，准备修建从天津老城至租界的电车，并且获得了占领军临时政府——都统衙门——授予的特许经营权。[①] 只是这项事业需要巨额资金，因此，后来他找到比国财团投资，成立了"比商天津电车电灯公司"，修筑了中国第一条有轨电车，获利丰厚。

二是战时将企业售予外国人以获得保护，开平煤矿并非开创先河。

战时将企业售予外国人以获得保护，开平煤矿并非开创先河。在 1884 年的上海和 1894 年的天津都发生过类似的情形。

1884～1885 年中法战争期间，法军曾散布舆论称要劫夺轮船招商局的船只和货物。李鸿章遂上奏朝廷批准，以原价将

---

① 刘海岩等：《八国联军占领实录——天津临时政府会议纪要》，天津社会科学院出版社，2004，第 343、348 页。

招商局的船只和货栈出售予美国旗昌洋行，战争期间挂美国国旗照常行驶使用，并规定日后付给佣金后原价收回。[1] 1894 年甲午战争爆发，德璀琳本人被李鸿章任命为开平矿务局及津榆铁路会办，以借助其外国背景保护路矿。[2] 据当时代德璀琳署理津海关税务司的孟国美（P. H. S. Montgomery）报告称，1894 年7 月 1 日天津忽然传闻日本人将要进攻大沽炮台，于是"所有招商局、开平局之轮船，盖行售与西人，改挂外国旗号，仍然贸易"[3]。

从以上情形来看，在当时的战争状态下，李鸿章令其下属创办的官督商办企业——轮船招商局和开平矿务局——把大沽口内的企业资产在名义上暂时卖给西方人，改挂西方列强国旗，从而获得其庇护。这样不仅可以继续进行贸易，而且避免了战败时作为敌产被没收而遭受巨大损失。由此可见，开平煤矿矿权案中，张翼授权德璀琳保护矿产甚至假意暂时将整个开平卖给德璀琳以使开平作为外国人的产业获得西方列强保护在历史上是有先例的，而且是由李鸿章、盛宣怀等人开始的，张翼和德璀琳并不是始作俑者。

这就可以解释得通，为什么张翼作为一个清廷官员如此大胆地授权德璀琳把整个开平煤矿产业作为其个人产业在德国领事馆注册。[4] 而且，事后张翼并未向朝廷隐瞒这份合同，反而作为证据提交伦敦法庭。同样，德璀琳亦未因此而受到清廷的

① 《李鸿章全集（奏稿）》，时代文艺出版社，1998，第 1940～1942 页。

② 熊性美、阎光华：《开平煤矿矿权史料》，南开大学出版社，2004，第 67 页。

③ 天津社会科学院历史所、天津市档案馆：《津海关年报档案汇编（1865—1911 年）》上册，内部发行，1993，第 46～52 页。

④ 熊性美、阎光华：《开平煤矿矿权史料》，南开大学出版社，2004，第 79 页。

深责，仍然戴着头品顶戴、佩着二等第一双龙宝星当他的税务司，还被清廷指派赴英国协助张翼打官司。

不管最初的主意是谁出的，当八国联军占领天津之时，德璀琳在开平煤矿这个问题上，再次祭起转让产权这个法宝却是驾轻就熟。更何况在当时形势下，德璀琳及当时许多在天津的外国人都预计，"中国将被列强瓜分，会出现多年的无政府状态"①。因此，很有可能，在许多年里，清政府无人也无能力对此事加以追究。既然这样，与其将开平煤矿拱手让给他人，不如自己先下手为强将其变为个人私产以获得最大的利益。

三是开平煤矿是被"移交""转让"而不是卖给在英国注册的开平矿务有限公司。

在开平矿案中，还有一个需要澄清的问题是：开平煤矿是被"移交""转让"而不是卖给在英国注册的开平矿务有限公司。

根据从张翼那里取得的两份札文，尤其是那份备用合同，德璀琳有权对开平矿务局的一切产业，"包括各种类型和性质的动产与不动产在内"，"按其意愿出售、抵押、租赁、管理、经营及管辖该项产业"②。但是，德璀琳后来并未使用那份"备用合同"，而是依据"保矿手据"，与胡佛于1900年7月30日拟定并签署了一份合同。该合同将开平矿务局的所有财产和权益都"移交"给胡佛，再由胡佛将其移交给由墨林在英国注册成立的新有限公司。

胡佛到英国代表墨林注册了新公司后于1901年回到中国。

---

① 熊性美、阎光华：《开平煤矿矿权史料》，南开大学出版社，2004，第74页。
② 熊性美、阎光华：《开平煤矿矿权史料》，南开大学出版社，2004，第79页。

他与德璀琳威逼利诱张翼签署"移交约"。张翼在签署一份后来被证明毫无作用的"副约"的条件下最终签订了"移交约",将开平矿务局的一切产业和权益尽行移交给新注册的英国开平矿务有限公司。

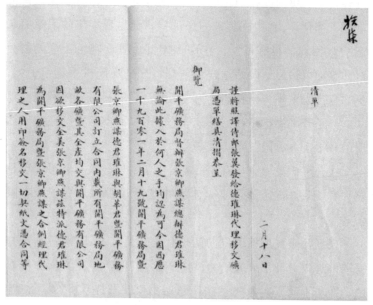

图 5－3　台北中研院近代史研究所藏《侍郎张翼发给德璀琳代理移交矿局凭单之清折（折片）》

对于"为什么有了 1900 年的合同,还要再签订 1901 年的移交约和副约"这个问题,有学者从这几份文件的内容上分析,认为"移交约"中所规定的双方相互交换和让渡的权益,比第一份合同中规定的要更为广泛,帝国主义矿商获得的利益更大,所以要签后面的合约。而且,为了使契约更加完善,必须张翼在"移交约"上亲自签字盖章,否则,"开平矿务局产业的所有权就不能到手"①。

　　事实上，作为开平矿务局顾问的德璀琳和总工程师的胡佛都不可能不知道，当时中国政府的法律禁止将本国产业无条件卖予外国人。而且，就在卖约签订前两个月，胡佛还出版了一本关于清政府矿务章程的摘要。②1899 年清政府颁布的矿务章程中，虽允许在矿业中引用外资，但是要求所有的企业中至少要有一半的中方股份，并且只能由中国人进行管理，外国人的参与仅局限在技术方面。③

　　此外，在张翼给德璀琳的两份札文中以及德璀琳回复张翼的信中，都从未提及"卖予"这个词或任何同义词。作为开平矿务局的代理人，德璀琳无权处置其资产，更不能将其售与任何人。而张翼虽在"备用合同"上签字将开平煤矿卖给德璀琳，但是由于该合同上并没有张翼的关防印章，且没有填写日期和价款，所以也是无效的。即便后来补上这些，如果没有银行的真实银钱转账过户记录，仍然无效。于是，胡佛只得向其聘雇的天津英籍律师伊美斯（B. Eames）请教，如何钻法律漏洞以保证获得开平的全部资产。伊美斯说，唯一的方法是进行无条件转让。德璀琳为了获得英国的保护，立即答应。④

　　所谓卖是要有价钱的，要标明价款，而将矿产卖予外国人是为清政府的矿务章程所明令禁止的。但是矿务章程并没有禁

---

①　熊性美、阎光华：《开平煤矿矿权史料》序言，南开大学出版社，2004，第 6~7 页。

②　摘译自 George H. Nash, *The Life of Herbert Hoover: The Engineer 1874-1914*, New York：W. W. Norton & Company, 1983, p. 131。

③　《矿务档》第 1 册，近代史研究所，1960，第 36 页。

④　摘译自 George H. Nash, *The Life of Herbert Hoover: The Engineer 1874-1914*, New York：W. W. Norton & Company, 1983, p. 131。

止无条件转让，所以德璀琳和胡佛在律师指导下，钻法律漏洞，甚至一分钱都不花就得到了开平煤矿的全部利益。

德璀琳等人之所以如此大胆，所恃者前面已经提到，就是认为中国将被列强瓜分而陷入无政府状态。因此，德璀琳把张翼完全抛到一边，在 1900 年合同上并没有张翼的签字和关防。但是，到了第二年，列强达成一致意见，即保留清政府的统治作为列强统治中国的工具。这样，合同的合法性就成了问题。因而，1901 年德璀琳等人要补充签订"移交约"，并且必须要有张翼的签字和关防印章，才能使第一份合同有效。当张翼终于在移交约上签字盖章后，连英国人自己都赞叹说，"就中国同等重要的产业来说，没有一家外国公司曾获得过这样完善的一份契约"①。

"小巫见大巫"

德璀琳费尽心血帮助英比财团将开平煤矿攫取到手，根据胡佛的保证和"副约"，他本以为自己作为中国方面的直接代表，从此可以把公司的整个管理权都抓在自己的手里，然而结果却被胡佛这个年纪轻轻、刚到中国不久的美国人欺骗，最后实际到手的只有 5 万英镑。除了换给开平旧股东的 30 多万镑以外，新开平公司的其余 60 多万镑尽为英比财团囊括而去。尤为令他气愤的是，新公司董事尽为英比财团代表，他们不承认副约所规定的中国董事部。② 这样德璀琳和张翼在开平公司的管理权完全丧失。

---

① 熊性美、阎光华：《开平煤矿矿权史料》，南开大学出版社，2004，第 130 页。
② 熊性美、阎光华：《开平煤矿矿权史料》，南开大学出版社，2004，第 193 ~ 195 页。

开平被骗卖一事，张翼自然不敢主动汇报给朝廷。直到1902年，事情为时任直隶总督的袁世凯所知，并一再向张翼逼问事情原委。袁世凯于1903年3月13日向清廷第一次参奏张翼盗卖开平矿产的内情，并称"迭向张翼一再询语，仍称系中外合办公司，并未卖与英公司，已遣讼师赴英国控诉，正月内必有头绪。而现届二月，尚无消息。目前谘询德璀琳，亦一昧支吾"①。于是朝廷责成张翼和德璀琳赶紧设法收回。此后，因为张翼无法解决问题，只得一再拖延。袁世凯又三次向朝廷参奏张翼。

张翼无法，只得于1904年底偕德璀琳、严复一起赴伦敦打官司，企图通过法律手段解决开平煤矿的权利纠纷问题。作为当事人之一的德璀琳不得不陪张翼一起到英国打官司，他们在英国法院提出诉讼，打了一场国际官司，耗费了三年时间，最终英国法院的法官承认"副约"有效。不过，官司虽然赢了，但仍然无法执行，只能不了了之。

为了报答德璀琳帮助打官司，在他津海关税务司的任期内，开平矿务局每月秘密给他开支几百两车马费，此事后来为总税务司赫德知晓并逼迫德璀琳承担责任。1904年德璀琳被迫辞去税务司之职，他在中国一生的事业最终因开平矿案而不光彩地结束了。不过，他与开平的缘分并未了结。

1901年的"移交约"签订之后，胡佛的使命已全部完成，他们夫妇离开了天津。为了确保新公司对开平煤矿的绝对控制并保证正常生产，胡佛将开平矿务局任总办（总经理）这个重要职位交给了自己在南非结识的英籍犹太人纳森（Walter. S. Nathan）。纳森青年时代曾在英国军队中服役，任职皇家工兵少校，对工

---

① 《袁世凯奏议》，天津古籍出版社，1987，第740～742页。

程技术有一定的经验。经胡佛推荐，纳森于1903年来到天津。1912年，开平与滦州两个煤矿合并成立开滦矿务总局，办公地点仍设在天津，纳森再度成为董事部主席兼总经理。在天津期间，纳森与德璀琳的四女儿相识，两人于1908年结婚，一直生活在天津，也是租界侨民圈中的重要人物。后来，他被提升到伦敦办事处任主管。纳森的侄子爱德华·乔治·纳森（Edward J. Nathan）于1910年来到天津投奔叔叔纳森，被安排进入矿务局工作。1928年，爱德华·纳森升任开滦矿务总局副总经理，从此把持天津煤炭大权直至20世纪40年代初。开平矿务局的管理权终于又回到与德璀琳有关的家族手中，不知道德璀琳是为此感到欣慰呢，还是愧恨呢？不揣以小人之心度之，估计还是前者居多吧。

德璀琳等人盗卖开平煤矿的行径，在今天看来，是一桩典型的官商勾结、以虚假入股形式盗卖国家控股企业致使国有资产大量流失的重大经济罪行。但是这是发生在一个多世纪前西方列强竞相瓜分中国、争夺路矿权利的大背景、大环境下，因此这绝不仅仅是一桩商业犯罪案例。在列强侵略、压迫中国的强盗行径面前，德璀琳等人的行为不过是"小巫见大巫"。从开平矿权争夺案，我们可以总结出如下经验：无论何时，国家的繁荣强大、主权独立都是维护国家和人民利益的最重要保证。

第二节　汉纳根与井陉煤矿

"德中工业与矿山开发公司"

甲午战后，列强掀起了瓜分中国的狂潮，争夺在中国筑路采矿的权力。其中，德国由于参与三国"干涉还辽"，要求在中国获得更多的"报酬"。1897 年 11 月，山东曹州巨野发生两名德国传教士被杀事件，史称"巨野教案"。德国政府以此为借口，派兵侵占胶州湾。翌年 3 月 6 日，德国迫使清政府签订《胶澳租界条约》，主要内容有：一，德国租借胶州湾，期限九十九年；二，同意德国在山东修筑铁路两条，享有铁路沿线 30 里内的开矿权；三，德国享有承办山东各项工程的优先权。这个条约使山东成为德国的势力范围。在这一背景下，汉纳根第三次重返中国，开始自己的商业冒险。

与德璀琳一样，汉纳根对在中国发展采矿这项极其有利可图的事业也非常感兴趣。1879 年他刚到中国之时，正是开平矿务局开始采用机械设备开挖两口新式煤井的时候，中国的现代采矿事业正处于起步阶段，虽然前进速度缓慢，但前景可待。所以，虽然身在旅顺，在修建炮台的繁重的工作之余，汉纳根还是不忘关注开平采矿事业的进展。在写给父母亲的信中，他经常会提及中国的这座矿山。参与训练中国新军的计划失败后，汉纳根回到德国。在回国的几年时间里，他都在从事工业方面的事务。不久，德国独占山东，使汉纳根看到了巨大的商机。

眼见开发山东路矿这大好的机会，汉纳根立刻展开行动，于当年 4 月组建了"德中工业与矿山开发公司"。公司组成的形式是辛迪加（Syndicate），即由同一生产部门的少数资本主义大企业通过签订统一销售商品和采购原料的协定以获取垄断利润而建立的垄断组织。德璀琳是这一公司的合伙人，也是吸引其他大公司合作在中国开展业务最大的靠山。多年来，德璀琳利用自己在李鸿章身边的重要地位，同时还依靠自己妻子与欧洲财团罗斯柴尔德家族的关系，在回欧洲休假时积极联系游说各国财团通过自己到中国投资。在当地 1898 年 4 月 25 日的报纸上，刊有关于这个公司开业盛况的报道。公司的主要目标就是，通过开采中国各省的煤矿和其他稀有矿藏而获取利润。

但是对这个公司是否在中国享有优先权的问题，在德国国内引发了不小的争论。德国国内各方都想利用特权在中国大肆盘剥榨取利润，结果引起了各大财团之间的利益冲突。这一点可以从 1898 年 4 月 8 日科隆地区的报纸上可以看到："从目前的情况来看，好像德国人急着从中国的占领区榨取好处似的，但这并不是全体德国人的意愿。众所周知，本月底中德政府签署的关于允许德国国有企业享有在华开办工厂的优先权的合约，无疑是德国政府为全体德国人争取来的优先权。可是在这个消息发表的当天，就有一小伙人打着'德国政府赞助人'的旗号，成立了一个公司。据说，这个公司里的成员主要是来自汉堡和科隆的商人，他们曾经在中国供职多年，早就对山东的情况了如指掌。并且他们也准备了很长时间，就等着合同一旦签署，立即在中国开办煤矿，好将山东省的煤矿资源全部据为己有。"① 面对国内的反对声，德璀琳和汉纳根二人决定赶紧行动，先下手为强。1898 年 4 月，汉纳根雇用了他妻子的奥地利亲戚保罗·包尔（Paul Bauer）② 前往中国，以"德璀琳先生的私人助理"身份，协助不便公开经商的德璀琳开展业务。

① 摘译自 Constantin von Hanneken, *Briefe aus China: 1879–1886*; *als deutscher Offizier im Reich der Mitte*, Köln: Böhlau Verlag GmbH & Cie, 1998, Statt eines Nachworts, pp. 331–335。
② 德璀琳的妻子是奥地利人。

安排好德国方面的事务后，汉纳根自己也于第二年第三次来华，投身中国的采矿事业。[①] 他认为自己熟悉中国国情，能讲一口流利的汉语，又有岳父德璀琳的大力支持，具有其他德国人不具备的优势。特别是，他相信中国人不会忘记自己曾经为中国海防做出的贡献，更不会忘记在甲午海战中自己的英勇表现。在人际关系方面，无论是朝野上下还是清军的高层人物，都有许多人是他的朋友，在中国人中，他被称作"韩大人"。虽然一些人曾反对他在军中担任要职，但时过境迁，那些人与他仍然是朋友。以上这些，都是新来的外国人无法比拟的宝贵的"无形资产"。

送上门来的井陉煤矿

汉纳根来华后，在山东方面的开矿业务还未全部展开，却遇到了另一个绝好的机会，那就是适逢直隶的一位矿主在天津招募股本开采井陉煤矿。

井陉煤矿位于直隶省正定府井陉县（今属河北省石家庄地区）。井陉煤田煤质优良，蕴藏量大，特别是能炼出优质的焦炭。据史书记载，早在宋代即已开始采煤，到了明清时期，煤窑星罗棋布，由当地财力雄厚的地主投资，以土法采煤。1898 年，井陉县南正村的乡绅张凤起集资合股，购地 18 亩为矿区，呈请井陉知县和直隶总督批准，创办采煤公司，5 月开始，以土法开矿。其后不久，因资金短缺加上技术落后，一直不能正常生产乃至停工。1899 年张凤起赴天津招募股本，于

---

① 刘晋秋、刘悦：《李鸿章的军事顾问汉纳根传》，文汇出版社，2011，第179 页。

10 月结识了刚到天津的汉纳根。[1]

对于这个送上门的机会，汉纳根大喜过望。对于井陉煤田，早就关注中国北方煤矿资源的汉纳根应有所耳闻，18 世纪末一位德国人曾著《支那》一书，在书中提及井陉煤田。一得到张凤起的信息，汉纳根立即派技术人员赴井陉实地勘测，探明确实煤质好、储量丰。[2] 除此之外，井陉煤矿距天津较近，便于利用那里已经建成的铁路运输网络；而且，它位于直隶省内、山东境外，既在德璀琳的影响范围之内，又不至于引来德国同行的嫉妒和竞争。如此看来，井陉煤矿真是一个从天而降的馅饼。

经过几番商议之后，汉纳根与张凤起订立了中德试办井陉县煤矿局的合同草约。双方约定，由汉纳根出银 5 万两，张凤起出地 18 亩，合作办矿，之后分别向德国驻华领事馆和清政府呈文。1903 年，经清政府路矿总局批准并呈送北洋大臣袁世凯，签订正式合同，定名为"井陉煤矿局"（又名"井陉矿务公司"），于当年 11 月举行开工典礼，开凿南井，约一年后出煤，之后又开凿了北井。[3] 试办期内，煤矿进展顺利，前景一片光明。

看到井陉煤矿矿井开凿成功，顺利出煤，直隶总督袁世凯决定收回张凤起的采矿许可，改为中外合资合作的官办企业。1905 年，袁世凯连续 5 次驳回张、汉二人的办矿申请，之后下令收买张凤起的矿地，剥夺其采矿权。而汉纳根是外国人，井陉煤矿的发展离不开他的资金和技术保证，再加上北洋新军

---

① 井陉矿务局编审委员会：《井陉矿务局志》，河北人民出版社，1993，第 1～2 页。

② 井陉矿务局编审委员会：《井陉矿务局志》，河北人民出版社，1993，第 34 页。

③ 井陉矿务局编审委员会：《井陉矿务局志》，河北人民出版社，1993，第 2、9 页。

得益于汉纳根的创议之功，还有德璀琳的影响力，因此袁世凯需要汉纳根继续经营井陉煤矿。他派员与汉纳根磋商，改为中德官商合办井陉煤矿。

1908 年，杨士镶继袁世凯任直隶总督，主持北洋。他坚持袁世凯的既定政策，练兵筹饷，奉行无违。他委派津海关道蔡绍基为井陉煤矿督办、道员李顺德为总办，于当年 4 月与代表德国井陉煤矿股份有限公司的汉纳根签订了中德合办井陉煤矿合同，改名直隶井陉矿务局。

图 5－4　井陉矿务局自用运煤铁路

图 5－5　井陉煤矿矿井

　　随后，汉纳根为井陉煤矿购进了先进的机械设备扩大生产规模，并引进了现代技术和管理制度，使产煤量得到提高。1912 年，井陉煤矿在矿井附近建炼焦炉一座，进行炼焦及提炼副产品试验；1914 年在石门（今石家庄）建炼焦厂，聘德国技师为技术指导，炼出了我国第一批优质焦炭。这种焦炭燃烧时没有烟，品质高，可以用于炼钢；1915 年，安装蒸汽直流发电机一座；同年，还建了一座高达 36 米的水塔，可容水 50 立方米，塔身分内外两层，内层走烟，外层有螺旋式台阶；1921 年，安装选煤机一台，每小时选煤能力为 100 吨。① 1909～1911 年，平均年产原煤 11 万吨；1915 年，年产煤 18 万吨；日产量则从 20 世纪初的日产千吨增长到 1923 年的 2800 吨。②

　　对于煤矿生产和销售来说，运输是一个重要的环节。井陉煤矿不仅在建矿之初就于 1908 年修建了自己的窄轨运煤铁路，之后汉纳根还在海河边修建了一处货栈，专门供井陉煤矿用于煤炭转运。

　　因为德璀琳的影响力，井陉煤的销路很快打开，"除应山西铁路机车所需之煤、并国家造币厂所用焦炭外，余多运往天津，以备温暖房舍之用"③。井陉煤矿的规模虽然不能与开平煤矿相比，但在当时也是北方一处重要产煤地，与开滦、福公司、抚顺、本溪湖、华德、临城等并列为中国近代中外合办的

<hr>

① 井陉矿务局编审委员会：《井陉矿务局志》，河北人民出版社，1993，第 10～12 页。
② 天津社会科学院历史所、天津市档案馆：《津海关年报档案汇编（1865—1911 年）》下册，内部发行，1993，第 224 页；井陉矿务局编审委员会：《井陉矿务局志》，河北人民出版社，1993，第 56 页。
③ 天津社会科学院历史所、天津市档案馆：《津海关年报档案汇编（1865—1911 年）》下册，内部发行，1993，第 165～166 页的

七大煤矿之一。由于各煤矿之间进行市场竞争使煤炭价格变得低廉，北方各地的销路大开，居民用其烧饭、取暖，工厂用其为锅炉燃煤，使用者日增，大大地改善了人们的日常生活，"用之者群皆称便"①。

袁世凯插手井陉煤矿

袁世凯于 1895 年底接管训练北洋新军，从此开始经营北洋集团。为了发展和巩固自己的势力，袁世凯既善用权谋，又长于金钱收买，而这需要充裕的资金来对上行贿对下拉拢，于是将目光转向利润丰厚的采矿业。

义和团运动后，袁世凯接任直隶总督，他本想将开平矿务局的利权收回，却因为英国人的反对而未能成功。其后，他以北洋大臣的政治力量支持周馥之子周学熙于 1907 年创办滦州煤矿公司，不仅一次拨给官股 50 万两，而且多方扶植，与开平煤矿竞争，以设法收回开平。1912 年，开平、滦州两公司合并，组成开滦矿务总局，袁世凯长子袁克定任董事长。在筹办滦州煤矿公司的同时，袁世凯还将原来临城矿务局总办、会办与开平负责人比利时人沙多（M. Jadot）订立的办矿合同作废，另派津海关道唐绍仪与比商谈判，最终由接任津海关道的梁敦彦于 1905 年重新签订合办合同。② 张凤起与汉纳根合办井陉煤矿局，须得呈报北洋大臣批准，这就引起了袁世凯的注意。经过谈判，订立了中外合办合同，由中德合办井陉煤矿。这样，袁世凯通过利用手中权力，将北方的主要煤矿收归己

---

① 天津社会科学院历史所、天津市档案馆：《津海关年报档案汇编（1865—1911 年）》下册，内部发行，1993，第 225 页。

② 李宗一：《袁世凯传》，国际文化出版公司，2006，第 133 页。

用。以上这些煤矿，都要从营业额中抽 5%，报效北洋。当然，对于肯报效的煤矿也给予一定的优惠政策。井陉煤矿在运费和杂税方面都享有很多特权，这也是其后汉纳根经营煤矿获利丰厚的重要原因之一。基于共同的利益驱动，北洋集团和井陉煤矿取得了"双赢"。

图 5-6　开滦矿务总局办公大楼

从客观上讲，袁世凯的这种做法，一方面为北洋的练兵筹饷提供了充实的资金来源，壮大了北洋集团的实力，同时使北洋集团的核心人物渐成巨富，获利匪浅；另一方面，也确实从外国商人手中收回了一定的矿权，有利于民族资本和中国矿业的发展。

以 1908 年所签订的中德合办井陉煤矿合同为例，立约双方为中方的直隶井陉矿务总局和汉纳根的井陉矿务有限公司，双方合办井陉矿务局。合同第一款约定了矿权归属，直隶矿务总局为井陉矿主，这样就首先明确了矿权的归属。

合同第四款约定了管理办法，"所有井陉矿务局一切事宜应由矿务总局与井陉公司互商办理"；双方各自委派总办一人及各办事人员，"惟均须彼此会商妥恰，方能委派"；所有各项工程项目及支付款项，"须由华洋总办或各该委员互相商允签字，方可举行"；各项账目，"须译成汉文，俾华洋两总办皆知头绪、易于阅读"；"所有官牍，用华文书写"；所有贸易方面的各项账目单据，"如系洋文，亦须各译汉文存案，俾易检阅"。这款约定体现了中外合办所需的平等和公平原则，并且规定汉文为公司的通用公文语言，便于中方的监督和堵塞管理漏洞。

合同第五、六款约定，中方以井陉县境内拟开采的煤田抵作办矿股本银 25 万两，汉纳根则以原先购置及准备日后扩充的机械设备抵作股本银 25 万两，双方股本银合计 50 万两，将来股本如不敷用，所添股本由直隶井陉矿务总局与井陉公司各出一半，"以昭公允"。

合同第七、八款约定了利益分配方式，即第 1 年至第 15 年支付利息后，所余之款每 100 两上交矿务总局 10 两，作为积存，预备归还汉纳根的德方股本；然后拨 5000 两交直隶矿政调查局；第 16 年至第 20 年将余利各分其半；第 21 年至第 30 年，德方得四成，中方得六成；至第 30 年德方资本全数还清，合同即行作废。根据这个约定，经过 30 年的中外合办，逐渐归还汉纳根的股本，30 年后合同期满，井陉煤矿就能收回国有了。

合同第九款还规定，中方有权依约定提前终止合同；第十一款规定，未经对方认可，双方均不得将其井陉矿务局之权利或股本转让他公司经理，在公平的前提下，维护了井陉煤矿的权益，排除了其他列强染指煤矿的可能。

合同第十二、十三、十四款，确定井陉矿务局置于北洋大臣的维持保护之下。为了报效北洋，井陉所产之煤，每100两抽5两，并缴纳地税和厘金等。不过，有了北洋大臣的保护，井陉煤矿可在矿务总局矿产界内修筑运煤支线铁路以连接至京汉铁路正太线，方便了运输，降低了成本；而对井陉矿务局所需进口的一切材料设备，只缴纳海关例税，其余厘金等一概豁免。

合同最后约定，以上各款章程使用中英两种文字，如有歧义，"则应专以华文之义为主"。①

通过分析以上合办合同的条款，不难发现，这是一份建立在平等互惠基础上的商业合同，对我国的矿权和管理经营权都给予了充分的保护，同时也使外国投资者能够有利可图，从长远来看，是有利于中国正处在发展阶段的采矿事业的。公允地讲，在维护国家权益方面，北洋集团并非一无是处，而是做了一些有益的工作。

留美幼童与井陉煤矿

为了将井陉煤矿收归官办，袁世凯先后委派任职津海关道的梁敦彦、梁如浩及矿政调查局总勘矿师邝荣光等人与汉纳根谈判。最后，由继任津海关道的蔡绍基与汉纳根签订中德合办合同。在此之前，临城煤矿由唐绍仪负责谈判，收回矿权，井陉煤矿的处理办法也是借鉴了临城煤矿的办法。袁世凯所任用

---

① 井陉矿务局编审委员会：《井陉矿务局志》，河北人民出版社，1993，第426~429页。

的这几位官员皆为我国第一批官派赴美留学生，即"留美幼童"。李鸿章去世之后，袁世凯不仅继承了他在北洋的地位和权力，重建北洋新军，并继续发展李鸿章残存的洋务事业，还提拔重用了李所培养的"留美幼童"。袁世凯不是由科举入仕的，却被认为是"才堪应变"，他在用人方面不拘一格。

图 5 - 7　1905 年"中国首批官派留美幼童"部分成员聚会时合影
（前排左一蔡绍基、左六梁如浩；三排左三唐绍仪、左四梁敦彦）

1872 年 8 月 11 日，经清朝政府批准，在留美监督陈兰彬和中国近代第一位留学生容闳的率领下，中国第一批公派留学生 30 人从上海启程，前往美国开始留学生涯。这一批幼童年龄从 9 岁到 15 岁不等，开启了近代中国公派留学之先河。唐绍仪、梁敦彦、梁如浩、蔡绍基和邝荣光 5 人，皆是这第一批留美幼童中的一员。从 1872 年到 1875 年，李鸿章先后派出四批共计 120 名官费留学生，远渡重洋来到异国他乡，接受美国现代科学技术教育。

"留美幼童"项目本是一个长达 15 年的留学培养计划，但是进行到第 10 年的时候，由于保守派担心留美幼童日益西化——有的人剪了辫子、有的人在大街上拉着美国女孩的手逛街——而强烈反对，要求全部"召回"留美幼童。结果，此项计划中途夭折，除少数年龄稍长者学有所成外，多数人还处在幼龄，学业未能全部完成，大都面临无差可派的尴尬处境。一直到袁世凯就任直隶总督后，才开始重用这批留美幼童中的佼佼者。

唐绍仪、梁敦彦、梁如浩、蔡绍基①等人被袁世凯招至身边，先后担任津海关道一职。这一职位非常重要，除了直接受直隶总督兼北洋大臣领导，协助从事教育、采矿、铁路、邮政、外交等各项洋务事业，还要监督管理天津的通商事务，并

---

① 唐绍仪，中国首批官派赴美留学幼童。唐绍仪与袁世凯早在朝鲜时就已相识，在朝鲜共事 10 年，一直是袁世凯的助手。袁世凯出任直隶总督后，就将唐绍仪一起带到天津任海关道，协助自己从八国联军手中接收天津，处理涉外事务。1903～1904 年，唐绍仪出任北洋大学督办，后历任外务部右侍郎、宁汉铁路总办、邮传部右侍郎、奉天巡抚、邮传部尚书等职，民国成立后出任第一任国务总理，是南北议和时的南方代表。
蔡绍基，中国首批官派赴美留学幼童，曾任北洋洋务局及招商局总办、津海关监督和津海关道，1895 年出任北洋大学二等学堂总办，1906 年代理津海关道，1907～1910 年，任北洋大学督办。
梁敦彦，中国首批官派赴美留学幼童，欧美同学会会长，回国后任教于天津北洋电报学堂，1904～1906 和 1906～1907 年两度出任津海关道兼北洋大学督办，后历任清朝外务部右侍郎、外务部会办大臣兼尚书、会办税务大臣、外务部尚书等职，1911 年获授耶鲁大学名誉法学博士学位，民国后曾任北京政府交通部总长。
梁如浩，中国首批官派赴美留学幼童，1907 年任津海关道兼北洋大学督办，后任关内外铁路总办，民国建立后任陆征祥及赵秉钧内阁外交总长，1921 年出任华盛顿会议中国代表团高等顾问。

与海关的洋税务司一起工作，几乎日日与德璀琳等能干狡黠的洋员打交道，所以这个岗位需要能力出众且擅长与外国人打交道的能员。李鸿章搞洋务的得力干将周馥、盛宣怀等人皆曾出任此职。可以说，津海关道是他们仕途上第一个重要的职位。

唐绍仪等人自幼留洋，在美国学习生活多年，吃西餐说洋话，对于现代文明和与外国人打交道这些所谓"洋务"，可称得上是童子功。这时，他们归国已过了 15 年，在清政府的各衙门里历练了许久，算是补上了国内官场经验一课。他们已到 40 岁左右，正当盛年，一身本事炉火纯青，正是准备报效国家的年纪。袁世凯此时任用这些留学生继续洋务事业，就避免了以往中国官员不通外事，被德璀琳这样的洋员牵着鼻子走的被动局面。

除了津海关道，作为总勘矿师的邝荣光也在与汉纳根的谈判中起到重要作用。邝荣光同为第一批留美幼童，在美期间，他读完了小学和中学课程，而后就读于拉法叶学院（Lafayette College）学习采矿专业。他被召回国后，被分配到开平煤矿任矿师，成为我国第一批矿冶工程师。1905 年，清政府成立直隶省矿政调查局，邝荣光任总勘矿师，他还曾被张之洞调往湖南工作，其间发现了著名的湘潭煤矿。除采矿工作外，邝荣光对地质学的发展也做出了突出贡献。民国以前，在中国领土上，只有少数外国人进行过零星的地质考察。1909 年前后，邝荣光在包括天津在内的直隶全省进行了地质、古生物以及矿产考察工作，并依据考察情况绘制了《直隶省地质图》和《直隶省矿产图》。其中，《直隶省地质图》是目前为止已知的中国人自己绘制的最早彩色区域地质图，《直隶省矿产图》则是我国最早的分省矿产图，填补了我国矿产业的一项空白。

应当说，正是因为有了唐绍仪、梁敦彦、梁如浩、蔡绍基和邝荣光等这样一批专业人才，才能在袁世凯的支持下与像汉纳根这样来自国外的投资者进行平等公平的商业谈判。他们一方面维护了国家的权益，另一方面推动了我国采矿业的发展。独特的经历和才能，使他们在中国的现代化进程中，日益突显其存在价值。唐绍仪是南北议和时的南方代表，民国成立后出任第一任国务总理；梁敦彦曾任北京政府的交通部总长；梁如浩曾任外交总长，1921 年出任华盛顿会议中国代表团高等顾问。他们都是在近代史上对祖国做出过贡献的人才。

汉纳根扶植买办高星桥

在天津近代史上，曾经有一位出身买办而后成为著名实业家的名人，叫作高星桥。20 世纪二三十年代天津法租界内三座著名的大楼——劝业场、渤海大楼和交通旅馆，就是由他投资兴建的。其中，劝业场曾是天津最大的一家商场和娱乐中心，是天津商业的象征；渤海大楼落成后，是天津市最高大、最新式的现代风格高层建筑，时为天津市中心的地标式建筑；交通旅馆与劝业场的穹顶塔楼相呼应，起名取"交通"二字，因此地为繁华的商业区，交通便利。这样一位天津名人高星桥，提起他的发家史，又离不开井陉煤矿和汉纳根。

高星桥并非于买办世家出身，家里本是打铁的，只是因为天津这样一个洋务中心、外国冒险家的乐园，才给了他这样出身低微却聪明机巧的人向上层流动的机遇。高星桥幼时曾在由慈善机构主办的私塾里念书，有一定的文化基础却无心科举。17 岁时，义和团运动爆发，本来家道小康的高星桥因大哥被当作"二毛子"（为洋人服务的中国人）杀掉而不得不担起养家重担。从在家拉风箱打铁到铁路偷煤，之后开设自己的煤球厂，再到当上火车上的司炉工，高星桥的前半生一直没有离开过煤。

后来，高星桥经朋友介绍到德商泰来洋行，推销井陉所产无烟煤。他为人聪明，肯于钻研各种煤的性能，很快即略窥井陉煤炭及货源销路的门路。为了进一步发展，他又托朋友介绍到井陉矿务局任司磅，也就是负责收发称量煤炭的小职员。一年多的时间里，他就对矿上的一般情况熟悉了。由于需要每天到账房交账，报告收发煤斤数目，他都会听到洋账房与华账房的职员说德语。也是他有语言天赋，竟在耳濡目染下学会了一些德语。据他的后人讲，有一次，因煤斤数量差了 100 吨，汉纳根亲自到司磅处查问。当汉纳根问话时，只有高星桥能用半通不通的德语回话。汉纳根大为惊异，又见他精明能干、身体健壮，就把他提拔到华账房做事。[1] 高星桥从此开始得到汉纳根的赏识，迎来人生道路的转折点。

井陉煤矿开办较开平为晚，井陉出煤时，各地市场已为开平出产的烟煤所占领。虽然井陉的无烟煤煤质更好，但一直无法打开销路。此时，担任井陉矿务局华总办的是徐世纲，此人除了他的哥哥是清朝协办大学士、军机大臣、后来的民国大总统徐世昌以外，一无是处。他在矿务局只是挂名，领着最高薪水，每日到公事房总办室上班，日常工作就是抽烟、喝茶、看报纸，对业务一窍不通，对如何打开销路也毫无想法。于是，汉纳根决心另选一名有能力又一心为自己服务的中国人来负责

---

① 高渤海：《天津买办高星桥》，天津市政协文史资料研究委员会编《天津的洋行与买办》，天津人民出版社，1987，第 215～233 页。

销售工作。他想到了华账房中的高星桥，只是他地位低、资历浅。

为了提拔高星桥，据说汉纳根专门为他安排了一场面试。面试分为两部分，矿务局的几位德国技术人员"从各种煤的质量、性能等问起，一直问到怎样打开销路。高星桥胸有成竹，对答如流，条条是道；而且把怎样识别煤的好坏，哪种煤具有耐火能力，原原本本，如数家珍地讲出"。面试的另一部分，高星桥与这些德国人一起到大沽口港外，用望远镜观察海上的各种轮船，仅凭烟囱里冒出的烟，就能指出哪是开滦煤，哪是井陉或者抚顺煤。经过询问对证，果然一分不差。①

但是，要担任井陉矿务局售煤处的总经理，仍有另一个门槛，那就是需要一笔高达10万两白银的保证金。又是汉纳根，通过其岳母德璀琳太太（中国人称为"德老太太"，也是德华银行的股东之一）在德华银行为高星桥担保借出了10万两白银。高星桥与汉纳根签订合同，正式成为井陉矿务局津保售煤处的总经理，从此成为买办，这一年他年仅30岁。

高星桥认为自己一切所得皆是"韩大人"一手所赐，所以一直对汉纳根感恩戴德，他忠心耿耿、尽心尽力地为其服务。由于经营得法、不辞辛劳，很快，高星桥不但拓展了华北地区市场，还远赴上海，结交海上闻人虞洽卿、黄楚九、黄金荣及上海煤业大王刘鸿生等，在上海设立了井陉矿务局上海售煤处，打开了上海这个大市场的销路，一时生意兴旺，高星桥也因此发家致富。汉纳根还授意高星桥买下井陉附近烧炼焦炭

---

① 高渤海：《天津买办高星桥》，天津市政协文史资料研究委员会编《天津的洋行与买办》，天津人民出版社，1987，第220页。

的煤窑 300 余座，并开办炼焦厂，请德国工程师帮助改良技术，炼出的清水焦炭甚至远销日本，骤得大利。

高星桥成为买办后，积累了巨额财富。然而第一次世界大战爆发后，中国对德国宣战，汉纳根等德国侨民被遣送回国。1923 年直隶省省长王承斌借机坚决收回井陉售煤权。无事可做的高星桥转而经营商业和房地产业。他力邀民国后来津居住的庆亲王奕劻之子载振、日本正金银行买办魏信臣、天津钱业公会会长叶兰舫等人入股，在天津法租界内仿照上海大世界的规模，建造了当时天津最大的娱乐商场——"劝业场"。因"劝业"二字的含义顺应了当时社会提倡的"实业救国"潮流，高星桥对"劝业"之名相当满意。此后，他又在天津最繁华的商业中心陆续修建了交通旅馆和渤海大楼等房产，成为天津一大名人。

近代买办阶层是一个特殊的群体，是替外国资本家在本国市场上服务的中间人和经纪人。第一次鸦片战争之后，《南京条约》的签订为外国资本进入中国扫清了制度障碍。但外商仍旧面临语言不通、国情不熟、货币及度量衡制度混乱、市场信息不灵等问题；而买办则拥有相对全面的信息，可以充分利用自身的地缘、业缘和血缘关系建立起复杂的商业网络，因此成为外国资本主义势力在中国进行渗透和扩张必不可少的工具。

通常情况下，洋行在计算好自己预期的利润之后给买办一个商品的价格和标准，买办按照这个价格买进或者卖出，不管买办从中得到多少佣金或者其他好处，只要洋行预期的利润能够达到就可以了。这种体制对洋行来说避免了许多不确定的因素，确保了利润的稳定性和连续性；而且，依靠买办做业务简化了外国商人的职责，使外国商人能够有更多时间从事他们所热衷的打网球、游猎、赛马等竞技游戏，或者像汉纳根那样，一年中有半年时间待在自己北戴河的别墅里悠闲度日。

一战爆发与遣送敌侨

1914 年第一次世界大战爆发。战争初期，并没有影响到汉纳根经营的井陉矿权。相反，由于战争期间帝国主义列强忙于欧洲战场，无暇东顾，战后一时也无力顾及，中国民族资本主义获得了难得的黄金机遇期——进口贸易和外来竞争的衰落，推动了"替代型"民族工业的发展。① 作为上游产业的能源企业，井陉煤矿的生产和销路也得以出乎意外的兴旺发达。

德国发动世界大战，作为德国贵族、出身军人世家的汉纳根，虽久已退出军队，但军人的血液令他热血澎湃、激情荡漾。在战争开始的头一年，他就托高星桥赶制了冬季御寒高筒毛皮马靴 2 万双和其他作战物资，其费用均出自井陉矿务局。马靴先期经西伯利亚铁路运赴柏林，其余物资因俄国对德宣战，改由中立国轮船运往德国。"这时矿务局和津保售煤处，已成为'德军后勤司令部'"。②

可惜好景不长。1917 年 8 月 14 日，中国正式对德宣战。汉纳根意识到情况不妙，立即于当月主动向北洋政府方面代表申请，由矿务局德方总办自降为雇员，③ 顷刻之间老板就变成

---

① 〔法〕白吉尔：《中国资产阶级的黄金时代（1911—1937）》，张富强、许世芬译，上海人民出版社，1994，第 78 页。

② 高渤海：《天津买办高星桥》，天津市政协文史资料研究委员会编《天津的洋行与买办》，天津人民出版社，1987，第 226 页。

③ 《井陉矿局请改派总办德人汉纳根为雇员由》，台北中研院近代史研究所未刊档案，馆藏号：03 - 01 - 008 - 06 - 001。

了打工仔。未几，作为敌国侨民，他的行动也受到监视。第二年3月，为了保全自己的财产，汉纳根企图将自己在井陉矿务局的股份转让给日本公司。但是，井陉煤矿作为股份制合资企业，对可能产生的股权转让，在成立之初即有明确规定，任何股份制公司在股份转让时优先考虑的都是参股者，只有在其他股东放弃优先权时方可考虑对外转让股权。日本人对于"优先权"的要求，即使是单从商业层面上分析，也违背基本的游戏规则，所以未被中国政府认可。①

井陉煤矿就像是一块肥肉，刚驳回了日本人，又来了英国人。当年9月，英国使馆致函中国外交部称"井陉煤矿德人汉纳根甚不可信，能否将该矿改归开滦代理"。中国政府外交部迅即向农商部发函，要求了解事实真相。10月7日农商部致函外交部："据该局（即井陉矿务局）督办等呈称，该德人并无可疑形迹"，"该督办遵照本部所定处置敌国矿商办法改为雇员"，"现既处雇员地位，所有该矿一切业务自由直省原派督办等主持办理"。②

这年11月，应英国驻华公使馆要求，汉纳根与另一位德国侨民一起被北洋政府收容，移送到一处专门看管敌国侨民的暂居地，③ 即北京房山县云居寺。这里虽是敌侨集中的地方，但生活条件、卫生环境尚好。曾在这里居住的侨民在多年以后的回忆录中对这里没有怨言。而这里管理敌侨的官员在得知汉纳根曾在甲午海战为中国效力后，甚为感佩，特别允许他只要

---

① 《汉纳根言将井陉炭矿所有权利让于日人特为声明由》，台北中研院近代史研究所未刊档案，馆藏号：03-03-019-06-001。

② 《指令敌侨汉纳根移往第一指定敌国人民移居地由》，台北中研院近代史研究所未刊档案，馆藏号：03-36-040-04-049。

③ 《指令敌侨汉纳根移往第一指定敌国人民移居地由》，台北中研院近代史研究所未刊档案，馆藏号：03-36-065-02-007。

在晚上规定的时间返回寺院即可，个人有外出行动的自由。相对于其他的遣返对象，这已经是非常难得的待遇。

为了保全自己苦心经营的井陉煤矿，汉纳根写信给中国政府，请求看在自己曾经在清政府时期服务的功劳，而"推念故旧，赐予优待"。在 1917 年 12 月写给外交部的信中，他称自己"在战时则奋袂而起，效命疆场，始蒙中国政府，晋以文阶，崇以武秩"，"虽曰论功行赏，实亦与各国厚待年高有功之意相符"。① 不过，显然这份言辞恳切甚至凄婉的请求书并没有打动中国政府当权者的决心。时移势变，北洋政府本就欲借加入世界大战，夺回清政府时期因不平等条约而丧失的权益，当然不会因汉纳根过去对清政府的功劳而对他网开一面，更何况在大的战争中，个体本就是最容易被牺牲不计的。

1918 年 11 月 11 日德国战败投降。消息传来，汉纳根与其他德国在华侨民一起被遣送回国。他在中国的所有不动产、债券、股票，包括在井陉矿务局的股份，都作为敌国财产被没收。汉纳根将自己在井陉矿务局的全部文件契约手续等，都交由高星桥保管，与家人只携带了现金细软等，黯然离开中国。

汉纳根重回中国与井陉矿权争夺战

在国内度过难挨的一年时间后，好容易形势有所松动，汉纳根将夫人和孩子留在德国，独自一人于 1922 年第 4 次来华，此时他已是 68 岁的老人了。他这次回到中国，表面上，只是作为德国侨民在天津居住，并不过问井陉矿务局的事务，但实

---

① 《呈请权念故旧赐予优待由》，台北中研院近代史研究所未刊档案，馆藏号：03 - 36 - 065 - 03 - 001。

则费尽心机，想通过与中国高层
的关系和外交途径重新夺回井陉
矿权。

图 5 - 8　黎元洪像

　　1922 年 6 月，直系军阀曹
锟、吴佩孚赶走皖系总统徐世
昌，领衔联合 10 省区的督军、
省长，通电"恭迎我黎元洪大总
统依法复职"，于是，黎元洪再
任大总统。黎元洪与汉纳根原是
旧相识。黎 1883 年考入天津北
洋水师学堂，1888 年入海军服
役，1894 年参加中日甲午海战。
在"高升号事件"中，连同黎元
洪在内的 182 名清军水师官兵落水后，被汉纳根游泳报信所
救。汉纳根既是黎元洪曾经的上级，也是救命恩人，两人后来
始终维系着这种战争中结下的深厚情谊。（汉纳根家族珍藏着
一幅墙报，画面描述了辛亥革命的战斗场面，画的右上角有黎
元洪头像。）后来黎元洪下野到天津做寓公，与汉纳根也是邻
居。两人酷爱骑马，经常一起到马场赛马。汉纳根选择在此时
回到中国，自然是为了找黎元洪帮忙。

　　同时，汉纳根还通过德国使馆向北洋政府提出就井陉矿务
有限公司矿产进行"会商"。一战结束之后，在 20 世纪 20 年
代初期，本已遭到全部冻结的德国在华商业就以出人意料的快
速方式得到了重建。"令人不可思议的是，这一进程得益于德
国丧失治外法权及当时遍及中国的战乱。'特权'的丧失，使
德国企业家意想不到地得到了较其他西方国家的公民更为有利

的位置。同时，连年的战乱使中国成为世界上最大的军火消费国。"① 一战后的德国政府及军火商与中国军阀之间的友好关系，使汉纳根的腰板也硬了不少。

汉纳根试图收回属于他名下的那部分煤矿股权并重新分配资产。经多方努力协商，1922 年 9 月 30 日，由外交部特派交涉员祝惺元、矿务局总办徐世纲作为中方代表，与汉纳根的代表包尔，重新签订井陉矿改办合同，合同规定：井陉矿产归直隶省所有；原德方股本以一半划归省有，作为战争赔款，以剩下的一半入股；煤矿股本定为 450 万元，中方拥有 75% 的股权，德方则享有 25% 的股权，利润按股本提成；以 20 年为期限，期满（即 1937 年）由直隶省无条件收回。②

汉纳根幸运地要回了井陉煤矿四分之一的股权（合 112.5 万元），关键是他得以东山再起、重掌井陉的经营大权。1923 年 1 月，井陉矿的新井举行开工仪式。汉纳根又通过高星桥，向颜惠庆内阁的陆军总长、后来成为国务总理的张绍曾行贿，打通关节，并得到大总统黎元洪的批准，由井陉矿务局修筑了一条延长至新井的铁路支线，便利了运煤和销售。③

好景不长，汉纳根没有料到的是，"位尊而权不重"的黎元洪第二次就任大总统不过一年时间，就于 1923 年 6 月再度下台。与曹锟、吴佩孚一起发电拥护黎元洪复职的直系军阀王承斌，一年前曾亲自到天津促驾，黎元洪初不允，王承斌竟至

---

① 〔美〕柯伟林：《德国与中华民国》，陈谦平等译，江苏人民出版社，2006，第 19 页。

② 井陉矿务局编审委员会：《井陉矿务局志》，河北人民出版社，1993，第 176 页。

③ 高渤海：《天津买办高星桥》，天津市政协文史资料研究委员会编《天津的洋行与买办》，天津人民出版社，1987，第 232 页。

声泪俱下、长跪不起，黎元洪才入京就职。岂知不到一年，王承斌等就在天津进行倒张绍曾内阁的活动，为曹锟当总统铺路。为了逼黎元洪下台，他还亲自带兵，在天津杨村火车站围困黎元洪，夺走总统印交给曹锟。同年9月，在曹锟贿选总统时，时任直隶省长的王承斌总管贿选筹款工作。

为了筹款，王承斌把目光投向财源滚滚的井陉煤矿，决定将井陉矿务局重新"收回国有"。他一方面叫手下天津警察厅厅长杨以德缉拿高星桥（估计应当是为高星桥贿赂张绍曾一事），另一方面动用武力将高经营的300多座焦炭窑全部没收。失去黎元洪这座靠山，汉纳根只能自保，无力顾及高星桥。最后，井陉矿务局"报效"曹锟煤款200万元，而高星桥只能无奈地交出井陉煤矿的售煤权。

两年后的1925年，失意的汉纳根因肺炎医治无效在天津去世。1937年，包尔代表汉纳根家属与日本商人谈判，以135万元的代价出让了德方在井陉煤矿的一切权利。10月12日，合同签订，同日，日本人占领井陉矿，12月6日，改井陉矿务局为兴中公司井陉采炭所。①

本来依据1922年中德双方签订的改办合同，应在1937年合同期满后，中方无条件收回德方的井陉矿权，结果德方代表却能在合同期满后仍以高价出售权利予日本人。虽无确切资料，但仍可以按逻辑推断。首先，1923年，直隶省长王承斌凭借着军阀武装，实际控制了井陉煤矿，此后并未再依股本分配利润给汉纳根及其家人，所以到1937年合同期满，汉纳根

① 井陉矿务局编审委员会：《井陉矿务局志》，河北人民出版社，1993，第176页。

家属仍保有依合同获得自 1923 年以来的采煤利润的权利（估计这笔款项为 135 万元，即最后卖与日本人的价款）。其次，日本于 1936 年 11 月 25 日同德国签署《反共产国际协定》，其后又于 1940 年 9 月 27 日，与德国和意大利代表在柏林签署《德意日三国同盟条约》，成立了以柏林—罗马—东京轴心为核心的军事集团。对于盟国的侨民日本人自然需要有所照顾。因此在卢沟桥事变之后，日本发动全面侵华战争，占领了京津及华北地区，虽侵吞了中方在井陉煤矿的全部股权，却依据改办合同收买了德方的股权。不管怎样，这一次，汉纳根的家人总算没有像上一次德国战败那样，两手空空地离开。

从 1916 年至 1928 年，中国陷入军阀混战的局面，那些手握军权的将领们把中国分割成一块一块的势力范围，在这个范围内对百姓巧取豪夺以补充军队的给养和维持战争，同时中饱私囊、大发横财。在军阀混战时期，不仅中国民众生活在可怕的暴力和苛捐杂税的深渊中，那些如汉纳根一样的外国侨民也难以幸免。而在更广泛的世界范围内，各个帝国主义国家为了争权夺利所进行的血腥残酷的世界大战，更是将汉纳根这样的侨民一次又一次卷入漩涡。这次赢了，下次输了，他们以为自己是英勇无畏的冒险家，但成败之间，谁又曾真正掌握自己的命运呢?!

第六章 德璀琳、汉纳根与近代天津的城市化

第一节 德璀琳、汉纳根与天津市政建设

开埠以前外国人眼中的"天津卫"

明清以来，天津以其河海通津的重要位置成为首都北京的门户和出海口。由于天津的这种特殊地位，自鸦片战争之后，一直是列强发动侵华战争的首选目标。特别是第二次鸦片战争期间，英法联军三次进攻大沽口，两次打到天津城，并一度于1860年占领天津城，最终逼迫清政府将天津开放为通商口岸。经过多年发展，天津逐渐成为一个繁华的大都市，是中国北方的政治、经济、军事和外交中心。

事实上，开埠前的天津已经是一个贸易繁荣的港口城市。天津，或者确切地说，天津老城的发展是由于漕运和盐业。对于建都北京的帝国来说，天津的地理位置具有非同一般的重要性：它位于南、北运河的交汇处，是北京的门户，也是南方的粮、绸等重要物资运往北京的唯一通道；它还是北方重要的盐

业产地。早在 5 世纪前后，天津的渔民就"煮海为盐"，从事食盐的生产。那时的北魏政府开始在这里设立了长芦盐运使。几百年的时间里，天津白河两岸处处可见巨大的盐堆。"一长列的盐堆或盐墩，每一行列，从头到尾，有 50 个堆。这些盐墩大约有 18 到 20 英尺见方，24 英尺高，顶上盖着草席，以御恶劣气候"；"每一堆约有 500 吨盐。像这样的行列，没有间断也没有改样，沿两岸达两英里长"①。大量的盐坨说明了天津富庶的原因。漕运与盐业成为推动天津向近代城市迈进的两台发动机。

元朝以后，天津获得了空前发展。这里不仅有来自浙江、上海、广东、福建的商船运来大批南货集散，甚至还有专卖洋货的"洋货街"。海运的盛行使天津的船民也供奉起在中国南方沿海地区香火旺盛的妈祖，称为北派妈祖。在元代，先后在大直沽修建了两座天妃宫，又称天后宫、娘娘庙，供奉的其实就是妈祖，以后历朝历代皆香火不辍。除了天津以外其他北方港口均未见妈祖遗迹，由此可见，天津几乎是当时北方唯一的海港城市。

由于特殊的地理位置和商业的繁荣，天津很早就与世界结缘。元朝时期，天津是所有进贡国去北京觐见皇帝的必经之路。马可·波罗称天津为"天城"，他还在游记中还提到过"长芦"。1655 年，第一个荷兰使团经天津前往北京。这个使团曾经描述天津为"中国最著名的沿海城市"，仅次于广州和镇江，而且"这个地方到处是庙宇，人烟稠密，交易频繁，

---

① 〔英〕爱尼斯·安德逊：《英国人眼中的大清王朝》，费振东译，群言出版社，2002，第 62 页。

繁荣的商业景象实为中国其他各地所罕见"①。英国人后来居上，1793 年的马戛尔尼（Macartney）使团和 1816 年的阿美士德（Amherst）使团同样都曾在天津短暂逗留。

两次随英国使团来访的小斯当东（George Staunton）先后对天津做了如下评述，第一次他写道："在那个时代（13 世纪），天津已在大城市之列；但是，长期以来，正如'天津卫'的'卫'字的中文含义所表示的，它一直带有小城镇的特点：地位不太显著，只有有限的管辖权。"② 第二次他写道："我们来到了这座大城市（天津），就发现它增添了许多花园……我们也发现一些穿着华丽的本地人在河岸策马而行。这儿的房屋看上去比广州附近的房屋较为美观、宽敞。……河岸上，人群熙熙攘攘，他们大都穿着很好，举止文雅——比我们在海边上看到的人要整洁、好看得多——他们也确实比广州人高傲。他们不说下流话，也没有任何不满意的表示——只是脸上都流露出善意的惊讶和好奇的表情而已。……无数的人群紧紧地挤在成排士兵行列后面的空地上，不仅平地上挤满了人，就是一些盐坨上也站着不少人。这样，在至少两三英里的地带上，几乎形成了一堵连绵不断的人墙，此种景象实为世界各地所罕见。"③

天津闭锁的大门没有因为马戛尔尼使团的要求而敞开，却被英法联军的炮舰轰开。第二次鸦片战争中，进行了三次大沽口之战。天津沦陷后，联军又继续北上京城，劫掠焚毁了被誉

---

① 转引自〔英〕雷穆森《天津租界史（插图本）》，许逸凡、赵地译，天津人民出版社，2008，第 10～11 页。

② 转引自〔英〕雷穆森《天津租界史（插图本）》，许逸凡、赵地译，天津人民出版社，2008，第 12 页。

③ 转引自〔英〕雷穆森《天津租界史（插图本）》，许逸凡、赵地译，天津人民出版社，2008，第 13 页。

图 6-1　为招待马戛尔尼使团而在天津搭建的戏台

为"万园之园"的圆明园。在《天津条约》的基础上又签订了《北京条约》，增辟天津为通商口岸。至此，西方殖民者梦寐以求的将天津开放为商埠的要求终于靠武力得以实现。

两次鸦片战争的彻底失败，让保守昏庸的清朝统治者和官员们不得不开始思考和探索"自强"之路，由此开始了中国第一次对内改革、对外开放、引进西方先进科学技术的现代化尝试。在这场改革中，天津因为是洋务领袖李鸿章的官衙驻在地成为洋务运动的策源地以及北方的洋务中心和外交中心，一时洋人云集。

天津被辟为通商口岸后不久，1861年赫德在天津创办了津海关。在后来长期担任津海关税务司之前，德璀琳曾经在这里度过初到中国的 3 年时光。此后由于李鸿章的要求，德璀琳于 1877 年 9 月再次来到天津，任职津海关税务司，从此没有再被调往其他通商口岸。

德籍的英租界董事局主席

在天津早期的租界中，由于英国商人和洋行占据优势地位且有良好的规划，所以英租界是所有租界中建设最早和最好的。在英租界中居住的不仅有英国侨民，也有许多其他国家的侨民和中国人。德璀琳就任津海关税务司后，也把家安在了英租界。

各国在津设立租界后，基本上是按照西方的城市自治制度对租界进行管理。侨民们象征性地付出一定租金获得土地建房居住，缴纳各项捐税，按照西方的城市自治方式来选举董事会管理租界，修建各种公共建筑、设施。英租界的统治主体是董事会和其下属的执行机构工部局。董事会由本国驻津领事馆召集租界内具有一定资产的租赁者召开大会选举产生，董事会成员任期为 1 年。由于任职津海关税务司长达 22 年，且拥有与直隶总督李鸿章的亲密友谊，从 1878 年至 1893 年的 16 年中，除了中间 1882～1884 年回国休假以外，德璀琳任英租界工部局董事会主席达 13 年之久。他对英租界的发展贡献巨大，在他任内的这 13 年正是英租界奠定基础而后飞速发展的时期。

一个有趣的事情是，在很多天津的地方史志资料中都记述德璀琳为"英籍德国人"。但实际上，德璀琳是个地道的德国人。首先，《海关题名录》等海关史料都明确标明了德璀琳的德国国籍并且没有其双重国籍的记载。其次，赫德与德璀琳进行的所有争斗几乎都是围绕着英国与德国在华势力和利益的争夺，假如德璀琳为英国人，赫德就不能堂而皇之地称自己是在为捍卫英国的利益而抵制德璀琳的竞争。再次，在开平矿案中，张翼授予德璀琳的"备用合同"上，明确说明要将开平矿产"转让给居住在中国的德国臣民"德璀琳，以便一旦不能取得英国保护的话，能将开平产业在德国领事馆进行注册。① 最后，德璀琳于 1913 年去世时，德国的几家报纸都对其主要事迹进行了报道：《于利希报》（*Jülicher Kreisblatt*）称其为"在华德国人的侨领"，《科隆报》（*Köln*）则称"德璀琳先生是在中国生活的德国人中最德高望重的"。② 试想，假如德璀琳加入了英国籍，哪怕是具有双重国籍，民族自尊心极强的德国人必定视其为叛徒而不会给予如此赞誉了。

之所以会出现对德璀琳国籍的误解，主要是由于他曾经长期担任英租界工部局董事会主席并为英租界的拓展与建设做出了极大的贡献。一般来说，人们会想当然地认为，英租界董事会的主席应当由英国人或者英籍人担任。在德璀琳死后的《驻津英国工部局 1918 年章程》中确实明确规定，董事长必须由英国人担任。③ 然而，此前的工部局章程中并没有对董事长国籍的特别限制。1866 年由英国公使颁布的《地亩章程》第四款规定，英国人和外国人只要"言明遵守一切已制订与批准的以及日后随时由英国公使制订与批准的章程及条例"④，即可在英租界购置地产；董事会由每年一次的常年纳税人会议

① 熊性美、阎光华：《开平煤矿矿权史料》，南开大学出版社，2004，第 73、79 页。

② 摘译自 *Jülicher Kreisblatt*，Nr. 2 vom，8. 1. 1913，3，Blatt. Beglaubigte Abschrift aus dem Gesurtensuch Jülicher，德国于利希市档案馆德璀琳档案。

③ 天津市地方志编修委员会：《天津通志·附志·租界》，天津社会科学院出版社，1996，第 82 页。

④ 〔英〕琼斯：《天津》，许逸凡译，《天津历史资料》1964 年第 3 期，第 42 页。

选举产生并依照章程管理租界行政，没有不允许别国侨民担任英租界工部局董事长的规定。① 之后，1887 年制定的《英国租界现行规则》，除重申了以上 1866 年《地亩章程》的规定外，也没有对董事长国籍的特别限制。② 在中国其他划有外国租界的其他通商口岸，如上海，治外法权和 19 世纪的《土地章程》也同样允许外国人通过工部局统治公共租界。③ 这样，在当时，德璀琳以德国国籍而入主英租界的董事会并没有任何法律上的障碍，只要他在英租界内购置了足够金额的房产，遵守英租界的一切规章制度，并按章程缴纳各项税款，他就享有相应的选举权和被选举权，即便被选为董事会主席也是租界内侨民的民意罢了。

当时的外国观察家指出，天津的英租界是外国侨民一切活动的中心，成员来自各个国家，其国际性的特征从当时英国工部局组成的人员上就可以看清楚了："在五位董事中，一位董事长是德国人，一位董事是俄国人，其他三位董事是英国人。"这位德籍董事长指的就是德璀琳。德璀琳还一直致力于使英国租界实行地方自治，为此"他进行了长期而又艰巨的斗争"，这让英国领事和使馆当局"都感到非常头痛"④。由此更加说明，德璀琳不可能加入英国籍，他只是一名居住在英国租界内的德籍侨民，为了个人利益和家庭居住舒适而致力于租界的建设。

---

① 〔英〕琼斯：《天津》，许逸凡译，《天津历史资料》1964 年第 3 期，第 42 页。

② 天津市档案馆、南开大学分校档案系：《天津租界档案选编》，天津人民出版社，1992，第 60 ~ 68 页。

③ 熊月之等：《上海的外国人（1842—1949）》，上海古籍出版社，2003，第 90 页；〔英〕菲利浦·约瑟夫：《列强对华外交：1894—1900》，胡滨译，商务印书馆，1959，第 310 ~ 312、320 ~ 322 页。

④ 〔英〕雷穆森：《天津租界史（插图本）》，许逸凡、赵地译，天津人民出版社，2008，第 54、69 页。

"近水楼台先得月"

英国侨民愿意选举德璀琳为工部局董事会主席，主要是由于德璀琳所拥有的权势地位。在天津的外国人中，除了各国领事之外，地位最高的莫过于津海关税务司。这本来是一个清政府内部的官职，除了贸易关系外，与侨民并无领属关系。但是由于天津地方的最高长官、直隶总督兼北洋大臣李鸿章掌管着清政府几乎所有的对外交涉事务，对天津租界的发展有着重要的影响，而德璀琳跟李鸿章有着一种"深厚而持久的友谊、强烈的影响"，使德璀琳成为租界侨民与地方政府之间最好的、最可依靠的桥梁和保障。还能有谁比深受李鸿章及清政府信任、手握地方财政大权的德璀琳更适合做这个"侨领"呢？英租界设立后的几次扩充就充分说明了英租界侨民的明智选择。

英租界设立之后，又经历过三次扩张：第一次是在1895年与1896年之间，英国当局要求将英租界向西扩充1630亩，并于1897年为清政府所承认，称之为"新增界"或"英国推广租界"；第二次扩张是在1902年，美国私自将本国在1860年划定的美租界总计131亩土地并入英租界，并为清政府所承认，称之为"南扩充界"；第三次是在1903年为清政府所承认的称为"墙外租界地"，总计3928亩。

第一次扩充英租界时，德璀琳正担任英租界工部局的董事会主席。他肯定注意到了当时英租界的房荒现象。当时，由于贸易的发展，租界中洋行日多、侨民日众，房屋的建设赶不上侨民人口的增加。在清政府批准将这一片土地划为英国推广租界之前，早在1892年，德璀琳就代表英国工部局在这里购买土地。这一举动最初遭到了英租界侨民的讥讽："正是在他的领导下，工部局把剩余的税收用来购买有害健康的水坑和租界以外令人厌恶的土地。"但是很快，英国商人就意识到了德璀琳将租界加以推广的明智之处，于是也纷纷自行购买土地，后来这里终于正式成为英国推广租界。所以，正是出于德璀琳的"远见"，英国工部局进行了租界的第一次扩张。不久，新扩充的土地又被外国商行和投机家买走。① 在英租界第二次扩张前，原来那块美国租界的土地已经大部分由中国开平煤矿和招商局占有，但李鸿章默许了这两国的私相授受。

英租界的第三次扩张则是在李鸿章的直接帮助下实现的。作为天津长期的最高地方长官，李鸿章经常接受德璀琳的邀请，参加英租界工部局举办的重要活动。例如，1890 年 5 月李鸿章参加了英租界工部局礼堂"戈登堂"的落成开放仪式，他在仪式上宣布礼堂的正式开放，并将两把扎着灰色和红色缎带的象征性的银钥匙交给了董事长德璀琳；1892 年李鸿章又受邀参加了在戈登堂举办的庆祝他 70 岁生日的宴会。由于与德璀琳的友谊，李鸿章也乐于为英租界的发展尽一份力。1901年，其时被清政府请来收拾残局的李鸿章特意为英国扩充天津租界一事致函直隶候补道，要求将现在英界以南、墙子外面积约 2400 亩的荒地预留给英租界，不得租与他国以为日后英租界扩充之用。② 此后，李鸿章又为查勘地段、绘制地图等事多次与天津地方官员及英国公使会同商议。虽然这些本在其职责范围之内，但是李鸿章对于英租界发展的照顾还是与对别国不

---

① 〔英〕雷穆森：《天津租界史（插图本）》，许逸凡、赵地译，天津人民出版社，2008，第 57、69 页。

② 天津市档案馆、南开大学分校档案系：《天津租界档案选编》，天津人民出版社，1992，第 7～8 页。

同。对于李鸿章的帮助与合作，天津的侨民曾充满感激地给予高度评价，"天津在艰难的条件下所取得的显著发展，在一定程度上是由于这位伟大政治家的存在而确立的各种联系，由于他对这个通商口岸的建设者所面临的各种问题的理解，以及在解决这些问题时富有同情心的合作"①。

除了这三次扩充之外，德璀琳主持的英国工部局还强占了租界以外的一些土地。其中，1886 年他利用与李鸿章的"友谊"，获得李鸿章赠与的租界外佟楼以南向西养牲园及附近土地。他在那里建造了自己的房子——"尼伯龙根别墅"，并在附近修建了远东第一流的赛马场。后来英国工部局又以沟通赛马场的交通为名，修筑了一条从赛马场到英租界的马路。利用这种"越界筑路"的手段，这条马路以及路两侧的大片土地，包括赛马场在内的原本不属于英租界的土地，都被英国工部局占有。②

德璀琳、汉纳根初到时的天津

德璀琳初到时的天津，虽然堪称是一个繁荣的港口，人口的增长速度也很快：1860 年有人口约 30 万，③ 1872 年大约有人口 40 万，④ 1896 年人口则达到 60 万，⑤ 人口城市化的速度几

---

① 〔英〕雷穆森：《天津租界史（插图本）》，许逸凡、赵地译，天津人民出版社，2008，第 67 页。
② 天津市地方志编修委员会：《天津通志·附志·租界》，天津社会科学院出版社，1996，第 42 页。
③ 〔美〕丁韪良：《花甲忆记：一位美国传教士眼中的晚清帝国》，沈弘等译，广西师范大学出版社，2004，第 125 页。
④ 〔日〕曾根俊虎：《北中国纪行：清国漫游志》，范建明译，中华书局，2007，第 6 页。
⑤ 〔英〕雷穆森：《天津租界史（插图本）》，许逸凡、赵地译，天津人民出版社，2008，第 19 页。

乎是一年增加 1 万人（除了人口自然增长以外，主要来自本国
和外国的移民）。但是它仍然称不上是一个建设良好的城市，
特别是市容环境非常糟糕。

汉纳根于 1879 年初次到访时，形容天津的道路说："整
个天津只有四五条石板铺成的路，其他的五六百条路都是肮
脏的淤泥堆积的路。……这些道路大都不过十步宽，非常的
狭窄。有时为了躲避马车或者轿子，整个人就会被挤得贴到
路边房子的墙上"；路上不仅有人和车，"路边居民家的猪经
常跑到路上，所以有时你不小心还会被猪绊倒"。① 另一位四
处旅行经过这里的日本人描述天津城里的卫生环境也很恶
劣："行走在路上，便会觉得臭气冲鼻，一堆堆污秽的垃圾
让你见了眼睛生疾"；城内地基很低，一旦下雨，"路面积
水，深处没腰"；夏天，"各处污水沟臭气冲天，热气引发多
种流行病，致使丧命无数"。当然，并不是只有天津的城市建
设状况如此糟糕，整个中国的城市也大都如此。"西方人有
'四万万人之帝城北京污秽不堪之叹'，帝城尚且如此，况在
天津城外。"②

不过，这些外国人似乎忘记了，近代欧洲城市的市政状况
也好不到哪里去。巴黎的中央菜场"瓜皮果壳成堆，污水横
流，烂鱼遍地"③；18 世纪中期以前的伦敦"街道极脏，贵族

① 摘译自 1879 年 11 月 3 日汉纳根致其父老汉纳根的信函，Constantin von
Hanneken, *Briefe aus China: 1879 - 1886; als deutscher Offizier im Reich der
Mitte*, Köln: Böhlau Verlag GmbH & Cie, 1998, pp. 25 - 31.

② 〔日〕曾根俊虎：《北中国纪行：清国漫游志》，范建明译，中华书局，
2007，第 6 页。

③ 〔法〕费尔南·布罗代尔：《15 至 18 世纪的物质文明、经济和资本主义》
第 2 卷，顾良等译，生活·读书·新知三联书店，2002，第 15 页。

和平民同样闻惯街上的臭味"①；而 1874 年，"在'进步的文明中心'（如柏林）的一条阴沟，其臭气不但令人难闻，而且也是对人们健康的一个威胁"②。所以，也有比较公允的西方观察者认为，"天津的确很脏，但是却并不比其他中国城市更脏，而且，就这一点而论，也并不比欧洲的许多城市更脏"③。

尽管来到天津的外国人都为肮脏的市容而摇头，但是，他们也不得不承认天津是一个地位特殊、繁荣富庶的城市，天津人具有精明干练而又乐于助人的优良品德。而且，"在帝国的其他任何城市里也很少有像天津这样又多又好的义务慈善机关，如育婴堂、贫民院、救济院和施粥厂等等"④。总的来说，天津人对外国人也是比较友好的。所以，天津仍然不失为外国侨民生活居住和进行贸易的理想之地。

在德璀琳来华的 5 年之前，根据 1860 年 10 月的中英、中法《北京条约》规定，天津开放对外贸易，并允许外国人在津居住。开埠后，伴随着对外贸易和工商业的发展，特别是在租界地区的市政建设，天津很快成长为北方最大的国际化港口城市。在这一过程中，客观来说，以德璀琳、汉纳根为代表的近代来华侨民对天津的城市化进程做出了重要贡献。

中国古代城市的主要作用是防卫。中国人居住的天津老

---

① 〔法〕费尔南·布罗代尔：《15 至 18 世纪的物质文明、经济和资本主义》第 1 卷，顾良等译，生活·读书·新知三联书店，2002，第 661 页。

② 〔美〕刘易斯·芒福德：《城市发展史——起源、演变和前景》，宋俊岭等译，中国建筑工业出版社，2005，第 313 页。

③ 〔英〕雷穆森：《天津租界史（插图本）》，许逸凡、赵地译，天津人民出版社，2008，第 40 页。

④ 〔英〕雷穆森：《天津租界史（插图本）》，许逸凡、赵地译，天津人民出版社，2008，第 35 页。

图6-2　天津老城街道

城，就坐落在运河与海河汇聚的三岔河口旁。与中国传统城市一样，它是由四方城墙围绕保护的一个小城市，起到卫戍运河漕运和拱卫京都的作用。而近代租界的设立主要是出于经济目的。依照澳门与广州十三行的做法，英国人和法国人要求在天津各自设立专门供其侨民居住和贸易的区域，这就是租界。

　　最早设立的英、法租界选址在天津老城之南大约1公里的一个叫作紫竹林的村子，之所以选择在这里建租界，是由于他们看中了这里优越的地理位置——海河自紫竹林这段开始河道变宽，有利于大型商船的进出和停泊，轮船可以直接驶入并停靠在租界码头，使运输条件更为便利；这段海河航道还是从海上进入运河的必经之路，将这里划为租界，不仅具有最经济、便捷的交通条件，而且在军事上也占据了扼制天津、直逼北京的通道。于是，以后其他国家的租界也沿海河两岸设立，形成了一个老城之外东西窄而南北长的租界区。

依照中国传统城市的建设规划思想，租界所在地并不是理想的建造城市的所在——这里河汊水洼众多、整块平地甚少，且多为河边、海边的盐碱地、泥地，疫病横生，而各国租界却都特意选择在海河边的荒地和沼泽上设立。"这个地区内尽是一些帆船码头、小菜园、土堆，以及渔民、水手等居住的茅屋，而这些破烂不堪的肮脏茅屋彼此之间被一道道狭窄的通潮沟渠隔开，……沼泽四围干燥一些的地方分布着无数座好几代人的坟墓。"① 英国人和法国人的选择可能大大超出了中国人的预料，所以最初的划界很顺利。

一开始，旅居天津的外国商人大多不愿住在租界，而是在天津老城内外租地买房。"在 1860 年到 1870 年这 10 年间，大部分新来的外国商人陆续在天津城建起了他们的商号，甚至于那些已在租界建有房屋的，也还在天津城外保留有代理人和仓库。"② 然而，1870 年天津教案的发生改变了外国侨民的态度。教案中，包括法国领事丰大业在内的 20 名法国人和俄国人被杀在外国侨民中造成了极大的恐慌。事后，他们认为入住租界

---

① 转引自〔英〕雷穆森《天津租界史（插图本）》，许逸凡、赵地译，天津人民出版社，2008，第 34 页。

② 〔英〕雷穆森：《天津租界史（插图本）》，许逸凡、赵地译，天津人民出版社，2008，第 37～38 页。

要比在天津城内外与中国人杂居安全得多，于是纷纷迁入租界租地造屋，因而促进了租界的发展。租界内，众多洋行纷纷落户，到1875年前后发展到近30家，其中包括号称英国"四大洋行"的怡和、太古、仁记和新泰兴洋行。

德璀琳的城市梦想

殖民者一般都有两个特点：其一是热爱冒险，其二则是热衷于社区建立和建设。德璀琳成长于德国古老的城市亚琛，这里曾是欧洲权力的中心，被称作"欧洲的摇篮"，也是查理大帝的皇宫所在地，就位于现在的市中心。西方的城市建设理念在德璀琳的心中深深扎下了根。他的头脑中似乎一直涌动着一个梦想：要把天津建成一座和家乡一样伟大的城市。于是，他像一个真正爱家顾家的人一样，精心建造、修饰、维护着自己的家园。

在城市建设当中，道路的修建是最为重要的一项内容。道路不仅方便了人们的出行，促进了人们的交往，而且对于商业和贸易的发展影响甚大，就如同20世纪80年代中国在鼓励农村人勤劳致富时喊出的鲜明口号——"要想富，先修路"。1887年，德璀琳修筑了从赛马场到英租界的碎石子路，不仅方便了侨民们的出行，而且直接获得了路两边的大片土地，这也是天津历史上的第一条碎石子路。90年代，德璀琳又自己出钱在租界的道路两旁种植树木，这一做法立即被新设立的德租界所仿效，于是德租界因为"给夏季马路遮上一片浓荫，从而成为各国人都非常喜爱的居住之区"①。这样做的好处至

---

① 〔英〕雷穆森：《天津租界史（插图本）》，许逸凡、赵地译，天津人民出版社，2008，第85页。

少是提升了这个区域房地产的价格。后来民国第一位副总统、第二任总统黎元洪，下野后也把家搬到了德租界，与汉纳根成为邻居。

八国联军占领天津期间，德璀琳还修建了一条由天津旧城西南角经炮台庄出僧格林沁围墙之海光门在德租界同大沽路相接的道路，而且这条马路的修建得到了占领军政府的批准和经费支持。这条路长约 2.5 公里，路宽平均 12 米，路基宽 24 米，耗资 1 万元，历时三个月修成，① 被命名为德璀琳街。日本人说这条路是"德璀琳及汉纳根二人为了繁荣附近自己的地面而私设的道路"②。这样说，主要是由于这条路连接了天津旧城与德租界从而有利于德租界的发展。不过德璀琳、汉纳根二人毕竟是德国人，利用自己在天津的权势和人脉为德租界做一些贡献也在情理之中。

此后，在德璀琳等人持之以恒、身先示范的影响下，天津地方政府下属的工程局也铺设了很多碎石路，大大方便了天津市内交通。在 19 世纪 80 年代，天津老城区发生了很大的变化，"曾经满处是深沟大洞、充满淤泥和垃圾的水坑，使人恶心和可怕的道路……被垫平、取直、铺筑、加宽，并设置了路灯，使人畜都感到便利"③。

不唯天津城内，德璀琳还鼓动李鸿章兴修天津直达北京的"京津大道"。过去几百年间，京津之间最主要的交通联系，

① 刘海岩等：《八国联军占领实录——天津临时政府会议纪要》，天津社会科学院出版社，2004，第 609、612、700~701 页。
② 〔日〕中国驻屯军司令部：《二十世纪初的天津概况》，侯振彤译，天津市地方史志编修委员会总编辑室内部发行，1986，第 21~22 页。
③ 转引自〔英〕雷穆森《天津租界史（插图本）》，许逸凡、赵地译，天津人民出版社，2008，第 66 页。

是通过运河航道既向北京输送南来的丝茶漕粮等货物，也运送人员。然而，"若由水路溯流而上，至京须五六日，或值大水、水浅均虞阻滞，往往夏秋之际文报不通，行人断绝"，而两地之间陆上"二百四十里道路崎岖更兼洼下，每逢霖雨即不能行"。京津之间这种糟糕的交通状况，"不惟于商旅不便，设有官场紧要事件，相隔匪遥，而不能猝至，亦可虑也"①。因此，1893 年水灾之后，德璀琳向天津道台和总督李鸿章建议，仿照之前修筑海大道（一条天津老城通往大沽口的大道）的方式，征募雇用沿途附近村民以工代赈修筑京津大道并平时加以维护。② 道路修通之后，京津之间原本五六天的行程，被缩短为三天左右，贸易量增长，天津的城市地位和财政税收都得到了很大的提升。

除了铺设道路，德璀琳还主持修建了中国近代通商口岸中的第一座租界市政大厅——"戈登堂"。这是一个大手笔，总共投资了 32000 两白银。戈登堂位于维多利亚花园的北侧，外貌极像一座英国中世纪的古堡。它由天津租界的侨民自行设计，是折中主义建筑风格的代表，"诸如哥特式窗户上安装木头窗棂和木架子、雉堞状的城垛和簇叶状的尖塔顶等等"。但事实上，折中的结果是它既具有哥特式建筑的威严壮观，又结合了天津本地的气候条件，增强了适用性。1889 年始建的这座市政厅于 1890 年 5 月建成。在戈登堂开幕式上，德璀琳、李鸿章、美国驻华公使田贝、海关及天津道台、盐运使、招商局轮船公

---

① 天津市档案馆、天津海关：《津海关秘档解译——天津近代历史记录》，中国海关出版社，2006，第 110 页。

② 天津市档案馆、天津海关：《津海关秘档解译——天津近代历史记录》，中国海关出版社，2006，第 106 ~ 109 页。

司经理以及外国驻津领事都亲往祝贺，成为一时盛事。①

图 6 - 3　戈登堂夜景

对于由德璀琳提议修建的这座耗资巨大的工部局大楼，一开始被其他侨民批评为是对公共财富的"可悲的浪费"，因为它超过了当时的需要——除了作为租界缴地租人举行一年一度的会议的会场、偶尔举行的辩论会以及很少举行的音乐会和晚会场所以外，这座大厦很少被使用。② 不过在 10 年后的义和团运动中，当拳民和清军用大炮轰击租界时，各国的妇女和儿童们都躲到了戈登堂的地下室，得到了这座坚固城堡的庇护。后来，到 20 世纪 20 年代，戈登堂终于正式成为英租界的民政

①　〔英〕雷穆森：《天津租界史（插图本）》，许逸凡、赵地译，天津人民出版社，2008，第 58 页。
②　〔英〕雷穆森：《天津租界史（插图本）》，许逸凡、赵地译，天津人民出版社，2008，第 59 页。

总部，其中附设邮局、幼儿园和救火队。它还长期作为天津旧租界标志性建筑，被印制到明信片上发往世界各地。

德璀琳与海河治理工程

天津的繁荣建立在贸易的基础之上。作为天津对外贸易的主要管理者，德璀琳一直在不遗余力地促进天津的贸易发展。在他任内，天津的贸易进出口量大幅增长。不过，对天津对外贸易起制约作用的却是海河的淤塞问题，这甚至关系到天津能否保持北方最大港口城市的地位。然而，上游几大支流的泥沙汇集于海河，时冲时淤，航道曲折难行，而且由海河带来的泥沙在入海的大沽口处被潮水阻截，形成了一道与河道垂直成直角的拦沙坝。这些问题影响了天津港口地位的提升，也阻碍着天津的城市发展。

天津在开埠后洋货倾至，按其市场需求量足可以与原产国直接通商。但是这项在外国商人看来"前途远大"的计划竟至失败，就是因为大吨位的远航船舶难以逾越大沽口的拦沙坝进入海河。所以，在20世纪以前天津的对外贸易仍然不得不以上海作为中转站，靠沿海船运抵达天津大沽口外，再以小吨位驳船驶进海河，运往天津租界的各个码头，这极大地制约了天津对外贸易的发展。在津西方侨民清楚地认识到，"海河之状况在至关天津商业并大众福祉之诸事中，以重要性论，诚可谓无可比拟者。海河之状况时甚有碍于本埠之贸易，而将来欲保持本埠在中国北方之商业优势，则咸赖此问题之圆满解决"①。

---

① 天津海关译编委员会：《津海关史要览》，中国海关出版社，2004，第43页。

德璀琳自 1877 年调任津海关税务司后，对海河航道问题极为关注。19 世纪 80 年代他曾经尝试疏浚河道，但未能奏效。1886 年他首次提出将海河裁弯取直的新方案。他认为，海河中的泥沙是由于潮水回流于河道曲折之处而造成淤积，裁弯取直后，不仅泥沙淤积情况可以缓解，而且将缩短大沽至天津之间的河道距离，还可减短航船在海河中滞留的时间，并减少碰撞、搁浅等航运事故的发生，从而使航运费用大大降低。① 但是，这一方案由于经费问题一直没有得到解决。

到了 19 世纪 90 年代，海河的淤塞状况加剧，水深只有 1.5~2.5 米。到 1898 年，河道完全闭塞，全年之内没有一艘轮船能够到到海河码头，所有轮船的进出口货物只能停泊口外，再由驳船转运至租界码头。② 由于河床太浅，甚至有一次"人们真的看见一个人从租界下边的航道中徒涉过河"③。这直接损害到天津的内外贸易的繁荣和交通。于是，德璀琳积极敦促英租界工部局与天津洋商总会制订措施挽救海河航运，1895 年洋商会委托丹麦工程师林德（A. de Linde）对海河进行勘测，据以制订改良方案。④

除了说服在津外国商民采取措施外，德璀琳还加紧游说天津地方政府疏浚治理海河。1890 年夏季，天津遭逢水灾，"水灾之巨为数十年所罕见"。德璀琳趁机劝说李鸿章让林德对海

① 天津社会科学院历史所、天津市档案馆：《津海关年报档案汇编（1865—1911 年）》上册，内部发行，1993，第 240 页。
② 天津社会科学院历史所、天津市档案馆：《津海关年报档案汇编（1865—1911 年）》下册，内部发行，1993，第 47、54、60、68、76 页。
③ 转引自〔英〕雷穆森《天津租界史（插图本）》，许逸凡、赵地译，天津人民出版社，2008，第 86 页。
④ 天津海关译编委员会：《津海史要览》，中国海关出版社，2004，第 43 页。

河进行详细的勘测并绘制海河地形图，他还说服李鸿章"用新式铁钯挑挖河淤"①。但是对于彻底整治海河的计划，却遭到天津地方官员的反对，未能进行。甲午战后，在外国商界与列强驻津领事的直接干涉施压下，1897年直隶总督王文韶同意以25万两白银的成本价，由天津洋商会承办海河首期治理工程，② 聘请林德为海河治理工程的工程司，③ 并决定设立联合相关各方开展海河疏浚等项工作的委员会——海河工程委员会。到1900年义和团运动爆发之前，海河工程委员会已完成了三道水闸的修筑，几处河湾也已裁直，不过在义和团运动中，这些工程又全被毁掉了。④

　　1900年7月八国联军占领天津，成立了由八国联军共管的临时军政府性质的"都统衙门"。为防止再次发生类似义和团运动事件，使华北一旦有事，大型兵船能直接驶进海河，停泊到天津租界码头迅速援助，联军总司令瓦德西元帅决定将海河工程纳入都统衙门的管辖范围之内。1901年3月，都统衙门下令开始进行海河整治的首期工程，工程费用约25万两白银，由都统衙门承担，并成立海河工程委员会负责海河工程。德璀琳被任命为海河工程局委员会的三名委员之一，主要职责是用天津的关税收入为海河工程提供资金来源。

　　海河工程委员会成立后的首期工程包括以前尚未完成的上

---

① 天津市档案馆、天津海关：《津海关秘档解译——天津近代历史记录》，中国海关出版社，2006，第51页。

② 天津海关译编委员会：《津海关史要览》，中国海关出版社，2004，第45页。

③ 天津市档案馆、天津海关：《津海关秘档解译——天津近代历史记录》，中国海关出版社，2006，第54~56页。

④ 〔英〕雷穆森：《天津租界史（插图本）》，许逸凡、赵地译，天津人民出版社，2008，第91~92页。

游三段裁弯取直工程、炸除全部沉船以清理河道、建造码头等。① 首期工程从 1901 年开始至 1904 年，总共裁去 6 公里旧河道，新挖河道近 2 公里，使天津至泥窝的航程缩短近 6 公里，用时缩短 1 小时，裁去的旧航道为当时海河三处最难行的河湾。

图 6 - 4　整治工程前的海河

　　经过整治工程，1902 年秋，海轮经 7 ~ 8 小时的航程可畅行至紫竹林码头。驶进海河码头的船舶逐年增多，1903 年为 333 只，翌年增加到 374 只。1904 年 8 月内地连降暴雨，海河水位大涨，由于裁弯取直工程，洪水得以迅速排入大海，天津未遭洪水淹没。② 以后，海河还陆续进行过两次裁弯工程，河

①　刘海岩等：《八国联军占领实录——天津临时政府会议纪要》，天津社会科学院出版社，2004，第 217、334、366、466、252、264、283、463 页。
②　天津海关译编委员会：《津海关史要览》，中国海关出版社，2004，第 49 ~ 50 页。

图 6-5　整治工程后的海河

道曲折所造成的淤沙和航道拥堵问题得到极大改善。① 由德璀琳最早提出的海河裁弯取直工程至此获得成功，内外贸易迅速增加，天津作为北方最重要港口的地位得以延续。

德璀琳与天津有轨电车

随着租界的扩张和发展，人口日盛，交通问题也随之而来。在租界和天津老城修建了大量道路后，传统的马车、轿子、人力车等交通工具已不能满足人们的需要。1879 年，使用电力带动轨道车辆的有轨电车由德国工程师西门子在柏林的博览会上首先展出，此后有轨电车在 20 世纪初的欧洲、美洲、大洋洲和亚洲的一些城市风行一时。对于这种新鲜事物，天津

---

① 〔英〕雷穆森：《天津租界史（插图本）》，许逸凡、赵地译，天津人民出版社，2008，第 131 页。

的外国侨民们大概也津津乐道，更何况其中商机无限。

在八国联军占领天津的两年期间，围绕修建有轨电车的特许经营权，德璀琳等在津西方侨民组成了一个辛迪加与日本人进行了激烈的争夺。在这场较量中，日本人虽然先发制人，但德璀琳等西方侨民却笑到了最后。

1900年8月，都统衙门刚刚成立不久，就有两位欧洲人就有轨电车的特许经营权问题致函都统衙门。几乎与此同时，都统衙门还收到了日本领事的信件，声称中国政府已经同意，授予日本往返天津中国城区与各租界的有轨电车特许经营权，要求都统衙门确认经营期间特别免税的要求，还要求都统衙门不要再同意其他国家享受这种特许权。之后，1900年12月底，又有"由多国组成的一个委员会"向都统衙门提出交涉，请求授予特许经营权在天津开办有轨电车，都统衙门只得令提出要求的几方进行商议。1901年5月底，一位名叫奥斯瓦尔德（Oswald）的先生以"有轨电车公司"（Electric Tramway Syndicate）的名义（即前面那个"由多国组成的一个委员会"）向都统衙门重申免税修建电车的申请。到6月，争夺终于有了的结果，都统衙门表示原则上同意将其管辖范围内天津城区部分（但不包括租界）的特许经营权授予"有轨电车公司"。接下来，都统衙门与该"有轨电车公司"的两位代表司图诺（James Stewart）先生和宝尔（Georg Baur）先生几次讨论了授予特许经营权的条件。① 都统衙门方面的法律代表埃姆斯（B. Eames，也译作伊美斯，曾在开平煤矿矿权争夺一事上给予德璀琳和胡

① 刘海岩等：《八国联军占领实录——天津临时政府会议纪要》，天津社会科学院出版社，2004，第8~9、101、102、127、300、315、318~319页。

佛法律指导）先生也参与了谈判，并负责起草授予电车特许经营权的证书。

在前期的准备工作基本就绪后，当谈及有关实质问题时，"有轨电车公司"的幕后操盘手终于现身，不出所料，正是德璀琳。德璀琳牵头筹组了"天津电车电灯公司"（Electric Traction & Lighting Syndicate，由于需对铁轨沿线及城区其他地方提供照明，故"有轨电车公司"易名为"电车电灯公司"）的董事会，邀请多位在津居住多年的西方侨民参加。他以未来董事长的身份与都统衙门的法律代表埃姆斯，直接就特许权年限、沿线和城区照明、利润分成、施工时限和预算等问题进行几次磋商，顺利地达成一致意见。①

为什么德璀琳能在这场较量中取得最终胜利呢？

首先，这与列强在华力量的对比有直接关系。从都统衙门的构成来看，这个军政府性质的都统衙门实行委员会制，各国委员均由本国司令官提名，再由联军司令官会议通过，他们代表各自国家分配和保障其在天津的利益。都统衙门刚成立之时，委员会只有英、俄、日三国代表。日本人是八国联军中唯一的东方国家，本来不受西方国家重视，但由于在攻打义和团的战斗中出兵人数众多、作战勇敢且伤亡惨重，赢得了各国的尊敬。义和团运动后，日本在华地位大大提升。他们此时提出申请，至少拥有三分之一的可能性，胜算较大。但此后，联军中的法国、德国、美国和意大利都先后增派了本国委员参加都统衙门委员会（由于奥匈帝国在华军事力量有限，奥国司令

---

① 刘海岩等：《八国联军占领实录——天津临时政府会议纪要》，天津社会科学院出版社，2004，第336、337、343、348、350页。

官提出以德璀琳、汉纳根的奥国亲戚包尔为本国代表参加都统衙门的要求被各国否定，后包尔改任巡捕局副局长）。于是，德璀琳也迅速组织了一个由西方各国在津侨民所组成的辛迪加，以对抗日本人的竞争。这时，德璀琳方面在委员会中能够得到的支持就大大增加了。

其次，德璀琳在天津"深耕"多年，方方面面的人脉广阔，又把持着津海关这一天津地方主要税收来源，影响力自然大大超过日本人。在前面提及的曾经代表"有轨电车公司"出面的几位外国人中，司图诺是英国人，1876 年即已来津，任天津机器局东局子总工程司；宝尔是德国人，1889 年来津，任天津北洋武备学堂教习，兼克虏伯兵工厂驻华代表。他们与德璀琳一样，都是在天津华界和侨界有一定影响力的西方侨民，能够得到英国和德国政府的支持。这样一个由多国组成的辛迪加，自然能得到都统衙门中占据绝对优势的西方国家代表的支持。所以，日本人虽然一早提出申请，甚至言明已得到中国政府的允准（当然这时的中国政府已没有什么说话的权力了），但仍然无法与联合起来的西方侨民相较，最终只能接受失败的结果。

得到都统衙门授予的特许经营权后，开办公司的具体事宜由比利时世昌洋行（Edward Meyer & Co.）承办。不过，这虽是一项"钱"途无量的项目，也是一项投资巨大的项目。德璀琳等几位在华侨民虽有能力获得都统衙门的支持，却没有足够的财力来支撑这项投资。果然在资本筹措的过程中出现了困难。德璀琳于是又找到了欧洲的大财团，将公司权利转让给远东国家公司，即同样收买了开平煤矿的"东方辛迪加"。公司原本在香港注册，后又改在比利时布鲁塞尔注册，资本额为

620 万元。①

1902 年，都统衙门将天津政权移交给中国政府后，这项特许经营权也要求中方予以承认和继承。1904 年 4 月 26 日，中国与比利时双方代表在天津签订了《天津电车电灯公司合同》。中国方面的代表有津海关道唐绍仪、候补道蔡绍基、天津道王仁宝、天津府凌福彭；比利时方面的代表是比利时领事嘎德斯、比利时工程师沙多、世昌洋行海礼。合同规定：在中国政府管辖区内，以天津老城的鼓楼为中心，方圆 3 公里内的电车电灯事业，由比公司获得特许经营权；公司注册资本 25 万英镑；合同为期 50 年。合同签订后，经直隶总督兼北洋大臣袁世凯上奏光绪皇帝和慈禧太后批准生效，经营机构取名为"比商天津电车电灯公司"，为当时天津外商投资中最大的企业，总公司在比利时，公司办事处设在当时的意租界三马路（今河北区进步道）。

1905 年，电车轨道铺设工程开工。1906 年 6 月 2 日，环城路线线网工程完工，天津第一条有轨电车路线也是中国第一条公交线路——单轨"白牌"电车正式开通运行，1907 年建成双行轨道。之后，天津电车电灯公司陆续开辟了"红牌""黄牌""蓝牌"三种电车线路，形成了贯穿天津城商业繁华街区及日、法、意、奥、俄等国租界的交通网络。

一开始市民对电车十分反感，一则因为仇洋心理，二则害怕乘车触电，三则担心票价昂贵，所以"只闻城间铃铛响，不见人影登车来"。后经华人暗授机宜，采取"先尝后买"的

---

① 刘海岩等：《八国联军占领实录——天津临时政府会议纪要》，天津社会科学院出版社，2004，第 505、511、518、574、585、742、751 页。

图 6 - 6　天津有轨电车

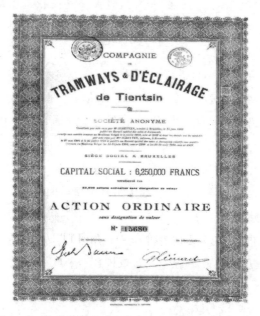

图 6 - 7　德璀琳家族后代德依信（Bruce Eason）先生
保存的比商天津电车电灯公司股票

营销策略，减低票价，人们感受到现代交通工具的便利，乘客日多。随着老城厢和租界区的商贸发展和天津城市人口的激增，电车的运客量也大幅增长。据档案记载，到民国初年，比利时电车电灯公司就收回了之前的全部投资。从 1916 年至1928 年的 13 年间，靠经营电车电灯两项，共获利 25729800元，截至 1942 年被日本军队强制接管，共获利至少达五六千万之巨。① 据说比利时一国的教育经费皆来源于此。德璀琳作为股东之一，获利自然也是不少的。

汉纳根洋行与城区排水系统

对于一个外来人口不断涌入的大城市来说，人口密度的增长既带来了商业的繁荣，同时也带来了生活设施和公共卫生方面的巨大压力。"人数不多的一群人，如果分散居住在一个小镇上，周围有广大的田野，那不大会有问题，但如果同样数目的这群人，大家都挤在一条街上居住，那就会变得污秽肮脏。"所以市政建设方面，除了铺设道路以外，最突出的就是给排水问题。在公元前 5 世纪建造的罗马城中，最古老的纪念物就是规模宏大的排污明沟；而在 14 世纪的英国，污物和粪便被设计成由下水道排出，这样，既没有难闻的气味，也没有传染病，而后者常常造成大规模的死亡和瘟疫流行。②

---

① 杨长河：《天津有轨电车开通的前前后后》，载中国人民政治协商会议天津市委员会、南开区委员会文史资料委员会《天津老城忆旧》，天津人民出版社，1997，第 190~193 页。

② 〔美〕刘易斯·芒福德：《城市发展史——起源、演变和前景》，宋俊岭等译，中国建筑工业出版社，2005，第 308、229、311 页。

1902 年，这是汉纳根初次来华后的第 24 个年头。20 多年来这座城市变化很大：租界内，人口迅速增加，各国建筑鳞次栉比；而在租界的示范效应下，天津老城的面貌也得到了很大改观，尤其是道路建设方面。然而，这里的卫生面貌仍与其城市地位极不相称，偌大一座城市几乎没有一座公共厕所，尤其是老城区的污水只能排放到散乱的露天沟渠那样远谈不上完善的排水系统。对于这一点，汉纳根是深有体会的，因为初到天津时，为了更好地学习汉语，他就住在天津老城。

1902 年 2 月，都统衙门下属公共工程局提交了一份关于天津城排水系统的报告，由曾参与海河治理工程的工程师林德与公共工程局局长联合撰写。都统衙门批准了这份报告，并拨付公共工程局 23000 元经费。[①] 汉纳根很快便得到了这个消息。

这一年，汉纳根在天津成立了一家股份制公司——"大广公司"（Tientsin Land Improvement Company），也称"汉纳根洋行"或者直译为"天津土地开发公司"。他当然想从老城区的改造中分得一杯羹，而且修造排水管道这种工程，对于曾在旅顺和威海建造了众多海防工事、经验丰富的汉纳根来说，实在是小菜一碟。事实上，汉纳根看中的是通过这项工程可以得到的大片土地，以便从事当时看来大有可为的房地产业。

经过一番准备，他很快向都统衙门的委员会提出以占用政府土地为条件，修建城区南部排水系统、修造沟渠的建议，并绘制了排水沟的线路图和其他各类草图。几次修订后，经公共

---

① 刘海岩等：《八国联军占领实录——天津临时政府会议纪要》，天津社会科学院出版社，2004，第 584、595 页。

工程局研究，都统衙门同意了该方案。该洋行在老城西南挖掘一个占地 100 亩、被称为"蓄水池"的排污池，通过一条埋设于地下、延伸到日租界北端南马路的排水管道，将老城区的污水排入海河下游，并在排水管道经过的地面修建一条从海光寺至西南角宽 10 米的马路。[1] 在这项工程中，汉纳根得到的最大利益是，根据与都统衙门最终达成的合同，"大广公司"以每亩 5 元的价格购买到 500 亩土地，并且不用再向政府交纳租金和税款。[2]

汉纳根在施工准备及施工过程中，接二连三地遇到了困难和问题。最主要的是来自施工所占用或经过的路段、民房、土地、墓地等主人，其中既有中国人也有日本人和英国人，他们由于自身利益受到影响而争执不断。

施工过程中首先遇到的麻烦是迁移施工地段中的坟墓。合同签订后，曾由都统衙门发布了中文的告谕，要求"位于合同划定地段内的坟墓立即迁走；无主坟墓或由排水公司负责迁移，或通过慈善机构迁移，费用由排水公司负担"，"迁坟期限定为两周"。工程开工不久，汉纳根即向委员会提出请求，说"有一个姓杨的中国人散发、张贴布告，指控与汉纳根先生合作建造排水工程的华籍股东们破坏墓地，挑动居民阻挠排水工程施工；他要求巡捕局长负责查明，传讯杨某，并当法官之面把事情解释清楚"。汉纳根没有想到，中

---

[1]　刘海岩等：《八国联军占领实录——天津临时政府会议纪要》，天津社会科学院出版社，2004，第 629、638、653～654、657～658、661、662～664、666 页。

[2]　刘海岩等：《八国联军占领实录——天津临时政府会议纪要》，天津社会科学院出版社，2004，第 663、666 页。

国人非常重视祖先墓地的位置和风水，所以迁坟遇到极大的抗议和阻挠。①

虽然汉纳根对中国民间禁忌并不都很熟悉，但他懂得尊重中国人的传统习俗。他认为只要向民众讲明排水工程的好处，人们是会通情达理的。于是大厂公司张贴施工告示，向民众讲解宣示排污工程对改善生活环境、预防疾病特别是传染性疫症的重要性，并郑重承诺对施工中涉及的所有事主将按规定给予合理补偿。这样终于得到了市民的理解，使矛盾出现转机。原先被汉纳根指控的杨某与汉纳根达成了和解，而"过去一些华人对汉纳根先生的洋行多次告状，现又递上一份支持该洋行的请求书"②。

除了来自中国人的麻烦，其他国家的人眼红汉纳根得到的利益，也纷纷给他制造难题。先是排水沟经过的日本租界，日本军队在施工路段要么挖壕沟要么设射击练习场，妨碍排水工程的施工；而英军参谋长也曾向都统衙门的委员会提出抗议，反对向汉纳根洋行租让土地。经过都统衙门委员会的多方斡旋以及凭借联军中德国统帅瓦德西的威望，最终这些阻碍都得到了圆满解决。③ 这也说明当时都统衙门由于行事公允、工作卓有成效，在驻军和各国侨民中还是具有相当权威的。

汉纳根修建的排水系统于当年完成施工。在此后长达50年的时间里，这套系统对市区的公共环境卫生始终发挥着重要

---

① 刘海岩等：《八国联军占领实录——天津临时政府会议纪要》，天津社会科学院出版社，2004，第675、679、701页。

② 刘海岩等：《八国联军占领实录——天津临时政府会议纪要》，天津社会科学院出版社，2004，第745页。

③ 刘海岩等：《八国联军占领实录——天津临时政府会议纪要》，天津社会科学院出版社，2004，第730、735、772、777页。

作用，一直沿用到 20 世纪 50 年代才被改造。

第二节　德璀琳、汉纳根对近代天津城市
文化发展的影响

《中国时报》、《时报》和《直报》

　　随着租界人口的不断增长，人们相互联系、沟通信息的需要也随之日益增长，为此德璀琳首先在英租界创办了天津第一份报纸。而为了满足侨民们的文化需求，传播和普及文化知识，德璀琳又将海关图书馆发展为面向所有侨民的租界公共图书馆。德璀琳的这一系列举动不仅极大地推动了租界文化事业的发展，而且促进了天津本地文化事业的发展，使天津成为当时北方的文化中心。

　　德璀琳年轻时曾经在《比利时星报》（*Etoile Belge*）工作，深知大众传播媒介在掌握信息、控制舆论方面的重要性。作为英租界董事局主席，他参与创办了天津第一家外文报纸《中国时报》（*China Times*）和中文报纸《时报》。德璀琳和汉纳根还是出版发行这两家报纸的天津印刷公司（Tientsin Printing Company）的创办人和股东。

　　《中国时报》每周出版 1 份，3 栏 12 页，主编是密嘉（A. Michie，又译作米琪），于 1886 年 11 月 6 日开始出版，1891 年 3 月 28 日密嘉退休后停刊。一些当时公认的中国问题专家们曾为它充当撰稿人，如：丁韪良（W. A. P. Martin）、明恩溥（A. H. Smith）、李提摩太（T. Richard）、丁家立、濮兰德（J. O. P. Bland）等人。因此，“它的社论，斐然成章，很

好地把握分寸，虽然篇幅有限，但是在逻辑性和公允方面可以列入远东迄今最好的报纸之列"。这份报纸编辑的座右铭是"更多的关注"，"报纸大量关注与公共利益有关的事物而不是如有些人所期望的只关注某些人或团体"。① 例如，1886 年报纸发行的第 1 卷，该报讨论曾纪泽就任总理衙门大臣后对李鸿章的影响、总督医院的落成、这一年内铁路的发展以及租界内的社交新闻等。②

在推动公共利益方面，《中国时报》发挥了相当大的作用。由于登载其上的一些建议的影响，很多重要的机构和有益的公共事业组成了，其中包括天津商会（Tientsin Chamber of Commerce）、天津文学辩论会、某些河道与港口改进工程以及各种土地、道路和公用事业计划。③ 由此可见，德璀琳一开始的办报宗旨，就是使其为租界建设和公共事业服务，而不单单是作为社交通信的渠道；《中国时报》作为天津租界地方自治的一种媒体工具，发挥了沟通信息、增强侨民凝聚力和认同感的重要作用。

作为《中国时报》停刊后的继承者，《京津泰晤士报》（*Peking & Tientsin Times*）于 1894 年创刊，它吸收了《中国时报》的一些成功的经验，因而在中国北方的影响力日盛。许多上层的中国人都是它的订户和读者，在长江以北，它几乎是

---

① 〔英〕雷穆森：《天津租界史（插图本）》，许逸凡、赵地译，天津人民出版社，2008，第 76 页。

② 摘译自《*The Chinese Times*》Volume 1（From November 1886 to December 1887），Tientsin：Printed and Published for the Proprietors by The Tientsin Printing Co. 。

③ 〔英〕雷穆森：《天津租界史（插图本）》，许逸凡、赵地译，天津人民出版社，2008，第 76 页。

无处不见；而且，它发行到国外的数量是近代所有在华的英文报中最大的。①《京津泰晤士报》在中国内外的巨大影响由此可见一斑。虽然德璀琳并不直接拥有该报的股份、该报名义上也是份商业报纸，但它接受英租界工部局的资助，实际上是份半官方报纸。德璀琳作为董事局主席，仍然可以把它作为自己的喉舌来扶持，让它代自己发出声音，掌控舆论。

与《中国时报》同时创办的《时报》是一份中文日报，这也是天津第一份中文报纸，曾得到直隶总督李鸿章的大力支持，有两年时间是由李提摩太担任主编。报纸登载中国的新闻、上谕以及其他中文刊物不会有的综合信息，约在1900年停刊。②

德璀琳还出资办过另一份地方性商业报纸——《直报》，于1895年正月创刊，中文日报，共8版，被认为是《时报》的后身。甲午战争期间，《直报》以积极的态度报道战争，战争结束后，刊物大量登载以严复为代表的维新派知识分子为挽救民族危机刊发的一系列时事政治评论文章，力主变法图强，以西方科学取代八股文章，力倡新学和废除专制政治，是反省甲午战争、探讨强国之路的重要论坛。因为报道袁世凯部哗变的消息，1904年3月袁世凯命令其停止发行，当年6月、9月两度易名为《商务日报》《中外实报》继续出版，报社地址也由开始的英租界海大道老菜市汽灯房巷迁至英租界海大道广东路。③

---

① 《中国北方外国人的"圣经"：〈京津泰晤士报〉（*Peking and Tientsin Times*）》，http：//www.022tj.net/tianjinwei/article.php? itemid - 12 - type - news.html。

② 〔英〕雷穆森：《天津租界史（插图本）》，许逸凡、赵地译，天津人民出版社，2008，第76页。

③ 〔日〕中国驻屯军司令部：《二十世纪初的天津概况》，侯振彤译，天津市地方史志编修委员会总编辑室内部发行，1986，第333页。

《直报》虽有德璀琳的背景，可以发表比较激进的时评，但其本身毕竟是一份商业性报纸，不可能有太多篇幅发表维新文章。而严复等人在《直报》上发表时评抨击时政、倡导维新后，对其产生的社会影响深感振奋，同时报纸"通外情"、开通民智、引导舆论的功能，也早为新派知识分子所重视。于是，严复等人于1897年10月26日在天津英租界创办了由他主编的天津第一份中国人自办报纸《国闻报》，其增刊《国闻汇编》曾刊载严复所译的《天演论》，阐发保种保群、自强进化之公理，与上海梁启超主编的《时务报》南北呼应，在维新运动中发挥了很大的舆论宣传作用。"优胜劣汰，适者生存"的思想由此深入人心，成为激励近代中国人不断追求进步的精神力量之一。

由于《时报》《直报》等中文报纸的出版发行，中国社会的上层人士已习惯了"人在家中坐，便知天下事"的便利，对信息的需求不断增长。报纸这种由德璀琳等外国在华侨民所发起创办的大众信息传播工具，特别是中国人受其影响而自行创办的报刊，在义和团运动后蓬勃发展起来。1902年袁世凯接管天津后，由政府发行的报纸——《北洋官报》在天津出现，这是清朝末年一份颇具权威性的官方报纸。1902年6月17日，《大公报》在天津创刊，日发行量达5000份，一举成为国内令人瞩目的报纸。1912年12月，梁启超在天津创办了学术性刊物《庸言》杂志，创刊号即取得发行万份的空前成绩，第7期后激增至1.5万份，是当时中国发行量最大的刊物，有力地推动了新文化运动的开展。①

---

① 王述祖、航鹰：《近代中国看天津：百项中国第一》，天津人民出版社，2007，第201、199、195页。

外国人在华创办中文报纸，当然是为了控制舆论，为其在华利益服务，因此办报需要了解和尊重中国人和中国文化，这样才能不致引起反感而达到预期效果。1927 年出版的《中国新闻发达史》曾评价说："外国在中国宣传，不独由其自国报纸（外国文报纸），即在中国报纸亦可宣传。德国的《中外实报》（天津）得有极大的效果"，并认为其成功之处在于，"他能猜出中国人心理，将内容形式，处处都迎合着中国人的心理而编辑。所以就是中国人自己亦往往不知读的是外国报"。①这可以说是对德璀琳等外国侨民发起创办报纸的极高评价了。

博文书院与北洋大学堂

德璀琳一直积极推动李鸿章向西方学习的步伐。身为德国人，他非常清楚高等教育在德国统一和崛起的过程中所发挥的重要作用。19 世纪初普鲁士实行改革时，教育即为其中的重要内容。所以，德璀琳极力向李鸿章建议，创办一所综合性的大学——博文书院——以培养洋务运动所需要的高级人才。

德璀琳心底始终埋藏着一个愿望，就是弥补自己未能接受高等教育的遗憾。在德国，大学毕业生的社会地位非常高，比一般的商人或一般的企业主更受尊重。德璀琳由于父亲早逝造成的家庭困难而没能继续大学教育，但越是没有得到的往往越是珍惜。成为中国第一所大学的创办人，这个想法对德璀琳而言，非常具有吸引力。不过，为了学校的顺利创办，深谙李鸿章心理的德璀琳，把这顶高帽戴在了李鸿章头上。他对外解释自己首创大学的目的时说："中堂驻津二十余年，伟烈丰功震

① 蒋家珍：《中国新闻发达史》，世界书局，1927，第 66 页。

今铄古，一切悉照西法，尽心尽力，为国为民，将来该院人才辈出，蔚成中兴之业，庶我中堂之威望，永昭声名洋溢，此尤区区之热忱也。"①

前文第四章述及，除了为中国培养人才，德璀琳开办博文书院，还有一个企图，那就是以为学校募集资金为名，攫取承办修筑铁路的特权。由于德璀琳所暴露的这个野心，李鸿章是不可能予以批准的。后来，在经费的筹措上，中国方面只有津海关道刘汝翼捐给博文书院白银 2000 两，德璀琳不得不与赫德商议，博文书院的经费由海关支出白银 5000 两作为常年经费的一部分并按年筹寄。除此之外，赫德还自掏腰包捐助了2000 两，作为对中国教育现代化的支持。② 德璀琳最后一共筹得白银 30845.66 两，于 1886 年 10 月勉强开工建造博文书院。

德璀琳一手经办了书院的建造和筹款等具体事务，他将博文书院的院址选在大营门外梁家园村。这里不仅靠近英国租界，而且毗邻海河，地理位置极佳，是一块升值潜力很高的土地，后来那里成为德租界界址。历时两年零六个月，德璀琳终于在海河边建造起一片四合院式的大楼和相连的平房作为第一期校舍。③

后来，建造后续校舍的经费不敷，德璀琳又以已建成的校舍为抵押，向德华银行借款本息共计白银 32593.03 两。由于历年水灾"移缓救急"，后面的捐款也难以为继，再加上李鸿

① 天津市档案馆、天津海关：《津海关秘档解译——天津近代历史记录》，中国海关出版社，2006，第 212～214 页。

② 天津市档案馆、天津海关：《津海关秘档解译——天津近代历史记录》，中国海关出版社，2006，第 212、211 页。

③ 天津大学校史编辑室：《北洋大学——天津大学校史》第 1 卷，天津大学出版社，1990，第 41 页。

图 6－8　德璀琳所建博文书院校舍

章看到前期派出国外留学的学生回国后"无差可派"而感到灰心失望，遂放弃对博文书院的支持。① 这样，这所由德璀琳发起并一手经办的大学最终没能开办起来。在天津侨界，西方侨民们把博文书院的创办失败视作德璀琳的"笨法"之一，② 但显然也承认他创办中国第一所大学的初衷和为此付出的努力。

　　开办近代中国第一所大学的设想是一件非常伟大的事情，博文书院如能创办成功，将使中国近代高等教育提前 6 年，从而更早更多地培养出有用人才。但是，德璀琳创办博文书院的

①　天津市档案馆、天津海关：《津海关秘档解译——天津近代历史记录》，中国海关出版社，2006，第 212 ~ 214 页。
②　〔英〕雷穆森：《天津租界史（插图本）》，许逸凡、赵地译，天津人民出版社，2008，第 237 页。

目的，不只是想要帮助中国引进西学、培养高级人才，他想要的更多。时任津海关道的周馥很快就察觉了德璀琳的不良用心，因此在博文书院的建造问题上，对德璀琳处处予以制约阻挠。德璀琳曾为筹措资金而请求李鸿章，允许以博文书院的名义在英租界以南河岸开设米栈按期收取租金。他就此事与周馥进行了商议，^①周馥对此事的答复现在无从查考。但是，从结果上来看，学院最终没能开办，说明周馥没有同意开设米栈，对于学院的其他事情也是不热心的。作为一名精明干练的洋务官员，周馥对德璀琳的野心一直保持警惕，对德璀琳这种以培养人才为名、攫取中国利权为实的举动，周馥不可能给予积极支持；相反，很有可能，正是他在李鸿章面前反复陈说利弊，明里暗里对德璀琳创办博文书院加以掣肘，才使其困难重重而终至失败。从动机和可能的后果来看，我们也不能说这是清朝封建保守官员对新事物的敌视与扼杀。

好在甲午战争后，举国上下要求自强的呼声日高。清政府也把立学堂列为应及时办理的实政之一，原来阻碍大学创建的经费等问题得到解决。近代中国第一所大学——北洋大学堂，终于在博文书院的基础上创办成功，于 1895 年 9 月在《申报》登报招生。此后，北洋大学堂在中国第一次完全引进了近代西方的大学制度，初创法律、土木、矿冶、机械四科，皆为国家现代化所急需科目。毕业的学生被资送出国留学，都能学有所成，为近代中国各方面事业的发展和进步做出了极大的贡献。饮水思源，德璀琳对中国近代高等教育的创议之功也不应被

① 天津市档案馆、天津海关：《津海关秘档解译——天津近代历史记录》，中国海关出版社，2006，第 211 页。

遗忘。

德璀琳、汉纳根与天津的赛马运动

　　天津的侨民热衷于各种体育活动，其中最重要的运动是赛马和草地网球。一种运动之所以会受到侨民的推崇主要在于其能炫耀财富和社会地位，"一项高级别的运动项目，从定义上说，就是一种要求大批昂贵用具或者昂贵设施，或二者兼备的运动"①。赛马和草地网球与一般运动相比，都需要更大的、专业性的场地，昂贵的设施，专业的训练以及相配套的服装，等等。因为以上原因，天津的侨民非常热爱这两项运动。

　　"草地网球运动吸引着所有人：儿童、青年人、成年人，乃至老头子和老太婆。他们一清早就手执球拍来回奔跑，一直打到天黑。他们打得很认真、郑重，边打边用英语郑重其事、神气十足地叫道：Play！Your game！（打呀！您的球！）会打网球被认为是好风度的标志。不会这种最新运动的人在此地社会上将被视为怪人或可疑分子，因为每天必须打网球，正如每天必须吃饭一样，一个人必须打网球，就像一个人必须遵守礼节和装束入时一样。"②

　　赛马就更不用说了。这种在欧洲被视为贵族运动的项目在天津、上海、北京和香港等通商口岸的侨民中非常流行。这项运动也是天津侨民开展最早的休闲运动。天津赛马会（Tientsin Race Club）在 1863 年 5 月举行了第一次赛马会，一位路

---

① 〔美〕保罗·福塞尔：《格调：社会等级与生活品位》，梁丽真等译，中国社会科学出版社，1998，第 156 页。
② 〔俄〕德米特里·扬契维茨基：《八国联军目击记》，许崇信等译，福建人民出版社，1983，第 37 页。

过天津的旅行者发现，"天津处于极度激动状态中"①。

德璀琳到天津后，很快迷上了这项运动。因为这一时期天津的道路状况极差，侨民出行时主要依靠骑马，而买马养马的费用极低廉，所以几乎每个侨民家里都会养上一两匹马。1879年汉纳根来到天津不久，家中马厩里就养了三匹马，一匹白马是德璀琳送的，为了上下班和学中文骑用；两匹棕色的马，一匹是李鸿章送的礼物，另一匹则是一位李鸿章属下将领送的礼物。②

骑马是一种体育运动，赛马则是一种休闲娱乐活动。德璀琳和汉纳根对天津的赛马运动做出了极大的贡献。从1886年开始，德璀琳连续多年担任天津赛马会的秘书和旗手。③ 在他任职以前，天津最早的赛马场设在海光寺一带，赛马会每年在那里举行一次只有欧洲人参加的马赛。④ 德璀琳任职后，利用他与李鸿章的友谊，让天津赛马会接管了英租界以南的"养牲园"，他和汉纳根一起修建了新的赛马场。新的赛马场"赛道周长1.5英里，赛道极宽，可轻易容纳14匹马并肩赛跑，18匹的话也并不嫌拥挤。赛道里是一圈同样长度的训练用跑道。再里面是一条防洪用的排水沟以保持赛道干燥。排水沟里

① 〔英〕雷穆森：《天津租界史（插图本）》，许逸凡、赵地译，天津人民出版社，2008，第40页。

② 摘译自1879年12月5日汉纳根致父母亲信函，Constantin von Hanneken, *Briefe aus China: 1879 – 1886; als deutscher Offizier im Reich der Mitte*, Köln: Böhlau Verlag GmbH & Cie, 1998, pp. 35 – 37。

③ 〔英〕雷穆森：《天津租界史（插图本）》，许逸凡、赵地译，天津人民出版社，2008，第267页。

④ 1880年11月24日汉纳根致父母的信函，摘译自Constantin von Hanneken, *Briefe aus China: 1879 – 1886; als deutscher Offizier im Reich der Mitte*, Köln: Böhlau Verlag GmbH & Cie, 1998, pp. 111 – 114。

是一条煤渣路。赛马场的最外面环绕着一条小河"[1]。马场设有看台，老的看台在1900年被烧毁，1901年就立刻建了一座新看台，一直使用到1925年才被三座混凝土看台所取代，[2]这座跑马场"在许多方面，是所有中国赛马场中最好的"[3]。

1880～1890年的10年间，是租界开始逐渐发展的时期，特别是有了新的赛马场，天津赛马俱乐部改为一年举行两次赛会，即春季和秋季两次赛会。据说，德璀琳"会把'十有八九能取胜的马'留在马厩里，以便让年轻而不抱什么希望的敌手有一次机会"。汉纳根的马匹也曾多次获胜，"取得人人垂涎的冠军"。而另一位女婿纳森的1匹有名的赛马，一共赢了七次"冠军锦标赛"（Champion Stake）、四次"天津有奖赛马"的胜利。[4] 1893年天津赛马会举行的一次会议上，德璀琳还与汉纳根一起建议，应在每个赛会为中国骑手举行两次比赛。后来由天津道台向这个中国骑手的比赛捐赠了一个奖杯，所以被称作"道台杯"（Taotai's Cup），该项赛事一直是最好的赛事之一。[5]

在德璀琳和汉纳根的领导下，天津赛马会获得了很好的经济效益，于是马会将原来在马场旁的天津乡谊俱乐部（Tientsin Country Club）并入马会，使人们在赛马之余有了一个休息娱乐的去处。改建后的乡谊俱乐部拥有室内舞厅、室内游泳池、

---

[1]　Austin Coates, *China Races*, Cambridge：Oxford University Press, 1984, p. 93.

[2]　〔英〕雷穆森：《天津租界史（插图本）》，许逸凡、赵地译，天津人民出版社，2008，第267页。

[3]　Austin Coates, *China Races*, Cambridge：Oxford University Press, 1984, p. 93.

[4]　〔英〕雷穆森：《天津租界史（插图本）》，许逸凡、赵地译，天津人民出版社，2008，第267、69、73、268页。

[5]　Austin Coates, *China Races*, Cambridge：Oxford University Press, 1984, p. 95.

图6-9　德璀琳家的赛马（照片由德璀琳后代
德依信先生提供）

保龄球场，此外还设有餐厅、茶厅、剧场、弹子球房、露天舞池等多功能设施，成为京津中外人士聚会休闲的高级娱乐场所。

天津的赛马用的是蒙古马。这种马并不高大，特征是拥有粗糙的皮毛、多毛的马皮以及特别短的马腿，通常只被用来骑乘或者拉货。这种马貌不惊人，短途速度也并不很快，但耐力极强。"天津的赛马不能跟香港与上海相比，因为那儿的赛马场上奔跑着有英国良种马，……天津的马只有蒙古矮种马，它们是名副其实的供马主或骑手的乘用马，却能以7分40秒跑完3英里赛程。它们是一些勇敢、强壮的小畜牲，它们会一直奔跑直至倒下。"[1]　每年，马会都派出专人到蒙古去收购马匹，

---

[1]　转引自〔英〕雷穆森《天津租界史（插图本）》，许逸凡、赵地译，天津人民出版社，2008，第40页。

图 6-10　天津赛马场的乡谊俱乐部露天舞池

带回天津后再分配给各马主。

1900 年义和团运动期间，天津租界遭到义和团和清军的炮击，许多房屋被破坏。德璀琳建在跑马场旁的别墅被烧毁，跑马场的看台也同样遭到厄运。曾给侨民带来无限欢乐的京津两地的赛马则命运迥异。北京的侨民躲入使馆区，遭到清军围困两个多月。由于食物匮乏，那些赛马被它们的主人和骑手吃掉了。[1] 而天津虽然也遭到围困，但没有人吃掉他们的赛马，并且德璀琳等人的赛马也躲过了炮火的袭击，安然无恙。[2] 所以，义和团运动过后的第二年，劫后余生的天津侨民们就搭建了新的看台，立即恢复了赛马。

---

① 〔英〕普特南·威尔：《庚子使馆被围记》，冷汰、陈诒先译，上海书店出版社，2000，第 60、98 页。

② Austin Coates, *China Races*, Cambridge：Oxford University Press, 1984, p.108。

德璀琳非常热衷于赛马这项典型的英国贵族式运动。"他在赛马方面所取得的成功可以写一本书，而且他一向是以最高尚的和最有运动员风格的精神参加赛马。……主要由于他对养牲园的小心管理和精心养护，现在的赛马会才能有一个在远东地区无与伦比的赛道和设施。"① 不知道德璀琳是否也像汉纳根一样，想要"向一贯在这个领域占有优势的英国人证明，德国人在这项运动上也很精通"②。

汉纳根与避暑胜地北戴河

外国侨民在中国的生活，除了工作和日常的消遣娱乐之外，他们也把在休闲度假的习惯带到了中国。对于海关洋员来说，1869 年《大清国海关管理章程》中就规定，内班职员工作七年后可享受两年拿半薪的休假，并准予报销本人及家庭成员（五名以内）返程路费的一半。③ 回本国度假，路远迢迢，车颠船簸，费时耗力，所费不赀，且并不是所有侨民都有如海关洋员那样的带薪休假期。于是，每年夏季暑热难耐之时，不能经常回国度假的来华外国侨民们就千方百计在中国各处寻找气候凉爽的消暑度假地。这样，侨民们居住的地方除了租界之外，还另在中国气候宜人的深山或海滨建设了许多避暑地。

在华侨民最早开辟的是庐山一带"牯岭"和"芦林"两

---

① 转引自〔英〕雷穆森《天津租界史（插图本）》，许逸凡、赵地译，天津人民出版社，2008，第 69 页。

② 摘译自 1880 年 11 月 24 日汉纳根致父母的信函，Constantin von Hanneken, *Briefe aus China: 1879 - 1886; als deutscher Offizier im Reich der Mitte*, Köln: Böhlau Verlag GmbH & Cie, 1998, pp. 111 - 114。

③ 黄胜强：《旧中国海关总税务司署通令选编》，中国海关出版社，2003，第 85 ~ 92 页。

大避暑地。这是由英、俄、美等国传教士通过"永租"方式陆续拓展而形成的，是长江以南各地西方侨民的避暑胜地。而北方侨民夏季的避暑去处，则为北戴河海滨。1893年，被德璀琳引荐给李鸿章的英国工程师金达，因修筑津榆铁路勘查路线，来到北戴河一带，他发现这里风景秀丽，"潮缓沙软"，为最佳的海水浴场。他回到天津后，向侨民们广为宣扬。于是，许多西方侨民慕名前来，擅自在当地购地建屋。

本来北戴河距秦皇岛、山海关尚有一段距离，西方人也并不想在此修建码头，把它变成一个港口，但是为了个人私利，却非要把北戴河说成是跟铁路修建密切相关的地方。"铁路之关系西人者，莫如距山海关六十余里北戴河一区"，事实上，则是看中"此地山清水秀，避暑最宜"。因为知道铁路即将连通此处，交通方便，因此不单是天津本地租界，连同附近北京等地的稍有实力的侨民，都争涌而来，"左近地方争先购地，价遂大涨，刻已建有平房数间耳"。[①] 1898 年，清政府自开秦皇岛为通商口岸时，鉴于毗邻的北戴河已有外人盖屋避暑的情况，经北洋大臣委派津海关道李岷琛、候选道王修植、开滦矿务局总办周学熙等勘测，清政府正式划定戴河以东至金山嘴（实为鸽子窝）沿海向内三华里为避暑区，将北戴河海滨划为准许外人杂居的地区，使该地成为又一个外人的避暑地。[②] 很快，这里就建起了成片的西式建筑。

---

① 天津社会科学院历史所、天津市档案馆：《津海关年报档案汇编（1865—1911 年）》下册，内部发行，1993，第 62 页。

② 转引自费成康《中国租界史》，上海社会科学院出版社，1991，第 319～320 页。

汉纳根于 1899 年第三次来华后，把家庭和事业的重心完全放在了中国。他的井陉矿务公司开办后，煤矿方面的事情基本上进展顺利。煤炭一车车开采出来运输出去，金钱就源源不断地进了汉纳根的腰包。他很快就有了大把的余钱，在北戴河建起了自己坚固漂亮的砖石结构的避暑别墅。汉纳根的北戴河别墅位于今保四路，是一座建筑面积 1400 多平方米的两层楼房。朝向大海的别墅正面有透光极好的宽大圆窗，外面还像所有的殖民地房屋一样，有一圈围廊。汉纳根一家可以在那里一边纳凉，一边欣赏大海的波涛，甚至一日三餐都是在那里享用。在外籍人士的别墅中，他的别墅不仅位置是最好的，面积也是数一数二的。

别墅建成后，每年夏天，汉纳根夫人埃尔莎都要带着孩子们去北戴河别墅区避暑，在那里漫步、游泳、晒日光浴、呼吸新鲜空气，间或组织一些小型音乐演唱活动。大海的海浪声、林地的松涛声、百鸟的鸣啾与汉纳根夫人的女高音交织在一起，成为这里人们注目的中心。而汉纳根在 1911 年将井陉煤矿售煤处交予高星桥经营之后，彻底解决了市场开拓和销售问题，矿山那边又有德国工程技术人员负责，公司一切走上正轨，于是，他也能安心地过起悠闲的半退休生活，一年中倒有半年的时间是在北戴河的别墅中度过。他还告诉高星桥北戴河作为避暑修养的好处，说这块风景区将来必会涨价。后来，高星桥发财后，也在北戴河买了许多土地，建造了很大的别墅。[①]

---

① 天津市政协文史资料研究委员会：《天津的洋行与买办》，天津人民出版社，1987，第 222 页。

图6－11 汉纳根家在北戴河的别墅（照片由汉纳根后代
郎厄先生提供）

图6－12 汉纳根北戴河别墅内景（照片由汉纳根后代
郎厄先生提供）

以英、美籍侨民为首的外国人在北戴河组建了地方自治性质的组织——避暑会，其中创建最早的是石岭会。石岭会于每年夏季组织召开类似于租界纳税人大会的租地人大会或者会员大会，董事会由 1 名会长和 5 名副会长组成，其下设有相当于租界工部局的执行机构。1900 年义和团运动后，根据《辛丑条约》，八国联军可以在北京至山海关沿线驻军。之后一直到第二次世界大战爆发以前，北戴河掀起了房地产开发的热潮。除了石岭会之外，外国侨民又先后创设了东山会、庙湾会、灯塔会、夏令会等众多团体组织，他们各自为政，行动肆无忌惮，不仅占据大片土地，而且还干预地方行政。① 虽不知道汉纳根具体属于哪一个团体，但以他的资历和个性，必然是某一组织中具有重要位置的成员。

为了抗衡外国人将北戴河变成准租界的企图，1916 年第一次到北戴河度假的北洋政府交通总长朱启钤，就酝酿成立中国人的自治组织。第二年，为了便利中外游人到北戴河避暑旅游，由北宁路局铺设了铁路支线，每年夏季通车。1919 年，朱启钤号召在海滨避暑的中国知名人士在西山创办"地方自治公益会"。公益会加紧进行市政建设，当年由公益会划地建造了莲花石公园，公园内建有体育场、高尔夫球场和跑马场等。同年还开发了第一、第二、第三公共浴场，使北戴河的旅游设施初具规模，也逐步夺回了被外国人侵占的国家主权。② 为了促进这里的旅游业和房地产开发，20 世纪 30 年代，公益会在北京的《民报》、天津的《新民晚报》、上海

---

① 费成康：《中国租界史》，上海社会科学院出版社，1991，第 321 页。
② 费成康：《中国租界史》，上海社会科学院出版社，1991，第 325 页。

的《文汇报》上都刊有广告，介绍北戴河的别墅、旅游风光及设施。

中国原有众多避暑胜地，例如北京的圆明园、颐和园，承德的避暑山庄，不过这些都是为皇室专享的避暑场所，普通人甚至官员皆不能涉足。外国侨民把西方的度假旅游这种生活方式带到了中国，并介绍给中国人，改变了他们的生活方式，客观上，也使中国近代的旅游业进入了它的发轫期。

城市化与现代化

自 16 世纪以及随后的两个世纪里，城市在西方成长起来并逐渐超过东方。国外学者认为，由于中国人对待城市的态度不同于西方人导致了东西方城市发展程度的差异。虽然，东西方的城市都是建立在流通和交换的基础之上，但是之后的城市发展轨道却截然不同。欧洲城市化进程的背后代表着一种生活方式向另一种新的生活方式的转化，这个过程同时造就了一个市民阶层，他们主导着城市的文明进程。然而，在中国，由于工业化的滞后，城市却没有上述的地位与作用。

封建社会的中国没有截然的城乡对立，中国文明的独特之处在于其"农"字是不含鄙视之意的，在中国，城市并不代表着比乡村更高的文明水平。中国人的价值标准使城市中没有形成市民阶层和上流社会，城市人也没有代表和支配中国人生活的基调，无论在服装式样、饮食方式、交通工具或是日常生活的其他显见的方面，都没有显示出应有的区分。由于缺少市民阶层，中国的城市没有市政厅，官吏是代表中央政府在进行统治而不是自治的。城里人并不以身为城市人为荣，相反，他们崇尚在经商或从政成功之后退隐乡村的生活方式。① 陶渊明隐居乡野，其"采菊东篱下，悠然见南山"式的田园生活，几乎是所有高尚士绅的理想生活境界。在中国的城市里，尽管不像欧洲那样分为高尚住宅区和贫民窟而是穷人富人杂处一起，但是每一位有钱的官员或者富商都有自己的私人庭院，因而中国人对建造城市公共建筑、公共园林缺乏兴趣。总之，在近代，中国与欧洲的城市在市政建设方面的明显差异，既受到工业化发展程度的影响，也受到不同文化价值观的影响。

天津的城市发展自然也受到这两方面因素的影响。一方面，由于漕运和盐业的发展给城市的一部分人带来了巨额财富。天津有一些大盐商，他们拥有非常壮观的私人花园，如盐商查家的水西庄，乾隆皇帝来津时就住在他家。另一方面，由于尚未进行工业化，城市总体发展落后，表现为环境卫生恶劣，缺乏公共设施，如给排水系统和道路交通系统等。

由于英租界建设得日益先进，吸引了大量有钱的中国人迁入居住。尽管有 1866 年的章程限制，但实际上，只要"找寻一个容易打交道的英国人，让他作名义上的业主"，中国人就能在英租界里获得地产，而且"在后来的两个推广租界地的市政当局制订的章程中，没有限制中国人租取土地的条款，1918 年采用的适用于整个英国租界的土地规章中也没有这种规定"②。这样，迁往租界居住的中国人越来越多，20 世纪初，天津的八国租界里总共居住着中国人 9433 户、人口 61712 人，而全部外国人加起来只有户数 1436 户、人口 6341 人，中国居

---

① 牟复礼：《元末明初时期南京的变迁》，〔美〕施坚雅编《中华帝国晚期的城市》，叶光庭等译，中华书局，2000，第 113～115 页。

② 〔英〕琼斯：《天津》，许逸凡译，《天津历史资料》1964 年第 3 期，第 42 页。

民的人口总数几乎是外国人的 10 倍。[1]

迁入租界的中国人很快接受了西方的生活方式、生产方式及风俗习惯，并将这些新鲜事物传播到租界外的中国社会，促进了中国社会的现代化进程。除了自来水、下水道、电灯、电话、马车、汽车等物质文明，还包括按钟点作息制度、星期制度、教育制度、市政管理制度、选举制度等制度文明，它们都对天津、上海等近代通商口岸的城市发展和社会演进产生了"极其广泛而复杂的影响"[2]。

19 世纪末 20 世纪初，中国近代第一所大学、第一所工业技术学校、第一所西医医院、第一所女子师范学校、第一个市政机构、第一座机器铸币厂、第一家电报局、第一家机械化农场……诸多中国现代化进程中的"第一"纷纷在天津出现，在近代邮政和铁路、新式教育和职业教育、市政机构和司法等领域引领风气之先，成为北方乃至全国清末"新政"之典范。[3] 这表明西方现代文明对中国现代化所产生的影响由表及里、由物质层面向制度层面逐渐转化。

第三节　天津租界中的西方侨民

租界的设立及租界里的外国侨民

近代天津在被辟为通商口岸后很快成为一个国际化的大城

---

① 〔日〕中国驻屯军司令部：《二十世纪初的天津概况》，侯振彤译，天津市地方史志编修委员会总编辑室内部发行，1986，第 19 页。
② 熊月之等：《上海的外国人（1842—1949）》序言，上海古籍出版社，2003，第 4 页。
③ 详见王述祖、航鹰《近代中国看天津：百项中国第一》，天津人民出版社，2007。

市，曾经有很多外国侨民在此居住。他们在这里挣扎、奋斗，开创属于自己的生活，过着既不同于当地也不同于本国的独特生活，并且形成了一个"单独的和日益扩大的社会"①。

天津租界的设立与近代中国的政治形势紧密相关，它们是列强历次侵华战争的产物。第二次鸦片战争中，英法联军占领了天津城，根据 1860 年签订的《北京条约》，天津被辟为通商口岸，英、法、美三国在天津划定了租界。从此，列强每发动一次侵华战争，天津的租界就扩大和增加一次。中日甲午战争以后，德国借口"调停"有"功"，在天津划定了德租界；日本则以"战胜国"的淫威，在天津划定了日租界。1900 年八国联军入侵天津，在天津设有租界的英、法、德、日等国，擅自对租界进行扩张；没有租界的俄、意、奥等国，即以本国军队占领的地盘划定租界；比利时虽未参加八国联军，这时也乘机在天津强划了比租界。1902 年，美租界并入英租界，天津形成八国租界并立的局面。这些租界的总面积相当于当时天津老城的 8 倍多，这在全国设有租界的城市中是独一无二的。天津成为帝国主义瓜分中国的一个缩影。

随着天津贸易的繁荣和租界的发展，各国侨民纷纷来到天津租界。"在开始的头一两年，贸易量颇大，商人大发其财，例如某商人从 1861 年起，以一年 5000 元的速度积聚了大笔财产，刚刚带着这笔财产退隐了。"② 这种事例很容易被到处传扬，吸引越来越多的人来天津寻找发财致富的机会。年复一

---

① 〔美〕费正清、刘广京编《剑桥中国晚清史（1800—1911）》上卷，中国社会科学院历史研究所编译室译，中国社会科学出版社，1993，第 250 页。

② 〔英〕雷穆森：《天津租界史（插图本）》，许逸凡、赵地译，天津人民出版社，2008，第 41 页。

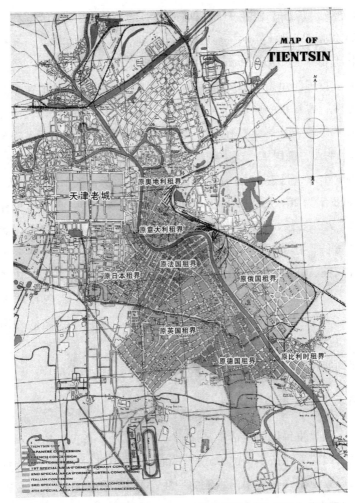

图 6 – 13　天津的九国租界示意图（美租界于 1902 年并入英租界）

年，港口不断出现新来者。这些人有的留下来，有的走了。几乎每个来中国的人都认为在这里可以快速致富，因此租界中总是不缺少做着发财梦的、来中国淘金的外国侨民。

天津开埠时，只有为数不多的外国商人和两三个基督教

（新教）传教士住在天津老城的内外。1861 年，天津总计有28 位侨民。他们当中包括：第一个到天津传教的美籍新教传教士柏亨利（Dr. Blodget）以及其他 5 位传教士和他们的夫人、英国驻津副领事、第一任津海关税务司，还有其他在津开办洋行或洋行的雇员们。① 1866 年，据英国领事统计，包括商人、传教士及外交官在内，共有 112 人，其中英国 58 人，美国 14 人，德国 13 人，俄国 13 人，法国 10 人，意大利 2 人，瑞士 1 人，丹麦 1 人。1877 年天津口岸的侨民人口为 175 人，1878 年为 201 人，1879 年增加至 262 人，后者中有成年男性123 人，女性 58 人，儿童 81 人。1890 年，天津的侨民人口大幅增长，有 612 人在各领事馆登记。1898 年日本在津划定租界以前，在津的外国侨民主要是西方侨民。之后，日本在津侨民人数飞速增长，1899 年日本在津仅有商人 77 人，1901 年即增至 1210 人。② 1906 年，根据海关统计，居住在天津的外国人口达到 6341 人。③ 这一时期，从外国侨民的数量来看，天津确实可以称得上是一个国际化程度很强的现代大城市。

热衷于服装竞赛的侨民

租界里侨民的生活是舒适而丰富多彩的。侨民开始基本上是仿照或者照搬本国的方式居住和生活，但是时间长了，就难以避免地融入一些中国当地的特性。很快他们就形成了通常被

---

① 〔英〕雷穆森：《天津租界史（插图本）》，许逸凡、赵地译，天津人民出版社，2008，第 36 ~ 37 页。

② 天津社会科学院历史所、天津市档案馆：《津海关年报档案汇编（1865—1911 年）》上册，内部发行，1993，第 39、191 页；下册，第 19、105 页。

③ 〔日〕中国驻屯军司令部：《二十世纪初的天津概况》，侯振彤译，天津市地方史志编修委员会总编辑室内部发行，1986，第 18 页。

统称为所谓"殖民地式"的生活方式，这一特征具体体现在他们日常生活的衣食住行与社交娱乐等方方面面。

在各种现代炫富方式出现以前，古代和近代社会的人们展示自身财富地位和风度仪表的最佳方式莫过于穿着打扮。根据一个人的衣着来判断一个人的社会地位等级，是最方便实用的方法，欧洲人尤其对时装有一种历史悠久的特殊偏爱。17 世纪的一位欧洲使节说："一个人如果没有二十五到三十套各式各样的衣服就算不上有钱，有钱人必须每天换装。"①

像其他通商口岸里的欧美侨民一样，天津的侨民也热衷于这种服装竞赛。这里的绅士们制定了一整套穿着规矩，他们的衣着不仅严格地因时令而异，而且因一天内的不同时间和服装的不同用途而异。他们依据所做的事情和所到的场合，在一天内仔细换装数次，极为重视穿着打扮的各种细枝末节。一位在义和团时期到访天津的细心观察者这样描述道："夏天，热带的软木遮阳帽一定要和薄薄的热带衣服和轻巧的鞋子同一色彩，同一风格。如果领带的色调和样式同皮带、袜子的不相协调，那将被认为是严重地有损风雅和身份。在天津，从来没有一个珍惜自己的尊严和声誉的大人阁下或先生不是穿着运动服来到打网球的 recreation - ground（休息场）。他从来不会犯那种和男宾吃饭时穿燕尾服，而和女宾吃饭时却穿着晚礼服这种颠三倒四、不可饶恕的乱穿衣服的错误。"②

租界里有各种服装商店，专门为侨民们制作和进口时装，

---

① 〔法〕费尔南·布罗代尔：《15 至 18 世纪的物质文明、经济和资本主义》第 1 卷，顾良等译，生活·读书·新知三联书店，2002，第 373 页。

② 〔俄〕德米特里·扬契维茨基：《八国联军目击记》，许崇信等译，福建人民出版社，1983，第 38 页。

图 6 - 14　盛装出席天津德国学校活动的德国侨民们
（照片由德国东亚之友协会提供）

其款式来自时尚之都巴黎的当季流行样式。在 1928 年出版的天津租界英文洋行目录中，经营服装和女帽的商店有 7 家，鞋店 4 家，百货商店 22 家，专营手表珠宝的商店有 8 家，基本能够满足侨民们日常的服装要求。用中国人的眼光来看，这些商店的数目简直是大大超过需求了。

除此之外，作为在华侨民的领袖人物，赫德与他治下的海关也尽其所能地帮助侨民保持他们西方文明的生活方式和各种奢侈享受。1872 年总税务司赫德专门下发了一道通令，就如何处理有关免税货物进行了指示，后面还列了一张长长的免税物品清单。① 其中，穿着用品被列为一大项，其类别被细分为：各种成衣、外国靴鞋、袜、男子服饰用品及女帽、男女洋人用衣料以及金银首饰。从那张免税物品的单子上可以看出，由于航运业的发达，侨民的生活并不因为与家乡距离遥远而有

① 黄胜强：《旧中国海关总税务司署通令选编》，中国海关出版社，2003，第 143～146 页。

太大的不同。可以想象，总税务司的体贴一定慰藉了那些远离
故土、身在"文明边疆"的侨民孤寂的心灵，让他们在满足
物质需求的同时也获得精神上的安慰。

吃肉的欧洲人

历史学家布罗代尔说："食物是每个人社会地位的标志，
也是他周围的文明或文化的标志。"[①] 欧洲人是肉食者，不论
是富有的还是贫穷的人都习惯以肉食为主要食物来源；而中国
是农业文明的国家，国民以粮食为主食，吃肉很少，几乎没有
为屠宰而饲养的家禽。据统计，18、19 世纪，在欧洲的大城
市中，法国巴黎人均每年消费 51~65 公斤肉，德国汉堡人均
每年的肉消费量则达到 60 公斤。[②] 在中国，由于人口过多，
供牛羊生活的土地必须用来养活人，中国人不养或很少饲养牛
羊。那么以肉为主食的欧美侨民来到中国后吃些什么呢？

这个问题至少在天津并不难解决。初到天津的侨民发现他
们不需要为肉食的供应而担忧，这里"各种食物极为丰富，
我们在这一方面的要求都能及时得到满足，虽说，在牛肉问题
上，他们有时是有点儿不切实际的，因为在这一地区，所有的
牛都只用来拉犁"[③]。20 世纪初，租界内有两处市场，英租界
与法租界各一处。它们不仅建筑规模宏大、设备完善，而且有
非常详细的卫生管理章程。这两处菜市场日消费额惊人，在很

---

① 〔法〕费尔南·布罗代尔：《15 至 18 世纪的物质文明、经济和资本主义》
第 1 卷，顾良等译，生活·读书·新知三联书店，2002，第 118 页。

② 〔法〕费尔南·布罗代尔：《15 至 18 世纪的物质文明、经济和资本主义》
第 1 卷，顾良等译，生活·读书·新知三联书店，2002，第 227 页。

③ 〔英〕雷穆森：《天津租界史（插图本）》，许逸凡、赵地译，天津人民出
版社，2008，第 33 页。

大程度上说明了天津租界的繁荣兴盛。1909年日本人曾对英租界、法租界及华界的三处菜市场作过一次肉食品的消费调查。根据此项调查，侨民们的肉食供应种类丰富，包括：鸡、鸭、鹅、野鸡、小野鸟、洋鸡、鸽子等禽类，兔、牛、猪、羊、野羊等畜类，鸡蛋、鸭蛋、鸽蛋等蛋类。从平均日消费量来看，禽类为1950只，畜类为531头（只），蛋类为20500只。[①] 调查数据虽然是包括本地人消费量的，但即使华界的中国人消费额占到一半，租界侨民日消费量仍然是相当可观的。

图6-15　汉纳根家的餐桌（照片由汉纳根后代
郎厄先生提供）

除了肉类供应的数量，侨民们也关心质量。为了保证肉类食品的卫生安全，在原德租界、靠近租界地中心的一处地方，应侨民们的要求，耗资5万元建造了一座新式屠宰场。所有牲

---

① 〔日〕中国驻屯军司令部：《二十世纪初的天津概况》，侯振彤译，天津
市地方史志编修委员会总编辑室内部发行，1986，第354页。

畜围栏、屠宰房、冷藏间，都是在外国专家的监督下建成，冷藏设备也是专门从国外订购的。运进这里的牲畜和运出的肉都要进行食品卫生检验。[①] 屠宰场设在中国人的地方，为的却是侨民们自身的健康安全。侨民们还美其名曰，是为了给中国地方当局做示范。

除来自本地的供应之外，侨民们还从欧洲进口大量食品。在海关免税物品清单中，食品位列榜首，其种类纷繁复杂，包括鱼、畜、禽、各种野味罐头、鱼子酱、香肠、面饼、葡萄干、蛋糕、夹心糖、咖啡、可可、黄油、牛奶酥等；各种新鲜的蔬菜、水果、蜜饯、咸菜等；面粉有粗磨粉（包括粟米粉及燕麦粉）和砂谷粉（葛粉、玉米粉等），还有酸辣酱等调味品、各种香料、香精等；饮品包括外国苦啤酒、甜露酒、甘露酒、树莓酒、苏打矿泉水等矿泉水、柠檬汽水等。相信有了这些食品，来自欧洲的巧妇们一定可以做出各种家乡风味的食物，侨民餐桌上的内容与本国也没有什么不同。侨民们用酒肉填饱了肠胃，思乡的愁绪就无处安放了。

从吹泥填地到"万国建筑博览会"

对于天津的侨民来说，最令他们富有成就感的，可能就是在一大片荒芜的沼泽地上，建起了一个有着不同建筑风格和现代设施的花园城市。

在英、法、美三国租界建立的初期，由于这一地段地势低洼，需要大量土方填埋地基，才能再建房屋，所以花费甚巨且

---

① 〔英〕雷穆森：《天津租界史（插图本）》，许逸凡、赵地译，天津人民出版社，2008，第336页。

耗时费力。任何人想要在英租界或法租界建造房屋，都必须让他的承建商买来好多车的土来填平和垫高地基。后来，他们则发明了另一种就地取材的方式——吹泥填地，即"采取围埝筑池的方法，在某一划定的区域四周筑起土埝，其高度高出规划所要求的地平面，中间形成池状，然后向池内泵入海河工程局的戽斗式挖泥船从海河挖掘的河泥"。这些来自海河的淤泥通过埋设在规划好的租界道路下面的管道，用水泵抽送到需要填垫的地区，在池内沉淀，水分经过蒸发和渗透而消失，一块平坦的地基也就出现了。运用这种方法，大片的沼泽以每年20万至25万土方的速度被填平变成可以建房的平地。①

很多后来宏伟的建筑和舒适的居民区在以前都是深深的池塘或者坟地。曾经有一个英国女孩说，天津是"好天无地，而英国是好地无天"。意思是说，天津有一个晴朗美丽的天空，却没有土地，而英国有一片美丽的土地，但是却没有好天气。在吹泥填地这种方式出现后，天津也终于有了适合建房的土地，地价在10年间就增长到以前的10倍。"这些土地很快就被外国商行和投机家认购，刻着多少有些神秘的姓名首字母的界石，如雨后春笋般到处钻了出来。……使那些被葬于地下的居民得以消逝，取而代之的是居住舒适而愉快地生活在世的家庭。"②

在居住方面，因天津拥有九国租界，各个租界的居民都在模仿本国建筑风格的基础上建造自己的房屋，所以天津的租界

---

① 〔英〕雷穆森：《天津租界史（插图本）》，许逸凡、赵地译，天津人民出版社，2008，第289页。

② 〔英〕雷穆森：《天津租界史（插图本）》，许逸凡、赵地译，天津人民出版社，2008，第51、57页。

素有"万国建筑博览会"的美誉。但是，从另一个角度来说这也是殖民地或租界地的典型建筑特征。用建筑学术语来说，叫作折中主义（Eclecticism）风格，即以模仿或照搬西洋建筑为特征的潮流。

图 6-16　德璀琳府邸内景（照片由汉纳根
后代郎厄先生提供）

　　天津租界的早期建设中，英租界是一枝独秀。最初，它的房屋建筑式样大抵是模仿香港的。"结果常常是，宽敞的房屋摆满了家具，宜于夏天居住，但一到冬天，却使人一看到就感到寒意。"① 因此，后来建筑的式样特别是室内设计更加符合

————————

① 〔英〕雷穆森：《天津租界史（插图本）》，许逸凡、赵地译，天津人民出版社，2008，第51页。

本地的气候条件。不过，他们的室内装饰和家具摆设仍然是欧洲式样的。这同样应归功于海关的照顾，客厅、餐厅、寝室、浴室、厨房、配膳室及账房家具，弹子房、地球房（即保龄球）及球场家具，保险柜、火炉、灶以及炉栅、火炉围栏等火炉用具，煤篓、煤气装备、铃等，书籍、乐谱、乐器等，马具、挽具及马车等，甚至玻璃及水晶器皿、瓷器、陶器、瓦器以及镀金属器皿等，统统被列入免税放行物品。所以，如果侨民们想把他们在欧洲的家原封不动地搬到天津或者其他通商口岸的租界区，无论是家具摆设还是器皿装饰，都不会遇到什么困难。

图 6-17　汉纳根府邸（照片由汉纳根后代郎厄先生提供）

总体上，由于各国租界管理当局严格地规定租界内的建筑必须采用外国式样，① 这些建筑的立面和外部装修风格上基本还是保持着各国的风格：有富于浪漫色彩的哥特式建筑，有反映西洋古典复兴思潮的巴洛克和洛可可式建筑，还有德国日耳曼式、古希腊廊柱式、西班牙式以及包豪斯现代风格的公寓建筑，等等。

从租界建立到 20 世纪以前的这段时间内，租界里新修建的西式洋房中间仍然混杂着一些中国人简陋的泥坯房，构成独特的租界风景。那个时期，初到天津租界的汉纳根看到这样的景象："在（租界）那里居住着很多欧洲人。他们的住所大多是两三层的中欧结合式小洋楼，并且带有很大的花园，让人看起来就很舒服。在长达半英里的街上很少见到老城里简陋的中国人居住的用泥土修成的矮小的泥屋。"他不禁感叹："这样的景象即使在上海和香港也不多见。"②

随着租界侨民人口的增加，在 20 世纪初期各国租界的大规模建设开始以前，租界里"几乎经常不断发生房荒"，"天津的房屋一盖好，就会马上租出去并立刻住上人"，甚至"很多房屋还远没有竣工就有人预订了"。③ 租界的房地产业迅速发展起来，进一步促进了租界的繁荣，也方便了侨民的生活。

---

① 〔英〕雷穆森：《天津租界史（插图本）》，许逸凡、赵地译，天津人民出版社，2008，第 291 页。

② 摘译自 1879 年 11 月 3 日汉纳根致其父老汉纳根的信函，Constantin von Hanneken, *Briefe aus China: 1879 – 1886; als deutscher Offizier im Reich der Mitte*, Köln: Böhlau Verlag GmbH & Cie, 1998, pp. 25 – 31。

③ 〔英〕雷穆森：《天津租界史（插图本）》，许逸凡、赵地译，天津人民出版社，2008，第 57 页。

从轿子到汽车，从帆船到火车

随着天津城市道路的发展，侨民的出行日益便利。在天津城和租界区内，初期因为当时租界内的道路建设尚不完善，侨民外出只有骑马或雇轿子。1879 年，汉纳根初次随德璀琳去拜见李鸿章时，记述道："我们雇了两顶轿子。前面有 1 个人骑马开道，后面还有 1 个人保护。每顶轿子都有 4 个轿夫，另外还有 2 个人在轿子旁边跟随。总共有 14 个人随着我们俩赶往总督府。"这倒并非是为了排场，而是这一路行来确实不容易，"不仅仅是路途较远，并且路也不好走，所以前面有个人开道是非常明智的"。居住时间较长后，一般侨民在出行时就改为骑马，因为这样更为快捷且马匹的价格和饲养它们的用费并不昂贵。①

义和团运动以后，侨民出行主要乘坐西式马车和人力车（或称东洋车）。这一时期，租界和天津城内的道路建设都得到很大发展，行车走路不再是一件艰难的事情，私人用和营业用的马车增加了很多。1906 年据天津巡警总局统计，天津共有西式马车 512 辆，其中为侨民专用（包括私人用和营业用）的有 333 辆。人力车自 1882 年由日本经上海引进天津，并首先在外国侨民中使用。由于它比以往中国使用的各种车辆更为轻便，所以很快流行起来，数量迅速增加。1906 年天津有人力车夫 8802 人，人力车 6738 辆。② 但是，1906 年有轨开始在

① 摘译自 1879 年 12 月 5 日汉纳根致父母亲信函，Constantin von Hanneken, *Briefe aus China: 1879 – 1886; als deutscher Offizier im Reich der Mitte*, Köln: Böhlau Verlag GmbH & Cie, 1998, pp. 35 – 37。

② 〔日〕中国驻屯军司令部：《二十世纪初的天津概况》，侯振彤译，天津市地方史志编修委员会总编辑室内部发行，1986，第 98、99 ~ 100 页。

天津老城和奥、意、俄、法、日各租界铺设铁轨运行，因其价廉，人力车的经营受到打击。因英国租界当局不愿将电车经营权让与比利时，所以英租界内没有电车运营，人力车仍是主要的交通工具。①

图 6 – 18　英租界维多利亚路上停靠的人力车和汽车

卡尔·本茨发明汽车后的第六个年头，即 1901 年，天津出现了第一辆汽车。到 20 世纪二三十年代，汽车开始在天津租界内大量出现，销售汽车的经销商 14 家，而汽车修理厂也有 14 家之多。②富裕的侨民在市内出行有了更多的选择。

侨民往来本国与侨居地或者外出旅行也变得越发便捷。最

① 天津市档案馆：《近代以来天津城市化进程实录》，天津人民出版社，2002，第 191 页。

② *Tientsin Hong – list*, published by the N. C. Advertising Co., printed by the Tientsin Press, 1928, p.204.

初，马戛尔尼使团从英国到中国在海上航行了 9 个月；之后绕过好望角的航线使航程缩短到 4 个月；1869 年苏伊士运河的通航使得欧洲至中国的航程缩短至两三个月；① 蒸汽机船的使用进一步使 19 世纪 70 年代欧洲各种商船兵船能够"不畏风浪行四十余日抵华"②。刚开埠时，天津与外国的运输全部以上海为中转站。到 19 世纪 90 年代，天津同欧美各地的直接运输逐渐有所增加，来往于天津的外国旅客也逐年增多：1890 年，乘坐轮船来津的外国旅客有 400 多人，离津则有 300 多人；1899 年，来津外国旅客 1300 人，离津 1100 人。③

除了海上运输，陆上交通的发展使侨民远行有了更为快速、经济的交通工具——火车。1905 年西伯利亚铁路修筑完成后，由天津至伦敦的行程大大缩短，较之前的海路行程缩短一半。旅客和邮件由伦敦到津用时 22 天，柏林及圣彼得堡到津 18 天，后来伦敦至天津的邮件又缩短至 17 日。④ 这样，后来的欧洲侨民更多的是通过铁路而不是海路来到中国。

以汉纳根一家为例。据其家族后代介绍，1919 年一战结束后，汉纳根一家作为战败国侨民，被遣送回国。他们乘坐一艘名为"丹诺"号（Denor）的中型客船离开了中国，经过 2 个多月的航行到达荷兰的鹿特丹港，几天后又经陆路回到德国。1923 年初，汉纳根的采矿事业进行得一帆风顺，于是汉

---

① 〔美〕费正清、刘广京编《剑桥中国晚清史（1800—1911）》上卷，中国社会科学院历史研究所编译室译，中国社会科学出版社，1993，第 252 页。

② 《李鸿章全集》卷十《电稿》，时代文艺出版社，1998，第 6～7 页。

③ 天津社会科学院历史所、天津市档案馆：《津海关年报档案汇编（1865—1911 年）》下册，内部发行，1993，第 17、90 页。

④ 天津社会科学院历史所、天津市档案馆：《津海关年报档案汇编（1865—1911 年）》下册，内部发行，1993，第 131、172 页。

纳根夫人带着孩子们乘坐"乔治·华盛顿"号豪华班轮回到中国，路途本应是从德国西部港口往南再往东行驶，而他们选择了另一条相反的路线——先从欧洲大陆往西去美国，再横跨太平洋到中国，借机做了一次北半球的环球旅行。汉纳根最小的儿子迪特（Dieter von Hanneken）回忆说，那年他年仅9岁，已记不清当年是在德国还是法国的港口上的船，但他依稀记得那是一艘巨大的轮船，船上有宽阔的甲板、许多漂亮的房间；在宽敞的餐厅里就餐时，一队穿着吊带西装裤扎着领结的铜管乐手、鼓手不停地演奏着流行音乐。最让他难以忘怀的是，他得到一位侍者的同意，可以不停地按动电钮，让电梯不住地升降。他们抵达纽约后，又乘坐五天五夜带有卧铺的火车从东向西横穿美国，抵达美国西海岸的旧金山游玩，然后乘船驶往中国，到达中国已经是5月份了。① 两年后汉纳根因病于天津去世，他的遗体被装在棺材里，由汉纳根夫人经西伯利亚大铁路运回国安葬。汉纳根一家的旅程，见证了当时人们的旅行方式的不断变化，正是有了轮船和铁路等交通工具的不断改进、升级，资本主义国家才能畅行无阻地进行遍及全球的殖民拓展。

在中国丰富的业余生活

人们的生活并不只是工作。从侨民踏上天津这方土地开始，社交生活和各种娱乐项目就一起构成了其生活的一个组成部分。在天津，参加各种俱乐部活动是侨民休闲娱乐和社交聚会的最主要方式。

---

① 刘晋秋、刘悦：《李鸿章的军事顾问汉纳根传》，文汇出版社，2011，第212~213页。

俱乐部在侨民的社交生活中占有重要地位。那位在义和团时期来津的敏锐的俄国记者描述说,在天津的侨民,除了好客的俄国人以外,其他外国人极少在家里接待客人,有的也只是请来参加宴会而已。他们"相互间的交往只限于正式的拜访和打网球。随便到有家眷的外国人家里是根本不行的"。他分析说,"这是由于妇女人数太少,而客居天津的她们的保护人——绅士们又是醋意十足之故吧"①。所以,俱乐部就成为一个重要的社交场所。除了饮酒作乐、打打麻将、玩玩桥牌与扑克,或者从图书馆里借一本书阅读外,这里也是洽谈生意、获得各种消息的良好场所。②

"天津俱乐部"是最老的一个万国俱乐部,在租界开始的早期已经扎根了。"根据英国人明智的倡议,在中国、朝鲜、日本的各主要港口城市都办起这样的万国俱乐部,它们成为操各种不同语言的侨民相互接近和联络的中心。当地居民——中国人、朝鲜人和日本人,以及 half - cast(混血儿)不得进入俱乐部。只有白色人种才能成为它的高贵的会员。俱乐部事务由各国代表选举产生的委员会管理。"俱乐部里的各种设施齐全,设有餐厅、台球场、九柱戏场、图书室和拥有很多报刊的阅览室。俱乐部的仆役是中国人,俱乐部的所有会员都是经过挑选的,同时,他们也都有权推荐宾客,但必须严格注意他的社会等级,只有各国军人可以被认为是俱乐部的常客。③ 1900

---

① 〔俄〕德米特里·扬契维茨基:《八国联军目击记》,许崇信等译,福建人民出版社,1983,第 36~37 页。

② 〔英〕雷穆森:《天津租界史(插图本)》,许逸凡、赵地译,天津人民出版社,2008,第 265 页。

③ 〔俄〕德米特里·扬契维茨基:《八国联军目击记》,许崇信等译,福建人民出版社,1983,第 36 页。

图 6 - 19　天津德国俱乐部

年前后，德国俱乐部、法国俱乐部、日本俱乐部、意大利俱乐部和美国俱乐部也纷纷成立，每个国家俱乐部都有它的网球会和运动俱乐部。①

　　英国是列强中在华势力最大的国家，英租界也是天津所有租界的中心。不过，在这遥远的异国他乡，各国侨民站在殖民者的立场，纵使有背后各自国家的支持甚至军队的保护，但面对周围的亿万中国民众，也不免常怀惴惴，不得不将彼此的民族差异放在一旁，联合起来成为一个共同体才能获得安全感。所以，最有势力的英国人并没有将他们的制度、他们被公认的岛民的保守与孤僻性格带到这里，也由于德璀琳的努力，天津

---

　　① 〔英〕雷穆森：《天津租界史（插图本）》，许逸凡、赵地译，天津人民出版社，2008，第 265 页。

"根本没有排外的英国俱乐部，……没有一家英国的高尔夫球俱乐部、网球俱乐部、足球俱乐部，也没有一家英国赛马俱乐部……现存的社会团体中没有一家的成员仅限于英国人而排斥其他外国人的"①，有的是属于各国侨民的公共俱乐部。租界的各个方面似乎都体现了它的国际性，赛马俱乐部被命名为"天津赛马会"，运动俱乐部被称作"天津草地网球会""天津水球会""天津马球会""天津高尔夫球会""天津板球会"等。但毋庸置疑，诸如赛马、网球、马球、板球这些运动都是典型的英国运动项目。所以，天津租界里所遵循的仍然是英国式的社交娱乐法则。

据外来观察者的描述，天津侨民一天的生活离不开各种俱乐部。他们的生活很规律，白天辛勤工作，晚上休息，严格恪守英国人订下的规规矩矩的生活方式。在一上午繁忙紧张的工作后，来自欧美的侨民们通常在中午下班后"坐人力车或骑脚踏车去天津俱乐部，在那里互相见面，读电讯和报纸，交换消息"。到下午，"四点钟办公室结束工作。欧洲人骑自行车或骑马到郊外的休息场打网球，在那里和妇女们见面"。晚上八时进晚餐后，年轻人和单身汉去俱乐部或旅馆玩台球、打牌或者痛饮威士忌。"不论白天，还是夜晚，高贵的万国俱乐部会员总是没个停地喊着要杯'whisky and soda'（'威士忌渗苏打'）。"②

在探讨天津租界的社交生活和休闲娱乐活动为什么如此丰

---

① 〔英〕雷穆森：《天津租界史（插图本）》，许逸凡、赵地译，天津人民出版社，2008，第266页。
② 〔俄〕德米特里·扬契维茨基：《八国联军目击记》，许崇信等译，福建人民出版社，1983，第38页。

富多彩的原因时，有几个因素是需要被考虑到的。首先是由于贸易的发展，天津的侨民人口日益增长，而许多侨民在数年之间就积聚了大笔财富，这使他们拥有了雄厚的物质基础去开展各种需要耗费大量金钱的活动，以炫耀他们的财富和地位。其次是由于买办制度，以英国人为代表的外国商人在天津经商大都依靠买办筹措各种事宜，而自己则贪图于社交活动的快乐。日本人不屑地评价道，"其执行勤务的时间很短，以尽可能的借口为理由，颇多休业。夜间一概聚集在俱乐部，沉溺于打台球和饮酒，或者玩弄扑克牌，达到深更半夜者不乏其人。总之，行住坐卧过于奢侈，就近乎苟且偷安"①。再次是由于煤气与电力照明的广泛应用。19世纪80年代开始，煤气与电力照明在天津出现。1888年英国工部局与天津煤气公司（The Tientsin Oil - gas Company）签订合同，由后者提供英租界内的路灯照明。之后，1889年到1890年冬季，英租界内铺设煤气管道，使用煤气照明。② 同年夏季，荷兰领事馆大楼里率先安装了1000烛光的电灯。1904年比商电车电灯公司开始为海河东岸的俄、意、奥、比租界提供居民用电和安装路灯。1906年仁记洋行建电厂向英租界供电。法、日、德租界也在20世纪初相继建发电厂向本国租界供电。有了煤气和电力照明设施，才最终使人们摆脱了"日出而作，日落而息"的生活方式，有了更多的闲暇时间并有条件开展丰富多彩的休闲娱乐活动，开始了真正的"夜生活"。

---

① 〔日〕中国驻屯军司令部：《二十世纪初的天津概况》，侯振彤译，天津市地方史志编修委员会总编辑室内部发行，1986，第253页。
② 〔英〕雷穆森：《天津租界史（插图本）》，许逸凡、赵地译，天津人民出版社，2008，第79页。

为什么到中国来？

侨民的在华活动是中外文化交流的一条重要渠道。在过去的研究中，一般称这些随帝国主义侵略而来华工作生活的外国人为"淘金者"或"冒险家"，认为他们来中国的目的就是进行殖民掠夺，发不义之财。显然，这样的分析太过简单。事实上，近代西方侨民大量涌入中国，既有资本主义向全球扩张、西方列强侵略中国的大背景，也有侨民自身的经济动机，同时还受当时西方社会、思想、宗教、个人等非经济因素的影响。

近代来华侨民中最早也最重要的侨民是商人。远洋贸易的巨额利润吸引了大批商人不远万里来到中国。"由于两地市场市价不一致，产品在穿越大洋时陡然身价百倍"，这说明，"在通讯困难和不正常的旧时代，单靠距离就足以制造超额利润"①。惊人的利润自然吸引了众多商人们不惧大洋上的惊涛骇浪，乘着不断改良的商船万里迢迢来到地球的另一边淘金。投机成功的结果是极为令人振奋的。1832 年英国东印度公司对华贸易特权被取消后，两个苏格兰裔英国商人威廉·查顿（William Jardine）与詹姆士·马地臣（James Matheson）在广州成立了怡和洋行。怡和洋行在这两人及其后人的经营下在中国大陆存在了 117 年，从最早的鸦片和茶叶等贸易生意到后来从事的工厂、矿业、铁路、银行等事业，后来成为中国四大洋行之一。靠着在中国发的"洋财"，回英国后，合伙人之一的马地臣在苏格兰西部的赫布里底群岛买下了一个小岛，并在上

---

① 〔法〕费尔南·布罗代尔：《15 至 18 世纪的物质文明、经济和资本主义》第 2 卷，顾良等译，生活·读书·新知三联书店，2002，第 436 页。

面修建了一座城堡。他的侄子，亚历山大·马地臣（Alexander Matheson），继任怡和洋行的合伙人，回国后以 77.3 万英镑巨款收买大批土地，成为苏格兰的大地主。这些投机成功的个案吸引了更多的投机家来到中国，鸦片战争以前，仅在广州就有 55 个各国洋行进行越洋贸易。① 直到 1869 年苏伊士运河通航和 1871 年在上海、伦敦和美国间的海底电报电缆铺设，商业资本家靠距离产生的超额利润才逐渐减少。

尽管对商人、资本家或者说投机家、冒险家来说来中国的目的是为了获得巨额利润，但对那些为数更多的失业工人、失地农民、破产商人、退伍军人及刚刚毕业进入社会的学生来说，来到中国不过是为了寻找就业机会、获得更为舒适的生活而已。以最早开始工业化的英国为例，工业革命结束后，由于生产发展、生活水平提高，人口增长的速度惊人，1801～1901年的 100 年间，人口从 1590 万增加到 4150 万，远超过以前，也超过当时欧洲的任何国家，这使英国需要向海外大量移民。欧洲大萧条期间，英国粮价一跌再跌，导致大批农民失去土地，工人的失业率则在 1879 年和 1886 年分别高达 11.4% 和10.2%；与此同时，本国企业在海外投资设厂需要一批专业技术人员和管理人员。于是，失地农民和失业工人成为移民的重要组成部分。19 世纪下半叶至 20 世纪初，英国出现移民海外的三次高峰。② 不只是英国，19 世纪也是整个欧洲对外移民的高峰时期。上述这些人与那些为追逐利润而奔走于世界各地的

---

① 〔美〕马士：《中华帝国对外关系史》第 1 卷，张汇文等译，上海书店出版社，2000，第 82 页。

② 王觉非：《近代英国史》，南京大学出版社，1997，第 616、619、620、544 页。

资产阶级不同，他们是殖民主义的工具而不是最大和最根本的受益者。

侨民来华除了受物质利益、资本主义发展和帝国主义殖民政策的影响外，也受一系列非经济因素的影响，包括社会文化、宗教传统、个人因素等方面。侨民向海外移民的时代是在文艺复兴的启蒙之后，人们的自我意识进一步的增强，资本主义的萌芽给那些在森严的封建等级制度下找不到获得荣誉、财富和权力的机会向上流动的人尤其是年轻人以莫大的鼓舞，他们具有更强烈的成就动机，推动着他们去追求、完成自己所认为最重要的、有价值的工作，他们向往能够在海外殖民地获得改变自己命运的机会，而中国恰是能够给予他们这种机会的地方之一。

在等级社会中，向上流动进入一个更高的社会阶层是许多人行为的动机之一。在一个社会阶层已经相对固定的环境来说，出身中下层的人由于他们掌握的社会资源较少，单凭自身努力而在本国获得好工作的可能性几乎不存在。他们很难在原来的社会中提升自己的社会经济地位，唯一的指望就在于自己后天的努力和机遇，海外殖民地无疑是一个充满了机会的地方。中国由于处在半殖民地半封建社会，发展的机会更多。例如，海关总税务司赫德，父亲本来只是一个酒店老板，出身不高，顶多算是中产阶级，但由于赫德在中国经过多年奋斗而身处高位并为确保英国在华利益立下功劳，英国封他为贵族，进入上流社会。德璀琳同赫德的情况相似，他的父亲只是公证员，属于新兴中产阶层，家里并无资产，这使他在父亲去世后一完成中学学业就不得不辍学工作，不能进一步接受高等教育。德璀琳是一个雄心勃勃的人，他的野心和他所拥有的才能使他不甘于平凡的生活，决定他一生命运的冒险注定要在遥远的东方开始。汉纳根由于莽撞过失而失去在军队中的前途，被勒令提前退伍。如果没有德璀琳提供的到中国发展的机会，他的人生之路将一片黯淡，更不会有日后的巨大声望和财富。赫德、德璀琳、汉纳根等不过是众多来华侨民中的代表，他们的成功既有个人的努力奋斗，也离不开中国这个总是能提供无限机遇、令人血液奔涌的人生舞台。

战争与侨民

天津租界是近代中国政治舞台的"后台"乃至世界战争的组成部分，国际关系的复杂不可避免地体现在不同国籍的侨民之间。在两次世界大战中，曾经在义和团运动中组成义勇队并肩作战对抗中国军民的各国侨民，依照他们的国籍形成不同的阵营，壁垒森严，再不复德璀琳生前其乐融融的侨民大家庭。

图 6－20　罗兰德骑士像落成时参加庆祝的德国侨民们
（照片由德国东亚之友协会提供）

　　第一次世界大战结束后，德国和奥匈帝国作为战败国失去了它在中国的租界和一切特权。战争结束的消息传来，英法侨民走上街头，欢庆胜利。他们涌入德租界，用砖头石块砸碎德国人的窗户，将耸立在德租界主要路口的一尊德国战争纪念碑——身穿铠甲、手持利剑的"罗兰德骑士"立像拉倒，砸成碎块。之后不久，德、奥两国的侨民被中国政府遣送回国，财产也被没收。

图 6-21　戈登堂上空的纳粹旗帜
（照片由德国东亚之友协会提供）

第二次世界大战爆发之前，德意日结成三国轴心，而英法两国则站在对立的一方。1937 年日本开始全面侵略中国，天津沦陷后，日本人在英、法租界周围架设铁丝网实行封锁，英、法租界成为"孤岛"。1939 年 6 月 13 日清晨，大战一触即发，天津的 2000 名英国和法国侨民被作为人质关在自己的租界内，不得自由出入。此后，1940 年 4 月，希特勒的坦克横扫西欧，英国也面临德国入侵。英国决定在中国战场向日本妥协，从华北和上海撤军；而法国已被德国打败，其在天津的租界成了准沦陷区。为了体现友好和国际性，日本人邀请德国和意大利的军队到天津接收英法租界。德国陆海军趾高气扬地重返天津，纳粹德国的旗帜高高飘扬在英租界标志性建筑戈登堂的堡顶上空。

1941 年 12 月 8 日，太平洋战争爆发，日本为报复美国限制日裔美籍人在美国本土活动，于 1942 年 3 月在山东潍县设立了一座外侨集中营，西方人称为"潍县集中营"。集中营先后共关押了 2000 多名华北地区的欧美侨民，其中绝大多数是牧师、教师、医生、商人和学生，甚至还包括 327 名儿童。出生在天津的新学书院教师、英国著名奥运会 400 米短跑冠军埃里克·利迪尔（Eric Liddell）、美国前驻华大使恒安石（Arthur W. Hummel Jr.）、山东大学的创始人赫士（Watson M. Hayes）等众多知名人士都曾被囚禁于此。直到 1945 年，集中营被解放。

德国侨民的命运也好不到哪里去，他们并未因远离欧洲战场而幸免于战争之外。纳粹政府在天津、上海这样的侨民聚居地设立了纳粹支部以控制侨民的思想，血统不"纯净"的儿童被从德国侨民学校中驱逐出去，军队甚至出动舰艇来到中国运送被征召入伍的适龄青壮年回欧洲参战。一些德国侨民家中悬挂着希特勒的照片，但是也有像家在天津而被西门子公司派到南京的德国人拉贝（John H. D. Rabe），在南京大屠杀中冒着生命危险救助中国难民，留下记录日军暴行的《拉贝日记》。

"一个国家如被迫将其领土一些部分租给他国，或给予他国任何形式的治外法权，那么该国的'领土完整'即令未被破坏也受到了限制。"① 租界设置不久，中国人就为收回租界进行了不屈不挠的斗争。在中国租界史上，天津租界是唯一经受过中国军民武装进攻的租界：义和团运动中，天津的租界遭到义和团和清军的围攻和炮击，损失惨重。1916 年天津西开天主教堂建成后，法租界当局立即派出武装军警强行占领老西开地区，以至引发了一场声势浩大的抗法爱国斗争。这次斗争在各地民众的支援下，坚持了数月之久，使法租界当局的阴谋一时没能得逞。

天津租界的割据是列强侵略战争的产物，天津租界的收回也与战争紧密相关。第一次世界大战中，中国加入协约国一方，向奥匈和德国宣战。战后，中国作为战胜国收回了这两个国家在天津的租界。俄国"十月革命"取得胜利后，苏维埃政权声明放弃沙俄在华取得的一切特权。（由于美、英、法等国施加压力，直至 1924 年 8 月天津地方当局才正式接管俄租界。）1931 年，比利时政府将在津租界交还给当时的国民政府。第二次世界大战中，日本偷袭珍珠港后第二天，中国政府向德、意、日三国宣战，宣布收回日租界和意租界。战争中，

---

① 〔美〕威罗贝：《外人在华特权和利益》，王绍坊译，生活·读书·新知三联书店，1957，第 33 页。

英国同意将天津英租界交还给中国，法国维希政府则将法租界
交还给天津伪政府。1945 年 8 月日本投降后，天津地方政府
得以实际收回日、意、英、法四国租界。至此，天津的所有租
界正式全部收回。

　　租界被收回后即面临侨民的遣送问题，并不是所有的侨民
都愿意回归故国。虽然身处异国他乡，侨民的日子却比在本国
过得更加舒适惬意。在天津开埠后的初期，虽然有一些侨民由
于贸易的繁荣快速致富而后携着财富离开，但是还是有很多人
留了下来。他们把天津视作自己的第二故乡，把租界里的家当
作真正的家园去建设、爱护。而他们的后代，那些出生在天津
的侨民，更是把这里看作自己的故土，他们不仅说得一口纯正
的天津方言，更衷心爱着他们的"阿妈"（即保姆）。所以，
当战争结束后，很多人不得已才离开了中国。战败国的侨民没
有选择，他们只能被遣送回祖国。而战胜国的欧美侨民及战争
中逃亡到天津的犹太人和俄国人，他们中的大部分回到了本
国，其余部分侨民则选择移居美国、加拿大、澳大利亚、以色
列及南美洲的移民国家，在那里开始新的生活。然而，无论在
哪里，他们永远不会忘记在天津租界里生活的种种往事。

第七章　德璀琳与汉纳根家族

第一节　德璀琳家族

德璀琳家的五朵金花

德璀琳、汉纳根这样的西方侨民，最初来到中国时都是年轻的单身汉。当几十年过去，他们或终老于异国他乡或叶落归根回归故土，这时他们身后已经是一个个枝繁叶茂的大家庭了。

1873年德璀琳第一次回国休假，他被赫德指派，代表中国政府第一次参加维也纳世界博览会。在这次展会中，德璀琳表现出色，在1878年，获得了清政府授予的"三品衔"和奥地利政府授予的勋章，他还在维也纳认识了出身名门的埃维琳·鲍尔小姐（Eveline Bauer，1853~1938）。在到处弥漫着醉人花香、飘散着美妙乐章的"音乐之都"，芳龄二十的鲍尔小姐渐渐陶醉于德璀琳的翩翩风度和堂堂仪表，对德璀琳倾力描述的神秘东方也充满了向往，他们很快于第二年春天完婚，然后于1875年一起乘船返回中国。

德璀琳夫妇一生共养育了5个女儿：埃尔莎（Elsa）、多拉（Dora）、露西（Lucy）、埃维琳（Eveline）和吉赛拉（Gisela）。

大女儿埃尔莎于 1874 年出生于宁波，当时德璀琳正在宁波海关任职，多拉和露西的出生年份不清，四女儿埃维琳出生于 1888 年，小女儿吉塞拉于 1895 年出生。

由于在华多年而深受中国文化的影响，德璀琳对于没有儿子一事是非常敏感并感到遗憾的。据他的后代讲，大女儿出生的消息传出后，德璀琳在海关的上级、中外同僚、当地商人、各路朋友纷纷前来祝贺，好生热闹。二女儿出生时，前来贺喜的洋人不少，贺喜的中国人却不如大女儿出生时多。等到三女儿、四女儿相继出生时，前来贺喜的中国人已经寥寥无几。再到第五个女儿吉塞拉出生时，贺喜的洋人依旧很多，却已经没有中国朋友来贺喜，这让德璀琳非常不解。过了很长一段时间，德璀琳才弄明白，原来中国朋友不来给德璀琳女儿道贺的本意是，没有儿子的人家本来就够难过的了，再去登门贺喜，那就有点居心叵测了。

对于一位自幼在欧洲长大的人来说，中国人的推理方式实在是不可思议。不过天长日久，德璀琳的心中也不是没有遗憾的，而德璀琳的中国对手则很喜欢拿德璀琳没有儿子一事来刺激他。前文曾提到，李鸿章的洋务干将周馥不喜欢德璀琳的跋扈，每次德璀琳与下属庆丕一起因公事去拜访他时，周馥都会借问候德璀琳的 4 个女儿（当时最小的女儿还没有出生）和庆丕的 4 个儿子来刺激德璀琳，弄得他懊恼不已。[①]

虽然没有儿子，但是 5 个美丽可爱的女儿带给德璀琳极大的幸福和骄傲。埃尔莎身材高挑，自幼热爱音乐，对歌剧艺术情有独钟。多拉、露西和埃维琳也都非常惹人喜爱，德璀琳和夫人参加社交活动时，总会带上她们。赫德曾在信中夸奖她

_____

① 见第二章第一节。

们，说"埃尔莎和露西这两个姑娘的确出落得非常可爱""她俩的确非常漂亮可爱，作为姑娘们的父亲是感到骄傲的！""露西和多拉，……可爱的姑娘"。① 由于在华侨民人口中，妇女和儿童都比较少，而德璀琳来自维也纳的妻子娇小美丽、长袖善舞，是天津租界外国人圈里的社交皇后，5 个女儿也个个可爱。所以，赫德与德璀琳虽然在后来的利益竞争中关系紧张，甚至赫德对德璀琳本人渐生厌恶，但对德璀琳的家人却始终都抱有好感。

德璀琳的家庭是天津租界里最重要的家庭之一。德璀琳本人和几个女儿都多才多艺、擅长体育，他们的日常生活是当时租界里上层侨民的典型生活，高雅而又富有活力。"人们这样说到他本人、德璀琳夫人和他们的五个女儿：'他们的家在整整一代里成为天津的社交中心，从那儿，就像从圣地一样，散发出亲切又高尚的影响。'"②

大女儿埃尔莎最具有德国人和奥地利人的特点——酷爱音乐，曾经被父亲送回德国接受正规的声乐教育，在德国还演出过作曲家瓦格纳（Wilhelm R. Wagner）的歌剧。学业结束后，她便返回中国陪在父母身边。在这里，她经常参加"天津业余剧团"的冬季演出和化装舞会活动。据后来人评价，19 世纪 90年代初期一出"英国皇家军舰平纳福号"（H. M. S. Pinafore）的上演使天津业余剧团"达到了它的全盛期"。在这出戏中，已成为汉纳根夫人的埃尔莎扮演的"约瑟芬"（Josephine）一

① 陈霞飞：《中国海关密档——赫德、金登干函电汇编（1874—1907）》第6 卷，中华书局，1995，第 19、24、424 页。

② 转引自〔英〕雷穆森《天津租界史（插图本）》，许逸凡、赵地译，天津人民出版社，2008，第 70 页。

角获得成功，其他参演者还包括时任津海关税务司、后来成为总税务司的安格联（Francis Aglen）。在当时这出戏被认为是"地方演出的杰作"。①

图7-1　汉纳根夫人（中间下跪者）演出剧照（照片由汉纳根
后代郎厄先生提供）

德璀琳的几个女儿继承了父亲热爱运动的天性，她们的网球打得很好。在19世纪80年代开始风靡于天津等通商口岸的草地网球运动中，埃尔莎是最好的球员之一，她与其他租界里的夫人小姐们还于1889年成立了一个"妇女草地网球俱乐部"（Ladies' Lawn Tennis Club），经常在戈登堂前的维多利亚花园的网球场打球。埃尔莎婚后离开天津，妹妹多拉就承继了姐姐在网球界的地位，1899年12月4日的《伦敦与中国电讯报》（*London and China Telegraph*）上曾登载一则消息，说多

---

① 〔英〕雷穆森：《天津租界史（插图本）》，许逸凡、赵地译，天津人民出版社，2008，第55页。

拉以 2 个 "6 比 3" 击败对手林德夫人，赢得了天津网球锦标赛的女子单打冠军。① 之后，四小姐埃维琳也参加过这项比赛，并且经常获胜。1919 年天津网球会举办了第一次面向华北所有侨民的公开赛，这项赛事一直延续到 1924 年，已成为纳森夫人的埃维琳获得过首届女子单打公开赛冠军和 1921 年开始的混合双打公开赛冠军。② 后来，除了多拉因感染结核病不幸早逝，埃尔莎和埃维琳都很长寿，再次证明了运动强身的道理。

德璀琳的 5 个女儿在天津租界内，在父母的庇护下，就像公主一般无忧无虑地生活着。她们不仅受到天津侨民的喜爱，在北京侨界也大受欢迎。当 1894 年德璀琳为甲午中日之战而赴京与赫德进行商议时，2 个女儿埃尔莎和露西随行陪伴父亲来到北京。在赫德给金登干的信中说，几乎 "整个北京都全力安排他们在此期间的接待和消遣"。③

德璀琳家族在天津

女儿们虽然不能继承德璀琳的事业，但是通过联姻，德璀琳家族得到了发展壮大。同她们的父母一样，大女儿和四女儿也把自己的小家安在了天津，在这里她们的丈夫都获得了巨大的财富，她们也获得了美满的婚姻和幸福的家庭。但是，几个嫁到其他国家的女儿却像是从温室里迁出的鲜花，婚姻生活并

---

① 1899 年 12 月 4 日的《伦敦与中国电讯报》（*London and China Telegraph*），http://newspaperarchive.com/london – and – china – telegraph/1899 – 12 – 04/page – 3/。

② 〔英〕雷穆森：《天津租界史（插图本）》，许逸凡、赵地译，天津人民出版社，2008，第 270 ~ 271 页。

③ 陈霞飞：《中国海关密档——赫德、金登干函电汇编（1874—1907）》第 6 卷，中华书局，第 19 页。

不幸福，甚至离异、早逝。

图 7-2　德璀琳夫妇及女儿女婿们（照片由汉纳根后代
郎厄先生提供）

图 7-3　德璀琳亲友合影（德璀琳此时已去世），前排左四为
德璀琳夫人，右三为汉纳根夫人（照片由汉纳根后代
郎厄先生提供）

　　大女儿埃尔莎于 1895 年 21 岁时，嫁给了在甲午战争中获得极大声誉的汉纳根，婚后他们一起回到德国居住。1899 年，汉纳根第三次来华，他们这一次把家安在了天津，一住将近 20 年，直到第一次世界大战德国战败，他们作为侨民被遣送回国。在这里他们生育了 2 个儿子和 2 个女儿，组成了一个幸福的大家庭。

　　二女儿多拉，于 1902 年结婚。这一年 5 月 5 日的《伦敦与中国电讯报》（*London and China Telegraph*）上登载了多拉在天津圣路易教堂（Saint Louis Church，也称紫竹林天主教堂）与英国外交官克里夫兰上校（Major Cleveland）举行婚礼的消息。① 由于新郎急着赴印度就职，时间仓促，两人没有来得及举办盛大的婚宴，来宾仅限于至亲好友，教堂的婚礼一举行完，就由宾客们将新婚夫妇送到火车站，乘火车前往上海。据汉纳根次子迪特所整理的家谱资料，这对年轻的夫妇从上海再前往印度，到达印度不久，多拉因无法适应那里炎热的气候和恶劣的卫生条件，感染上结核病。之后，她前往当时医疗技术先进、医治结核病最为有效的瑞士进行疗养，却在那里不治去世，尸骨埋于异乡。

　　三女儿露西，1901 年第一次结婚，嫁给了一位意大利贵族、海军军官德·丹缇（Salvatore Denti di Pirayno），他们在天津相遇，当时丹缇是意大利驻津外交官（他最终卸任于意大利海军上将任上）。离开中国后，他们定居于意大利，在这里夫妻关系转为恶劣，并最终离婚。露西于 1914 年左右回到天

---

① 1902 年 5 月 5 日的《伦敦与中国电讯报》（*London and China Telegraph*），http://newspaperarchive.com/london‐and‐china‐telegraph/1902‐05‐05/page‐4。

津，并遇到她的第二任丈夫美国人哈瑞·拉克（Harry Lucker，又译为卢克或卢克尔）。拉克是一位精明的律师，除了律师事务，还经商，他在天津参股创办了美丰洋行，拥有福特汽车公司在中国北部的分销权，获利丰厚。1917 年露西死于难产，她的骨灰后来被汉纳根夫人带回德国，一起埋在了汉纳根家族墓地，两姐妹最终相伴于地下。而她的儿子则幸运地存活下来，由最小的姨妈吉塞拉抚养长大。1931 年，鳏居的拉克与一位驻扎在天津的美国军官的妹妹结婚，二人育有 3 个孩子。

四女儿埃维琳，小巧可爱、性格幽默、善于模仿。1908 年她嫁给英籍犹太人沃尔特·纳森（Walter. S. Nathan）。纳森曾任南非英国殖民军的陆军少校，参加 1899 年爆发、历时近三年的南非战争（Anglo – Boer War）。在南非时，他与曾任开平煤矿总工程师的胡佛结为至交，经胡佛介绍于 1903 年来华，接任开平矿务有限公司总办，1912 年又出任与滦州矿务局合并后组成的开滦矿务总局的总经理，1923 年辞去总经理职务但继续任开平公司董事。纳森夫妇也是天津租界中的重要人物，他们在天津生育了 2 个女儿。纳森夫人继承了母亲的长寿基因，一直活到 1969 年，以 81 岁高寿去世。他们的大女儿帕特里西亚（Patricia Detring – Nathan）则继承了母亲和大姨妈表演的才能，是 20 世纪 30 年代的一名英国女演员，艺名 Sari Marit-za，曾在电影《城市之光》（City Lights）中与卓别林（Charles Chaplin）共舞一曲探戈而名动一时。

小女儿吉赛拉于 19 岁那年，即 1914 年，嫁给年长她 11 岁的驻津英籍爱尔兰军官科克帕特里克（J. Kirkpatrick），他们生有 2 个儿子。由于丈夫酗酒，他们于 1927 年离婚，大儿子归父亲抚养，小儿子则由母亲抚养。这一年她带着幼子和露西

图 7 - 4　德璀琳的外孙女帕特里西亚

的儿子改嫁给美国军官约翰·伊森（John D. Eason），并生下了他们自己的儿子。因为这个孩子出生登记在美国得克萨斯州，①所以吉塞拉应是在美国结婚生子的。后来她一直随丈夫孩子定居于美国，也很长寿。

德璀琳的 5 个女婿非富即贵，也都在天津的侨民圈中占有很高的社会地位，他们与德璀琳一起构成了天津租界里的一个繁荣的侨民大家族。由于德璀琳的地位和财富，他家中的一些重要活动也成为天津乃至整个华北地区的社交盛事。

一位曾经在天津居住的外国人记述了德璀琳三女儿的婚礼盛况。1901 年 12 月 14 日，刚刚经历了义和团运动劫后余生

① 出生证明见 http：//files. usgwarchives. net/tx/bexar/vitals/births/1927/bex-eg27. txt。

图 7 - 5　德璀琳的小女儿吉塞拉在天津举行的婚礼（照片由德璀琳后代德依信先生提供）

的天津欧美侨民们终于有了一件令他们感到振奋的事，那就是德璀琳夫妇为他们的三女儿露西举行的盛大婚礼。由于结婚双方的地位都很高，男方是意大利贵族、外交官，女方的父亲则是天津租界里的"古斯塔夫大王"，这成为 1901 年整个华北地区最重要的社交盛事，天津所有的报纸都充斥着关于这场婚礼的报道。婚礼在天津法租界的圣路易教堂举行，德璀琳夫妇向租界的重要侨民都发出了请柬，由于他们的国籍不同，所以请柬也是由多种语言写成的。据这位观察者说，婚礼上到处都是"鲜花、佩戴珠宝的女士、穿着制服的男士、贵族、外交官和他们的家眷、最重要的中国官员"①。每位宾客都以能参

----

① 摘译自 "The Lucy Detring's Marriage," Decembre 14, 1901, Tientsin, http://fotoarchivio - piovano. blogspot. com/。

加这个婚礼为荣，而通过这样的社交活动，德璀琳也向所有人展示和炫耀着自己在中国获得的成功。

德璀琳的遗嘱与没收敌产风波

1913 年 1 月 4 日德璀琳去世，灵柩葬于他的别墅花园的一角，永远留在了这块自己视为家园的土地上。作为德璀琳大女婿和事业伙伴的汉纳根，成为他的财产托管人和遗嘱执行人。德璀琳在华多年，身居要职，除了津海关税务司的丰厚薪酬之外，更在房地产、交通、矿业、银行、报业、饭店、赛马等诸多行业投资经营，生前积累了巨额财富，包括房地产、股票、债券、珠宝、存款等。即以房地产为例，德璀琳最早在英租界和拓展界有房产，也因而长期担任英租界工部局董事长，义和团运动后又在海河东岸租借了一块既靠近海河边又通往京奉铁路的地块。已知的，他还在开平煤矿和比商电车电灯公司拥有股份。德璀琳去世后，按照遗嘱，家产被分为十六份，按比例公平地分配给家人：德璀琳夫人得十六分之四；四个在世的女儿各得十六分之三。①

德璀琳去世的第二年，第一次世界大战爆发，中国政府于 1917 年参加协约国，对德、奥宣战，取消了德国和奥匈帝国的租界和领事裁判权，并宣布没收敌国侨民在华产业。汉纳根作为德国侨民，与其他男性敌侨民一起被集中关押起来。经代理德侨事务的中立国荷兰的驻华公使与北洋政府外交部协商，出于人道主义，中国政府释放了汉纳根与另一名德国侨

---

① 《美人卢克请转租敌侨汉纳根经管之德璀琳地产如何办理之处请示遵》，台北中研院近代史研究所未刊档案，馆藏号：03－36－138－01－023。

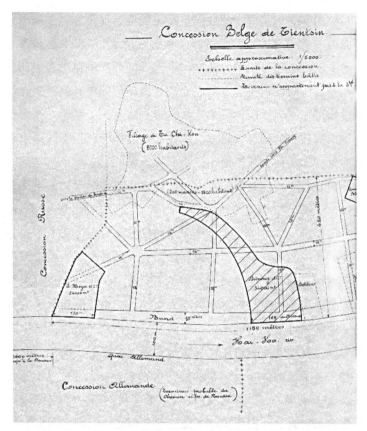

**图 7 - 6　天津比利时租界的规划示意图（图中央黑色阴影
标出部分为德璀琳购买的土地，该图保存于比利时
外交部档案馆）**

民，而德璀琳和汉纳根的在华产业，尤其是汉纳根的井陉煤矿
和由德璀琳、汉纳根承租的德租界和英租界推广界内的土地和
其上的房子，则悉数予以没收。

　　幸运的是，德璀琳去世于一战爆发之前，所以遗嘱的有效
性得到中国政府的承认；而且汉纳根之外的其他几个女婿分别

来自英国和美国这两个战胜国，除了股票、现金等，遗嘱中分给露西（此时已去世，其遗产由其幼子继承）、埃维琳和吉塞拉的不动产也得以保留。从这一点来看，德璀琳在当初为几个女儿择婿的时候，是非常有眼光的。即使他并没有预料到在他身后会爆发列强之间的世界大战，但是将家族关系建立在多个在华最有势力的国家背景上，以便必要时能够获得不同国家政府的保护和援助，这不能不说是深谋远虑的。这一点与他当时把开平煤矿卖给比利时的东方辛迪加以获得多国保护的做法简直如出一辙。

1919 年，中国宣布结束与德国的战争，并于 1921 年与德国签订新的和约。翌年，德国使馆照会中国外交部，要求派员与汉纳根会商，解决井陉煤矿股权等问题。① 同时，经过美国和英国驻华公使历时近三年的多番交涉，三个英美籍继承人得到了遗嘱内自己那份财产。精明的三女婿拉克还借口汉纳根欠其债务，要求北洋政府发还汉纳根在中国的房产。同年，北洋政府发还了汉纳根在天津和北戴河的房产，② 他还要回了井陉煤矿 25% 的股权。③ 这笔财产在 20 世纪初对于一个家庭来讲不啻为天文数字。据他最小的儿子迪特回忆，汉纳根第四次来华后，一家人依旧居住在原来德租界内自己的房产中。照此分析，多亏英、美、德三国政府的帮助，汉纳根原来被没收的财

① 台北中研院近代史研究所未刊档案，《德使请派员与汉纳根会商井陉煤矿案请速核办由》，馆藏号：03－03－019－04－007。

② 台北中研院近代史研究所未刊档案，《德侨汉纳根天津财产业经发还如有债务关系应由原主自行处理至推广英界内地亩早经依法清理其关于井陉矿务事系农商部主管本局无从核复由》，馆藏号：03－36－158－01－010。

③ 台北中研院近代史研究所未刊档案，《井陉矿务局德侨汉纳根股份拟如何办理由》，馆藏号：03－36－158－01－013。

产确实均被发还了。而对中国政府来说，本来以段祺瑞、蔡锷等人为首的北洋将领，希望借参与第一次世界大战的机会，使中国作为战胜国收回被德国占领的国土及其在华的一切特权，其中自然包括收回天津和武汉的德租界及天津的奥匈租界，但是由于帝国主义国家之间盘根错节的关系以及在华的"共同利益"，这个根本目的却没能完全实现。由此，德璀琳汉纳根家族幸运地保全了家族财产。

第二节　汉纳根的婚姻与家庭

德璀琳家族与汉纳根家族的渊源

汉纳根来华及在华事业的拓展，除了个人的才华和努力之外，还源自德璀琳的鼎力相助。德璀琳不仅把汉纳根引荐给李鸿章，成就了汉纳根一生的事业，还把钟爱的大女儿嫁给他，两人成为侨居中国并肩奋斗的亲密战友和血脉相连的翁婿。那么，德璀琳为什么要如此帮助汉纳根呢？

其实，对于德璀琳这样一个孤身来华奋斗的侨民，即使在中国已经获得了相当大的成就，并且在中国官员和外籍侨民圈子中建立了相当广泛的人脉，他仍然需要来自德国的"自己人"来帮助拓展事业，把根基扎得更牢。特别是海关已经为赫德及其家属和英国亲信所把持，而李鸿章身边也不乏其他意图获得机会的外国人围绕，德璀琳尤其需要一位来自祖国同时又是自己熟悉和信任的朋友，形成以自己为核心的利益圈子。1879年，当李鸿章对德璀琳说想找一位毕业于欧洲军事学校的军官担任自己的军事顾问时，德璀琳立即抓住机会向李鸿章推荐了德国退役炮兵少尉汉纳根。

汉纳根比德璀琳小 12 岁，是德璀琳母亲的学生。德璀琳的父亲去世后，母亲带着德璀琳兄弟二人投靠在亚琛的娘家。德璀琳的外祖父曾担任亚琛地区的卫戍司令，但已退休多年，家境也并不富裕，虽能为德璀琳母子提供遮风挡雨的居所，但是两个正在成长中的少年花销依然很大（主要是受教育的费用），德璀琳的母亲只得外出工作，以抚育两个儿子。对于德璀琳母亲这样生长于高级军官家庭、受过一定教育的妇女来说，担任贵族的家庭教师是当时首选的体面工作。于是，她来到当地的大贵族汉纳根家，成为汉纳根兄弟的家庭教师。德璀琳的母亲一定是位情商很高的人，由于她的关系，德璀琳家族与汉纳根家族始终保持着深厚的友谊。日后，德璀琳在中国海关的丰厚工资足以供养母亲，她不再受雇于汉纳根家族，但即便是结束了雇佣关系，两个家庭也依然住得很近且来往密切，后来又一起搬到了德国的富人云集的温泉疗养胜地——威斯巴登（Wiesbaden）定居。

汉纳根经德璀琳的大力举荐来到中国后，德璀琳在天津的家就成为汉纳根经常拜访的地方。德璀琳府毗邻租界跑马场，是一座宽敞豪华、具有哥特式风格的别墅，门前的碎石路也以德璀琳命名。初次来华的汉纳根是个年轻的单身汉，于是德璀琳家成为他常常做客的地方。德璀琳是看着自己长大的亲切如手足一般的大哥，德璀琳夫人则热情好客、亲切随意。在德府，他不必预约即可随时造访，并且品尝到熟悉的家乡风味，和自己在德国的家几乎没有什么区别。

在德璀琳的府邸，汉纳根遇到了自己后来的人生伴侣埃尔莎。不过，埃尔莎比汉纳根整整小 20 岁，汉纳根初到天津时，

她还只是一个 5 岁的小姑娘。对那时的埃尔莎来说，汉纳根更
多的就是一个亲切的年轻叔叔。而且，后来汉纳根被委派去旅
顺修建炮台，一年中也难得回天津几次。在汉纳根第一次来华
的 8 年时间里，他把几乎全部精力都放在了事业上，待在旅顺
的时间要大大超过在天津。

　　汉纳根刚到旅顺时，那里只有他一个外国人，没有什么可
以交际的人，辛苦工作一周后，星期天只有一个人带着猎狗到
山上打猎以排遣寂寞。一直到 1884 年，炮台初见规模，这时
旅顺才来了几个欧洲人参与施工。不久，又开来一辆由什切青
工厂制造的大型挖土机，带来好几位德国人，之后又增加了一

图 7-7　汉纳根全家合影（照片由汉纳根后代
郎厄先生提供）

位主管新建军医院的英国医生、一位航海教练、一位地雷和水
雷部门的指挥员。这十几位欧洲人的到来，使旅顺俨然成为一
个"国际化都市"。虽然人多了起来，生活不再像原来那样寂
寞，但这些人都是只身来华的单身汉，况且施工重地，本就难
见异性身影。所以，尽管父亲多次在家信中催促汉纳根考虑婚
姻大事，但"巧妇难为无米之炊"，他的"个人问题"还暂时
无法解决，只能搁置一边。

图7-8　汉纳根的子女们在北戴河别墅（照片由汉纳根后代
郎厄先生提供）

　　汉纳根出身名门贵族，一心想要建功立业，大概他想要寻
觅的妻子一定是能够在事业上助自己一臂之力并且才貌出众
的，因此到他第二次来华时，仍然是孤身一人。不过，当他再
度造访天津的德璀琳府邸时，却惊喜地发现，埃尔莎已经长成
一位亭亭玉立的大姑娘了。之后，汉纳根就像从前一样，常常
到德府登门拜访。他很快就陶醉于埃尔莎美妙动听的歌声，成
为埃尔莎歌剧表演的忠实观众和热烈的追求者。

图 7 - 9　汉纳根的四个子女（照片由汉纳根后代
郎厄先生提供）

图 7 - 10　汉纳根晚年（照片由汉纳根后代
郎厄先生提供）

图 7 - 11　汉纳根去世后，夫人与子女合影（照片由汉纳根
后代郎厄先生提供）

　　不久，朝鲜战事吃紧，汉纳根毅然请命参战。他在"高
升号事件"和后来的甲午海战中，表现英勇，又负了伤，回
到天津养病休息。此时的埃尔莎正值崇拜英雄的年纪，一颗少
女的芳心终于被充满英雄气概的汉纳根打动。1895 年 3 月 5
日，埃尔莎嫁给了汉纳根，两人虽相差 20 岁，但男方刚刚因
军功成为中国的将军，女方则才貌双全，二人的家世背景又堪
称门当户对，这倒真是一桩美满的姻缘。从此，作为十几年事
业上的合作者，德璀琳与汉纳根又缔结了更深一层的关系。

在近 20 年的婚姻生活中，埃尔莎为汉纳根生下了两儿两女。在这个家庭里，气氛欢乐轻松。埃尔莎经常在天津的家里或北戴河的避暑别墅举办小型音乐会，纵声高歌，引得邻居也都侧耳倾听。汉纳根常说，"爱和欢笑是最好的生活"。甲午战后，汉纳根退出清朝海军，转而经商。在岳父德璀琳的帮助下，他不仅承接了天津地下排水系统工程，而且还开办了井陉矿务公司。他和埃尔莎的家庭也成为天津租界中的著名家庭，在侨民中拥有很高的地位。德璀琳去世后，他的夫人与汉纳根一家生活在一起。汉纳根去世后，德璀琳夫人又与汉纳根夫人一起回到德国。1938 年去世后，德璀琳夫人也葬于汉纳根家族墓园。所以汉纳根家族的墓园里，葬着德璀琳夫人、埃尔莎和露西三位德璀琳家族的女性，两个家族血脉相连，已是不分彼此了。

侨民的闪电式婚姻

就其美满幸福的婚姻生活来说，汉纳根无疑是非常幸运的。不过，大多数来华的年轻单身汉们就没那么走运了。在近代中国各通商口岸中，侨民人口的性别比严重失调。据 1879 年的津海关年报，这一年天津的外籍侨民有 262 人，其中成年男性 123 人，女性 58 人，还有儿童 81 人；[①] 义和团运动爆发之前，侨民性别比大约是男女 10 比 1。当时来津访问的俄国新闻记者描述说，侨民家庭通常并不十分欢迎那些单身汉们来访，以防发生不愉快的桃色事件。于是，那些租界里的外国青

---

① 天津社会科学院历史所、天津市档案馆：《津海关年报档案汇编（1865—1911 年）》上册，内部发行，1993，第 191 页。

年们常常不得不回到本国寻找伴侣，再带回中国，这就是西方人口中所谓"典型的殖民地式"婚姻，回国时间的短暂造成这种婚姻通常是闪电式的。

1866 年已成为海关总税务司的赫德第一次回国休假，在姑妈的介绍下与未来的妻子海丝特（Hester. J. Bredon）见面，5 天后即向她求婚，不到 3 个月就结了婚，蜜月一过又返回中国。德璀琳第一次回国休假也有一个主要目的，就是寻找配偶。1873 年他在维也纳代表中国参加当地举办国际博览会时，结识了当地的一位大银行家的女儿埃维琳·鲍尔小姐，他们相识不到一年就结了婚，然后一起返回中国。还有很多人是在第一次来华之前迅速成婚，再携新婚妻子来到中国。当日后成为美国第 31 任总统的青年胡佛第一次来中国时，是与夫人露（Lou Hoover）一起在船上度的蜜月，露也是那个年代少数受过高等教育的女性之一（与胡佛一样毕业于斯坦福大学）。来华传教的丁家立在开始传教生涯前做了充分的准备，包括进神学院学习 3 年和在启程前半年娶了一位年轻的妻子安（Anne Runcie Jerrell）作为自己传教的忠实伴侣和助手。

著名历史学家费正清分析说："求婚的速度表明，除了一直到老的某种程度的恩爱之外，双方都具有对方想要得到的东西。"[1] 侨民单身汉在遥远的异国他乡有了一个伴侣和主妇，建立起自己温馨的家；那些远嫁的女士们，则向往着在充满异国风情的地方成为高贵的夫人。

"你到底需要一个妻子干什么？" 19 岁即离家来到中国的

---

① 〔英〕赫德著，〔美〕布鲁纳等编《步入中国清廷仕途：赫德日记：1854—1863》，傅曾仁等译，中国海关出版社，2003，第 412 页。

赫德在回答这个问题时，考虑得非常实际——相互依靠，彼此慰藉。"为你的衬衫缝上一粒扣子，或在你需要时给你的手帕镶一个边，……织补你的袜子"，跟你说话，为你亲手煮茶，这些现实的需要对那些单身汉来说，"足以放弃任何浪漫感情"。① 至于那些来华的妇女们，如果不是为了过上奴仆成群的富裕生活，大概年轻娇柔的她们也不会万水千山地来到中国。中国的房价、工人的佣金以及食品的价格都很低，花很少的钱就可以租到很大的房子，一切饮食起居家务都可以雇用中国人代劳，而在西方国家，只有最富裕的人家才雇得起佣人。一位英国女士回忆她在上海的生活时讲道：一次她的手帕掉地，自己不捡，拉铃叫来管家，管家也大摆架子，又叫来小工，让小工捡起手帕。② "娇弱、多病——需要多方照顾，医疗看护，还有众多的仆人，等等。这就是一个英国夫人在中国的情况。"③ 当然，不只是英国太太如此，其他国家也多以在华势力最大的英国人为榜样。1923 年北洋大学雇用的一位美国教师写信给他尚在美国的太太说，他们在天津的家中将雇用一位会做西餐的厨师、一名仆人（No. 1 boy）、一个苦力（负责打扫卫生和洗衣）和一位阿妈（女仆兼保姆），四个仆人的佣金加起来才只有 45 墨西哥元，而食品的费用每月还要 75 墨西哥元呢。④ 大多数外国人在家里雇用超出实际需要人数的中

---

① 〔英〕赫德著，〔美〕布鲁纳等编《步入中国清廷仕途：赫德日记：1854—1863》，傅曾仁等译，中国海关出版社，2003，第 152～154 页。

② 熊月之等：《上海的外国人（1842—1949）》前言，上海古籍出版社，2003，第 4 页。

③ 〔英〕赫德著，〔美〕布鲁纳等编《步入中国清廷仕途：赫德日记：1854—1863》，傅曾仁等译，中国海关出版社，2003，第 84 页。

④ *The China Years*，http：//www.webinche.com/china/grandparents.html.

国佣人，不仅是因为中国的工资便宜，更是为了摆架子，以炫耀自己的地位。同样，拥有一位"娇弱、多病"的太太无疑也是他们成功的象征之一。

赫德结婚时是 31 岁，新娘只有 19 岁；德璀琳结婚时 32 岁，新娘 21 岁；德璀琳的几个女儿结婚时也只是 19 岁到 20 岁多一点的年纪，而几个女婿却都已 30 岁出头，大女婿汉纳根结婚时甚至已经 41 岁了。这种 10 岁以上的年龄差异说明，除了性别比例严重失调以外，大多数来华的男性外国侨民初到中国时还没有能力结婚和供养一个家庭，只有待他们奋斗多年获得了一定的经济基础和地位之后，才有可能考虑成家的问题，即所谓"先立业，后成家"。赫德刚到中国时就在日记中记过，"我的薪水养不起一个英国妻子"。说这话时，赫德的年薪只有 200 英镑，[①] 大约十年之后，他已被委派为中国海关的总税务司，年薪也增长到 4000 英镑，[②] 即使在伦敦也算是很高的薪水了。这时，他才有能力考虑娶一位英国太太，于是在第一次回国休假时就闪电般地结婚了。而德璀琳、汉纳根及其他几个女婿在结婚时，也都已功成名就。有了婚姻家庭，德璀琳、汉纳根们在中国才真正成家立业，那些聪明美丽、能歌善舞的女侨眷们也使租界的生活变得更加生气勃勃。

很多电影或者文学作品中，常常会有西方男性与中国女性之间的浪漫的爱情故事。在实际情况中，这种事情——不管是真正的爱情还是普通的两性关系——确实存在，但很少发展成

---

① 〔英〕赫德著，〔美〕布鲁纳等编《步入中国清廷仕途：赫德日记：1854—1863》，傅曾仁等译，中国海关出版社，2003，第 84、380 页。
② 〔英〕赫德著，〔美〕司马富等编《赫德与中国早期现代化：赫德日记：1863—1866》，中国海关出版社，2005，第 61 页。

为真正的婚姻。对那些初到中国、尚未成功的年轻男性西方侨民来说，单身汉的生活寂寞乏味、无人照顾，而在一些新开辟的港口租界里，他们有可能一星期、几个月甚至常年见不到一位同样来自西方的女性，例如汉纳根负责营造的旅顺口就没有一位异性。在这种情况下，有一些年轻单身汉会在中国女性那里寻找安慰，在早期租界里人口较少的时候，这种情况尤其常见。虽然没有结婚，但是有的侨民公然把同居的中国女性当作妻子看待，有的还写下遗嘱，要把全部财产留给中国妻子。然而，与中国人的婚姻在高等级的侨民圈子中仍会被视作丑闻，混血的私生子也得不到西方社会的承认和接受。赫德在回国成婚之前，在中国有一位秘密情人，两人的关系长达八年时间，并且还生育了三个子女。不过，他心里非常清楚，按照维多利亚时代的标准，这段与中国人的浪漫史会被视作"放荡和见不得人的事情"。为了掩盖这段关系不使后来的家庭难堪，赫德把他婚前整整四年的日记全部销毁。中国情人死后，他们生育的三个子女也被赫德作为"养子女"送到国外抚养。① 所以，中外通婚的现象是极少见的，至少在西方侨民圈中是这样。这说明，在当时，婚姻的融合就像文化上的融合一样，是极难办到的一件事。

---

① 〔英〕赫德著，〔美〕司马富等编《赫德与中国早期现代化：赫德日记：1863—1866》，中国海关出版社，2005，第121、298 页。

结 语

　　1907 年 6、7 月间，天津县举行了中国历史上第一次地方选举，城厢内外和四乡选民依次投票，选举出议员 30 人、议长 1 人、副议长 1 人，组成了"天津县议事会"。在此之前，1902 年，为了从八国联军手中收回天津主权，时任直隶总督兼北洋大臣的袁世凯把军队改编为警察，进行短期培训，建立起中国第一支警察部队。1906 年，天津府、县试行改革，探索行政与司法分立的经验；翌年，天津府高等审判分厅（即高级法院）、天津县地方审判厅（即中级法院）、天津检事局（即检察院）正式成立。这是中国近代第一套法院系统和检察机构，一直以来秉持"中学为体，西学为用"原则的洋务运动，终于从对西方器物的模仿深入制度层面的革新。

　　德璀琳、汉纳根刚到中国时，抱着按照西方的模式改造中国的志向，在军事、外交、教育、经济等方面为李鸿章的洋务活动出谋划策、奔走效劳。但在这一过程中，特别是中日甲午战争之后，他们逐渐认识到，同当时几乎所有的封建官僚一样，李鸿章从根本上并不承认西方建立在工业化基础上的先进的制度文化，这些封建官僚认为欧洲赖以打败中国的只不过是坚船利炮。这些外在的表面的东西很容易引进、学习并能收立竿见影之效，就像通过购买英国、德国的舰船大炮，李鸿章很快就建立起一支北洋海军；但是，如果没有将改革引入制度层面，不能从根本上走上工业化、现代化道路，种种洋务运动的成果就成为无源之水、无本之木，会轻易地失去，如北洋海军的最终覆灭。

甲午战争的失败，如当头棒喝，使更多的人认识到，只有实行真正的改革，才能拯救中国。之后，庚子事变使清政府的统治陷入空前的危机，不但洋务派，而且最高统治者也意识到，单纯学习西方的科学技术而不触及政治体制的变革，是不可能成功的。为了挽救清政府摇摇欲坠的统治，慈禧太后于1901年下令变法，开始推行"新政"，特别是对政治体制加以改革，学习德国和日本的君主立宪制度。这一政策的演进，实质上正是洋务运动的继续和深化。

袁世凯虽然非常能干、有阅历，但是对西方民主制度没有什么深刻的认识。他在天津领导的地方自治性质的政治体制改革，其实是建立在对租界管理体系和八国联军临时政府的一系列政策的模仿基础之上。地方自治是西方近代城市管理的模式，是民主制度的基础。天津被迫开放后，大量涌入的西方侨民不仅带来了代表西方现代物质文明的资本主义生产方式，而且也第一次导入了西方城市自治和社区建设的理念，为天津的城市化和民主化发展提供了学习的样本。

在租界，侨民为了维护共同利益，依照西方民主制度，用地方自治的方式对社区进行管理，处理涉及公共领域的事务。在这里，"国家"虽然以领事馆和驻军的形式发挥着重要的作用，但是不分国籍的租界居民在涉及一般公共事务的日常活动中发挥着更大、更直接的影响。租界内的最高统治机构是董事会，由具有一定资产的纳税人召开会议选举产生，其执行机构是工部局。工部局在董事会的授权下，负责日常行政管理，如填筑土地、开辟道路，兴建自来水、电灯、下水道等公用事业以及为维持地方秩序而成立租界警察和义勇队等。他们还负责征收地捐、房捐和各种营业税等，这充分体现了各租界当局的地方自治特征。

如果说租界的管理和建设只是给天津地方官员和精英阶层带来了良好的示范作用，那么 1900 年后存在了两年时间的八国联军临时政府（即都统衙门）所起的作用就是把以前与天津普通人生活相对隔绝的租界社区建设模式和自治理念直接移植到天津城。袁世凯接收天津时，继承了该衙门的部门设置，基本形成了管理城市的基础性机构。他不仅全盘接受了之前都统衙门下达的各项市政管理建设的政策和措施，而且决心进行进一步的制度建设，于是就有了前述在天津建立的一整套现代立法司法行政系统。这说明，中国的洋务运动经历了从强制到自觉、从单纯学习西方技术到模仿西方民主制度进而改革中国政治的巨大转变。推本溯源，侨民客观上对此起到了不容忽视的中介作用。

本文无意为任何人或群体翻案，只是意图对以德璀琳、汉纳根为代表的近代来华侨民群体在中国现代化进程中所发挥的作用做尽量客观全面的描述和评价。如果读者读完全文，仍然对这个特殊群体在华的立场和作用有任何疑问的话，只要看看中国首位驻外公使郭嵩焘关于赫德的一段评语，就可以了然了。他说："赫德是极有心计的人，在中国办事是十分出力。然却是英吉利人民，岂能不顾本国？臣往常问之：君自问帮中国，抑帮英国？赫德言我于此都不敢偏袒，譬如骑马，偏东偏西便坐不住，我只是两边调停。臣问：无事时可以中立，有事不能中立，将奈何？赫德笑言：我固是英国人也。"[1]　如果说赫德是"骑墙派"的话，那德璀琳、汉纳根已经从墙上下来了，只不过他们既不是站在德国的一方，也不是站在中国的一方，而是站在个人的立场上，他们是"为自己的人"。

---

[1]　《郭嵩焘日记》第3卷，湖南人民出版社，1982，第49页。

参考文献

档案、报纸资料:

中文:

《筹办夷务始末(同治朝)》,故宫博物院,1930。

《矿务档》,台北中研院近代史研究所,1960。

《申报》,上海书店,1893。

台北故宫博物院图书文献馆未刊档案,军机及宫中档。

台北中研院近代史研究所未刊档案,数位典藏近代外交经济重要档案。

天津档案馆未刊档案,天津海关档案。

外文:

美国达特茅斯学院未刊档案: Charles Daniel Tenney, Charles Daniel Tenney Papers, ca. 1900 – 1920, Anhang.

德国于利希市档案馆保存的德璀琳出生证明。

吉塞拉之子出生登记, http: //files. usgwarchives. net/tx/ bexar/vitals/births/1927/bexeg27. txt。

Jülicher Kreisblat, 1913 – 1.

London and China Telegraph, http: //newspaperarchive. com/

london – and – china – telegraph/1899 – 12 – 04/page – 3/。

The China Years，http：//www. webinche. com/china/grand-parents. html。

The Chinese Times，Tientsin：Printed and Published for the Proprietors by The Tientsin Printing Co. ，Volume 1，From November 1886 to December 1887.

中文书目

中文专著：

《郭嵩焘日记》，湖南人民出版社，1982。

《郭嵩焘诗文集》，岳麓书社，1984。

《李鸿章全集》，时代文艺出版社，1998。

《薛福成选集》，上海人民出版社，1987。

《袁世凯奏议》，天津古籍出版社，1987。

《翁同龢日记》，中华书局，1997。

蔡尔康、〔美〕林乐知：《李鸿章历聘欧美记》，湖南人民出版社，1982。

陈平原、夏晓虹：《图像晚清：〈点石斋画报〉》（第 2 版），香港中和出版有限公司，2020。

陈诗启：《中国近代海关史》，人民出版社，2002。

陈霞飞：《中国海关密档——赫德、金登干函电汇编（1874—1907）》，中华书局，1990 ~ 1996。

陈旭麓：《近代中国社会的新陈代谢》，上海人民出版社，1992。

董进一、戚俊杰：《北洋海军与刘公岛》，海洋出版社，2002。

宓汝成：《帝国主义与中国铁路：1847—1949》，经济管理出版社，2007。

宓汝成：《中国近代铁路史资料：1863—1911》，中华书局，1963。

费成康：《中国租界史》，上海社会科学院出版社，1991。

顾长声：《从马礼逊到司徒雷登》，上海书店出版社，2004。

胡绳：《从鸦片战争到五四运动》，人民出版社，1998。

黄景海、奚学瑶：《秦皇岛港史（古、近代部分）》，人民交通出版社，1985。

黄胜强：《旧中国海关总税务司署通令选编》，中国海关出版社，2003。

黄一农：《两头蛇：明末清初的第一代天主教徒》，上海古籍出版社，2006。

蒋家珍：《中国新闻发达史》，世界书局，1927。

姜鸣：《龙旗飘扬的舰队：中国近代海军兴衰史》，生活·读书·新知三联书店，2002。

姜鸣：《中国近代海军史事日志（1860—1911）》，生活·读书·新知三联书店，1994。

金正昆：《外交学》，中国人民大学出版社，2004。

井陉矿务局编审委员会：《井陉矿务局志》，河北人民出版社，1993。

来新夏：《北洋军阀》，上海人民出版社，1988。

来新夏等：《北洋军阀史》，南开大学出版社，2000。

雷颐：《李鸿章与晚清四十年》，山西人民出版社，2008。

李竞能：《天津人口史》，南开大学出版社，1990。

李守孔：《李鸿章传》，台湾学生书局，1978。

李宗一：《袁世凯传》，国际文化出版公司，2006。

刘海岩等：《八国联军占领实录——天津临时政府会议纪要》，天津社会科学院出版社，2004。

刘晋秋、刘悦：《李鸿章的军事顾问汉纳根传》，文汇出版社，2011。

聂宝璋：《中国近代航运史资料》，上海人民出版社，1983。

戚俊杰、刘玉明：《北洋海军研究》第 2 辑，天津古籍出版社，2001。

戚其章：《甲午战争史》，人民出版社，1990。

孙修福：《中国近代海关高级职员年表：1861—1948》，中国海关出版社，2004。

汤象龙：《中国近代海关税收和分配统计：1861—1910》，中华书局，1992。

天津大学校史编辑室：《北洋大学——天津大学校史》，天津大学出版社，1990。

天津海关译编委员会：《津海关史要览》，中国海关出版社，2004。

天津社会科学院历史所、天津市档案馆：《津海关年报档案汇编（1865—1911 年）》，内部发行，1993。

天津市档案馆：《近代以来天津城市化进程实录》，天津人民出版社，2002。

天津市档案馆、南开大学分校档案系：《天津租界档案选编》，天津人民出版社，1992。

天津市档案馆、天津海关：《津海关秘档解译——天津近代历史记录》，中国海关出版社，2006。

天津市地方志编修委员会：《天津通志·附志·租界》，天津社会科学院出版社，1996。

天津市邮政局、天津市档案馆：《天津邮政史料》，北京航空航天大学出版社，1989。

天津市政协文史资料研究委员会：《天津的洋行与买办》，天津人民出版社，1987。

王家俭：《洋员与北洋海防建设》，天津古籍出版社，2004。

王觉非：《近代英国史》，南京大学出版社，1997。

王述祖、航鹰：《近代中国看天津：百项中国第一》，天津人民出版社，2007。

王铁崖：《中外旧约章汇编》，三联书店，1982。

熊性美、阎光华：《开平煤矿矿权史料》，南开大学出版社，2004。

熊月之等：《上海的外国人（1842—1949）》，上海古籍出版社，2003。

余三乐：《早期西方传教士与北京》，北京出版社，2001。

张春兴、杨国枢：《心理学》，（台北）三民书局，1980。

张国辉：《洋务运动与中国近代企业》，中国社会科学出版社，1979。

张建伟：《温故戊戌年》，作家出版社，1999。

张侠、杨志本、罗澍伟：《清末海军史料》，海洋出版社，1982。

中国近代经济史资料丛刊编辑委员会：《中国海关与邮政》，中华书局，1983。

中国近代经济史资料丛刊编辑委员会：《中国海关与中日战争》，中华书局，1983。

中国人民银行总行参事室：《中国清代外债史资料：1853—1911》，中国金融出版社，1991。

中国人民政治协商会议天津市津南区委员会:《清末天津小站练兵》,内部出版,2004。

中国人民政治协商会议天津市委员会、南开区委员会文史资料委员会:《天津老城忆旧》,天津人民出版社,1997。

中国社会科学院近代史研究所翻译室:《近代来华外国人名辞典》,中国社会科学出版社,1981。

中国史学会:《洋务运动》,上海人民出版社,2000。

中国史学会:《中日战争》,新知识出版社,1956。

中文译著:

〔俄〕德米特里·扬契维茨基:《八国联军目击记》,许崇信等译,福建人民出版社,1983。

〔俄〕维特:《李鸿章游俄纪事》,王光祈译,东南书店,1928。

〔德〕奥托·冯·俾斯麦:《思考与回忆:俾斯麦回忆录》第2卷,杨德友、同鸿印等译,生活·读书·新知三联书店,2006。

〔德〕施丢克尔:《十九世纪的德国与中国》,乔松译,生活·读书·新知三联书店,1963。

〔法〕白吉尔:《中国资产阶级的黄金时代(1911—1937)》,张富强、许世芬译,上海人民出版社,1994。

〔法〕费尔南·布罗代尔:《15至18世纪的物质文明、经济和资本主义》,顾良等译,生活·读书·新知三联书店,2002。

〔美〕保罗·福塞尔:《格调:社会等级与生活品位》,梁丽真等译,中国社会科学出版社,1998。

〔美〕丁韪良:《花甲忆记:一位美国传教士眼中的晚清

帝国》，沈弘等译，广西师范大学出版社，2004。

〔美〕费正清、刘广京编：《剑桥中国晚清史（1800—1911）》，中国社会科学出版社，1993。

〔美〕K.E. 福尔索姆：《朋友·客人·同事：晚清的幕府制度》，刘悦斌、刘兰芝译，中国社会科学出版社，2002。

〔美〕柯伟林：《德国与中华民国》，陈谦平等译，江苏人民出版社，2006。

〔美〕柯文：《在中国发现历史》，林同奇译，中华书局，2002。

〔美〕刘易斯·芒福德：《城市发展史——起源、演变和前景》，宋俊岭等译，中国建筑工业出版社，2005。

〔美〕马士：《中华帝国对外关系史》，张汇文等译，上海书店出版社，2000。

〔美〕施坚雅：《中华帝国晚期的城市》，叶光庭等译，中华书局，2000。

〔美〕斯特林·西格雷夫：《龙夫人：慈禧故事》，秦传安译，中央编译出版社，2005。

〔美〕威罗贝：《外人在华特权和利益》，王绍坊译，三联书店，1957。

〔美〕约翰·罗尔克：《世界舞台上的国际政治》，宋伟等译，北京大学出版社，2005。

〔日〕高柳松一郎：《中国关税制度论》，李达译，商务印书馆，1927。

〔日〕曾根俊虎：《北中国纪行：清国漫游志》，范建明译，中华书局，2007。

〔日〕中国驻屯军司令部：《二十世纪初的天津概况》，侯振彤译，天津市地方史志编修委员会总编辑室内部发行，1986。

〔意〕利玛窦、金尼阁：《利玛窦中国札记》，何高济等译，中华书局，1983。

〔英〕爱尼斯·安德逊：《英国人眼中的大清王朝》，费振东译，群言出版社，2002。

〔英〕菲利浦·约瑟夫：《列强对华外交：1894—1900》，胡滨译，商务印书馆，1959。

〔英〕赫德著，〔美〕司马富等编《赫德与中国早期现代化：赫德日记：1863—1866》，陈绛译，中国海关出版社，2005。

〔英〕赫德著，〔美〕布鲁纳等编《步入中国清廷仕途：赫德日记：1854—1863》，傅曾仁等译，中国海关出版社，2003。

〔英〕雷穆森（O. D. Rasmussen）：《天津租界史（插图本）》，许逸凡、赵地，天津人民出版社，2008。

〔英〕普特南·威尔：《庚子使馆被围记》，冷汰、陈诒先译，上海书店出版社，2000。

〔英〕魏尔特：《赫德与中国海关》，陈敦才、陆琢成等译，厦门大学出版社，1993。

文章和论文：

陈绛：《在华西人与中国早期近代化》，《近代史研究》1991 年第 2 期。

向中银：《晚清时期外聘洋员生活待遇初探》，《近代史研究》1998 年第 5 期。

〔英〕琼斯：《天津》，许逸凡译，《天津历史资料》1964 年第 3 期。

游战洪：《德国军事技术对北洋海军的影响》，《中国科技史料》1998 年第 4 期。

《中国北方外国人的"圣经"〈京津泰晤士报〉（*Peking and Tientsin Times*）》，http：//www. 022tj. net/tianjinwei/article. php? itemid – 12 – type – news. html。

"The Lucy Detring's Marriage," Decembre 14, 1901, Tientsin. http：//fotoarchivio – piovano. blogspot. com/。

外文书目：

Austin Coates, *China Races*, Cambridge：Oxford University Press, 1984.

Constantin von Hanneken, *Briefe aus China: 1879 – 1886*; *als deutscher Offizier im Reich der Mitte.* Köln：Böhlau Verlag GmbH & Cie, 1998.

George H. Nash, *The Life of Herbert Hoover: The Engineer 1874 – 1914*, New York：W. W. Norton & Company, 1983.

Robert Hart, John K. Fairbank et al eds. , *The I. G. in Peking*, Cambridge, Massachusetts：The Belknap Press of Harvard University Press, 1976.

Juliet Bredon, *Sir Robert Hart: The Romance of A Great Career*, London：Hutchinson, 1910.

Paul King, *In the Chinese Customs Service: A Personal Record of Forty – seven Years*, New York：reprint, 1980.

Stanley F. Wright, *Hart and the Chinese Customs*, Belfast：WM. Mullan & Son Ltd. , 1950.

The North China Hong – List 1928, Tianjin：The North China Advertising Co. , 1929.

Vera Schmidt, *Aufgabe und Einflußdereuropaischen Berater in China: Gustav Detring* (1842 – 1913) *in Dienste Li Hung – chang*, Wiesbaden: Harrassowitz, 1984.

William F. Tyler, *Pulling Strings in China*, London: Constable & Co. Ltd. , 1929.

附　录

附录一　德璀琳大事年表

1842 年 12 月 24 日　　出生于德国北威州（Nordrhein – Westfalen）
　　　　　　　　　　　于利希市（Jülich）。

1850 年　　　　　　　父亲去世，随母亲弟弟迁往亚琛。

约 1860 年　　　　　　中学肄业，前往比利时布鲁塞尔工作，先
　　　　　　　　　　　后任职于一家丝绸店和《比利时星报》。

1865 年 4 月　　　　　初到中国海关，最初先后在烟台、淡水任
　　　　　　　　　　　供事。

1867 年　　　　　　　在津海关任三等帮办。

1869 年 10 月　　　　升二等帮办。

1870 年 1 月　　　　　暂时代理淡水（台北）海关税务司。

1871 年　　　　　　　以二等帮办任淡水海关代理税务司；
　　　　7 月　　　　　升头等帮办。

1872 年 3 月　　　　　署镇江海关税务司；向德国政府建议在长
　　　　　　　　　　　江岸边设立一个德国人居留地。

1873 年　　　　　　　首次回欧洲休假；

5 月	与葛德立、杜德维、汉南和包腊组成中国代表团参加在维也纳举行的国际博览会，德璀琳等人获得奥地利政府颁发的佛兰西斯·约瑟夫（Francis Joseph）下级爵士勋章。
1874 年	与维也纳的埃维琳·鲍尔（Eveline Bauer）女士结婚；
9 月中旬	偕新婚妻子离开欧洲返回中国； 大女儿埃尔莎（Elsa）在宁波出生。
1875 年 3 月	被派往牛庄海关（营口）任税务司。
1876 年	初识李鸿章，并奉命参与中英《烟台条约》谈判工作。
1876～1877 年	任东海关（烟台）税务司。
1876 年 11 月	陪同李鸿章和赫德在天津大沽口接收自英国购回的第一批炮艇。
1877 年 5 月	请金登干在英国寻找公司设计邮票，未果；
9 月	任津海关税务司。
1878 年 2 月 13 日	清政府授以三品花翎总兵衔；
3 月	正式受命试办中国邮政，海关书信馆对公众开放，并成立华洋书信馆；同时开办京津骑差邮路；
6 月	请上海海关造册处设计和印制了中国第一套邮票——大龙邮票，并建议不要选用在中国表示哀悼的蓝色；
本年内	说服李鸿章下令北洋水师各舰帮助海关托带邮件；开辟两条陆上邮路；筹备参展巴

	黎博览会，获得法国政府颁发的武官荣誉勋位（Legion of Honor）。
1878～1882 年	任天津英租界工部局董事会主席。
1879 年 12 月	试办邮政业务得到赫德肯定，并获指派负责向其他各口岸推广邮递业务；同时新建四条陆上邮路；
本年内	帮助李鸿章验收第二批清政府购自英国的舰艇；筹备参展费城博览会。
1880～1881 年	建议李鸿章将烟台的艇船及其水勇调来天津进行训练，之后赴英国驾驶订购的两艘军舰经大西洋、地中海、苏伊士运河、马六甲海峡驶回，中国海军首次扬威海外；帮助李鸿章验收购自英国的舰船；修建大沽船坞并建议李鸿章在旅顺修建炮台以作北洋水师停泊处。
1882 年 4 月	第二次回欧洲休假，亲赴位于德国什切青的伏尔铿船厂考察；
7 月 7 日	到达英国伦敦度假，并游说英国政府同意鸦片贸易专卖计划；
本年内	获得巴西政府颁发的玫瑰上级爵士勋章、丹麦政府颁发的丹尼布罗格（Danebrog）下级爵士勋章和罗马教廷颁发的庇护九世（Pius IX）上级爵士勋章。
1883 年 12 月	中法战争爆发，即由英国赶赴法国打探消息。
1884 年 2 月	休假期满回中国，暂派广州任粤海关税

务司；

4 月 7 日	接任广州税务司才一星期，即以调赴天津执行特别任务而卸任；
5 月 7 日	陪同李鸿章开始与法国代表福禄诺进行谈判；
11 日	双方签订《中法会议简明条款》（即"李福协议"）；
6 月 5 日	清政府授以双龙三等第一宝星勋章；
8 月 27 日	中国向法国宣战；
10 月	再次受命与盛宣怀出面与法方交涉，失败；
11 月 10 日	就任津海关税务司；
12 月	开始运作架设天津至大沽口的电话线路。
1884～1893 年	任天津英租界工部局董事会主席。
1885 年 11 月	参与北堂迁移谈判，秘密在皇城内什刹海边选地以建造天主教新堂；
本年内	天津至大沽口电话线路完成，并正式移交给天津电报局；英国拟任赫德为驻华公使，李鸿章曾竭力荐德璀琳为总税务司，未果。
1886 年 9 月	向李鸿章建议开办博文书院，它是中国近代第一所大学——北洋大学的前身；向李鸿章举荐英国人金达，就铁路发展提出建议；
12 月 3 日	因北堂迁移一事有功，清政府授以二品花翎总兵衔；

本年内	在天津参与创办《中国时报》和《时报》；首次提出海河裁弯取直新方案；接受李鸿章赠予的租界外佟楼以南向西"养牲园"及附近土地，准备修建新赛马场；开始连续多年担任天津赛马会的秘书和旗手；在"养牲园"建"尼伯龙根"。
1887 年	开工修造津海关新办公大楼；修筑了从赛马场到英租界的碎石子路。
1888 年	四女儿埃维琳（Eveline）出生。
1889 年	获得各国政府颁发的奖章，包括葡萄牙的基督上级爵士勋章、普鲁士的二等王冠勋章和比利时的利奥波德（Leopold）武官勋章。
1890 年 5 月	邀请李鸿章参加英租界工部局礼堂"戈登堂"的落成开放仪式；
本年内	建议李鸿章整治海河。
1892 年	在戈登堂为李鸿章举行庆祝 70 岁生日的宴会；代表英国工部局在后来成为英国推广租界的地方购买土地。
1893 年	德璀琳向李鸿章建议修筑"京津大道"。
1894 年 7 月	中日甲午战争爆发，被李鸿章任命为开平矿务局及津榆铁路会办以方便保护矿产；
11 月	清政府授以一品顶戴花翎，赴日本调停中日战事。
1895 年 3 月 5 日	长女埃尔莎嫁与汉纳根；
本年内	小女儿吉塞拉（Gisela）出生；出资创办

《直报》。

1895～1896 年	主持英租界向西扩充 1630 亩，称为"英国推广租界"。
1896 年 1 月	因参与中日甲午战争调停，清政府授以双龙二等第二宝星；
3 月	陪同李鸿章出访欧洲，负责李在德国期间的翻译接待工作，并与德国政府商谈修订关税一事，之后留在欧洲度假。
1897 年年初	返回中国；
本年内	陪同开平矿务局督办张翼赴秦皇岛海滨考察，确定在那里修建港口；与汉纳根合伙在德国组建"德中工业与矿山开发公司"；任天津海河工程委员会委员。
1898 年春	结识英国商人墨林，共同策划开发直隶矿产。
1899 年 2 月	任新设立的秦皇岛关税务司；
本年内	撮合开平矿务局向墨林借款 20 万英镑以修建秦皇岛码头和开办新矿。
1900 年 6～7 月	八国联军入侵时，受张翼委托保护矿产，却将开平煤矿转让给在英国注册的"开平矿务有限公司"；
11 月	任津海关税务司，同时管理津海关和秦皇岛分关；
本年内	修建了一条由天津旧城西南角经炮台庄、出僧格林沁围墙之海光门、在德租界同大沽路相接的道路，被命名为"德璀琳街"。
1901 年 3 月	被任命为新成立的"海河工程委员会"的

	三名委员之一，为海河工程提供资金保证；
12 月 14 日	三女露西（Lucy）嫁与意大利贵族、海军军官德·丹缇（Salvatore Denti di Pirayno）；
本年内	帮助胡佛与张翼签订"移交约"，将开平矿务局一切产业和权益尽行移交给英国开平矿务有限公司；请李鸿章帮助英界以南，墙子外面积约 3928 亩的荒地并入英租界，称为"墙外租界地"；向"都统衙门"提出申请开办有轨电车。
1902 年 1 月	清政府授以二等双龙第一宝星；
5 月	次女多拉（Dora）嫁与英国外交官克里夫兰上校（Major Cleveland）。
1904 年	受清政府指派赴英协助张翼向墨林公司起诉；
本年内	因开平矿务局所付车马费一事为赫德所知，被迫辞去税务司之职。
1906 年	天津有轨电车开始运营。
1908 年	四女埃维琳嫁与开平矿务有限公司总办、英籍犹太人沃尔特·纳森（Walter. S. Nathan）。
1913 年 1 月 4 日	在天津寓所病逝，葬于自家花园。

附录二　汉纳根大事年表

| 1854 年 12 月 1 日 | 出生于德国特里尔（Trier）。 |
| 约 1870 年 | 在普鲁士卡得特（Cadet）军官学校学习。 |

1873 年	在东普鲁士第 8 步兵团第 45 营任候补军官，后晋升为少尉军官。
1877 年	被调往美因茨（Mainz）的野战炮兵团第 27 营。
1878 年	因与社会党人的冲突，被免除军职。
1879 年 9 月	初次启程来华；
11 月 2 日	初次拜见李鸿章；
12 月	正式被李鸿章聘用为军事顾问。
1880 年 2 月	为李鸿章训练军队的同时，兼任修茸大沽炮台的工程师；
5 月	受李鸿章指派，修筑旅顺炮台。
1883 年 7 月	经德国驻华公使转呈并施加影响，得到德皇的宽宥，允准了汉纳根退役军人的身份；
11 月	旅顺炮台一期工程竣工。
1886 年 4 月	因修筑旅顺各处炮台有功，清政府授以三品花翎顶戴；再赴山东修筑威海卫炮台；
9 月 8 日	父亲去世。
1887 年	回国休假。
1891 年 10 月 11 日	清政府赏赐花翎总兵衔。
1893 年 1 月 15 日	清政府再赏给宝星；第二次来华。
1894 年 7 月 23～29 日	以私人身份护送清军搭乘"高升"号运输船入朝，遭日本军舰击沉，落水后连续游泳几小时上岸求救，救回北

	洋水师官兵 120 人；
8 月	受命以"北洋海防总监"之职监督管理水师；
9 月 18 日	黄海海战爆发，参与指挥作战并英勇负伤；
10 月	战后获清政府颁发二等第一宝星，并获慈禧太后接见，授以提督衔；声明除非授予实权并加赏黄马褂，否则拒绝回到北洋水师；上书清政府建议编练新军，由外国军官指挥；
年底	应总理衙门邀请赴京面商编练新军事宜。
1895 年 3 月 3 日	与德璀琳长女埃尔莎结婚；因编练新军计划失败，伤愈后回国，新军由袁世凯接手训练。
1898 年 4 月	在德国组建"德中工业与矿山开发公司"；雇用奥地利人包尔前往中国，协助德璀琳开展矿山开发业务。
1899 年	第三次来华；
10 月	结识赴天津招募股本开办井陉煤矿的乡绅张凤起。
1900 年 6 月	修复天津至北京之间遭受义和团破坏的电报线，即"瓶颈电报线"，后被改造为京津之间第一条电话线。
1902 年	在天津成立"大广公司"（Tientsin Land Improvement Company），也称

	"汉纳根洋行"，承接修建天津老城排水系统工程，当年完工。
1903 年	与张凤起签订中德合办井陉煤矿的正式合同；
11 月	井陉矿务公司举行开工典礼。
1905 年	办矿申请被袁世凯驳回，张凤起的采矿权被收回。
1908 年 4 月	与津海关道蔡绍基签订中德官商合办井陉煤矿合同，改名直隶井陉矿务局。
1914 年	建炼焦厂，炼出中国第一批优质焦炭。
1917 年 8 月	鉴于中国对德国宣战，主动向北洋政府申请，由矿务局德方总办自降为雇员。
1918 年 11 月	被北洋政府收容，移送到专门看管敌侨的北京房山县云居寺；
12 月	写信向北洋政府陈情，请求"推念故旧，赐予优待"，未果，被遣送回国，家产被没收。
1922 年 9 月 30 日	派包尔为代表与北洋政府重新签订井陉煤矿改办合同，收回井陉煤矿四分之一的股权； 第四次来华，继续经营井陉煤矿。
1923 年 1 月	井陉煤矿新井开工；
6 月	直系军阀王承斌收回高星桥的售煤权。
1925 年 3 月 14 日	在天津因病去世，终年 71 岁。

后记　环球寻访德璀琳
与汉纳根家族

　　对历史人物的研究一大难题在于资料的搜集和整理。德璀琳、汉纳根在天津先后去世之后，一个曾在天津侨界盛极一时的大家族如风流云散。近100年匆匆过去，时过境迁，无论在他们大半辈子生活奋斗过的中国，还是在他们出生成长的德国，现在都已经没有什么人知道他们了。厘清他们一生活动的轨迹以评价他们对中西文化交流的贡献，更需要大量的私人资料，如日记、书信、家谱、档案以及家族后代的口述史等。为了获取第一手资料，我们踏上了环球寻访德璀琳与汉纳根家族后代的旅程。

　　德璀琳的五个女儿分别嫁给德、英、美、意四国国籍侨民，其后代早已回归本国，如何在全世界找到他们的后代真是一大难题。不过，当我们开始着手去寻访他们的时候，却似得到了德璀琳与汉纳根二人在天之灵的帮助，让我们的寻访旅程一帆风顺，陆续找到散居于各国的11位德璀琳、汉纳根后裔，记录和拍摄了他们的叙述，翻译了他们珍藏的大量信件、文件、书籍，还到德国北部拜谒了汉纳根的故居和墓地。

我们得到的第一条宝贵线索，来自居住在汉堡的莫妮卡·施提罗博士（Dr. Monica Strelow）。她的中文名字叫石慕宁，出生在天津，直到18岁才回到德国。2000年我们第一次在天津相见的时候，她已是65岁的老人，却说得一口流利的天津方言。因为对天津浓浓的乡情，她非常愿意帮助我们寻找在德国的汉纳根后代。这本是一件大海捞针的难事，但聪明的莫妮卡想到"汉纳根"是个法国姓氏，在德国并不多见，于是就从电话簿上寻觅，然后试着给一位姓汉纳根的人打电话。无巧不成书，那人竟是"天津汉纳根"的远房侄孙。

我们在莫妮卡的家里与"汉堡汉纳根"见了面。这位名叫赫尔曼·冯·汉纳根（Hermann von Hanneken）的先生向我们介绍了汉纳根家族的起源，说他们是军人世家，他的曾祖父也是将军，是老汉纳根将军的兄弟。他还告诉我们，据不完全统计，如今居住于世界各国的汉纳根家族成员多达数百人，不少人现仍居住在德国。从赫尔曼那里我们得知，汉纳根的小儿子迪特还健在，现定居于美国；汉纳根的外孙郎厄（Karl C. Lange）先生就住在德国，他对汉纳根本人的历史知道得更加详细。

经赫尔曼介绍，几天后我们抵达德国西部小城拜访了郎厄先生。郎厄先生是汉纳根大女儿之子、汉纳根遗产在德国的继承人之一。他送给了我们一本收录了汉纳根第一次来华时期与父母的通信及其亲属的部分家书，书名为《中国来信》。书中的126封信几乎对那个时期汉纳根经历过的每一件大事都有所涉及，时间跨度虽然只有短暂的8年，但对于研究汉纳根来华初期的经历是不可多得的珍贵资料。接下来，最奇妙的是，当郎厄先生为我们打开其家族珍藏了一个多世纪的老相簿，一张张泛黄的老照片在我们眼前翻过，德璀琳、汉纳根及他们的家人，仿佛立刻从以前的资料上立了起来，掀开了时间为他们遮上的层层面纱，变成了一个个活生生的人，在他们天津的别墅里尽情欢笑、引吭高歌，一切变得不再遥远，恍若触手可及……

更神奇的经历还在后面。2002年，我们约请郎厄先生夫妇与郎厄先生的妹妹及其丈夫来天津访问，来看一看他们先祖生活过的地方，寻访先人故迹。当他们参观"近代天津博物馆"的时候，意外地遇到了另一位德璀琳的后代、现居美国的建筑师布鲁斯·伊森（Bruce Eason）夫妇。郎厄先生兄妹是德璀琳大女儿的外孙，而伊森先生则是德璀琳最小的女儿吉塞拉的孙子。从来不曾相识的他们竟各自跨越了半个地球，相遇在我们的身边。这种神奇的巧合，简直就像是小说和电影里的情节。

原来，伊森先生是受天津市市长的邀请来访。同许多人一样，年轻时的伊森对自己家族的历史并不了解，直到祖母去世时将几件家族遗物传给他，他赫然发现，其中一个玉碗竟是中国清朝的慈禧太后赏赐给他曾祖父德璀琳的。从此，他开始留意搜集德璀琳的资料，并对中国特别是天津产生了浓厚的兴趣。2002年的一天，他读报纸时意外得知，南卡罗来纳州格林维尔市的怀特市长也是他的邻居和好友将要去中国天津访问。他急忙给市长家里打电话，想把有关德璀琳的历史资料交给市长，不巧的是，市长已经去机场了。正当伊森抱憾时，市长竟又回家了——因天气原因，航班推迟了。伊森高兴地把资料拿给市长看，并拜托他在天津寻找一条名叫"马场道"的道路。伊森骄傲地说："那条路是我的曾祖父修筑的。"怀特市长在天津访问时不但经过了马场道，而且下榻的饭店正是昔日德璀琳为股东之一的利顺德大饭店。天津市长李盛霖听怀特市长谈起格林维尔市有一位德璀琳后裔，立即热情邀请伊森访问天津。这就有了伊森夫妇的天津之行。

　　远隔万里、素不相识却血脉相通的德璀琳后代，几双手紧紧握在一起，此情此景，我们只能感叹，冥冥之中，德璀琳、汉纳根似乎在指引着他们的后人，不约而同地会聚到他们曾经视为家园的天津，来到一直追寻他们事迹的我们身边，为我们讲述他们的故事……

伊森夫妇与本书两位作者合影

2004 年 10 月，我们来到美国。从东海岸到西海岸，我们先去拜访了南卡罗来纳州格林维尔市的伊森家，在他家，我们亲眼看到了那只德璀琳获赐的玉碗，玉质莹润、闪着幽光；一只银光闪闪的大奖杯也摆放在餐桌上，细看杯身，那是德璀琳获得的天津赛马冠军奖杯。伊森还给我们展示了"天津电车电灯公司"的股票。这些德璀琳的遗物更使我们拉近了与那段历史的距离。

离开南卡罗来纳，我们又飞往加利福尼亚州的圣地亚哥市。在这里，我们终于见到了汉纳根唯一在世的最小的儿子迪特里希·冯·汉纳根（Dieter von Hanneken，即迪特）。他出生于 1914 年，汉纳根在天津去世后，他随母亲、外婆和姐姐离开天津回国。1938 年，第二次世界大战之初，德军正横扫欧洲之时，他年满 24 岁，本应服役，但不愿充当纳粹的炮灰，就移居到了美国。他原想成为好莱坞的编剧，却未能如愿，转而就读于英国伦敦经济学院，毕业后回到美国当了一名律师。

汉纳根次子迪特

迪特离开天津时年纪虽小，但已懂事，至今仍清楚地记得儿时的诸多细节：在德租界的家门前，一条小河（即墙子河）蜿蜒而过，往东流过去不远即汇入海河；海河里许多轮船、帆船和渔船来来往往；家里的中国厨师能像变魔术似的把河里、水塘里的鱼虾蟹做成种种美味，那是自从离开天津后就再也没尝到过的味道；还有照顾自己的"中国阿妈"（即保姆），每逢父母外出不在家时，阿妈就被赋予父母的权力，这些中国阿妈们淳朴真挚的面容仍牢牢地印在他的脑海中……

我们打开摄像机，将一位耄耋老翁对中国家乡鲜活生动的记忆，默默地记录了下来。不用提问，也不需要提醒，那些美好的回忆就如涓涓溪流，从他心里流出，成为我们收获的最珍贵的史料。老人还为我们提供了他亲自整理的德璀琳家谱。他告诉我们，德璀琳除了早逝的两个女儿多拉和露西之外，其他三人都很长寿，但遗憾的是，埃维琳在英国已没有后代，只有埃尔莎和吉塞拉的后代枝繁叶茂。特别是汉纳根家族在回到德国后，于1920年在汉堡以西一个小镇购置了一片面积约2.5平方公里的农场，并修建了几座别墅，这在德国家族农场里算是规模很大了。汉纳根的家族墓园就坐落在农场里，墓园里安葬着汉纳根夫妇、德璀琳夫人和露西四位家族成员。

2006年，一个下着绵绵秋雨的清晨，我们再次来到德国，前往汉纳根农场拜谒了他的墓地。在一个半圆形土丘的南端，葱郁的林木掩映着一座高大的花岗岩十字架。十字架下方镌刻有墓主汉纳根的德文名字——Constantin von Hanneken。据当年亲眼看到汉纳根下葬的"汉堡汉纳根"赫尔曼的母亲说，一副包有铁皮的木质棺材安放在砖砌的墓室之中。

站在墓前，我们献上鲜花，与沉睡在这里80多年的汉纳根默默相对。遥想他在旅顺8年洒下的辛勤汗水，在甲午海战中与北洋将士一起挥洒的激情和热血，在井陉煤矿指挥生产的意气风发，在北戴河海滨别墅与家人休憩的恬然自得，被当作敌侨遣送回国的黯然神伤，种种情境交织在眼前；更联想到德璀琳在天津留下的种种印记，裁弯取直后的海河、戈登堂和维多利亚花园、邮政局、博文书院、利顺德饭店、马场道……一种亲切的感觉油然而生,仿佛面前墓地里安睡的就是我们的一位天津老乡!

　　文中的"我们"实为一个团队,即"近代天津博物馆"的创办人、作家航鹰女士,馆长刘悦先生,研究员刘晋秋先生和刘欣女士,天津大学张畅博士以及馆内其他工作人员。其中,航鹰女士为寻找搜集德璀琳、汉纳根的史料,曾五次前往德国汉纳根故居拜访其后代亲属;刘悦先生和刘晋秋先生作为助手,分别先后陪同航鹰女士几次赴德国,又经数年合作于2011年出版《李鸿章的军事顾问汉纳根传》一书;刘欣女士在德国为航鹰女士一行充当翻译和向导,并不辞劳苦地整理和翻译了大量搜集到的德文资料;张畅女士与刘悦先生曾于2004年前往美国拜访汉纳根次子和伊森先生,拍摄记录口述史资料,于2011年前往德国德璀琳故乡搜寻史料并感受其成长环境氛围。所以,能够在全球搜寻到德璀琳、汉纳根后代,实是整个团队经年努力的成果!

德国汉纳根墓

　　受台湾传记文学出版社盛情邀请，张畅女士与刘悦先生在该刊历时近一年，连载了九篇关于德璀琳与汉纳根的文章，并于连载后将其重新整理，辅以新搜集到的史料和照片，终于完成这部《德璀琳与汉纳根——李鸿章的洋顾问》的繁体字版并出版。今年在社会科学文献出版社的大力支持下，本书的简体字版出版。在此特别感谢编辑王玉敏女士的帮助，她深厚的史学基础、严谨的工作态度、体贴的服务精神，都让本书的作者甚为感动和敬服；此外，近代天津博物馆的工作人员安红、唐倩、姜雨晨、牌梦迪等也为本书的排版校对付出大量辛劳。因此，本书又是一个团队合作的成果！无法想象，没有以上团队的支持，何以成书。只是万语千言无法表达作者感激之心，只能在文末道一句"感谢"！

繁体字版后记写于 2012 年

简体字版后记写于 2021 年

图书在版编目（CIP）数据

李鸿章的洋顾问：德璀琳与汉纳根 / 张畅，刘悦著
. -- 北京：社会科学文献出版社，2022.11
ISBN 978 - 7 - 5228 - 0001 - 1

Ⅰ.①李… Ⅱ.①张…②刘… Ⅲ.①德璀琳 - 生平
事迹②汉纳根 - 生平事迹 Ⅳ.①K835.165.2

中国版本图书馆 CIP 数据核字（2022）第 064968 号

李鸿章的洋顾问
——德璀琳与汉纳根

著　　者 / 张　畅　刘　悦

出 版 人 / 王利民
责任编辑 / 王玉敏
文稿编辑 / 王亚楠
责任印制 / 王京美

出　　版 / 社会科学文献出版社·联合出版中心（010）59367153
地址：北京市北三环中路甲 29 号院华龙大厦　邮编：100029
网址：www. ssap. com. cn
发　　行 / 社会科学文献出版社（010）59367028
印　　装 / 三河市东方印刷有限公司

规　　格 / 开本：889mm × 1194mm　1/32
印 张：14.625　插 页：0.5　字 数：333 千字
版　　次 / 2022 年 11 月第 1 版　2022 年 11 月第 1 次印刷
书　　号 / ISBN 978 - 7 - 5228 - 0001 - 1
定　　价 / 79.00 元

读者服务电话：4008918866